語錄解三種校本合刊

語錄解三種校本合刊

尹昭晶·[中]潘牧天 編

學古房

간행사

박영록

　이 책의 편자인 윤소정은 상해사범대학 박사과정에서 수학 중이다. 역자의 지도교수인 서시의서시의 교수는 한어사 연구 분야의 대가로서, 『朱子語類彙校』(전 7책, 양연 공편), 『朱子語類詞彙硏究』(상하 2권) 등 『朱子語類』 분야에서도 많은 연구업적을 내고 있다. 현재 저자는 『朱子語類』에 관련된 연구를 진행하고 있으며, 특히 윤소정선생은 『어록해語錄解』가 박사논문의 주요 텍스트이다. 그런 만큼 이 책은 저자가 박사논문을 작성하기 위한 토대작업으로 진행된 것이다. 이 책은 현재 『어록해』에서 가장 중요한 판본으로 인정되고 있는 세 종류의 판본을 전산입력하여 통용 한자로 해화楷化하면서 교감 자료를 첨부하였고, 세 판본의 이동異同을 한 눈에 알아 볼 수 있도록 편집하면서도 권말에 영인 원문을 달아 두어 독자들에게 열람의 편의와 학술적 엄밀함을 동시에 제공하고 있다.

　모든 책이 힘들고 긴 산고産苦를 거쳐 세상에 태어나게 마련인 것처럼, 이 책 역시 많은 곡절와 수고 끝에 세상에 나오게 되었다. 이 점을 말해 두는 것은 앞으로 한중의 학술교류 및 한국에서 고서의 표점에 대해 생각할 문제를 던져줄 수도 있으므로 여기에 대해 언급해 두고자 한다. 왜냐하면 이 책은 한중 양국이 각기 다른 표점 체계를 갖고 있다는 것이 어떤 문제를 가져올 수 있는지를 보여주기 때문이다. 이 책의 엮은이는 중국에서 편집 작업을 하였는데 책은 한국에서 출판하게 되었다. 또 이 책의 본문은 중국 고문古文과 옛 한국어가 혼재되어 있는데, 이 때 고문과 옛 한국어 사이에는 동의어가 나열된 것, 하나의 표제어에 대한 두 가지 해석인 것, 발음 등의 보충 정보를 제공하는 것, 고문과 옛 한국어가 합쳐서 한 문장이 되는 것 등등 다양한 관계가 존재한다. 이 책은 처음에 중국에서 입력, 편집, 표점 작업을 시작한 만큼 애초에는 중국식 표점 체계를 취하였다. 그런데 한국에서 출판을 하게 되고, 또 옛 한국어가 본문에 존재하므로 한국식의 표점도 고려해야 하는 상황이 발생하였다. 특히 한국에서는 아직도 고문이나 옛 한국어 문장에 표점을 표시하지 않고 단지 띄어쓰기만 하는 경우가 많으므로, 문장 부호를 사용할 것인지 말 것인지 자체도 문제가 될 수 있었다. 그래서 실제로 이 책의 편집과정에서 책 전체의 표점 부호를 여러 차례 바꾸는 수고를 하기도 하였다. 예컨대 옛 한국어가 자체적으로 문장이 되는 경우는 한국식으로 온점 ' . '을 찍는 것이 가능한데, 문제는 한 페이지에서 고리점 ' 。'과 온점 ' . '이 혼재되어 있으면 중요한 정보는 없는 반면 시각적으로 혼란스러워 보일 뿐이므로 결국 일괄 고리점 ' 。'으로 고친 사례가 있다.

한편 『어록해』에 대한 선행 연구가 나타난 시기를 보면 역사가 짧지 않으나 책의 내용에 대한 세밀한 연구는 또 많지가 않다. 이 책에 보이는 옛 한국어 부분의 띄어쓰기나 표점은 하나하나가 시간과 노력의 결정이라 할 수 있다. 예를 들어, "般"에 대한 석의로 제시된 "오오로, 다 。(이책 49쪽, 187쪽)"와 같은 간단한 표점도 아주 힘든 과정을 거쳐 도출된 것이다. 원문에는 물론 "오오로다"로 되어 있는데, 여기에서 "오오로"와 "다"가 별개의 어휘라는 것을 인식하기가 쉽지 않기 때문이다. 실제로 『중조대사전1中朝大辭典(一)』(p161~162쪽)에도 "오오로다"로 되어 있는데, 엮은이가 선문대의 박재연교수를 방문하여 질의하는 과정에서 박재연교수가 "오오로"와 "다"가 두 개의 단어임을 발견한 것이다. 이 문제에 있어 『어록해』의 다른 사례들, 예컨대 "都魯"를 "다, 又오로"(이책 148쪽)라 한 것 등과 연결시킬 수 있었다면 "오오로다"가 "오오로, 다"라는 것을 좀 더 쉽게 인식할 수도 있었을 것이나, 하필이면 이 "오오로다"가 "般"에 대한 석의로 제시된 것은 오류일 가능성이 높은 것이므로 "다, 又오로"와 "오오로다"가 서로 같은 말을 하고 있다는 것을 인식하기에는 좀 어려움이 있었다고 할 수 있다.

이 책은 이제 삼종 합간으로 세상에 나오게 되었으나, 엮은이에게 있어서는 이것이 완성이 아니라 이제 시작이라고 할 수 있다. 이 삼종 합간을 자료로 하여 실제 연구 작업을 진행하고 박사논문을 작성해야 하기 때문이다. 사실 이 책이 회주回註 형식의 교감에 머물고

보다 자세한 주석이 첨부 되지 않은 것은 앞으로 학위논문이 진행되어야 한다는 다소 말하기 어려운 사정이 존재하기도 한다.

『어록해』가 조선 중기의 사대부들에게는 중요한 공구서로서, 편폭도 크지 않은 어휘집일 따름이다. 그러나 지금 와서는 이 자체가 연구의 대상이다. 『어록해』의 연구를 위해서는 중국 송대의 근대백화와 한국의 중세 한국어에 대한 지식이 필요한데, 사실 이 두 방면에 두루 뛰어난 연구자는 많지 않은 형편이다. 만약 한 사람이 두 분야를 아우르지 못한다면 두 분야의 연구자가 협력을 하는 것이 필요할 것이다. 이것은 반드시 팀을 이루어야 하는 것이 아니라 연구자들이 저술을 통해 대화하고 토론하는 것에 의해서도 가능하다. 이런 점에서 근대백화 전공자들이 『어록해』삼종 합간을 출판하게 된 것은 상당한 의미가 있을 것이다. 이 책이 『어록해』의 연구자들에게 도움이 되리라 믿으며, 앞으로 한중 양국에서 『어록해』에 대해 더욱 많은 연구가 나타나길 기원하며 이글을 맺는다.

서문

서시의

  중국 유학발전사에 있어서 주희는 박학다문한 재능과 견식을 가진 사람으로서, 송대 사회의 실제상황과 결합하여 유가, 불교, 도교를 하나로 융합시키고, 도덕과 생명의 이치 탐구에 몰두하며 의리를 밝히고, 세상일을 경영하는 것을 제창하며 학문을 논하고 저술하는 것에 있어서 항상 성현의 도를 근본으로 삼고, 자신을 수련하고 사람을 다스리는 것을 요체로 삼아 독특하면서도 엄밀한 이학사상체계를 형성하여 중국문화에서 주도적 지위에 있던 유가문화를 하나의 새로운 역사 단계로 발전시켰다. 주희의 이학사상체계는 광대하고 사상과 학식이 넓고 심오하여 중국문화구조나, 정치생활, 윤리사상, 가치성향, 사유방식, 풍속습관, 이상적인 인격 등 각 방면에서 매우 중대한 영향을 주었을 뿐만 아니라, 민족과 지역의 경계선을 뛰어넘어 멀리 해외까지 전파되어 점차 동방문화주류가 되는 주자학으로 발전되면서 일찍이 한국과 일본에서는 국학으로도 여겼다.

  주희는 강학 시에 의문스러운 점을 설명하고 제자들의 질문에 답을 할 때면, 광범위하게 수집하고 인용하여 증거로 삼았으니, 천지만물의 근원으로부터 작게는 풀 한 포기 나무 한 그루에 이르기까지, 자연계에서부터 인류 그 자체까지 다루지 않는 것이 없었으며 사회문화의 각 방면에 연관되어 있다. 주자어록은 주자가 제자에게 학문을 강의한 실록이라고 말 할 수 있고 사제 간에 반복하여 캐물으며, 서로 학문을 연구하고 토론할 때 학생의 질문에 따라 말해 준 대답에 대한 기록이기도 하다. 그래서 주희 사상이 발전해온 여러 가지 과정과 세밀하고 미묘한 부분까지 담아내고 있어, 주자학에 있어서는 화룡점정畵龙点睛

격이라, 읽으면 용이 금방이라도 벽을 깨고 나올 것 같은 느낌을 주는 것으로서, 주희의 이학사상체계를 더욱 전면적으로 반영하고 있다.

일본의 이리야 요시타카入矢义高선생은 시오미 쿠니히코盐见邦彦 편찬한 『〈주자어류〉구어어휘색인〈朱子语类〉口语语汇索引』에 써준 서문에서 『주자어류』를 읽을 때의 어려움에 대해 탄식한 적이 있었다. 내용인 즉, 『주자어류』중에는 얼핏 보면 쉬울 것 같은데 실제로는 어려운 어휘가 많이 있었고 어떤 어휘들은 그 서문을 쓸 당시까지 정확한 풀이를 못해 내용을 이해하는 데 영향을 끼쳤을 뿐 아니라 심지어 오해를 초래한 적도 있다고 하였다. 이리야 요시타카 선생이 볼 때 문제의 핵심은 문체語體에 있었다. 그런 만큼 이 책은 철학사, 사상사, 정치사 및 문학사에 종사하는 사람들이 조금 더 주의를 하지 않을 수 없는 것이라 하였다.(교토중문출판사, 1984년, 초간본. 1988년, 재간본, 제5페이지. 京都中文出版社.1984年初版, 1988年再版.第5页.)

정말로 이리야 요시타카入矢义高선생님이 탄식한 바와 같이 『주자어류』에는 강연을 할 때 인용한 경문이나 주석 같은 아언의 옛글이나, 주희가 설명을 할 때 사용한 백화구어와 같이 역사적 단계차이와 역대의 기록이 수정된 차이가 반영되어 있으며 서로 출신 지역이나 계층이 다른 문생제자들이 각자 자습할 때 사용한 방언과 속어어휘의 차이 등등을 포함하고 있어, 성질과 계층이 다른 각종의 언어성분이 넘쳐나고 있다. 한편, 문인제자들이 기록한 어록들은 약간 다듬긴 하였겠지만, 필경 강연 할 때 들은 것에 대해 다만 원래와 다르게 될까하는 걱정이 앞서 한두 마디의 간단한 말도 감히 누락하지 못하고 말투 목소리와 감정 상태도 상세하게 덧붙여 기록을 하였다. 그러니 흔히 주희가 한 말 그대로 기재하였다. 그래서 현존하는 『어록해』등은 주희와 문인제자들이 강당에서 토론할 때 사용한 문언의 전아한 어휘들과 통속적인 백화가 어우러지는 가치의 향방을 탐구하고, 일부 이학어휘에 담긴 의미와 이치의 내포를 천명하며, 발화와 언어 사이에서 의미가 생성되고 제약하는 상호작용의 메카니즘을 고찰하고 한어에서 문어과 백화라는 신구의 질료가 생성되어 교체하는 변천의 과정을 연구하고, 또 한어에서 문언과 백화의 변천 및 고아한 엘리트 문화와 통속적인 평민문화 및 본토문화와 외래문화가 서로 융합되어 발전하는 추세를 연구하여 엘리트 문화와 평민문화란 사회의 교류에서 전아에 대한 지향과 통속성에 대한 지향이 서로 융합되고 서로 보완되어 고전형태로부터 현대형태로 흐르는 신구교체규율을 제시하는 데 도움을 줄 수 있다. 주희의 강학어록은 주희의 사상이 변화하는 맥락과 당시 사회생활상황을 반영할 뿐만 아니라 주희의 사상과 주자학이 형성되고 전파되는 과정에 대한 연구에서 다듬지 않은 원석이라고도 할 수 있다. 게다가 당시언어의 사용상황과 고금을 통해 한어의 문언과 백화가 변천하는 상황을 반영하고 있으므로 주자의 강학어록에 대한 해석 및 한어사의 연구방면에서 의심할 여지없이 중요한 증명자료가 된다.

주자학이 조선에 전해지자 문화와 역사적 배경이 서로 달랐기 때문에 조선 문화에 융합되는 과정에서 흔히 많은 질적인 변화가 발생하였다. 당시의 조선학자들이 진정으로 주자저술을 이해하려면 반드시 이치의 의미를 이해해야 하는데 이치의 의미를 이해하려면 반드시 먼저 어휘를 익히고 개념을 파악해야 한다. 그 당시의 저명한 주자학자인 퇴계 이황과 미암 유희춘은 모두 주자어록에 관해 주석 작업을 한 바 있는데, 오늘날 현존하는 것으로는 정양 편찬『어록해』와 남이성 편찬『어록해』및 백두용 편찬, 윤창정이 증보한『주해어록총람』중『주자어록』부분 등이 있다. 이들은 유희춘과 이황의 문인들이『주자어류』어휘에 대해 진행한 해석을 기초로 하여 만들어진 주자어록의 주해서이다. 남의 산에 있는 돌도 내옥을 다듬는데 쓸 수가 있다고 했다. 문화란 뼈 속에 든 것처럼 눈에 보이지 않은 고갱이자, 민족문화의 우월한 고지를 대표하는 것이다. 그러나 문명사이의 교류는 양방향성을 지니게 마련이며, 심지어 다방향성을 지니기도 하는 것이어서 다원 교차성을 지니기도 한다.

『주자어류』를 풀이한 이러한 저술들로부터 단지 주자어록에 보이는 어휘의 의미와 의리를 알아볼 수 있을 뿐만 아니라 더욱 중요하게는 주자학이 동아시아에 수용되어 창조된 특성, 즉 조선의 주자학자들이 늘 자신의 문화전통으로부터 출발하여 주자와 관련되는 사상에 관해 번역하고 해독한 과정을 탐구할 수 있다. 아울러 이로부터 전파해주는 측과 수용하는 측의 이념과 관념의 공통점이나 차이점을 알 수 있으며, 동아시아 각 국에서 주자학에 대해 이해하고 취사선택하는 과정에 포함된 가치의 선택방향에는 핵심정신이 서로 융합되어 있을 뿐만 아니라 또한 각자 서로 다른 가치의 선택방향이 이화를 일으켜 변이되는 과정 중에서 독자적으로 이뤄 낸 창조도 포함하고 있으니, 동아시아의 여러 문명 사이에 보이는 문화의 상호 작용을 반영하고 있다.

지금 이 『어록해삼종교본합간』은 조선시대 주자어록 주해서의 삼종대표작을 포괄하는 것으로서, 한국 학자들이 『어록해』를 독해함에 있어서의 어려움을 덜 수 있을 뿐만 아니라 중국을 포함하여 동아시아 각 국의 주자학 또는 한어사 및 고대 한국어를 연구하는 사람들에게 중요하면서도 새로운 자료를 제공한다. 특히 이 책은 작자가 다시 음순으로 배열한 『삼종어록해합본』의 배열은 독자의 입장에서 볼 때 원본의 배열 방식보다 편리한 점이 많으며, 또한 삼종 『어록해』의 공통점과 차이점을 한눈에 볼 수 있어 기존에 없던 새로운 『어록해』라고 할 만 하다. 이 책의 출판은 주자학연구에 있어 상당한 가치를 지니고 있다.

역사가 우리를 계시하듯이 어떠한 문명의 계승도 모두 고전문헌의 계승을 기초로 건립되었으며 어떠한 문명의 선양과 발전 또한 고전문헌의 깨우침이 없어서는 안 되는 법인데, 한편 어떠한 고전문헌도 한 세대 한 세대 사람들의 끊임없는 해석에서 그 생명의 가치를 드높여야 한다. 『어록해』등 주자어록주해문헌에 대한 연구를 중심으로 주자가 이학의 집대성을 이룬 사상적 변화발전의 실마리 및 주자학의 계승과 창조를 탐구하는 것은 주자어록의 연구로부터 주자학연구의 여러 방면으로 확장하는 것이다. 주희가 학문을 강론한 어록의 언어기초를 잘 파악하고, 어휘에 대한 확실한 고석을 바탕으로 하여, 철리차원에서 주자가 불교로부터 나와 유학으로 진입하는 사상의 발전과정을 탐색하고 주자어록이 담고 있는 주자학 가치윤리체계의 풍부한 사상 문화적 내포를 명백히 밝히고 주자학의 정화를 널리 알리고 세계의 다원문명, 여러 방향에서 아속이 교융하는 발전추세와 가치의 향방을 형성하고 있다.

序

徐時儀

　　在中國儒學發展史上，朱熹以博學多聞的才識，結合宋代社會的實際情況，融儒、釋、道於一體，潛心探索道德性命之理，提倡明義理經世務，論學著述皆以聖賢之道爲宗，修己治人爲要，形成了獨特而嚴密的理學思想體系，把居中國文化主導地位的儒家文化發展到一個新的歷史階段。朱熹的理學思想體系宏闊，博大精深，不僅對中國文化結構、政治生活、倫理思想、價值取向、思維方式、風俗習慣、理想人格等方面都產生了十分重大的影響，而且還跨越民族和地域的界線，遠播海外，漸發展成爲東方文化主流的朱子學，在韓國和日本曾被視爲國學。

　　朱熹講學時釋疑答問，廣徵博引，自天地萬物之源，至一草一木之微，從自然界到人類本身，無所不及，涉及社會文化的各個方面。朱子語錄可謂朱子與門人弟子講學的實錄，記載師生間往復詰難相互研討學問時的隨問隨答，蘊涵著朱熹思想發展的曲折與精微之處，在朱子之學中猶如畫龍點睛，讀之有破壁飛騰之感，更爲全面地反映了朱熹的理學思想體系。

　　入矢義高爲鹽見邦彥所編朱子語類口語語彙索引作序時慨歎讀朱子語類之難，其中有許多看似容易其實難解的詞語，有些詞語至今尚無的詁，影響了對內容的理解，甚至導致誤解，認爲關鍵就在於它是語體，而此書卻是治哲學史、思想史、政治史乃至文學史的人不能不稍加留意的。（日本京都中文出版社1984年初版，1988年再版第5頁）誠如入矢義高所慨歎，朱子語類既有講學時引經注的雅言舊詞與

朱熹解說所用白話口語的歷時層次差異和歷代記錄修訂的差異，也包含有不同地域不同階層門生弟子各自習用方俗詞語的差異，充滿了各種性質和各種層次的言語成分，然門人弟子所記語錄雖然會有所加工，但畢竟是隨堂聽講，唯恐失真，片言隻語不敢遺漏，口吻聲態詳加記載，往往是直錄朱熹的原話，而現存語錄解等則有裨於探討朱熹和門人弟子在課堂討論中所用文言雅詞與通俗白話相融合的價值取向，闡析一些理學詞彙的義理內涵，考察言語與語言間意義生成、制約的互動機制，研究漢語文白新舊質素的興替和演變過程，考索漢語文白演變和典雅的精英文化與通俗的平民文化以及本土文化與外來文化相融合的發展趨勢，揭示精英文化和平民文化在社會交際中趨雅←→趨俗相融互補由古典形態走向現代形態的新舊交替規律。因而朱子的講學語錄不僅更能反映朱熹的思想演變脈絡和當時的社會生活狀況，堪稱研究朱熹思想和朱子學形成及傳播的一塊璞玉，而且也反映了當時語言的使用狀況和古今漢語文白演變的概貌，在詮釋朱子講學語錄和漢語史的研究方面無疑也是重要的佐證。

　　朱子學傳至朝鮮，由於文化和歷史背景不同，在融入朝鮮文化中往往發生很多質的變化。當時朝鮮學人爲真正讀懂朱子著述，就得解義明理，而解義明理必須先識字明義。其時著名的朱子學者退溪李滉和眉巖柳希春對朱子語錄皆作有注釋，今傳存有鄭瀁編語錄解和南二星編語錄解以及白斗鏞編纂、尹昌鉉增訂的注解語錄總覽中"朱子語錄"部分是在柳希春與李滉及其門人對朱子語類詞語所作解釋的基礎上編纂而成的朱子語錄注解書。他山之石，可以攻玉。文化是骨子裡的東西，代表民族文化的制高點，而文明間的交流常常是雙向的，甚至是多向度的，具有多元交錯性。從這些詮釋朱子語類的著述中不僅可探朱子語錄的詞義和義理，而且更重要的是可探朱子學在東亞的承創特色，即朝鮮的朱子學者往往從自己的文化傳統出發對朱子的相關思想進行翻譯和解讀，從中可見傳播方和接受方的理念和觀念異同，東亞各國對朱子學的理解和取捨所含價值取向既有內核精神的相融相合，又有各自不同價值取向的異化而在變異中形成自己的創新，反映了東亞文明間的文化互動。

今語録解三種校本合刊囊括朝鮮時代朱子語録注解書的三種代表著作，不僅減少了韓國學者閱讀語録解的障礙，且爲包括中國在内的東亞各國朱子學、漢語史以及古朝鮮語研究者提供了一種重要的新材料，尤其作者重新以音序編排的三種語録解合本，就閱讀而言較原本的編排方式方便不少，讀之更對三種語録解的異同一目了然，堪稱是一部全新的語録解。此書的出版是對朱子學研究具有一定價值的。

歷史啓示我們，任何文明的傳承都建立在經典文獻的傳承基礎之上，任何文明的光大也離不開經典文獻的啓迪，而任何經典文獻都需要在一代一代人們的不斷解釋中宏揚其生命價值。以研究語録解等朱子語録注解文獻爲中心，探討朱子集理學之大成的思想演變線索以及朱子學的承傳與創新，由朱子語録的研究拓展至朱子學研究的方方面面。夯實朱熹講學語録的語言基礎，以確詁的詞義從哲理層面來探索朱子出佛入儒的思想發展歷程，闡發朱子語録所蘊含朱子學倫理價值體系的豐厚思想文化内涵，弘揚朱子學的精華，形成世界上多元文明多向度雅俗交融的發展趨勢和價值取向。

머리말

　중국 유학 발전사에 있어서 주희는 공자와 마찬가지로 중요한 인물 중의 한사람이다. 그는 기존의 유가 사상을 바탕으로 불교, 특히 선불교와 도교의 사상을 종합하여 성리학을 이뤄냈는데, 사실 유가 사상이 철학적 체계를 이루게 된 것은 주희의 성리학으로부터 비롯된 것이라 할 수 있다.

　주희의 저서들은 고려 후기에 우리나라에 알려지기 시작하였으며, 성리학을 따르는 사대부들이 조선 건국의 주요 세력이 되면서 조선의 사상, 문화, 정치 등 방면에 크나큰 영향을 주었고 이백여년의 발전을 거쳐 16세기 중엽에는 퇴계退溪 이황李滉과 율곡栗谷 이이李珥와 같은 대유大儒가 등장 하면서『주자대전朱子大全』과『주자어류朱子語類』같은 저서들의 출판을 재촉하였고 또한 그 저서들은 다시 활자로 간행되어 보급되었다.[1]

　주희 저작의 대부분은 고문古文으로 저술되었으나『주자어류』와 같이 당시의 구어口語를 반영한 백화白話 저술도 있었다. 중국에서는 당말唐末·오대五代 이래로 불교계에서는 선사禪師들의 선문답과 설법을 입말 그대로 기록하여 엮은 선어록이 유행하면서 유학에서도 백화체白話體의 저술이 나타나게 된 것이었다. 조선 초기만 해도 주자학연구는 대부분 주자문집과 경전해석에 중점을 두었으며 이 경우에는 조선 유학자들의 고문 실력으로 독해에 문제가 없었다고 할 수 있다. 그러나 조선의 유학자들에게 있어 『주자어류』와 같은 백화문은

---

1)　후지모토 요시오藤本幸夫의 조사에 따르면 조선조에서 『어류』는 적어도 전후 7회나 간행되었으며, (朝鮮版『주자어류고朱子語類攷』) 첫 간행은 중종中宗 39년(1544)에 실현되었다. 이른바 중종 간본(동활자)이다. 이 7종 가운데 가장 선본이라 일컬어지는 것이 영종 47년(1771)간인 이른바 영조 간본(목판본)이다.

아주 생경한 것이어서 독해하기가 어려웠기 때문에 이에 대한 해설서의 필요성이 대두되었다. 이러한 필요에서 나타나게 된 것이 『어록해語錄解』이다. 어록해의 출현은 퇴계 이황과 미암 유희춘 (1513─1577) 으로부터 언급할 수 있다. 조선 성리학의 태두泰斗로서 주자어록에 관심을 많이 가졌던 이황은 『주자어류朱子語類』와 같은 주자와 유관한 서적에 출현하는 송대 속어나 구어 풀이를 진행하였으며 또한 『주해서절요기의註解書節要記疑』, 『용학석의庸學釋義』등을 편찬하고 이어 유희춘도 『주자어류전해朱子語類箋解』, 『시서석의詩書釋義』등을 편찬하였다.

이러한 작업에서 탄생한 것이 『어록해』이다. 현행 『어록해』에는 주자어록의 구어와 속어뿐만 아니라 주자어록 중에서 중요하거나 난해한 어구도 포함하고 있으며, 아울러 주자 어록 외에 송대의 속어, 구어 및 외교문서, 이문吏文, 형부刑部와 초의招義에 나타나는 공문어휘들도 수록 하고 있다. 표제어에 대한 석의釋義에서는 조선시대의 한국어와 중국 고문을 함께 사용하였으며, 그 외에 한자를 사용한 차자표기借字表記와 한자의 약자부호, 반복기호 등 각종 부호들도 사용하고 있다. 조선의 선비들이 한글표기를 천시賤視하는 경향이 있었음을 고려할 때, 고문과 한국어를 혼용한 석의 태도를 볼 때 아주 실용적인 취지를 보여주면서도 목적성이 뚜렷한 주석서라 할 수 있다.

조선시대에 간행된 『어록해』로는 정양鄭瀁(1600~1668)[2]이 퇴계退溪 이황李滉과 미암眉巖 유희춘柳希春의 주해를 종합하여 효종孝宗 8년(1657)에 용흥사龍興寺에서 간행한 목판본 1책이 최초의 것이다 (이하 "정양본"이라 약칭) . 그 이후 남이성南二星(1625~1683)[3]과 송준길宋浚吉 (1606~1672)[4]이 왕명을 받들어 송준길의 발문을 붙여 현종顯宗 10년(1669)에 간행한 목판본이 나왔다 (이하 "남이성 본"이라 약칭) . 현재 각 대학의 도서관 등에 소장된 자료를 보면, 남이성본 이후로 목판본木板本, 석판본石版本 등이 간행된 사례가 있으며, 아울러 개인적인 필사가 많이 진행되어 필자가 확인한 것만도 100여 종이 넘는 판본이 존재한다. 이들의

---

2) 정양(1600~1668)은 자는 안숙晏叔이고 호는 부익자孚翼子 또는 포옹抱翁이다.
3) 남이성(1625~1683)은 자 중휘仲輝이고 호는 의졸宜拙이다.
4) 송준길1606(선조 39)-1672(현종 13), 자는 명보明甫이고 호는 동춘당同春堂이며 시호 문정文正으로 조선 후기의 문신이다. 주요 저서는 『어록해』, 『동춘당집』이다.

본문은 대략 최초의 목판본인 정양본을 따르고 있으며 추가로 수록된 이문吏文에 관한 부록형식의 어휘들에서 다소 차이가 보인다. 이것은 조선시대에 『어록해』에 대한 수요가 많았음을 증명하는 것이다. 그런데 이들은 대체로 출판이력이 불분명하여 발행자와 발행연도를 파악하기 어렵다. 남이성본 이후로 간기가 확실한 판본으로는 근세에 와서 심제心齋 백두용5)이 편찬하고 학소鶴巢 윤창현이 증보하여 1919년에 간행한 『주해어록총람註解語錄總覽』에 포함된 「주자어록朱子語錄」이다 (이하 "백두용 본"이라 약칭). 따라서 정양, 남이성, 백두용이 간행한 이들 문헌을 『어록해』의 대표적인 삼종판본이라고 할 수 있다. 그러나 이들 판본의 저본은 정양본이라 할 수 있으며, 이 정양본은 이황과 유희춘의 풀이를 편집한 것이므로, 최초 『주자어록해』는 결국 이황과 유희춘 및 그 문하에 있는 제자들의 손에서 엮어 진 것이라 할 수 있다.

정양본은 효종 8년(1657)에 경상북도 병산屛山(지금의 의성義城)에서 간행되었다. 이 책은 목판본初刻本 1책(사이즈, 27.8×20.4cm)으로 발문을 포함하여 총 29장이다. 판식은 사주변변四周雙邊, 무계無界이고 표제어는 매 면에 9행에 3단으로 나뉘어 지고 주석은 쌍행雙行 작은 글자로 주석을 달았다. 반엽광곽半匡郭은 길이 21cm, 너비 16.5cm이며 판심은 상하내향이문어미內向二文魚尾이고 그 사이에는 판심서명이 없이 장차만 표시되어 있다.6) (여기에 영인한 원본은 서울대학교 규장각한국학연구원 소장본인 가람古 495.1709-J466e의 책을 말한다.)

정양본은 「한어집람자해漢語集覽字解」, 「부록附錄」을 포함하여 총1,182개 어휘들을 수록하고 있다. 표제어는 자수 1자류부터 6자류까지 나뉘어져 있으며 그 중 1자류 183개, 2자류 831개, 3자류 88개, 4자류 65개, 5자류 13개, 6자류 2개로 구성이 되어 있다.

---

5) 백두용(1872~1935)은 자는 칠도道七이고 호는 심제心齋이다.
6) 서울대학교규장각한국학연구원, 서울대학교도서관중앙도서관, 성균관대학교존경각, 고려대학교중앙도서관, 숙명여자대학교도서관, 계명대학교동산도서관, 성암문고誠庵文庫에 소장이 되어 있으며 일본 小倉進平선생님이 개인 소장을 하고 있다.

정양본이 간행 된지 10여년 후 남이성이 정양본 토대로 새로운 『어록해』를 간행하였다. 이 책은 목판본初刻本 1책(33×21.3㎝)으로, 표제어와 발문 등을 포함하여 모두 45장이다. 판식은 사주변변四周變邊, 유계有界이며, 표제어는 매 면에 8행, 2단으로 쌍행雙行으로 주석을 달았다. 반엽광곽半匡郭은 길이 19.5㎝, 너비 15.2㎝이다. 판심은 상하내향 이문어미內向二文魚尾이고 그 중에는 서명이 있는 장차가 있다.[7] (여기에 영인한 원본은 서울대학교 규장각한국학연구원 소장본인 奎1539의 책을 말한다.)

남이성본은 정양본에서 범례凡例를 추가하고 권말卷末에는 송준길의 발문을 덧붙었다. 체례體例는 정양본과 비슷하지만 표제어를 133항을 삭제하고 1항만을 추가를 하였다. 그리고 정양본 권말에 있었던 「한어집람자해漢語集覽字解」와 「부록附錄」의 표제어들을 자수에 따라 1자류부터 4자류까지의 항목으로 추가 시켰다. 어휘는 총1,050개가 수록이 되어있으며 그중 1자류 157개, 2자류 737개, 3자류 83개, 4자류 58개, 5자류 13개, 6자류 2개로 나뉘어져 있다.

백두용 저著 윤창현 증보增訂 『주해어록총람註解語錄總覽』은 목판본(1권, 2책, 사이즈, 30.4×20㎝)으로 1책에는 「어록해 발 語錄解 跋」 1장, 「주해총람범례註解總覽凡例」 1장, 「주자어록朱子語錄」 20장, 「수호지어록水滸誌語錄」 36장이며 2책에는 「서유기어록西遊記語錄」 41장, 「서상기어록西廂記語錄」 10장, 「삼국지어록三國志語錄」 2장, 「이문어록吏文語錄」 3장 등으로 구성이 되어있다. 「주자어록朱子語錄」 부분에는 정양본과 남이성 본과 같이 자수로 분류하는 방식으로 되어있으며 정양본과 남이성 본 『어록해』의 토대로 정양본(남이성이 삭제한 어휘)의 어휘를 다시 73항을 추가하였고 어휘 1항만을 삭제하였다. 백두용 본은 총1,193개 어휘를 수록하였는데 그중 1자류 193개, 2자류 822개, 3자류 98개, 4자류 64개, 5자류 13개, 6자류 2개로 나뉘어져 있다.

판식은 사주변변四周變邊, 유계有界, 반엽광곽半匡郭에 길이 21㎝, 너비 15.7㎝이다. 표제

---

7) 서울대학교 규장각한국학연구원, 단국대학교 퇴계기념도서관, 한국학중앙연구원 도서관, 충남대학교 도서관, 이화여자대학교 도서관, 日本天理대학교 도서관에 소장이 되어 있다.

어는 매 면에는 12행 3단 28자로 나뉘어져 있으며 판심은 상흑미上黑魚尾이고 어미위쪽에는 "주자어록朱子語錄"이라는 서명과 어미 아래는 장차가 있다.[8] 백두용『주해어록총람註解語錄總覽』은 상당히 많이 전해진다. (여기에 영인한 원본은 서울대학교 규장각한국학연구원 소장본인 가람古 417.09-B146j-v.1-2의 책을 말한다.)

오늘날의『어록해』는 한·중·일뿐만 아니라 동아시아 각국에서 또한『주자어류』를 읽고 연구하는 모든 학자들에게 없어서는 안 될 중요한 연구 자료이다. 또한 국어발전사의 연구에서도 중요한 자료가 될 수 있다. 즉, 석의에 사용된 옛한글에서 표제어의 의미를 파악하는 한편, 표제어의 의미로부터 역으로 석의에 사용된 옛한글의 의미를 파악하는 것이다. 특히 석의에 한문과 옛한글이 함께 사용된 경우가 많아 서로 대조하여 연구가 가능하다.

『어록해』는 풍부한 석의를 보유하고 있다.

『어록해』의 석의는 상고上古이래의 舊義를 이어 받았고 송대의 새로운 석의도 출현하고 있다. 석의는 주로 당나라 속어로 표현이 되어있으므로 근대 중문연구에도 아주 큰 가치를 부여하고 있다. 석의에 자의자음字義字音을 상고하여 당시 어음語音의 연구와 또한 대량의 중문이체자中文異體字가 들어있어 문자학 연구에 있어서나, 한국과 중국에서 사용된 한자의 자형 차이를 연구하는 것에 있어서나 중요한 자료를 제공한다.『어록해』석의는 한중 두 나라가 한어에 대한 서로 다른 인식의 차이를 체현하였고 송원宋元사이 한어백화漢語白話가 변화된 상태를 반영하고 있다. 또한 석의에는 중국문헌을 다량으로 인용하지는 않으나 유가경전儒家經典, 시가詩歌, 운서韻書, 의서醫書, 시인詩人의 인용문引用文을 통해 문헌전파의

---

8) 백두용 본은 상당히 많이 전해지고 있다. 서울대학교 규장각 한국학연구원, 국립중앙도서관, 성균관대학교 존경각, 건국대학교 상허기념 도서관, 한국학 중앙연구원 도서관, 한양대학교 백남 학술정보관, 전주대학교 중앙도서관, 동국대학교 중앙도서관, 고려대학교, 전북대학교, 영남대학교, 충남대학교, 경기대학교, 숙명여자대학교, 서강대학교 등 도서관에 소장이 되고 있다.

또 다른 면모를 볼 수 있다.

『어록해』의 표제어에는 주자의 어류에 나타나는 어휘 외에도 이문吏文, 속어俗語 등을 포함하여 천 여개의 백화어휘들이 나타나고 있다. 그런데 이들의 석의에 보면 계훈溪訓(李退溪)24항과 미훈眉訓(柳希春)46항의 석의를 보류한 곳이 있다. 이것은 불확실한 것을 함부로 판정하지 않는 신중한 학술자세를 나타내는 것이어서 오늘날의 학계에서도 배울 바가 있으며, 아울러 당시 조선 사대부들의 백화 실력을 가늠할 수 있는 방증자료가 되기도 한다. 또한 대량의 동의어가 수록이 되어있으며 송대 사회문화제도에 관련 된 어휘들이 수록되어 있어, 송대 문화와 어휘연구에도 일정한 자료를 제공하게 될 것이다. 한편『어록해』에 수록된 주음註音은 당시의 어음語音을 연구함에 있어서 좋은 자료를 제공하고 있다.

『어록해』는 기본적으로 사전류의 일종이어서, 사서辭書를 기반으로 한 동아시아 주자학의 연구를 가능하게 한다. 예컨대, 주자강학어록연구朱子講學語錄研究,『주자어류』정리와 연구, 한국주자학연구, 주자학이 한국과 중국에서 발전하는 과정에 있어 서로 일치하거나 차이를 보이는 상황들 등을 엿볼 수 있으며, 또 조선 학자들이 주자학에서 취하는 가치의 선택 방향 등을 연구할 수 있다.

국내에서 『어록해』는 국어학 분야에서는 이미 수많은 연구가 이루어져 왔지만 중문학 분야에서는 연구가 미약하며, 더욱이 한어사 연구방면에서는 주목을 받지 못하였다. 이것은 어느 정도 『어록해』 자체가 가지고 있는 자료서의 일정한 한계 때문인 측면도 있는데, 『어록해』가 언어연구, 사서辭書연구 등 여러 방면에서 아주 중요한 가치를 지니고 있지만 다른 한편으로는 아쉬운 점도 보여주고 있기 때문이다. 이를테면 비록 책의 제목에서 이 책의 표제어 대상이『주자어류』라고 정확히 밝히지는 않고 있으나,『어록해』가 중시 받는 것은『주자어류』에 대한 풀이이기 때문이라 할 수 있다. 그런데 여기에 수록된 어휘는 어류를 읽어 내기에 많이 부족하며, 수록된 표제어도 단어라기보다 구句인 경우가 상당수를 차지한다. 심지어 적당하지 않은 단구短句들도 보여주고 있고 석의에서도 임의적 어휘

선택이 다소 보인다. 이런 부분들은 아직 연구할 과제로 남아있다.

  본서는 정양, 남이성, 백두용 삼종『어록해』를 중심으로 표점과 정리를 하였고 또한 삼종합본을 한어 병음 순으로 재차 배열 한 것으로서,『어록해』의 연구자들에게 충실한 자료를 제공하고자 하는 것이다.

  본서의 정리 작업은 주요하게 각 판본에서 틀린 곳을 수정하고 각주를 달았으며 판본에 있는 반복기호에 상응되는 문자로 바꾸었으며 독해에 불편함을 초래한 이체자異體字들을 표준적 번체자繁體字로 수정을 하되, 해당 이체자들은 표로 만들어 뒷면에 첨부하였다. 『어록해』의 중문부분을 열독함 있어서 견해 차이가 존재할 수 있으나, 본서에서는 열독의 편의를 돕기 위해 표점을 달았다.

  본서는 단본도 표점을 부가하였고, 권말에 원문의 영인본을 첨부하였다. 이것은 열독의 편리를 만족시키는 동시에 본서에 대한 문자, 판본 등 여러 방면에서 진일보한 연구에 편의를 제공하려는 것이다. 표점 작업은 간단해 보이나, 실제 표점정리에서 기술적으로나 학술적으로 많은 어려움을 겪었다. 주로 한문과 한글의 혼합형이라 표점정리의 통일성을 갖추는데 있어서 상당한 어려움이 있었고 다량의 이체자 정리 또한 문제로 삼았기 때문이다.

(자세한 사항은 범례에 수록하였음)

  문헌은 모든 연구의 기초인 반면 표점교감은 문헌연구의 전제조건이다. 이번 작업은 어록해의 기초 작업이며 이 기초를 토대로『어록해』에 관한 문헌학, 언어학, 주자학 등 여러 방면에서 포괄적 연구로 나아갈 수 있다. 앞으로는 삼종이 아닌 더 많은 주자어록 주해서를 포함시켜 방대한 어록주해서 체계를 만들고자 한다. 어록해가 한중 혼합본이라는 점을 고려해 한국, 중국, 나아가 일본, 동아 각국 주자학 연구자들에게 독회하고 참고 할 수 있도록『어록해』를 현대적 의미로 한·중·일 삼중 언어로 번역을 할 것을 약속을 드린다.『어록해』의 현대적 의미로는 자세히 연구된바가 없어 추후의 작업이 지금부터 설레 인다.

이상의 작업은 기초 작업이지만 희망컨대 학술연구에 많은 편리와 도움을 주기를 바란다. 또한 학술계에서도 『어록해』를 보다 더 관심을 깊이 가지고 『어록해』의 가치를 더 깊이 파고들어 모든 방면과 여러모로, 다차원의 연구 한국학, 한어학 및 주자학, 유학, 동아학 등 방면에서 좋은 성과를 이루길 기대해 본다.

이 작업을 진행함에 있어서 도움을 주신 많은 분들께 진심으로 감사를 전하고 싶다. 우선 필요한 자료를 제공해주신 국립중앙도서관 김효경 중도님과 옛한글에 대해 조언을 해주신 성신여대 박부자 교수님과 선문대학교 박재연 교수님께 감사를 드린다. 그리고 중국 상해 사서출판사 랑징징郎晶晶편집인, 상해복단대학교 위스전虞思徵동문同門에게도 고마움을 전하고 싶다. 특히 상해사범대학교 서시의 교수님과 한국교통대학교 박영록 교수님께서는 많은 조언과 도움을 주셔서 깊이 감사를 드린다. 끝으로 이 책의 출판에 힘을 써주신 민족문화문고에 계신 문용길 사장님과 학고방 출판사 하운근 사장님, 박은주 차장님께도 진심으로 감사를 전하고 싶다.

前言

　　朱熹是東亞儒學的典型代表人物，集理學之大成，融儒、釋、道於一體，他以儒家思想為基礎，又融合仙佛教和道教的思想，发展成为性理學。事實上儒家思想在哲學體系的成就發端于朱熹的性理學。朱熹的著作於南宋傳入朝鮮，對李朝時期朝鮮的思想、文化、政治等方面產生了極大的影響，經過兩百多年的發展，於16世紀中葉形成了以李滉（字退溪）的退溪學派與李珥（字栗谷）的栗谷學派為代表的朝鮮朱子學。李滉等朝鮮學者以《朱子大全》、《朱子語類》等為主要材料，對朱子思想進行深入的理解與研究，這也促進了《朱子大全》、《朱子語類》等朱熹著作以朝鮮活字版大量刊行并得以普及。[1]

　　唐宋以來儒學家講授的儒家經義和高僧宣示的佛教教義，都由弟子們逐一記錄編成語錄，這種體裁一度盛行。隨著中國文化尤其是朱子思想對朝鮮影響的加深，以白話寫就的經典注釋著作和語錄文獻傳入朝鮮并逐漸盛行。伴隨而來的問題是雖然朝鮮學者在對漢語長期的研究下能夠較好地閱讀文言，訓詁學也得到發展，但理解中國俗語白話仍十分困難。朝鮮學者早期對朱子學的研究大多集中於朱子文集與經傳註釋，對朱子語錄的研究起步相對較晚，最大的原因即是朱子語錄中多有朝鮮文人難以理解的南宋俗語，閱讀語錄的難度遠甚於文言。然而深入研究朱熹思想與中國典籍必須克服閱讀上的困難，學者們迫切需要對俗語白話註

---

[1]　按藤本幸夫的了解在朝鮮朝《語類》最少刊行了7次，第一次中宗39年（1544）刊行實現。所謂的中宗刊本（銅活字）。7種所謂的先本就是英宗47年（1771）年間的英宗（木版本）刊本。

解的著作。退溪李滉和眉巖柳希春（1513—1577）是朱熹語録注釋的先行者。李滉將《朱子語類》等有關朱子的書籍里經常出現的宋代俗語、口語進行解釋記爲札記，并撰成《註解書節要記疑》、《庸學釋義》等；柳希春也曾撰有《朱子語類箋解》、《詩書釋義》等。

李滉、柳希春開注釋朱子語録之先河，但真正解釋語録中疑難詞語而纂集成書的是《語録解》。《語録解》中除了收釋朱子語録中的俗語口語和疑難詞語外，還收有部分宋代的俗語以及當時外交、公文、刑事、詔書中常出現的詞語，這些公務用語《語録解》中自稱"吏文"。可以看出，《語録解》的編纂不僅是供當時的學者使用，也供官吏、公務人員等人群學習漢語。《語録解》既非完全用漢語解釋漢語，也非用當時的朝鮮語解釋漢語，而是採用了漢語、朝鮮語結合的形式，也可以看出其以實用爲上的宗旨，是一部目的性很強的註解書。

舊題《語録解》者種類眾多，僅寫明的編撰者就有李滉、柳希春、鄭瀁、南二星、宋浚吉[2]等，版本有稿本、木刻本、抄本、活字本、銅活字本、石印本等，大部分則著者與刊行年代未詳，尤其有大量不明年代的寫本傳世，總數在一百種以上，分別存藏於各個大學與研究所的圖書館，這也足以證明當時社會上對《語録解》的需求很大。

本書採用了年代、作者皆明確的鄭瀁《語録解》[3]（以下簡稱"鄭瀁本"）、南二星《語録解》[4]（以下簡稱"南二星本"）以及白斗鏞《註解語録總覽》中的《朱子語録》部分[5]（以下簡稱"白斗鏞本"）。鄭瀁本是最早的以《語録解》命名的朱子語録註解書，是《語録解》的原始形態，體現了語録註解書的原始面貌，具有一定的俗語辭書特征。南二星本是在鄭瀁本的基礎上進一步辭典化修訂。白

---

2) 宋浚吉（1606—1672）字明甫，號同春堂，謚號文正，朝鮮後期的文人。主要著作《語録解》、《同春堂》。

3) 鄭瀁（1600—1668）字晏叔，號孚翼子，晚年又改號抱翁。

4) 南二星（1625——1683）字仲輝，號宜拙。

5) 白斗鏞（1872—1935）字道七，號心齋。

斗鏞本則以南二星本為基礎，以鄭瀁本為參照再次增補修訂而成，是《語録解》的最終形態。[6]可以説，鄭瀁本、南二星本、白斗鏞本是《語録解》中最具代表性的三種。

鄭瀁本於孝宗八年（1657年）編定，於慶尚道屏山（現義城）刊行。該書匯集李滉、柳希春以及李滉門人所作的注釋，在此基礎上編成《語録解》一卷(27.8×20.4cm)，另於卷末加入《漢語集覽字解》、《附録》，共收録1182條詞語，其中一字類183條，二字類831條，三字類88條，四字類65條，五字類13條，六字類2條。詞目按字數由一字類、二字類至六字類分類。所收詞目除了朱熹語録中的詞語外，還有關於當時的俗語、口語以及外交文書、吏文、刑獄文書、詔書中出現的公文詞語。釋文中漢語和古韓語相摻，其中還有借字表記和漢字略字符號、反復符號等各種記號。現尚存鄭瀁本《語録解》初刻本，爲木刻本，一卷二十九葉，[7]四周無界，每半葉九行三欄，釋義爲雙行小字。半匡郭長21厘米，寬16.7厘米，版心有上下内向魚尾，中間只標示頁次。[8]（這本書的影印底本為首爾大学校奎章閣韓国学研究院所藏本嘉藍古495.1709-J466e）

鄭瀁《語録解》刊行十餘年後，南二星在顯宗十年（1669年）重新修訂刊行了《語録解》。其在鄭瀁的基礎上在卷前加上了凡例，在卷末加上了宋浚吉撰寫的跋。其體例與鄭瀁本相同，但刪去了133條，增加了1條，並將鄭瀁本卷後所附《漢語集覽字解》、《附録》中的條目按字數歸入到了一字類至四字類中。所收共1050條詞目，其中一字類157條，二字類737條，三字類83條，四字類58條，五字類13條，六字類2條。現尚存南二星本《語録解》初刻本，爲木刻本(33×21.3cm)，

---

6) 學術界曾有觀點認為白斗鏞本價值不高，但據我們考察白斗鏞本仍在南二星本的基礎上增加了許多條目且對内容有較多修改，在《語録解》研究上有很高的價值，故本書採用白斗鏞本作為本次點校的主要對象之一。

7) 其中《語録解》22葉，《漢語集覽字解》和《附録》共6葉，《跋》1葉。

8) 首爾大學奎章閣韓國學研究院、首爾大學校圖書館伽藍文庫、成均館大學校尊經閣、高麗大學校圖書館晚松文庫、淑明女子大學校圖書館、啓明大學校東山圖書館、誠庵文庫以及日本小倉進平均有收藏。

一卷四十五葉，[9]四周變邊有界，每半葉八行雙欄，釋義為雙行小字。五字類、六字類中部分條目中釋義内容較多而延展至下欄或下一行的上欄。半匡郭是常19.4厘米，寬15.3厘米。版心有上下内向二文魚尾，其間又有書名和頁次。[10]（這本書的影印底本為首爾大學校奎章閣韓國學研究院所藏本奎1539）

《註解語錄總覽》是白斗鏞編纂，尹昌鉉增訂，大正八年（日本紀年，1919年）在翰林書林刊行。《註解語錄總覽》由《朱子語錄》和《水滸誌語錄》、《西遊記語錄》、《西廂記語錄》、《三國志語錄》、《吏文語錄》等部分構成。《朱子語錄》部分的按詞目字數分類方式與鄭瀁本、南二星本相同，但在南二星本的基礎上又補入部分鄭瀁本中原有的條目（南二星刪去），并另外增加了一些新的條目，共收録1193條詞目，其中一字類 193條，二字類 822條，三字類 98條，四字類64條，五字類13條，六字類 2條。本書所採用的《註解語錄總覽》爲木刻本一卷二冊（30.4×20cm），《朱子語錄》部分二十三葉，四周變邊有界，半匡郭長20.7厘米，寬14.9厘米，半葉十二行三欄，版心有上黑魚尾，魚尾之上部有“朱子語錄”的書名，魚尾下部有頁次。[11]（這本書的影印底本為首爾大學校奎章閣韓國學研究院所藏本嘉藍古417.09-B146j-v.1-2）

《語錄解》對於學術研究有著多方面的重要價值。首先，《語錄解》中存有部分李滉、柳希春所作的語錄詞語訓釋，其中李滉訓釋24條，柳希春訓釋46條，一般提示為“眉訓”、“溪訓”，反映了當時朝鮮朱子學者的漢學功底、思想，也可看出李滉、柳希春註書思想的異同。

《語録解》在韓國的古代語言研究方面具有不可忽視的重要價值。《語録解》

---

9)　其中《語録解凡例》2葉，《語録解》40葉，《語録解跋》3葉。

10)　首爾大學奎章閣韓國學研究院、檀國大學校退溪記念圖書館、韓國學中央研究院、忠南大學圖書館、梨花女子大學校、日本天理大學圖書館等多處皆有收藏。

11)　白斗鏞《註解語錄總覽》存世頗多，國立中央圖書館、韓國學中央研究院圖書館、首爾大學校奎章閣韓國學研究院、成均館大學校尊經閣、漢陽大學校白南學術情報館、建國大學校常虛紀念圖書館以及高麗大學、全北大學、嶺南大學、忠南大學、京畿大學、全州大學、東國大學、淑明女子大學、西江大學的圖書館等機構均有收藏。

中有大量的古韓文，是研究古代韓語與韓國語演變史的珍貴材料，針對這方面韓國已有部分相關研究，但可拓展的空間還很大。有的古韓文現難以確詁，可用已知的《語錄》詞語的詞義和《語錄解》的解釋反推其中古韓語，作為古韓語研究的參考。另，鄭瀁《語錄解》、南二星《語錄解》與白斗鏞《註解語錄總覽》中的《語錄解》部分之間相差數百年，正是韓語演變的重要時期，三種《語錄解》的古韓文比較研究正可以看出韓語書寫形式的演變。

《語錄解》在韓國語學上的研究價值已經受到重視，相關的研究也已有所開展，但從漢語研究的角度而言幾乎是空白，學術界似乎尚未關注到其漢語史研究方面的重大價值。

《語錄解》中所釋多有唐宋以來的俗語，對近代漢語詞彙研究有很高價值。主要體現爲：《語錄解》中保留了豐富的詞義，既有承上古而來的舊義，也有宋代新產生的新義，形成了多層次的詞義網絡。《語錄解》中保留了豐富的同義詞，漢語同一意義往往由許多詞表示，這些詞構成了同義類聚的網絡，《語錄解》中往往收有許多表示同一詞義的不同詞語。《語錄解》對唐宋以來的俗語作有精到的解釋，其釋義對近代漢語詞彙研究有借鑑意義。《語錄解》多收有反映宋代社會文化與制度的詞語，對宋代文化詞研究有所啓發。《語錄解》的釋義呈現了中國和朝鮮的漢語使用的差異，這種差異反映了宋元之間漢語白話的變化狀態。

《語錄解》釋文中多有注音，多以直音法爲主，有以漢字注漢字，也有以古韓語注漢字的，這對研究當時的中國、古韓語音亦有幫助。

《語錄解》各本用字多有差異，保留了一大批有當時特色的異體字，可見漢字在明代朝鮮學人群體中的傳承與演變，反映了宋、明漢字外傳的過程，在漢字傳播史和古朝鮮漢字用字研究方面皆具價值。將朱子語錄各時代傳本與《語錄解》中用字進行整理與比較，能夠集中體現宋、元、明、清以至現代的中韓兩國的用字情況。《語錄解》的字形多與漢魏至唐的法書、碑版以及佛經寫卷的用字一脈相承，但也有一些罕見於中國文獻的，可略窺朝鮮時期對漢字的吸收、保存與發展之一斑。

《語録解》的韓語、漢語方面的研究成果可以直接為漢語辭書、韓語辭書、漢韓詞典、韓漢詞典的編纂與修訂提供絕佳的材料，對辭書研究有很大的借鑒意義。

《語録解》雖不像中國傳統辭書那樣經常引用中國文獻，但有時也引用儒家經典、詩歌、韻書、醫書、時人之說等，其所引的文獻亦有與傳世文獻不同之處，這些異文可供文獻學研究參考，也體現了中國文獻傳播至東亞各國後的不同面貌。

朱子語録註解書的研究價值不僅僅停留在文獻研究、語言研究、辭書研究等方面，更能夠促進東亞朱子學的研究，其對朱子講學語録研究、《朱子語類》整理和研究、韓國的朱子學研究、朱子學在中韓發展的同調與異趣、韓國朱子學的價值取向與創新、朱子學在韓國的興衰、朱子學對東亞的影響及其與現代社會發展的關係、朱子學的東方文化意義、朱熹思想蘊涵的東亞文明與文化的精華內核、朱熹思想在東亞文明和當今社會中的現實意義和發展趨勢等多方面研究都有可資借鑒的學術意義，這些也是我們研讀語録註解書以及其他朱子文獻所應發掘的價值取向。

《語録解》也存在一定的不足，如其名為朱子語録的註解，但收詞多有不見於《語類》者，有很大的隨意性，缺乏一定的原則和標準。另外，《語録解》所收詞目多有不成詞者，甚至截取了許多不合理的短句，其釋義上也有隨意申發的問題，訓解有一些不科學之處。這些問題也是研究中應該注意和修正的。

本書以鄭瀁、南二星、白斗鏞本三本《語録解》為中心整理和標點，并將三本匯集以漢語拼音為序重新排列，可以説形成了新的《語録解》。

本書的整理工作主要是修正三本中的錯訛，將刻本中的反復記號改換為相應的文字，并將三本中對閱讀造成不便的異體字統一為標準繁體字，並將異體字以表格的形式匯集。《語録解》中的中文部分有的存在兩讀的歧義，本書經過考證為其加上標點以方便閱讀，但這些有歧義的內容可以為研究提供很好的線索。

本書還在單本點校本之後都附上了所參考的原本的影印本，以滿足不只以閱讀為目的的讀者群體的進行進一步版本、文字等方面研究的需求，在求便的同時也達到存真的功能。

本書另一項重要的工作也是本書最大的發明便是形成《<語録解>三種合本》，在合本中可以一眼即明地發現鄭瀁、南二星、白斗鏞三本詞目的增刪與合併，更方便比照三本釋義的改動、增加和刪減，這無論對《語録解》本身的研究或者漢語、韓語研究都較原來更爲便利。

以上工作皆爲首次，希望能爲學術研究提供一些方便與益處。在此基礎上，將會對《語録解》作有關文獻學、語言學、朱子學等方面的全面研究，并有意將除此三種以外的更多的朱子語録註解書納入進來，形成更龐大的"語録註解書"體系。考慮到《語録解》漢、韓語摻雜不便於中、韓學者使用，我們也打算日後將《語録解》翻譯成中、韓、日等語言，以方便東亞各國朱子學研究者們參考與閱讀。同時，衷心希望學術界能夠更多地關注《語録解》，深入發掘《語録解》的價值，對其展開全方面、多角度、多層次的研究，在韓國學、漢學以及朱子學、儒學、東亞學等學科上取得更多成果。

此次點校過程中，許多專家學者提供了極大的幫助。韓國國立中央圖書館的中道金孝京提供必要的資料，誠信女子大學校朴富子教授與鮮文大學朴在淵教授對古韓的部分提出高貴的建議，上海辭書出版社郎晶晶編輯與復旦大學虞思徵同學也爲本書的點校提供幫助。尤其上海師範大學徐時儀教授和韓国交通大學朴英綠教授對本書出版助益良多，徐時儀教授還拔冗賜序。最後，感謝民族文化文庫的文龍吉社長、學古房出版社河雲根社長與朴銀珠次長對本書出版作出的努力。謹向各位表示誠摯的敬意和謝忱。

まえがき

　中国儒学発展史における朱熹は、孔子と同様に重要な人物の中の一人である。朱熹は、既存の儒家思想をもとに仏教、特に、禅仏教と道教の思想を総合して、性理学を成し遂げたが、実際には、儒家思想が哲学体系を成すようになったのは、朱熹の性理学から始まったといえる。

　朱熹の著書が韓国に知られ始めたのは、高麗後期であり、当時、性理学を擁護する士大夫が朝鮮建国の主要な勢力になって、朝鮮の思想、文化、政治などの方面に大きな影響を与えた。そして、二百年余りの発展を経て、16世紀中葉には退渓李滉と、栗谷李珥のような大儒が登場し、『朱子大全』と『朱子語類』などの著書の出版を促し、また、その著書は再び活字版で刊行された同時に普及した。[1]

　朱熹著作のほとんどは、古文で著述されたが、『朱子語類』のように、当時の口語を反映した白話著述もあった。中国では、唐末及び五代以来、仏教界では、禅師の禅問答と説法を話し言葉そのまま記録して編んだ禅語録が流行し、儒学も白話体の著述が表示されたものであった。朝鮮初期だけでも、朱子学研究はほとんど、朱子文集と経典解釈に重点を置いており、この場合には、朝鮮儒学者たちの古文実力で読み取りに問題がなかったといえる。しかし、朝鮮の儒学者たちにとって、『朱子語類』のよ

---

1)　藤本幸夫の調査によると、朝鮮朝で「語類」は、少なくとも前後7回出版されており、（朝鮮版「朱子語類攷」）の最初の出版は、中宗39年（1544）に実現された。いわゆる中宗刊本（銅活字）である。この7種のうちで最も善本といわれることが英宗47年（1771）刊であり、いわゆる英宗刊本（木版本）である。

うな白話文は非常に粗野なものであり、読み取りすることが難しかったため、これに対する解説書の必要性が台頭された。これらの必要性から表示されたのが『語録解』である。語録解の出現は退渓李滉と眉巌柳希春（1513-1577）から言及することができる。朝鮮性理学の泰斗として朱子語録に多くの関心を持っていた李滉は『朱子語類』のような朱子と関連した書籍に出現した宋俗語や口語を解釈し、また、『註解書節要記疑』、『庸学釈義』などを編纂し、続けて柳希春も『朱子語類箋解』、『詩書釈義』などを編纂した。

　これらの作業で誕生したのが『語録解』である。現行『語録解』には、朱子語録の口語と俗語だけでなく、朱子語録の中で重要な、または難解な句も含めて収録しており、併せて、朱子語録ほか、宋の俗語、口語と外交文書、吏文、刑部と招義に表示されている公文語彙も収録されている。見出し語の釈義では、朝鮮時代の韓国語と中国古文を一緒に使用しており、そのほかに、漢字を使用した借字表記と漢字の略符号、反復記号など各種符号も使用している。朝鮮の士人たちがハングル表記を軽蔑する傾向があったことを考慮すると、古文と韓国語を混用した釈義の仕方から見て、非常に実用的な趣旨を示しながらも、目的性が明確な注釈書であるといえる。

　朝鮮時代に出版された『語録解』では鄭瀁（1600～1668）[2]が退渓李滉と眉巌柳希春の注解を総合して孝宗8年（1657）に龍興寺で出版された木版本1本が最初のものである。（以下 " 鄭瀁本"と略称）。南二星（1625～1683）[3]と宋浚吉（1606～1672）が王命を奉じ、宋浚吉[4]の跋文を付けて顕宗10年（1669）に出版された木版本が出てきた。（以下 " 南二星本"と略称）。現在、各大学の図書館に所蔵された資料を見ると、南二星本の後に、木版本、石版本などが出版された事例があり、併せて、個人的に筆写が多く進行されて、筆者が確認したことだけでも100種類以上の版本が存在する。これら

---

2)　鄭瀁(1600~1668)の字は晏叔であり、号は孚翼子または抱翁である。

3)　南二星(1625~1683)の字は仲輝であり、号は宜拙である。

4)　宋浚吉1606(先祖39)-1672（顕宗13）、字は明甫であり、号は同春堂であり、諡号は文正である。朝鮮後期の文臣である。主な著書は「語録解」、「同春堂」である。

の本文は、約最初の木版本である鄭瀁本をもとにしており、追加で収録された吏文に関する付録形式の語彙で多少の違いが見られる。これは朝鮮時代に『語録解』の需要が多かったことを証明するものである。ところが、これらは概ね出版履歴が不明で、発行者と発行年を把握するのは難しい。南二星本の後に、刊記が確実な版本では、近世に来て 心齋白斗鏞5)が編纂し、鶴巣尹昌鉉が増補して、1919年に出版された『註解語録総覧』に含まれている『朱子語録』である。（以下 " 白斗鏞本"と略称）。したがって鄭瀁、南二星、白斗鏞が出版したこれらの文献を『語録解』の代表的な三種の版本だといえる。しかし、これらの版本の底本は、鄭瀁本とすることができ、この鄭瀁本は李滉と柳希春の解釈を編集したものなので、最初の『朱子語録解』は、最終的に李滉と柳希春とその門下の弟子たちによって、紡ぎられたものである。

　鄭瀁本は孝宗8年（1657）に慶尚北道屏山（今の義城）で出版された。この本は木版本1本（サイズ、27.8×20.4cm）で、跋文を含めて、合計29枚である。版式は四周雙邊、無界で、見出し語は毎面に9行に3段に分かれており、注釈は雙行小さな文字で注釈を付けた。半匡郭は長さ21cm、幅16.5cmであり、版心が上下内向二文魚尾であり、その間に、版心署名がなく、ページ目次だけが表示されている。6)(ここに影印した原本は、ソウル大学奎章閣韓国学研究院の所蔵本である嘉藍古495.1709-J466eの本である。)

　鄭瀁本は、『漢語集覽字解』、『付録』を含めて全1,182件の語彙を収録している。見出し語は、文字数1字類から6字類まで分かれており、そのうちの1字類183個、2字類831個、3字類88個、4字類65個、5字類13個、6字類2つで構成されている。

　鄭瀁本が出版されてから10年以上後に、南二星が鄭瀁本をもとに新たな『語録解』を刊行した。この本は木版本1本（33×21.3cm）で、見出し語と跋文などを含めて全部45

---

5)　白斗鏞(1872~1935)の字は道七であり、号は心齋である。
6)　ソウル大学奎章閣韓国学研究院、ソウル大学図書館伽藍文庫、成均館大学尊経閣、高麗大学図書館晩松文庫、淑明女子大学図書館、啓明大学東山図書館、誠庵文庫に所蔵されており、日本の小倉進平先生が個人所蔵している。

枚である。版式は四周雙邊、有界で、見出し語が毎面に8行、2段に雙行に注釈を付けた。半匡郭は長さ19.5cm、幅15.2cmである。版心は上下内向二文魚尾であり、その中には、署名があるページ目次がある。7)(ここに影印した原本は、ソウル大学奎章閣韓国学研究院の所蔵本である奎1539の本である。)

南二星本は鄭瀁本に凡例を追加し、巻末には宋浚吉の跋文を付け加えた。體例は鄭瀁本と似ているが、見出し語を133項を削除し、1項だけを追加した。そして、鄭瀁本の巻末にあった『漢語集覽字解』と『付録』の見出し語を文字数によって、1字類から4字類までの項目で追加した。語彙は全1,050個収録されており、そのうちの1字類157個、2字類737個、3字類83個、4字類58個、5字類13個、6字類2つに分かれている。

白斗鏞著、尹昌鉉増訂の『註解語録総覧』は木版本（1冊、2本、サイズ、30.4×20cm）で、1本には、『語録解跋』1枚、『註解総覧凡例』1枚、『朱子語録』20枚、『水滸伝語録』36枚で、2本には『西遊記語録』41枚、『西廂記語録』10枚、『三国志語録』2枚、『吏文語録』3枚などで構成されている。『朱子語録』の部分には鄭瀁本と南二星本のように文字数で分類する方式になっており、鄭瀁本と南二星本の『語録解』をもとにして、鄭瀁本（南二星が削除した語彙）の語彙を再び73項を追加し、語彙1項だけを削除した。白斗鏞本は、全部1,193個の語彙を収録しており、そのうちの1字類193個、2字類822個、3字類98個、4字類64個、5字類13個、6字類2つに分かれている。

版式は四周雙邊、有界で、半匡郭は長さ21cm、幅15.7cmである。見出し語は、毎面に12行3段28字に分かれており、版心は上黒魚尾で魚尾の上部には、『朱子語録』という署名と魚尾の下部には、ページ目次がある。白斗鏞の『註解語録総覧』は非常に多く伝えられている。8)(ここに影印した原本は、ソウル大学奎章閣韓国学研究院の所蔵

---

7) ソウル大学奎章閣韓国学研究院、東国大学退溪記念図書館、韓国精神文化研究院蔵書閣、西江大学図書館、日本天理大学図書館に所蔵されている。

8) 白斗鏞本は非常に多く寄せられている。国立中央図書館、成均館大学尊経閣、建国大学常虚記念

本である嘉藍古417.09-B146j-v.1-2の本である。）

　今日の『語録解』は韓・中・日だけでなく、東アジア各国でも『朱子語類』を読んで
研究するすべての学者たちに欠かせない重要な研究材料である。また、韓国語の発展
史の研究でも、重要な資料でもある。つまり、釈義に使用された昔のハングルで見出
し語の意味を把握する一方、見出し語の意味から逆に釈義に使用された昔のハングル
の意味を把握することである。特に、釈義に漢文と昔のハングルが一緒に使用されて
いる場合が多く、互いに対照して研究が可能である。

　『語録解』は、豊富な釈義を保有している。
　『語録解』の釈義は上古以来の舊義を引き続き受け、宋の新しい釈義も出現してい
る。釈義は、主に唐俗語で表現されているので、近代中国語の研究にも非常に大きな
価値を与えている。釈義に字義字音を調べて、当時の語音の研究と大量の中国語異体字
が入っていて、文字学研究にも、韓国と中国で使用された漢字の字形の違いを研究す
ることにおいても、重要な資料を提供する。『語録解』釈義は韓中両国が漢語に対す
る異なる認識の違いを現し、宋元の間の漢語白話が変化した状態をよく反映した。ま
た、釈義には、中国文献を多量に引用することはなかっだが、儒家経典、詩歌、韻
書、医書、詩人の引用文を使用して、文献伝播の別の一面を見ることができる。

　『語録解』の見出し語には、朱子の語類に表示される語彙に加え、吏文、俗語など
を含めて、一千個以上の白話語彙が示されている。ところが、この釈義を見れば、溪
訓（李退溪）24項と眉訓（柳希春）46項の釈義を保留したところがある。これは不確実
なことをむやみに判定していない慎重な学術姿勢を示すものであり、今日の学界でも

図書館、ソウル大学奎章閣韓国学研究院、韓国学中央研究院図書館、漢陽大学白南学術情報館、
全州大学中央図書館、東国大学中央図書館、高麗大学、全北大学、嶺南大学、忠南大学、京畿大
学、淑明女子大学、西江大学などの図書館に所蔵されている。

学ぶところがあり、併せて、当時の朝鮮の士大夫たちの白話の実力を計ることができる傍証資料にもなる。また、大量の同義語が収録されており、宋社会文化制度に関連する語彙が収録されており、宋文化と語彙の研究にも一定の資料を提供することができると思っている。一方、『語録解』に収録された註音は当時の語音を研究するに当たり、良い資料を提供している。

　『語録解』は、基本的に辞書類の一種であり、辞書をベースにした東アジア朱子学の研究を可能にする。例えば、朱子講学語録研究、『朱子語類』整理と研究、韓国朱子学研究、朱子学が韓国と中国で発展する過程にあり、互いに一致するか、違いを見せる状況などを垣間見ることができ、また、朝鮮学者たちが朱子学で取る価値の選択方向などを研究することができる。

　韓国で『語録解』は国語学の分野では、すでに数多くの研究がなされてきたが、中国文学分野では、研究が微弱であり、さらに中国語史の研究方面では、注目を受けなかった。これは、ある程度『語録解』自体が持っている資料としての一定の限界のためでもあるが、『語録解』が言語研究、辞書研究など、さまざまな方面で非常に重要な価値を持っているが、他の一方では惜しい点も示しているからである。例えば、たとえ本のタイトルで、この本の見出し語対象が『朱子語類』とは正確には言わないが、『語録解』が重視されるのは、『朱子語類』の解釈だからである。ところが、ここに収録された語彙は、語類を読み取るにはたくさん不足し、収録された見出し語も単語というより句である場合が多くを占めている。さらに適当でない短句も見せており、釈義でも、任意の語彙の選択が多少見られる。このような部分は、まだ研究する課題として残っている。

　本書は鄭瀁、南二星、白斗鏞の三種の『語録解』を中心に標点と整理をし、また、三種合本をピンイン順に再度配列したものであって、『語録解』の研究者に忠実な資料

を提供しようとするものである。

　本書の整理操作は、主に、各版本で間違ったところを修正して、脚注をつけており、版本の反復記号に対応されている文字に置き換えて、読解に不快感をもたらした異体字を標準的繁体字に修正をしており、その異体字は表に作って裏面に添付した。

　『語録解』の中国語部分を閲読するにおいて、見解の違いが存在することができるが、本書では、閲読の便宜を図るために、標点をつけた。

　本書は単本も標点を付加し、巻末に原文の影印本を添付した。これは閲読の利便性を満足させると同時に、本書の文字、版本など様々な方面で一歩進んだ研究に利便性を提供しようとするものである。標点作業は簡単に見えるが、実際の標点の整理から、技術的にも学術的に、多くの困難を経験した。主に、漢文とハングルの混合なので、標点の整理の統一性を備えるには、かなりの困難があって、多量の異体字整理も問題になったからである。(詳細は、凡例に収録している。)

　文献は、すべての研究の基礎であるのに対し、標点校勘は文献研究の前提条件である。今回の作業は、『語録解』の基礎作業であり、この基礎をもとに、『語録解』に関する文献学、言語学、朱子学など多くの方面で包括的研究に進むことができる。今後、三種ではなく、より多くの朱子語録註解書を含めて、膨大な語録註解書体系を作ろうとする。『語録解』が、韓中の混合本という点を考慮して、韓国、中国、さらに日本、東亜各国の朱子学研究者に一読会で参考することができるように、『語録解』を現代的な意味で韓・中・日三重言語に翻訳をすることを約束を申し上げる。『語録解』の現代的な意味では、詳細に研究されたことがないので、今後の作業が、今から胸がときめく。

　以上の作業は、基礎作業だが、学術研究に多くの便利と助けになることを願っている。また、学術界でも『語録解』をより関心を深く持つ『語録解』の価値をより深く掘り下げて、すべての方面、多次元の研究、韓国学、漢語学と朱子学、儒学、東亜学などの領域で良い成果をあげられるように期待している。

本書の作業については、ご協力いただいた多くの方々に心からここにお礼をもしあげたい。まず、必要な資料を提供してくださった国立中央図書館ギムヒョギョン中途と昔のハングルについて助言をしてくださった誠信女子大学バクブジャ教授と鮮文大学バクジェヨン教授に感謝を申し上げる。そして、中国の上海辞書出版社郎晶晶編集者、上海復旦大学虞思徴同門にも感謝の気持ちを伝えたい。特に上海師範大学徐時儀教授と韓国交通大学バクヨウンロク教授は多くの助言と支援をいただき深く感謝を申し上げる。最後に、この本の出版に力を入れてくださった民族文化文庫のムンヨンギル社長と学古房出版社のハウングン社長、バクウンジュ次長にも心からの感謝を申し上げたい。

어록해 삼종 교본 합간 범례

1) 본서는 삼종三種『어록해』의 합간合刊본이며 삼종『어록해』원본底本은 다음과 같다.

- 정양 편찬『어록해』('정양 본'이라고 약칭)이다. 본서에서는 효종 8년 초간본初刊本을 원본으로 한다.

- 남이성 편찬『어록해』('남이성 본'이라고 약칭)이다. 본서에서는 현종 10년 초간본初刊本을 원본으로 한다.

- 백두용 편찬 윤창현 증보를 한『주해어록총람註解語録總覽』중「주자어록朱子語録」('백두용 본'이라고 약칭)이다. 본서에서는 1919년 한남서림의 초간본初刊本을 원본으로 한다.

2) 〈삼종 어록해 합본〉은 표제어 첫 글자의 표음 순에 따라 배열을 하였고 표제어의 자형이 서로 다르거나 문자오차에 대해서는 석의(釋義)의 내용에 근거하여 합병하여 배열을 하였다. 정양 본에 중복으로 나타나지만 석의가 서로 다른 부분 조목(항목)과 남이성 본에서는 한 조목(항목)으로 합병된 것에 대해서는 정양 본 조목(항목)1, 정양 본 조목(항목)2, 남이성 본, 백두용 본 순으로 배열을 하였다. 합본에 각 조목(항목)끝에 모두 본서에서 다루는 판본과 쪽 번호와 항목순서대로 표기를 했다. (예를 들면 삼본 첫 장 앞 반절 첫 번째 항목을 '鄭─前-1', '南─前-1', '白─前-1'으로 두 번째 장 후 반절을 두 번째 항목을 '鄭二後-2', '南二後-2', '白二後-2'으로 표기를 한다.)

3) 원본의 원형을 가능하면 유지하되 부분적으로 서로 다른 의의가 있으면 보류하며, 표제어와 관련된 이체자 또한 원형을 유지하는 방향으로 하였다.

예를 들어 '置', '實', '著', '着', '貌', '兒', '尸', '屍', '灑', '洒'등 문자는 모두 원본의 원형을 보류하였다. 원본 결자 혹은 글자체를 판별하기 어려운 것에 대해서는 '□'혹은 이미지 스캔을 해서 표기했고 원본대로 입력을 할 수 없는 글자는 이미지 스캔 본으로 대체를 했다. 정양 본에서 나타나는 구결 (아테지借字)약자부호 '乙', 'ㆍ', '也', '夕'는 각주를 달아 설명을 덧 붙였다. 자형을 변별하고 분석함에 있어서 영향을 미치지 않은 이체자와 속자, 그리고 글자마다 자형을 보류하여 오히려 의혹을 증가하여 혼란스러움을 초래하는 이체자나 속자는 통용되는 변체자 혹은 상용 글자로 바꿔서 썼다. (삼종『어록해』용자상황三種『語錄解』用字狀況은 부록에 있는 이체자표를 참조하시길 바람) 정양 본에 사용되는 대량의 반복기호 ' 〻 '를 모두 상응되는 정자로 통일을 하여 바꾸어 썼다.

4) 삼본 교감정리를 주요 목적으로 하였고 일반적으로 판본에 근거하지 않고 논리에 따라 교감 되어 있는 것은 정리를 하지 않았다. 만약 삼본에 서로 다른 점이 있으면 교감기록을 덧붙여 그 판본의 이문異文을 설명을 하였고 한 글자라도 다르다면 '作'으로 한 글자 이상 다르면 '爲'로 설명을 달았다. (예1 '昏' (정양 본)는 남이성 본과 동일하고 백두용 본은 '婚'으로 설명을 달았다. 昏(鄭瀁本): 南二星本同, 白斗鏞本作「婚」 예2 '袞去袞來' (남이성 본) 정양 본은 '袞來袞去'로 백두용 본은 '滾去滾來' 袞去袞來(南二星本): 鄭瀁本爲「袞來袞去」, 白斗鏞 本爲「滾去滾來」) 만약 원본이 확연하게 틀렸을 경우, 다른 두 판본을 토대로 수정하고 주석을 달아 설명을 하였다. (백두용 본 오류를 예로 들면 '湊 白斗鏞本作「湊」, 據鄭瀁、南二星二 本改. 知 白斗鏞本無, 據鄭瀁、南二星二本補) "삼종 어록해 합본" 중 서로 다른 판본의 오류는 주석을 달았고 일반적으로 이문異文으로 간단한 것들은 주석을 달지 않았다.

5) 유관한 내용을 고증하고 반드시 설명을 해야 할 것 혹은 아직도 의혹이 남은 것(예를 들면 석의는 없고 표제어만 있는 항목과 정양 본 중에 구결 차자借字부호, 부분 항목 석의 중의 '上同' 등)에 대해서는 사정을 감안하여 주석을 달았다.

6) 정양본, 남이성본, 백두용본의 매 표제어에 해당되는 페이지번호를 전체적으로 표시를 하지 않았다.(예: 「鄭一前」, 「南八後」, 「白一五前」 등)

7) 표점부호는 중국 고서정리中國古籍整理에 의해 진행을 했다. 중문과 옛 한글이 혼합된 곳에는 한어漢語표점의 근거에 따라 옛 한글에도 ' 。', ' 、', ' ; ' 표점부호를 그대로 사용을 하였다. 확실하지 않은 인명과 지명은 교유명칭 부호를 달지 않았다. 인용문은 따옴표를 사용하였지만 스스로 생각해서 펴낸 인용문은 따옴표를 사용하지 않았다.

8) 교점 기호는 '一, 二, 三 …… 一〇, 一一'등 순서에 따라 표제어 석의가 끝나는 오른쪽 끝에 달았다.

語録解三種校本合刊凡例

一、本書爲三種語録解的合刊，三種語録解爲：

    (一)郑瀁编语録解(簡稱郑瀁本)。所據版本爲孝宗八年初刻本。

    (二)南二星編語録解(簡稱南二星本)。所據版本爲顯宗十年初刻本。

    (三)白斗鏞編纂、尹昌鉉增訂的註解語録總覽中朱子語録部分(簡稱白斗鏞本)
      。所據版本爲大正八年翰林書林初刻本。

二、三種語録解合本按詞目首字拼音順序排列，詞目有字形出入或文字訛誤者根
    據釋義中内容作判斷後歸併。鄭瀁本中重複出現但釋義不同的部分條目南二
    星本合併為一條者，按鄭瀁本第一條、鄭瀁本第二條、南二星本、白斗鏞本
    的順序排列。合本中每一個條目皆與條末標明所在版本的頁碼與條次(如三
    本第一葉前半葉第1條分別標爲「鄭一前-1」「南一前-1」「白一前-1」，第二葉
    後半葉第2條則分別標爲「鄭二後-2」「南二後-2」「白二後-2」)。

三、力求保持底本原貌，保留部分意義有區別或涉及詞目的異體字，如「置」、「寘」，
    「著」、「着」，「貌」、「皃」，「尸」、「屍」，「灑」、「洒」等皆保留原本原貌。底
    本闕字或字跡無法辨認者用□或掃描圖像表示，底本中個別無法輸入的字保
    留掃描圖像。保留鄭瀁本中所使用的略指符號如「ㄴ」、「ㅄ」、「ㅄ」
    「ㅄ」，「夕」，并出注說明。凡不涉及辨析字形的異體字、俗字，或若逐字
    照録反增惑亂的異體字、俗字，酌情改用通行的繁體字或習見字(三種語録
    解用字情況詳參所附異體字表)。鄭瀁本中所使用的大量重復記號「一」，

統一替換爲相對應的文字。

四、以三本對校爲主，一般不做理校。如三本有不同，則出校勘記說明所據版本異文，凡一字的異同用「作」，一字以上的異同用「爲」(如：昏(鄭瀁本)南二星本同，白斗鏞本作「婚」；袞去袞來(南二星本)　鄭瀁本爲「袞來袞去」，白斗鏞本爲「滾去滾來」)。如底本有明顯錯誤，則據另外兩本改正并出校說明(以白斗鏞本訛誤爲例：奏　白斗鏞本作「湊」，據鄭瀁、南二星二本改。知白斗鏞本無，據鄭瀁、南二星二本補)。三種語録解合本中據他本改的訛誤出校，一般的異文則不出校。

五、凡有關内容的考證、須作說明的地方以及存疑處(如一些僅存詞目的條目、鄭瀁本中的略指符號、部分條目釋義中的「上同」等)則酌情出注。

六、鄭瀁本、南二星本、白斗鏞本每頁首條條末加上對應的頁碼(如「鄭一前」、「南八後」、「白一五前」等)。

七、標點符號依據中國古籍整理的規定。中文、古韓文混用處依據漢語標點，古韓文中也使用「。」、「，」、「；」等標點符號。人名和地名泛指者不標專名線。引文一般加引號，意引者不加引號。

八、校勘記用[一]、[二]、[三]……[一〇]、[一一]等依序標注於所校字句右下角，卷末出注。

語録解三種校本合冊凡例

一、本書は三種の『語録解』の合併であり、それらは、

　（一）鄭瀁編『語録解』「略称は鄭瀁本である」。版本は孝宗八年の初刻本に基づく。

　（二）南二星編『語録解』「略称は南二星本である」。版本は顕宗十年の初刻本に基づく。

　（三）白斗鏞編纂、尹昌鉉増訂の『註解語録総覧』の中の『朱子語録』の部分「略称は白斗鏞本である」。版本は大正八年の翰林書林の初刻本に基づく。

二、三種の『語録解』の合冊が見出し語のピンイン（拼音）の順番で排列されている。見出し語の字形が違う、或いは文字記載の誤りが出た場合、釈義に基づく判断を下して、その見出し語を併合する。鄭瀁本で釈義が違う重出条目は、南二星本では一条目にまとめられた。それが鄭瀁本第一条、鄭瀁本第二条、南二星本、白斗鏞本の順に排列されている。すべての合冊条目に、その版本・ページ数・条目番号を綴る。（例えば、三本の首葉の前半第1条は「鄭一前-1」「南一前-1」「白一前-1」と綴り、第二ページの後半第2条は「鄭二後-2」「南二後-2」「白二後-2」と綴る。

三、「置」、「真」、「著」、「着」、「貌」、「兒」、「尸」、「屍」、「灑」、「洒」など、意味が違うか見出し語に関する一部分の異体字がなるべく原本のままに示された。原本で欠かている字と読めにくい字は、□或いは画像スキャンで表示されるが、入力出来ない少数の文字は画像スキャンのままに表示される。

「乀」、「ゝゝ」、「丗」、「ゝゝ」、「夕」など、鄭瀁本で使われる略符号には説明を追加する。字形識別に関していない異体字と俗字、文字通り転録して逆に混乱を起こした異体字と俗字、通用している繁体字か習見字に変える（三種『語録解』に使われた文字の詳細は異体字表を参照する）。鄭瀁本で大量に使われる重複マーク「一」は省略されたその文字に切り替える。

四、三本の校勘は違う版本を対勘する方法を中心にして、理校（推理して直すこと）という方法を使わない。三本では相違がある場合、校勘記にて版本の異文を説明する。一文字が違う時に「作」を、一文字以上が違う時に「為」を使う（例：昏（鄭瀁本）南二星本同、白斗鏞本作「婚」；衮去衮来（南二星本）鄭瀁本為「衮来衮去」、白斗鏞本為「滾去滾来」）。もし原本に明らかな間違いが出た場合、他の二本によって誤りを修正して説明を追加する。

（白斗鏞本の間違いの例は：奏白斗鏞作「湊」、鄭瀁、南二星二本によって改。知白斗鏞本無、鄭瀁、南二星二本によって補）。三種語録解合冊で他本によって修正したところに出校するが、普通の異文には出校しない。

五、内容の考証に関しては、説明が必要なところと疑いがあるところ（例えば見出し語のみ残っている条目、鄭瀁本の略符号、一部の条目釈義に現れる「上同」など）裁量に注文を加える。

六、鄭瀁本、南二星本、白斗鏞本は毎ページ始めの条目の末にそれぞれページナンバーを加える（例えば「鄭一前」、「南八後」、「白一五前」など）。

七、符号の表示は中国古籍整理の規定に従う。中文・古韓文が混用する場合、符号は一切中文に従い、古韓文でも「。」、「，」、「；」などの符号を使う。人名と地名などは下線を引かない。引用文には普通引号を加えるが、引用文の内容をまとめる時、引号を使わない。

八、校勘記は「一」、「二」、「三」……「十〇」、「十一」などの番号で、順番によって校勘した文の右下に綴る。巻末に注文を加える。

目録

鄭瀁 語録解

一字類

箇　語辭。有一箇二箇之意。[鄭一前]

底　當處也。或作的。又그런거시，眉巖訓。

才　與纔同，又又。

也　語辭。又坴也。眉訓亦也，猶也。

他　뎌，又ᄂᆞ믜。眉訓彼也。又某人也。

閑　노다，又俗졀업다，又힘힘타。

却　語辭。又도로혀，又坴。眉訓還也。其在末句者語辭。

自　저，凡言自者多有저意。

這　이。眉訓此也。

沒　無也，眉訓。

須　모로매，又強也，又有待意，又必也。

要　求也。又브디，又ᄒᆞ고져。

去　語辭。有去意。眉訓舍此事爲彼事之意。

如　다혀，猶今鄕人有所歷擧則必曰다혀也。

那　뎌，又엇디。眉訓彼也。

較　마초아，直也，不等也。相角也。對兩而計其長短。又ᄆᆞ장。

教　ᄒᆞ여곰。

解　아다。

恰　마치。<u>眉訓</u>適當之辭。

還　語辭。又도로혀。

貼　브티다。俗所謂褙貼亦此意。[鄭一後]

和　猶言조차，以別物合此物曰和。아못것 조차。

慢　헐타。

是　此也，即也。近語辭。

得　語辭。又올타，有得意。

拶　音찰，다와다 가다。

便　곳，又쉽다。又私傳也。如風便是也。<u>眉訓</u>即也。猶假使也。又因人寄書謂之便。

煞　與殺同。ᄆ장，音쇄。

按　下也，又考也，又禁也。

靠　音告，憑也。

棒　音방，杖打也。

做　作也。又工夫成意。

麼　語辭。又그리，又이만，又아모만，又猶言乎否也。

渠　저，又그。<u>眉訓</u>呼彼之稱。

了　語辭。又ᄆᆺ다，又아다，又곳，又잠간。<u>眉訓</u>在末句者事之已畢爲了。

打　語辭。有爲意，有成意。

爭　엇뎨，又有爭之意。

扴　뻐여，又쩌여。俗「析」字。

劄　지ᄅ다。<u>眉訓</u>着也。

着　猶言爲也。又붓다，又두다。

趲　뽓다。

鎭　댱샹。

頭　굿。

作　爲也。亦語辭。

旱　셸리。疑「早」字之誤。

管　主之也。ᄆᆞᆷ아다。眉訓總攝也。[鄭二前]

頓　오오로。

來　語辭。有來意。

差　져기，與較仝。又差出之意。

遞　公傳也。附遞傳書謂之遞。

合　맛당，又본ᄃᆡ。

零　ᄌᆞ젼，又零細云者。箇箇也。

似　向也。眉訓亦扲也。「去國一身輕似葉」。

般　오오로，다。○ 疑誤。옴기다，又가지。

浙　即「浙」字。

頤　跿仝。

慁　溷仝。

訣　絶也，又別也，又辭也。

齰　音窄。

棼　亂也。

悢　音兩，悲也，又眷眷皃。又音朗，不得志[1]。

矍[2]　左右驚顧，又視邊皃。

摑　音괵，手打也，批也。

在　語辭。有在意。

党　音黨。

捽　持頭髮也。

當　고대。眉訓去聲則抵當也。모막단 마리라。

羑　音弋九切。善也。

惹　　亂也，又引着也。

捼　　乃曷切。捎也，又手按也。누르다。

翻　　도로혀。

攔　　遮也。

鑢　　줄。[鄭二後]

撩　　더위잡다。

撒　　音煞，쇄，又音散，散之之皃。

薎　　音멱，믄득。

生　　語辭。

泐　　音勒，疑合也。又消磨，달타。

你　　汝也。眉訓爾也。音니。

渾　　오오로，猶言全也。

討　　춫다，求也。

會　　아다。

消　　爲也。又모로매，又ᄒ여디내다。眉訓須也。不湏、不消也。

漫　　힘힘타。

摺　　音탑，뎌피다，又것다。眉訓뎝단 마리라。

串　　곳，又쎄다。

研　　窮也。궁극。

喙　　口喙也。昌芮切，又許穢切。

漢　　놈，有病漢、醉漢、罔兩漢等語。

劈　　쎄티다。

剔　　쎄혀。

椎　　몽동이。

儞　　音니，汝也。你仝。

俵　　分給也。

等　待也，<u>眉訓</u>。

初　잠깐。

跟　音根，足踵也。

提　잡다。

硬　굳다。

夯　音向，擔也。[鄭三前]

趤　音唐，跌趤也。行失正皃，又飛動皃。搶也。

輥　音混，車轂。齊等貌。

挨　音埃，推也。

獃　音埃，癡也。

敠　弱仝。

綫　音善，細絲也。

扛　音烘，飛也。

儘　任也。

捏　쥐다，又모도다，又지버 뫼호다。音날。

竊　音聶。

錯　그릇，又외다。

直　바르，又흔 갓。

交　交付也。

僕　사람。

闊　어그럽다。

霎　音삽，少頃也。小雨也。

趲　匹라，<u>眉訓</u>。

鋸　解截也。

妙　<u>朱</u>門人問「妙」字。答曰：「『妙』字有運用之意，以『運用』字有病，故説『妙』字。」

抹　ᄒᆞ여 ᄇᆞ리다。

化　無所勉強而自中節也。

担　音擔，排也。

僑　寄也，寓也，謂旅寓也。又音喬，高也。

防　閑也，謂檢束其身防閑人欲也。

揣　音췌，度也。

𪘫　音遏，獸食之餘曰𪘫。［鄭三後］

走　牛馬走如云僕，自謙之辭。

押　如今押領人以去。

鑿　ᄯᅳᆯ也。情之鑿去其性，猶ᄯᅳᆯ之鑿物也。

越　더욱，愈也。

撏　徂含切。取也。지버 ᄲᅡᆺ다。

遂　ᄭᅮ미다，又일오다。

趁　미처。

摭　音拓，拾取也。

遹　音律，導也。又音郁，循也。

贊　音찬，明也。

拱　合兩手之指也。

寔　音식，진실로。

矜　矜嚴，矜莊，言過嚴莊也。

攖　걸리다。

怎　音즘，어늬，又엇디，與甚仝。

強　有剩餘之意。

辜　與孤通。져ᄇᆞ리다。

慁　音은，心不欲爲而強作之謂。

離　两人相對也。左傳云「離坐離立」。

諉 託辭。

凝 結也，定也。

輸 爲也，致也。博者負而質物亦云輸。

撐 音텡，拄意。制舟也。又音掌。

肚 音杜，腹也。

少 無也。

參 如「參三」之「參」，爲三才之類。

礙 거티다。[鄭四前]

剩 餘也。冗長也。通作賸。

體 骨子也。猶木之有幹。易：「貞固足以幹事。」

呷 音甲，ᄒᆞᆫ 머굼，吸呷。

略 잠간。

叵 音파，不可之意。

下 音하,「下」字言아ᄆᆞ 字ᄂᆞᆯ 노타，下手，손디타，下工夫亦同。

刱 與創仝。造也，初也。

寘 音至，置也。俗音티。

旦 音단，明也。日出之時。避我太祖諱讀朝。

窔 音要，室東南隅，又與突同。

夫 그，語辭。

窒 막디ᄅᆞ다。

厎[3] 音至，致也。

饜 音厭，足也。

奧 音오，室西南隅。

祇 音其，地神。

覰 音쳐，ᅀᅧᅀᅥ보다。

芐 音戶，地黃也。又音下，蒲平草也。

祗⁴⁾　音之，適也。오직，祗同。

楞　棱同。

炳　與藝音義同⁵⁾。

秤　與稱同。權衡總名。

偶　偶然。

賺　音담，欺也。又直段切，重買也。又市物失實也。[鄭四後]

將　가져。眉訓持也。

檢　束也。

以　由也。

泥　音녜，걸리다。

窌　音쵀，又音串。穿地也，又小鼠聲。

格　有「窮、至」二字意。致知在格物，則「格」字上取「窮」字意多，故云物乙 格홈
　　매⁶⁾。物格而後則「格」字在「物」字下，取「至」字意多，故云物이 格혼。

二字類

合下　猶言當初。본듸，又本來，溪訓。眉訓初也。[鄭五前]

查滓　즛긔。

跌撲　跌，박츠다；撲，두드리다。

揍合　뫼호다，又븥다。揍當作湊。

一截　眉訓截其半而爲一截。혼 층。

這箇　이예，又이，又이거시。

單提　또로드다。眉訓獨舉也。

伶俐　몱다，를키다，又영오타。眉訓分明也。

十分　ㄱ장。

不成　指下文而言，不得爲如此也。

只管　다함，又슬ᄋ여。

那裏　뎌긔，又어닉。眉訓一彼處一何處。

太極	太, ᄆ장。
主張	쥬변。○自主己意而張皇之, 猶저즈다。
拈出	자바내다。
自畫	如畫地以自限, 謂自足而止也。
異時	猶他時。
逐時	隨時。
單行	獨行。
推排	밀며 벗바다 올리다。[鄭五後]
定疊	安頓也。疊亦定意。眉訓堅定。
就中	이 듕에。
些子	죠고만, 又잠싼, 又병으다。
理會	헤아리다, 又싱각다, 又아다, 又출호다, 又省察也。於知於行於爲皆曰理。知也, 會也。溪訓찰오다。又理, 脉也。會, 知也。
初頭	처임귿。
知道	아다。
蕭疏	조타。○疏, 一作騷。
自家	저, 猶言我也。指彼而稱自己亦曰自家。
儘多	ᄆ장 만타。
一把	흔 줌。
物事	事, 語辭。如今数物必曰一事二事。
向來	아리。
照顧	슬피다。
合當	맛당。「合」字亦此意。
一間	흔동안。
關子	子, 語辭, 如扇子、亭子之類。眉訓只是關。
的當	合當之意, 猶言번득。
衰颯	해호로타。
箇中	이 듕에。
撞着	다디ᄅ다, 又맛돈다。眉訓衝着也。
放着	두다。

一段　　혼 편, 猶言一片也。

逐旋　　딸와。○궃곰, 조초。

硬來　　구틔여 와。

活法　　言不拘一隅, 보피르손 법비라, 猶活水、活畫, 不拘一隅也。[鄭六前]

揭出　　드러내다。

照管　　술피다。

提撕　　잡드다。眉訓提而振之也。

自別　　自然히 各別ᄒ리라。此「自」字非제也, 如自當、自然之意。

上面　　운녁, 外面裏面前面後面皆以此義推之。

鋪攤　　펴다。

抖擻　　猶言振之也。一云ᄣ러ᄇ리다。

零碎　　혹ᄇᄉ다。

打疊　　티다。○텨ᄇ리다。「疊」字如大典疊鍾之義恐相似也, 溪訓。眉訓克己也。

霎然　　잠싼。

除非　　아니니란 말오, 又아니면 말거시니라。

多小7)　언메나。

下落　　다힐딘, 猶歸宿也。

賺連　　過爲連着也。

安頓　　노타。

安排　　사ᄅᆷ이 힘드텨 구틔여 버립즈다。

除是　　일란 말오。「除是人間別有天」是을 除ᄒ고 人間애 各別히 天이 잇도
　　　　다。言除武夷 九曲之天而於人間別有天也。又이리마다。

索性　　ᄀ장, 溪訓。

杜撰　　杜前人説話撰出新語。

公案　　귀글월, 溪訓。

末梢　　與下梢仝。

下梢　　내죵, 溪訓。[鄭六後]

骨子　　猶言웃드미라, 指當物也。如言데저비。

頓放　　두다。

決定　　一定也。

揩背 등 미다。

差排 猶安排也。

恁地 이리, 猶言如此。

領略 아다, 猶言므슴애 담다, 溪訓。

捏合 지버 뫼호다。

都來 本來。

家事 呂伯恭打破家事。朴君實云俗指器皿爲갸亽8), 此是漢語, 溪訓。

佔畢 佔, 視也；畢, 簡也。見禮記。

收殺 거두어 뭇다, 畢終也。

過着 已爲也。「着」字有過意, 又與「消」仝。猶ᄒ야 디내다。

厮殺 醫書云厮炒。鄭子中云漢語厮訓相9)。此只是相殺之意。

頭當 다힐 딕, 疑다ᄃᆞᆯ 딕, 溪訓。

不同 與自別仝。

特地 各別也。又ᄀᆞ장, 漢語ᄀ부러, 又특별이。

巴鼻 다힐딕, 잡블딕。語類「沒巴沒鼻」未詳。

一重 ᄒᆞᆫ ᄀᆞᆯ피라。

怎生 漢語怎, 何也。生, 語辭。어늬 엇뎨。眉訓何也。

了然 ᄉᄆᆺ, 又ᄆᆞᆯ又ᄆᆞᆯ又。

接湊 뫼호다。[鄭七前]

撰來 밍ᄀᆞ라오다。

了了 與了然仝。

脫空 헛것。

點檢 ᄉᆞᆯ피다, 又샹고ᄒ여 출오디。

爲甚 甚音슴, 므스 거슬 위ᄒ야。

累墜 걸리며 드리디다。

平人 므던ᄒᆞᆫ 사ᄅᆞᆷ이라。

甚麼 므슴。眉訓何等。

捱去 미러 가다。

提掇 잡드러, 溪訓。眉訓掇亦提也。

怎麼 엇뎨오。

悠悠　　有長遠之意。힘힘타。

放下　　노하 브리다。

什麼　　與甚麼仝。

一方　　猶一邊也。

報道　　알외여 니르다。

伊麼　　이만, 又그런, 又뎌, 又이리, 又그리。

爭奈　　ᄒ건마ᄂ 그러커든 엇뎨료。

委意　　아다。

一齊　　ᄒ글ᄀ디, ᄀ죽, 又다。

任他　　뎨 아ᄆ라호믈 므더니 녀기다。

卜度　　짐쟉다。

一場　　ᄒ바탕이라。

從教　　ᄒ욘 조초로 므더니 녀기다。

提敗　　올긔 잡다。

一般　　ᄒ 가지라, 又一種。

任教　　從教仝。[鄭七後]

直饒　　현마, 又비록。又作僥, 又넌즈시。

一串　　ᄒ 곳。

免教　　그러케 호믈 버서나다, 又벗기다。

一搭　　ᄒ 가짓。

忽地　　믄득。

解教　　버서 브리다。○恐誤。

一遭　　ᄒ 디위。

打空　　쇽졀업다。

嗑着　　맛돗다。

一介　　一方仝。ᄒ 디위。

除去　　말오。

自是　　제 이리。

一遍　　ᄒ 디위。

除外　　除ᄒ 外예。

自由　제 쥬변。<u>漢語集覽字解</u>云「제 ᄆᆞᆷ으로 ᄒᆞ다。」

橫却　ᄀᆞ른 디르다。

若爲　엇디。

零細　猶箇箇也。

愁殺　시름 ᄒᆞ이다。

下夫　下手也。恐與下工夫仝10)。

從來　녜브터 오ᄆᆞ로。

到頭　다ᄃᆞ른 근。<u>眉訓</u>到極也。

笑殺　우이다。<u>歐陽公</u>詩曰：「笑殺<u>汝陰</u> <u>常處士</u>，十年騎馬聽朝雞。」

由來　從來仝。

裏頭　속머리，又속긋。

從前　젼브터。[鄭八前]

兩項　두목，又두 가지。

都盧　다，又오오로。

依前　젼ᄀᆞ티，又아ᄅᆡ브터。

喚做　아ᄆᆞ라타ᄒᆞ야 블러 니르다，又블러 일홈지타。<u>眉訓</u>稱其爲此也。○猶指其事以目之也。

伎兩　ᄌᆡ조사오납다。

摸擦　어르ᄆᆞ티다。

厮鬥　사혼다。恐此亦只是相鬥之義。

上頭　웃머리。

遮莫　遮音折，ᄆᆞ더니 너기다，猶言儘教也。진실로 그러케ᄒᆞ다。遮，一作折。

精彩　긧긧다。

地頭　ᄯᅡ긋。

撲落　텨 ᄲᅥ러디다。撲，一作摸。

轉頭　머리 도로혀。

落落　조타。

雌黃　猶言是非。

胡亂　어즈럽다，<u>溪訓</u>。又간대로。

灑灑　　落落仝。

恁麼　　그러타, 又이러타, 又그리, 이리。

這裏　　이에。

拶到　　다와다 가다。

甚生　　怎生仝。

一樣　　혼 가짓。

鍊成　　ᄀ다ᄃ마 일오다。

分曉　　「曉」字只是「明」字意。분명히 아다, 又ᄀᆯ히여 아다。[鄭八後]

多般　　여러 가지。

活弄　　너온너온 ᄃ니다。

鐫職　　벼슬 ᄀ다。

獃獃　　어리고 미옥다。

直下　　바ᄅ 느려오다。

胡寫　　亂書也。

較遲　　較, 比也。比之於他, 覺其遲也。

卓午　　낫, 日中也。

儱侗　　猶含糊也。又溪訓不分明也。

津遣　　道路資送之意。

一向　　혼ᄀᆯᄀ티

胖合　　夫婦各半體, 合爲一也。

郎當　　舞態也。及覆不正之兒, 猶俗言헤적시다, 猶狼籍也。

使臺　　監司兼風憲。

惺惺　　ᄭ지ᄭ지다, 又ᅀᆞ옴ᅀᆞ옴다。

鄉上　　鄉, 向也。上, 「形而上」之「上」, 謂天理也。言向道理。

截斷　　긋티다, 又긋다。

分疏　　猶發明也, 溪训。

偵偵　　失路兒。

腔子　　軀殼。

解額　　解使遣去之意。額數也。

樣子　　본。

末疾　手足不仁也。

親事　昏事。[鄭九前]

硬寨　眉訓堅植意。

譙責　譙亦作誚，以辭相責曰譙責。

打破　텨ᄒᆞ여 ᄇᆞ리다，溪訓。

挂搭　걸리다。

地步　頭也，又地也。

肚裏　빗소옥。

鶻突　간대로。○不分明也。

蹉過　드틔 뎌 디나다。

五種　다ᄉᆞᆺ 가지。

角頭　ᄒᆞᆫ 굿티라，溪訓。

田地　地位也。

玲瓏　븨드러 듣기다。

主顧　마초다。

檃括　正木之器。溪訓마초 힐훠 고티다。

着落　박아뎟다，又如歸宿意。

着着　븓튼 ᄃᆡ 아다。未詳。

賭是　是乙 賭타 蓋 올ᄒᆞᆷᄅᆞᆯ 求ᄒᆞ다[11]。

敦遣　州郡勸送之意[12]。

周羅　번저려 셔도다。

盤問　두로 힐훠 묻다。

迷藏　숨박질。

再著　엿 ᄒᆞᆫ 번。

做箇　지어。

譙僥　短小人。

闌珊　餘殘欲盡之意，又意思彫散皃。

不濟　쇽졀업다。

谷簾[13]　盧山瀑布散流如簾樣也。[鄭九後]

脚跟　足踵。

當下　고대。

彊輔　直諒朋友也。

安着　편안히 붓다。

一會　흔 디위。

下手　손디타。

那箇　어늬 것。

早早　어셔, 又 블셔。

消詳　仔細。

莫是　아니 이。

管著　울워다。

剗住　堅立意。

合趕　쯧다。

莫當　아니。

走作　ᄃ라나다。

參詳　ᄌ세 궁구。

一袞　흠쯰 모도다。

推鑿　穿也, 鑿也。

捃拾　收拾仝。

郎次　버검, 디검。

解免　버서 ᄇ리다。

剗著　바가덧다。

四到　四方至也, 溪訓。今俗有「四到」之語。

齊頭　흠긔。

欠了　낫브다。

麤糟　眉訓雜穢也。

攧懂[14) [鄭一〇 前]

攧撲　溪訓攧, 韻書作摛, 急擊如投擲之勢。撲亦打也。攧撲不破言牢固也。

破綻　ᄢ디다。○猶言罅隙也。

骨董　雜也。

仔細　ᄌ세。

提起　잡드러。
分外　분 밧기라。蓋所可爲者分内，而分外則所不可爲者。
斷置　眉訓決斷處置也，恐誤。猶棄也。
擔閣　벗틔워，不行皃。又一説머므다。眉訓揮弃。
且如　아ᄆᆞ나。
霎時　恐霎然意仝。아니ᄒᆞᆫ ᄉᆞ이。
了悟　頓悟。
這樣　잇가지。
實的　고디시기。
勾當　ᄀᆞ음 아라 ᄎᆞᆯ이다。一説猶主管。
斯睚　睚，보다。恐亦相見之義。
混淪　뫼화。
直截　方正。고기 베틴 ᄃᆞᆺ。
了當　다당타。
弄得　ᄒᆞ노려，又흔ᄃᆞ 단意。擺弄仝。
官會　猶今楮貨，溪訓。
甚人　엇던 사ᄅᆞᆷ。
忠管　不忘也，銘心也。
大小　猶多小[15]，溪訓。
着摸　대혀 잡드러，溪訓。
寄生　겨으사리，溪訓。[鄭一〇後]
一項　眉訓猶言一條。
放住　置也，眉訓。
奈何　猶言處置也，眉訓。
要之　구ᄒᆞ여 보건댄。
便是　眉訓亦即也。假使也。如「便是黄金不直錢」之類也[16]。
未解[17]
硬要　구디 ᄒᆞ고져。
略綽　略，잠깐；綽，漢語謂ᄡᅳ리티다。
醍醐　酥之精液，養性令人無妬心。

儘教　다ᄒ다。

咱們　漢語音자문, 우리。

思量　혜아리다。

曾無　與未曾仝。

挨去　疑揑去仝。

未曾　잠깐도 아니, 又曾, 아뢰。

喚作　喚做仝。

超詣　工夫深造。

公門　與他們仝。

喚成　喚作仝。

頭影　端緖。

徒然　흔갓 그러타。

喫緊　다긴타。

著廷　著作之廷[18]）。

照領　ᄀ옴아다。

容易　쉽사리。

許多　만타。［鄭――前］

六察　如尙書六員各有糾官。

柝號　敕之號令。出於易。

追典　追贈封謚。

一冬　一方仝。

知言　<u>五峰</u> <u>胡氏</u>説。

他門　指其人而稱曰他門。

一件　흔 볼, 猶言第一件。

等閑　죡졀업시, 又힘드렁이。

何曾　어듸데, 又엇디, 일즛。

一團　흔 무적。與一段仝而但分爲各段合爲一團。

一格　猶一例。

厮匜　出易注。

打酒　飮酒。

撏掇　音랍털，擇持，又理持。

斯養　牧羊奴[19]。

打坐　안줌 안기라。

押録　猶今書吏。

斯崖　斯，相也。「崖」或作「捱、啀」字，疑相抗之意。○音애，犬欲噬也。相持相拒不聽順之意。

打話　説破也。

撈摸　音노막，撈，水中以手取物也。摸，又音모，手捉也。有「東西撈摸」之文，言不得其物，東西求取也。如言두로미며 엇다。

打圍　圍之也。

賭當　疑是商量見得之意。

閲然　숫두어리다。

諦當　諦審。[鄭一―後]

騂然　面發赤色也。騂音셩，慚靦皃。

撈攘　撈，苦也；攘，奪也。言人之作事費氣力者則曰撈攘，衆人喧爭亦曰撈攘，蓋不安穩不利順之謂。

抵當　猶擔當，又對敵ᄒ다。

粹然　섯근 것 업다。

體當　如云體驗，體得堪當。

嗒然　解體皃。

攪聒　攪，搖動也。聒，어수선타，又요란타。

話頭　詞頭之類，言題目也。

慄然　與悚仝。又音双，저허ᄒᄂ는 겻타라。

挨前　挨音애，推也。

會去　아다。

滾得　섯버므러。

招認　招，如今다딤；認，引以爲證。

會問　잘 뭇다。

要得　이리과댜，又ᄒ고져之意。

點抹　批點打抹以表識所得之意旨。循行間而長引筆曰抹，非塗抹之抹。

會對	잘 되답다。
使得	ㅎ여곰。
會解	아다。
會得	猶會照也。如移文他司照驗之意。
關捩	關，機關也。捩，或作楲，冶者鼓風板所安之木也。
得解	得參鄉試。
拼得	拼音반，楚人遺弃之物謂之拼得，言委棄工夫。
失解	見屈於鄉試。[鄭一二前]
印可	佛語。올타。
滾同	흔디 뒤섯기다。
少間	이윽고，少頃也。
寧可	출하리 可히。
滾冗	如雜冗。
外間	外物也。
耐可	엇디 ㅎ여야 올흘고。
幹了	爲其事之骨子也。맛다ㅎ다。若妻則幹家，奴則幹事。
行間	衆人行列之間。
便儇	便捷儇利也。 늘내다。
引路	길자비。
偶便	偶因歸便也。
錯了	그른디라。
引他	引接。
催儧	儧亦「催」字之意。
貼裏	古語也。猶向裏。
引却	引身却退。
儧那	儧音찬，取也。那，移也。
貼律	貼入規律。
偏却	偏僻處。
作壞	爲所壞也。
檢押	猶檢束也。

日者　推命之人。

他説　謂舍所言之言而又發一端之説。

遏捺　捺音列，그쳐 누르다。[鄭一二後]

玩愒　猶貪恋歳月之意。俗言人生과타。

批判　公事結尾。

支撥　撥猶發也。發其畜積支給。

疣贅　뙤슬。

剖判　卞別。

更攢　攢、趲、儹仝，促之也。

對移　禮記王制不受師教者右移左左移右謂之對移。宋時下官有過上官黜罰之轉作惡辱之任以懲之謂之對移。

打乖　打，爲也。打乖爲怪異，又破乖戾與物和仝也。○爲乖僻不仝。俗又南人聰明性悟者亦謂乖。

曲拍　猶曲調節拍。

番得　番、翻仝。

方得　븨야흐로 得ᄒ다。

捭闔　捭音파，與擺仝，兩手擊之。捭闔，猶闔闢。

決遣　決尾。

方便　多般計較得其好處謂之方便。

扭捏　音유날。扭，手轉兒，又按也。捏、捏仝，年结切，捻也。捻音聶，拍也。

斷遣　터보내다，猶斷罪而遣也。

無方　猶方所。

行遣　竄逐也。

無所　猶無處。

作怪　恣爲怪也。

零星　餘殘之數。

枉陪　陪，重也，謂重疊添加之。陪疑倍之誤。[鄭一三前]

豈亦　豈乃豈不之意。

擘畫　猶經營規畫也。

相須　「須」字多有待意。

參拜　參謁也。

屬饜　厭足, 홈애 다타。

查礦　쇠뷜릴 제 즛씌니, 猶쇠쏭이라。

懸知　懸, 遠也。猶遙度。

依倚　依倚於權勢之家。

天機　天理自然發用之妙處。

坯子　坯音杯, 瓦未燒者。

只除　다믄。

具析　具, 猶「兩造具備」之「具」。析, 分也。

大率　大概。

靠裏　裏예 의지ᄒ다。

脊梁　등 ᄆᄅ쎄, 人之擔負重任者, 必硬着脊梁乃能出力而勝重任, 猶등힘 쓰다。

大家　猶言大段。或云大故。

時學　時文。

體大　猶大事。

眼下　猶言當時。

閱理　古有「閱天下義理」之語。閱理, 謂更歷而知。

夫人　猶言凡人。

亂去　간대로 ᄒ여 가다。

硬把　벅벅이 ᄒ다。

虛間　間、閑仝。虛間, 不急促。

配去　流配去絶之。

心齊　一志虛心, 如祭祀之齊지。[鄭一三後]

要束　約束同義。

合做　맛당이 做ᄒ다。

矛盾　矛, 거러 들의ᄂ 거지오。盾, 防鐸也。矛以鉤之, 盾以防之, 言不相爲用也。

窘束　家計窮也。

調停　調和均停。元祐末呂大防以丞相首爲調停之説欲和解新舊。

體認　體, 驗也；認, 卞識也。失物而得其物, 分卞而識之曰此吾失物也。此「認」

字之義。

剔出	글희텨 내여。
書會	如云文會，聚會讀書之處。
勸阻	人有所欲爲而我去勸止之也。
供申	다딤謂之供，보장謂之申。
剴切	베티둣，懇切之意。
且須	且，아직。
舉似	似，向也。唐人詩「臘月開花似北人」。
關聽	關，디내다。
圖賴	是屈已輸與人而聲言爲其所害也。
袞纏	周圍纏繞。
稱停	稱，稱錘。稱停，맛거든 마초다。
圖榜	圖，精舍圖也。榜，如今勸資也。將作精舍，勸人出物以助也。
包籠	作事不果斷。
有箇	如云一物。
豪分	豪、毫仝。十毫爲釐，十釐爲分20)。
磨勘	如今吏曹計仕甚滿。
築磕	以石相築，言爲小人所攻。[鄭一四前]
對班	自唐後經筵之官對朝班而奏事，故筵講謂之對班21)。
齷齪	急促局㑃皃。
築底	漢語築，窮極之意；底猶本根。言窮極致本根更無去處之意。
本領	猶大體。
尋覓	猶思索，有助長之病。
銜戢	戢，藏也。感意銜戢于中。又感戢仝。
底止	底，止也。底於止。
界至	自某地界至某地界。
鹵莽	無用皃。
般移	般亦移也。般移，猶셰간 옴기다。
穿鑿	穿牆鑿壁。太極賦「穴墻垣」。
萬化	應物萬事。南州謂之萬化。

般取　　般移仝。

滲淡　　音合담，半染色淺之意。

薄冗　　迫於雜事。

參取　　向此句中語參究而識取也。

淘汰　　淘與陶通，乃淘金也。淘ᄒ며 汰ᄒ야。

若曰　　이리 너겨 니ᄅ다，又이리 곳니ᄅ면。

波咤　　波波咤咤，忍寒聲。

漫漶　　不分明。흔 듸 너기다。

草本　　謂讀書不仔細，錯看了。

涵養　　養心以敬，如物之涵泳於水而養。

閑漢　　한가흔 놈。

沬血　　沬、頮、靧仝。洒面也。

激昂　　숫구러ᄒ여 놉다，奮發自高之意。[鄭一四後]

鐫誨　　鐫，刻也。鐫誨，刻責而教誨。

討書　　猶今 유무 밧다。

渾身　　온몸。

知覺　　知此事，覺此理。

唱喏　　喏音야，敬聲。下爲上作尊敬祝願之聲，如今吏胥拜謁作聲。中原人譏不作聲而揖曰啞揖。

且道　　아ᄆ리ᄏ나 니ᄅ라。

巴家　　與巴歌仝。사오나온 노래。

漕臺　　轉運使兼風憲故云。

裏面　　指其中。

囁嚅　　欲言未敢之皃。

版曹　　戶部22)。

頓拙　　頓與鈍通用。

喝罵　　우리티며 ᄭ짓다。

幹官　　幹辦公事乃幕職。

頭邊　　猶本未。

唯阿　　猶言오냐오냐。唯阿，維諾之意。

繳繞　버므러 휘감기다。

伛仄　몸을 기우리다。

喚醒　블러 씨오다。

注脚　注之小字也。凡大字如人之有身，小字如人之有脚。

交他　他로 ᄒ여곰。交與教仝。

討喫　討，求也。討ᄒ야 喫ᄒ다。

星子　지울눈。

杠夯　杠，드다。夯音向，負荷也。[鄭一五前]

融融　和洽皃。

火煅　火애 노기다。

給降　自國降惠。

洩洩　舒散皃。

音旨　論卜意趣也。

經行　以經術取人。

當當　言處之皆得其當。

經題　如今科場疑義之題。

縱臾　己不欲喜怒而從傍人強爲之。○如助桀爲虐之義。

節節　ᄆᄃᆡᄆᄃᆡ。

勾斷　에우티다。

諄諄　仔細。

坐却　却，語辭。坐却，坐在也。

緩頰　不卒邊之意。

過計　너모ᄒᆫ 計較라。

切脉　猶診脉。

納界　印札。

遮蓋　마가 덥다。言杜撰道理掩遮自己之所爲也。

掣肘　폴ᄒᆞᆯ 잡아 들씨다。

隱約　依稀之意23)。

騰倒　紛綸升降錯揉往來之謂。

放過　不照管，舍置而過。

憧憧　音동，往來不定皃。

勘過　마감ᄒ여 디내다。

規規　莊子注：蹇淺皃。[鄭一五後]

符到　관ᄌ 오다。

拜違　猶拜辭。

亭亭　猶當當。

等候　等，猶待也。

退産　中原人買賣財産必告官質文，故若欲退其産亦呈于官而受其批然後退之，故曰批退。

瑣瑣　細碎之意。

笆籬　삽작이라。以不傳底絶學爲笆籬邊物。

匡綱　如頭當也。物之自外四圍曰匡，繩之總會處曰綱。

所有　○吏文。니믜여。

一意　ᄒ글ᄀ티。

局生　판이 선디라，局格生。

一味　猶一切。ᄒ글ᄀ티。

一角　猶一件。

一剪　ᄒ ᄀ애。

卓然　두려디。

分定　得失之分定。

一餉　一飯之頃。

下度　짐쟉다。卜度同。

謹空　寫公文已畢，末有餘紙，則書謹空言後面之皆空也。今漢人文書亦然。

都是　오로이。

大段　ᄀ장。

國是　舉国皆曰是。

大凡　大概。

自合　스스로 맛다。[鄭一六前]

撑拄　벗밀며 괴오며 밧티다。言不肯虛心受人，硬執己意妄言語以撑拄拒扞他人之説24)。

檢放　放, 除也。謂檢覈被災之田而除其税。

較然　漢晝甚明。又音각。

胡思　어즈러이 싱각다.

按伏　按, 누르다 ; 伏, 항복.

放此　放與做仝。

含胡　不分明之甚。

抵敵　牛以角觸曰抵, 猶人欲之來與敬相遇對敵, 如牛之觸物而不進也。抵觸仝。

縮着　움치다.

糊塗　含胡仝。

冷着　우이 너겨 보다, 猶冷笑.

鶻圇25)　團圓爲一, 不分析之状。

扶策　티위 잡으며 警策ᄒ다. 以警策起。人之怠惰如馬之不行, 舉策輒行。

不着　不合。

領會　領略仝。

不透　心欲解而不通透, 如憤悱之意。

取會　取其所會計也。

保任　밋브다.

不托　或作飥餦, 나화之類。

揣摸　揣, 度也。摸, ᄆ치다.

攙斷　攙, 士咸切, 貫刺之也。言以己意貫入文義而斷之也。

已事26)　已過之事。

狼當　狼籍仝。[鄭一六後]

委曲　委亦「曲」字之義。고븨고븨.

省事　省音성, 일을 더다.

看見　非有心而見也。

着力　盡力也。猶有助長之意。

將上　將ᄒ여 上ᄒ다.

張皇　포댱ᄒ다.

着緊　긴히 着ᄒ단 말이라, 긴히 之説含着意。

將息　辛苦勞碌安坐自在養神保氣曰將息。

襯貼　音츤텹, 襯, 브티다。貼, 븨뎝이니, 如以他物貼此物也。

照會　校正也。

申發　申, 보장ᄒᆞ단 말이니, 申發, 보장ᄒᆞ여 내여 보내다。

卒急　과글리。

説殺　殺音쇄, 説ᄒᆞ여 뭇다。

裝點　ᄭᅮ미다。

上供　如今貢物。

塵刹　言三千大千世界。

歸宿　如言安定。

無量　不以幾器爲限, 惟適於氣, 世儒以飲之无限看者非。

出場　猶言畢其事。

落草　기ᄋᆞᆫ듸 落ᄒᆞ다。

商量　能立箇心然後其上頭可以商量。저즈려 보다, 又혜아려。[鄭一七前]

爐韛　韛音備。고분 불무애 블 분ᄂᆞᆫ 거시라。

旬呈　謫居之人有旬呈之事。如今旬日手本之事。

搏量　흔듸 모도와 量ᄒᆞ다, 如斗量之時必搏而量之也。

火迫　急遽。

端的　猶定奇。

刺破　猶改定。

逐項　逐事。

乍到　纔到。

髡劄　劄音톄, 髡劄, 削髮之謂。

犯手　下手同。손디타。

目今　猶見今, 即當今也。

耐煩　煩거키를 견듸다。

當體　當身。

齰舌　혀 즌므단 말。

宿留　宿音슈, 有所希望而留之。

親炙　薰炙。

可尚　可尊尚也。

裏許　　許猶所也。

畢竟　　猶言要其終而言之。

元料　　猶本計。

醜差　　猶言大差。

必竟　　猶畢竟。

延蔓　　뒤너츠다。[鄭一七後]

甚底　　音合 디, 어딕。

左右　　古制尚右, 今制尚左。如廟堂之上文東武西。東爲左而西爲右也。在一屋
　　　　之間向外並立, 則以左手爲尊。若向上作揖, 則請客之居右手。蓋以屋之
　　　　所向爲定也。往時南北禮多不一, 今題准只行南禮如前所云。

亹亹　　音尾, 自強不息。

一等　　혼 층, 又혼 가지。

章皇　　猶蒼皇。

勸諫　　人有所爲不是而我救正之也。

氣魄　　血氣魂魄。人之精強者曰有氣魄, 文章之昌大者亦曰有氣魄。

也須　　그러나마 모로미 브딕。

安置　　以物實於其所也。又流放罪人於某所者亦曰安置。

姜芽　　姜之初出土而萌芽方長者。○姜、薑通用。

只消　　猶言只須。

有箇　　猶言有一物也。

云爾　　이리 닐ᄅ다, 又語辭。

不消　　猶言不須也、不必也。

三字類

一等人　　혼 가디 사름, 猶言一種人也。[鄭一八前]

折轉來　　옴겨와, 又것거 옴겨와。

作麽生　　엇데ᄒ고, 又므스 거시라。

做將去　　工夫ᄒ여 가다。

知多少　　모로리로다 언매나ᄒ뇨。

擔板漢	널멘 놈이라, 謂見一面不見一面。
閑説話	쇽졀엄시 말솜ᄒᆞ미라。
幾多般	언메나 ᄒᆞᆫ가지오。
一副當	一件也, 溪訓。
極好笑	ᄀᆞ장 우옵다, 溪訓。
閑泪董	힘힘코 잡되오다。
多少般	幾多般仝。
從他説	뎌늘 조차 니ᄅᆞ다。
較些子	져기 벙으다。
將就的27)	
花塔步	즈늑즈늑 것다。
就那裏	즉 제게셔。
不多時	아니한 스이。
都不得	아므려도 몯。
織的鬆	ᄣᅥ기 멀믜다。
不折本	밋디디 아니타。
錯承當	외오 아다。
記認着	보람두다。
俅俅的	긔소ᄒᆞ다。 [鄭一八後]
這幾日	요ᄌᆞ음。
許多時	하다ᄒᆞᆫ 시져리라。
沒由來	쇽졀업다。
剋落了	글겨 내다。
自不得	스스로 아니티 몯ᄒᆞ리라。
花使了	간대로 쓰다。
種着火	블 묻다。
信不及	於聖賢之言不能信而篤守之曰信不及。
入門款	凡罪人被鞫而入門第一供事也, 眉訓。
看如何	보며 엇더ᄒᆞ다。 蓋事未前定而看勢如何處之之辭。
閑相董	서근 나모 들걸。

大小大　언매나 키.

信得及　於聖賢之言能信而篤守曰信得及.

多少多　언미나 만ᄒ뇨.

大承氣　藥名也.

無縫塔　塔高數層而中間有門相通有梯可上, 而亦有石結成無門無梯者曰無縫
　　　　塔.

一衮説　섯버므러 니ᄅ다.

攙前去　如云爭向前去. 攙作奪意.

收殺了　거두어 ᄆ다, 畢終也.

挨將去　如緩步向前去.

大字面　古者黥臟字於其面.

不奈何　아므라타 못ᄒ려니와. [鄭一九前]

白頭浪　水波湧起高出而白者曰白頭浪.

形而上　形로 上이, 未有形之前, 只有理而已.

動不動　動與不動之間, 如動輒之意.

石尤風　逆風舟不利行曰石尤風. 도래 ᄇ람. 唐詩「無將故人酒, 不及石尤風」.

作怎生　엇지ᄒ고, 又므슴 ᄆ라.

形而下　形인 下애, 既有形之後有器之名.

甚工夫　甚、怎仝. 又므스 거시라.

大着肚　肚, 腹也.

鶻崙棗　如云完全.

上著床　上於床也. 床, 坐卧床.

放門外　門外예 두다.

大拍頭　拍音빅, 樂之一曲. ᄆᄅ曰拍頭, 言其專主談論也. 拍頭, 拍之題頭
　　　　也. 自負其才與人爭論, 必作氣勢高談大論無所忌憚之意. ○如今用栢
　　　　板以節樂也. 頭如詞頭、話頭、歌頭之頭, 謂奏曲之一頭段. 大拍頭,
　　　　大張樂也, 以比大作氣勢也.

朴實頭　人之老而忠信者曰朴實頭28).

却最是　他言雖非而此言最是, 故下「却」字. 믄득 ᄀ장 올타.

下梢頭　아래굿.

一綽過　　一目覽過。

胡叫喚　　간대로 소릭 디르단意。

明得盡　　格物以盡其知。

捺生硬　　설고 구든거슬 눌믜。

係磨勘　　計仕遷官，如今仕滿遷官之類。［鄭一九後］

沒巴鼻　　다힐 딕 업다。

渾化却　　言查滓渾化而無也。却，語助辭，當屬上句。

急衮處　　急히 범더므린 딕。

激惱人　　사름을 도도와 보채단 意。

相表裏　　兩事相爲表裏。彼爲表則此爲裏，此爲表則彼爲裏。

太瀾翻　　言放肆鴻洞如波瀾翻動也。

陪奉它　　問：「陪奉猶陪隨奉持之意否？」曰：「此説亦得。但『奉持』之『持』改作『事』爲切。」

要得剛　　剛을 브듸 ㅎ고져 ㅎ다。

射糖盤　　見論語「北辰」章小注。

伊蒲塞　　禪家飲食之名。

四字類

幾多般樣　　幾多般仝。［鄭二〇前］

禁忌指目　　猶偽學禁木目29)。

對同勘合　　如兩人相對校書，各執一本而仝讀勘合也。

生面工夫　　새암된 工夫。

直下承當　　바르 아다，又바르 당ㅎ이。

橫說豎說　　以四方言曰橫説，以古今言曰豎説，又以物言曰橫，以時言曰豎。

撑眉努眼　　指禪學人。

緊得些子　　져기 다긴。

衮來衮去30)　　셧거 오며 셧거 가다。

真箇會底31)

説得走作　　説話不合道理，又或論事言語不相和。

説得口破	言之曲盡而口破壞者, 言其甚也。猶俗言입이 뼈여디게 니르다。
莽張白戶	莽, 勇敢也。
冷淡生活	言其生理冷落也。
内房抄出	内房即今之内府, 文書房也, 太監掌之, 自其中寫出文書也。
趲進着説	一步説深於一步也。猶俗言다함 니르다。
何處着落	어듸 다하드느고。
固濟沙合	以藥藏於沙合之後, 口上蓋了, 又將鐵線縛住, 仍以墍泥封其口上, 不使藥氣出走。[鄭二○後]
合少得者	少, 無也。이업스매 合當타。
分俵均敷	俵, 散給也。言散給而均布之也。
事無足者	일이 足히 흐욤이 업다。言正心則胸中主宰得定, 無事之難爲也。
押下諸司	如今押領人以去。
兩項地頭	두목 짜 굿티라, 猶言두 가짓 곳이라。
挨着粉碎	挨音익, 排也, 盪也。排盪, 猶言撞着。言諸説撞着於此説便成破碎也。
做件事着	件事을 밍フ라 흘디니。「着」字不必釋。
甚生氣質	葉氏注意言將來涵養則可成就非常氣質이니。甚生, 非常也, 當云가져 涵養흐면 甚生흔 氣質을 成흐리라。見近思録。
領略將去	領, 會也。畧, 取也。領會「ᄡ」、「ᄠ」 取「ᄡ」、「ᄠ」 將흐야 가32)。
開物成務	人所昧者開發之, 人所欲者成全之。
奈何不下	아므려티 못흐다。
八字打開	八, 別也。象分派相別之意, 言分明也。
正坐如此	正坐於如此之議論。
無事生事	無事之中生事。
未知所税	税, 止也。未知所居。[鄭二一前]
何處得來	此間無此人之矣33), 何處可得而來乎。
鐵籠罩却	罩者以籠自上罩下。以捕魚者謂以鐵作籠, 自上籠下則其中籠入之物無緣脱出, 言無所見。
不求其素	그 젼의 그른 일란 求티 아니흐고。

宛轉説來　　宛轉，不直截而委曲轉輾之意。

須放教開　　모로미 放「ㅲ」、「也」 히여곰 開케 ᄒ다。有助長之意。

那箇不是　　是謂道也。어늬 거시이 아니리오。

排定説殺　　排布定規。因論説其義以求其質也。

自住不得　　言漸進也。

硬將拗橫　　硬，堅固不通之義。拗，戾違也。言堅固將文義「ㅲ」、「也」 뷔들며 빗
　　　　　　겨 사기다。

著甚來由　　므슴 來由ㄹ 著「ㅲ」、「也」。

打疊交空　　텨 ᄇ리다。交如使也，言打疊而使空也。

擘畫分疏　　擘ᄒ며 畫ᄒ며 分ᄒ며 疏ᄒ다。

鞭辟近裏　　채텨 뵈야 안흐로 갓가이 ᄒ다。

打成一片　　表裏精粗貫通浹洽。

捺生做熟　　生을 捺ᄒ야 熟을 做ᄒ다。[鄭二一後]

奔程趁限　　程에 奔ᄒ며 限에 趁ᄒ다。

亭亭當當　　言處之皆得其宜。

因循擔閣　　虛度時日以致誤事。

直饒見得　　셜ᄉ 보나。直饒，猶言縱使也。

鶻突包籠　　人之心地不明者曰鶻突，作事不果斷者曰包籠。

未解有父　　太學九章小注「尋常」釋。語録「解」字爲아다 ᄒ거니와，以此「未解」之
　　　　　　「解」釋之，豈可謂아다 ᄒ리오。凡用「解」字「會」字處，雖難以方言的
　　　　　　實解得，只是그 이리 그리도외 ᄅ謂之「解」라 ᄒ니，亦謂之「會」。

五字類

看做甚麼事　　므슴 일을 ᄒᄂᆫ고 볼디라。[鄭二二前]

又手如何法　　用二手大指相交，則右大指在上，左大指在下，右四指在內，左四
　　　　　　　指在外，蓋取陰陽交合之義。

真箇會底意　　會，理會之會，兼知行意。진실로 니회홀 ᄲ디라。

癡獃罔兩漢　　皆愚騃어린놈罔兩，俗語망녕之意。

一場大脫空　　ᄒ밧탕 크게 소탈ᄒ고 허타。

更着甚工夫　甚音合, 다시 므슴 工夫를 着ᄒ리오.

精切似二程　二程두곤 精切ᄒ다.

大學中肉菜　此是托辭, 言太學道理日用可行, 如肉菜之切用.

元是説甚底　元是 説ᄒᄂ 거시 므서신고.

更説甚講學　ᄯᅩ 므슴 講學을 説ᄒᆯ고.

似己無可得　임의 可히 시러곰 説ᄒ얌 즉 홈이 업거니와.

一摑一掌血　摑音괵, ᄒᆫ 손바당으로 티매 ᄒᆫ 손바당 피라. 手打則隨手而有一掌血漬, 謂其言之痛着如此.

一棒一條痕　一摑一掌血仝. 言杖打則隨杖而有一條杖痕.

六字類

一節易如一節　一節이 一節두곤 쉽다.

會去分別取舍　去分ᄒ야 分別 取舍을 會ᄒ다.

漢語集覽字解

着落　使之爲也. 吏語. 亦曰着令. [鄭二三前, 字解]

委的　委, 保也, 信也. 的, 語助辭.

委實　委亦實也.

一剗　미호로시, 亦曰剗地忽然之意.

剗新　새로이.

斬新　仝上.

生受　艱苦也, 又貧乏也.

一面　호온자, 又ᄒᆫ녀코로, 又ᄒᆫ 번.

收拾　간슈ᄒ다, 又설엇다, 又거두다.

罷罷　두워두워, 亦曰也罷.

一就　이믜셔, 又홈ᄭᅴ.

一發　仝上. 츼여.

一宿　흔 숨, 又하ᄅ 밤.

早晚　這早晚일늣도록, 又問何時曰多早晚. 어ᄂ 때.

由他　더뎌두다, 又제 ᄆᄋ음대로 ᄒ게 ᄒ다.

定害　貽弊於人, 又해자ᄒ이과라.

強如　더으다.

不揀　아ᄆ라나마나, 俗語「不揀甚麼」.

則管　則音즉, 或作只, 술이여.

利害　ᄆ쉬얍다.

將就　猶容忍扶護之意. 혈위.

空便　空隙順便之時, 조각.

標致　聰俊敏慧之稱. 言俱美其人心貌之辭.

打發　禮待應答之稱. 보ᅀᆞ펴 디답「ᆞ」,「夕」[34]). [鄭二三後, 字解]

由你　네 ᄆᄋ음으로 ᄒ라.

結配　結昏[35]).

內讒　好妻妾之讒.

下妻　小妻.

底似　ᄀ장, 又너모.

根前　앏픠.

根底　앏픠恐非미틔.

知會　알위다.

上頭　젼ᄎ로.

省會　알위다.

知他　모로리로다.

知得　아다.

說知　닐어 알외다.

自由　제 ᄆᄋ음으로 ᄒ다. 以自家之心爲之.

照依　마초와 그뎨로 ᄒ다.

自在　ᄆᄋ음 편안히 잇다.

分付　맛디다, 又당부ᄒ다.

幾曾　어늬제.

不曾　못ᄒ다。
剋減　剋亦減也。
丁囑　당부ᄒ다。
囑咐　당부ᄒ다。
活計　싱계。
剋落　剋減仝。
疾快　ᄲᆞ리。
這般　猶言如此。[鄭二四前, 字解]
火計　동모。
生活　셩녕。
那般　猶言如彼。
這們　猶言如此。
快活　즐기다。
幾會　여러 즈음。
分外　十者數之終, 十分爲數至極, 而甚言其太過則曰分外, 上「分外」參考。
那們　猶言如彼。
連忙　ᄲᆞ리。
無賴　힘히미, 又부질업시。
一回　ᄒᆞᆫ 슌。
幾回　몃 슌。
名捕　題名特捕。
吉徵　褒美見召。

附録

減落　減除。[鄭二四前, 附録]
淨殺　盡殺。
尤諱　尤, 大也。謂君喪。
欛柄　欛亦柄也。
懸論　외오셔 의논ᄒ다。

和弱	良善而不能強立之意，文弱、善弱皆仝。
寒流	門戶微賤之類。
刺姦	漢以來公府有刺姦掾，蓋主治盜。
訂出	賦稅時商定出令。
抵踢	발명ᄒ여 나 몰내다。
隱拒	上同。
吐款	罪人承服。
沉疑	沉吟不決。
連咽	舟車相連而塡塞也。
答移	答送移文。
肉薄	以身血戰。
旱路	陸路。
自事	己事。
死問	訃也。
廁籌	뒷나모。
展至	展，寬也。如期限初定于正月，更寬至二月或三月。
自送	ᄃ려가다。
雅譽	조흔 일흠。
折産	如今分財。
護前	不使人在己前。猶言忌克36)。
輕文	謂彈章不峻。
劣容	劣，僅也。如履小則云劣容足，指屋卑則云劣容頂趾。
愆懸	糧食不繼。[鄭二五前，附錄]
愆乏	上同。
纂嚴	戒嚴37)。
停解	休官。
拙行	바독 못두다 부러디ᄂ 거슬 曰故爲拙行。
代怖	人有迫於刑禍者己不知怖，而旁人爲之怖也。
枉酷	이미히 죄닙다。
色裁	正色以示惡之之意。

目整　微怒目容以整他人之非。
蠅拂　프리채。
防邏　巡邏而防賊。
阿戎　從弟。
裨販　賣賤買貴。
質作　質其家人而役之。
竊階　猶俗言賊職。
妄階　竊、階仝。
冒勳　冒録勳籍。
反役　길 갓다가 도라오다。
折券　빗 에우다。如馮驩燒券之意。
檢詰　檢核其事而詰問之。
起部　工部。
生憂　不殺而困苦之。
禁司　司，憲府。
收録　捕捉罪人38)。
治定　作文而點改。[鄭二五後，附録]
走弄　奸吏弄法。
失適　病也。猶言不快。
嬈懼　嬈，一作撓。
賕罰　以貨贖罪。
首悔　首實而伏罪也。
斬骸　如今之剖棺斬尸。
襧襠　袴也。
伸眉　笑也。
詰厲　詰責而勉其自新也。
黜落　黜官落職。
催足　구실 지촉ᄒᆞ여 다밧다。
徵備　催足同。
住催　구실 더다。

假還　受由而歸。

伥子　狂子。

甫爾　甫，僅也。爾，語辭。

少待　如俄而。

蹋歌　以足蹋地而歌。

密鞭　즈조 채치다。

判能　斷然爲之。

審問　즈셰흔 긔별이라，猶言的報。

梟夷　梟首而夷其族。

角庋　헛그러디다 깁에 글쓰고 ᄀᆞᄅᆞ드리면 글지 히그러디닷 말이라。

副急　블의예 쟛만ᄒ다。

傖荒　傖，客也。荒，困也。東晉時中國人避亂渡江，吳人稱謂傖荒，蓋賤之也。

犁耳　보십，農器。[鄭二六前，附錄]

撅豎　倔起也。샹인이 블의예 놉피되다。

戲責　以雜技賭勝負而責物於人也。

露田　不種樹也。言耕田而不播種。

得雋　戰勝。

任子　以父蔭官其子孫。

人門　人物門地。

勸分　勸富室賑人。

歡慍　喜怒。

瘃墮　瘡腫也。瘃音琢。

閑寫　從容談話。

深劾　以重罪彈人。

金罌　謂鴆也。盛鴆於器則不能耐毒而破，故必盛以金罌，而因名鴆爲金罌。

膳奴　炊飯之奴。

物土　貢稅。

射堋　射垛。

賭跳　跳躑以高爲勝。

評直　論價。

作適　　適意作戲。

在事　　有司。

綜司　　出納王命之官[39]。

傳可　　뎐뎐으로 그리ᄒ라 ᄒ다。

刀勅　　執刀而傳勅。

剛濟　　剛斷成事。

擲塗　　塗泥丸也。擲塗，以泥丸相擲爲戲。

解息　　解鞍息馬。[鄭二六後，附録]

棨信　　棨符也。

折難　　걱디 못ᄒ게 ᄒ다。

感尋　　感傷艱危而尋思經濟之術。

勞臣　　功臣。

頓辱　　捽髮而頓地。

閣手　　縮手不爲也。疑袖手意。

中晡　　申時。

下晡　　申時末。

白民　　無官者。

漸來　　將來。

常來　　常時。

歸罪　　自歸請罪。

連帶　　걸리다。

染涉　　連帶同。

苦手　　杖也。매。

詢仰　　稟問而尊仰。

大可　　ᄀ장 ᄆ던。

還忌　　顧念而忌憚。

留務　　留後之事。

索節　　索寞。

都伯　　刑人者。

儈子　　上同。

大航　以船爲橋通謂之航, 而在溱淮水者謂之大航。以其在國門外也, 門名朱
　　　雀, 故一名朱雀航。尚書舜典篇題所云蓋指此也。

催切　빗 지촉ᄒ여 일졀 다 바ᄃ려。

餘犯　既有重罪, 又有他罪。

裁給　계슈 쓰다。[鄭二七前, 附錄]

忍虐　殘忍暴虐之意。

赤章　祝天之文。

休下　如今下番。

驗白　효험 나 분명타。

餐錢　俸錢。

下熟　稍豐也。中熟、上熟以此推之。

已日　已過一日也。

王租　나라 구실。

花押　如今슈례。

下髮　削髮。

鬆鬆40)　江左人以酒和糆, 則糆起鬆鬆, 如今상화。

二敬　稱臣於彼此。

吉還　好歸。

得盧　樗蒲有黑犢有雉有盧, 得盧者勝。

吉貝　閩廣多種木綿, 結實如大菱, 色青。秋深即開露, 白綿茸然。摘取去殼以
　　　鐵杖捍盡黑子, 徐以小弓彈令紛起, 然後紡績爲布, 名曰吉貝。

疾足　밧비 가ᄂᆞ사ᄅᆷ。急足同。

觀說　見而言之。

折閱　흥졍애 힝혀싈가ᄒ여 죠곰티 주ᄂᆞ거슬 名曰折閱。

失入　誤入無罪者於法網41)。[鄭二七後, 附錄]

陪貼　增益不足之數也。古有「陪貼輸官」之語。

三字類

一錢漢　謂人物僅直一錢也。漢, 賤稱。

犢一羫　羫音江，軀殻也。猶言犢一頭。
不別才　無特別之才，謂庸人。
彼此言　讒言。
不及新　不及新穀之熟而死。
何物人　그 사름이 엇던 것고。侮而責之之辭。
兩當衫　衫之只掩心背者。
乾矢橛　된나모。
奔命兵　賊之歸順者或曰奔命兵42)。
應且憎　雖黽勉應答而心實憎之。
看一看　看ᄒ디온 ᄒ번看ᄒ면 操一操、審一審仝一句法。[鄭二八前, 附録]
致命痕　爲人所殺者，其傷處謂之致命痕。

四字類

事在恩後　謂犯罪在赦後不可赦也。
職輕任碎　謂雜職。
賣惡於人　以惡移人而自脱。
家奴訴良　늠의 종이 냥인이로라 하다。
進熟圖身　進軟熟之言而圖貴其身。
受其斟酌　猶言被進退操縱。
首尾周皇　首尾을 두루ᄊᆞ려，猶言畏首畏尾。
多爭十年　爭，爭較也。謂一年血氣之衰將與十年衰耗者相較也。較，比也。
賦食行水　밥 논 하주고 믈 도로다。
任運騰騰　쇠횐이 ᄆᆞ음으로 잇다。[鄭二八後, 附録]
無甚利害　그대도록 니흠도 업고 해흠도 업다。

右語録解者，本出退溪 李先生門。先生嘗曰：「古無語録，至程 朱始有之。」是蓋當時訓誨門人之俗語，而至於書尺亦邅邅用此，則本欲人之易曉，而我東顧以語音之不同反成難曉，可慨也已。幸而今有此解，復使難曉者易曉，而郢書燕説之患終可以免焉，則先生之功可謂大矣。第其中有所謂溪訓之目，以別衆説，而又參以柳眉巖 希春之訓，則知此解不盡出於先生，而又諸本各出異同相半，苟非具眼者殆難卞識矣。今謹就其緊語而拈出之，竝以漢語解聯爲小編，既又以其所得於傳紀諸家者若干條而附録焉，將以爲巾笥之藏。適有語類分刊之役，而幸有零板，故仍刊于縣之龍興寺。以爲欲看語類者尤不可以無此也。

　　　　皇明紀元之丁酉三月下澣　志于屏山之縣齋

● ● ●

1)　志　南二星、白斗鏞二本作「意」。
2)　矍　南二星本同，白斗鏞本作「瞿」。
3)　厎　鄭瀁本作「底」，據白斗鏞本改。
4)　秪　南二星本同，白斗鏞本作「祇」。
5)　褻　南二星、白斗鏞二本作「熱」。
6)　乭　此鄭瀁本之借字，同「틀」。
7)　小　南二星、白斗鏞二本作「少」。
8)　朴君實云　南二星、白斗鏞二本無。
9)　鄭子中云　南二星、白斗鏞二本無。
10)　工夫　南二星本同，白斗鏞本爲「功夫」。
11)　南二星、白斗鏞二本作「틀」。此鄭瀁本之借字，同「틀」，下同。
12)　州郡勸送之意　白斗鏞本爲「州縣勸遣之人」。
13)　谷簾　白斗鏞本爲「水簾」。
14)　㦰㦰　鄭瀁本僅存詞目，未作解釋。南二星本釋曰「未詳」。白斗鏞本改詞目爲「㦰㦰」且釋曰：「梵語。恥辱也。」集韻 錫韻：「㦰，心所營也。」
15)　小　南二星本同，白斗鏞本作「少」。
16)　如　南二星本同，白斗鏞本爲「如今」。
17)　未解　此條鄭瀁本僅存詞目，未作解釋。南二星、白斗鏞二本皆無此條。
18)　廷　白斗鏞此條二處皆作「庭」。
19)　羊　白斗鏞本作「養」。
20)　釐　鄭瀁本作「一」，據南二星、白斗鏞二本改。
21)　筵講　南二星、白斗鏞二本爲「講筵」。
22)　部　白斗鏞本作「曹」。
23)　稀　鄭瀁、南二星二本作「俙」，據白斗鏞本改。
24)　扞　南二星本同，白斗鏞本作「捍」。
25)　圇　南二星本同，白斗鏞本作「淪」。
26)　已事　南二星、白斗鏞二本爲「已過」。
27)　將就的　此條鄭瀁本僅存詞目，未作訓釋。南二星本訓曰：「將就的：○猶容恕扶護之意。的，語辭。」[南三二後]
28)　老　南二星、白斗鏞二本爲「老實」。
　　　樸實頭　南二星、白斗鏞二本爲「樸實」。
29)　木　南二星、白斗鏞二本無，鄭瀁本似衍。
30)　衮來衮去　南二星本爲「衮去衮來」，白斗鏞本爲「滾去滾來」。
31)　真箇會底　鄭瀁本此條僅存詞目，未作解釋。南二星本釋曰：「真箇會底：진짓안다。○猶言真是知本。」[南三六前]白斗鏞本釋曰：「真箇會底：진짓안다。猶言真是知本。참아다。」[白一九前]

32) 「ㅎ」、「ㅑ」　南二星、白斗鏞二本爲「ㅎ야」。此鄭瀁本之略字符號，同「ㅎ야」，下同。

33) 矣　白斗鏞本作「賢」。

34) 「ㅎ」，「ㄷ」　南二星、白斗鏞二本爲「ㅎ다」。此鄭瀁本之略字符號。

35) 昏　南二星本同，白斗鏞本作「婚」。

36) 忌克　南二星本同，白斗鏞本爲「克忌」。

37) 嚴　鄭瀁本此條二處皆作「ㅠ」，據南二星、白斗鏞二本改。

38) 捕捉　南二星本同，白斗鏞本爲「捉捕」。

39) 王命　白斗鏞本爲「王府」。

40) 鬆鬆　鄭瀁本爲「鬆□」，□處空半字。據南二星、白斗鏞二本改。

41) 網　鄭瀁本作「罔」，據南二星、白斗鏞二本改。

42) 奔命兵　鄭瀁本作詞目重復字符「一」，僅表示一字，據南二星、白斗鏞二本改。

南二星 語録解

語録解凡例

一、語録字數多寡不同，故舊本從其字數分編之。自一字、二字至五六字而止，以便考閱，今從之。

一、舊釋或有未備且未分曉處，則未免僭附新注而加圈以別之。

一、注下所謂溪訓者，即退溪所訓，退溪即先正臣李滉號也；眉訓者即眉巖所訓，眉巖即故儒臣柳希春號也；其無標識者則李滉門人所記或後人所增云。

一、語録中或有字義字音之可考者則亦加訂定，如「便」字、「要」字之類是也。

一、舊本所載雖不屬於語録而其意義關重，或艱深難曉者，并收録而注解之，如「形而上」、「形而下」及「色裁」、「目整」之類是也。

語録解

一字類

箇　語辭。有一箇二箇之意。[南一前]

底　當處也。或作的。又그런거시, 眉巖 柳希春訓也。後凡云眉訓倣此。〇根底也, 又與地同, 又語辭。

才　與纔同, 又又。

也　語辭。又또。眉訓亦也, 猶也。

他　뎌, 又ᄂᆞ믜。眉訓彼也。又某人也。

閑　노다, 又쇽졀업다, 又힘힘타。

却　語辭。又도로혀, 又또。眉訓還也。其在末句者語辭。

自　저, 凡言自者多有저意。〇我也。

這　이。眉訓此也。

沒　眉訓無也。

須　모로매, 又強也, 又有待意, 又必也。

要　求也。又브듸, 又ᄒᆞ고져。〇音見平聲及去聲。要, 約也, 勒也。固, 要也, 察也。以上平聲。久, 要也, 樞要也。要, 會也, 欲也。以上去聲。

[南一後]

去　語辭。有去意。眉訓舍此事爲彼事之意。

如　다혀, 猶今鄕人有所歷擧則必曰다혀也。〇만일, 又가다。

那　뎌, 又엇디。眉訓彼也。〇又어듸。

較　마초아, 直也, 不等也, 相角也。對兩而計其長短。又ᄀᆞ장。

教　ᄒᆞ여곰。

解　아다。〇解粮、解銀、押解皆輸到卸下之意也。

恰　마치。眉訓適當之辭。

還　語辭。又도로혀。〇당시롱, 又갑다, 又다함。

貼　브티다。俗所謂褙貼亦此意。○貼將來, 흥졍 갑슬 거스려 오다。

和　猶言조차, 以別物合此物曰和。아므것 조차。

慢　헐타。

是　此也, 即也。近語辭。○然也。

得　語辭。又올타, 有得意。

捴　音찰, 다와다 가다。○쩍다。

便　곳, 又쉽다。又私傳也。如風便是也。眉訓即也。又因人寄書謂之便。○音
　　見平聲及去聲。安也, 習也。便, 便言也, 肥滿也, 溲也。以上平聲。利
　　也, 宜也, 順也, 即也。便, 殿也。便, 安也。以上去聲。[南二前]

煞　與殺同。ᄆ장, 音쇄。

按　下也。又考也, 又禁也。

靠　音告, 憑也。

棒　音방, 杖打也。○又杖也。

做　作也。又工夫成意。

麼　語辭。

渠　저, 又그。眉訓呼彼之稱。

了　語辭。又只다, 又아다, 又쌈싼。眉訓在末句者事之已畢爲了。

打　語辭。有爲意, 有成意。○又擊也。

爭　엇뎨, 又有爭之意。○ᄠ다。

扸　ᄢ여, 又ᄢᄕ여。俗「析」字。

劄　音찰, 刺着也。디ᄅ다。○唐人奏事非表非狀者謂之劄子。

着　猶言爲也。又븟다, 又두다。○語辭。又使也。

趄　ᄠ다。[南二後]

鎭　댱샹。

頭　긋。○語辭也。語端皆云頭。

作　爲也。亦語辭。

旱　셜리。疑「早」字之誤。○陸地也。亦謂之旱地、旱路。

管　主之也。ㄱ음아다。眉訓總攝也。

頓　오로。○온 덩이，千零不如一頓。又혼 번。

來　語辭。有來意。

差　져기，與較仝。又差出之意。

遞　公傳也。附遞傳書謂之遞。○納也。

合　맛당，又본듸。

零　ᄌ젼，零細也，箇箇也。○ᄯᆫ것。

似　向也。眉訓亦於也。古詩「去國一身輕似葉」。

般　오로，疑誤。옴기다，又가지가지。○一般二般之般也。

訣　絶也，又別也，又辭也。

悢　音兩，悲也，又眷眷貌。又音朗，不得意[1]。

矍[2]　左右驚顧，又視遽貌。[南三前]

摑　音괵，手打也，批也。

在　語辭。有在意。

當　고대。眉訓去聲，抵當也。모막단 말이라。

羡　未詳。

惹　亂也，又引着也。

捺　乃曷切。捎也，又手按也。누르다。

翻　도로혀。○뒤다。

攔　遮也。

鑢　音慮，줄。

撩　더위잡다。○又抉也，取也。理亂曰撩理。

撒　音煞，쇄，又音散，散之之貌。

驀　音멱，믄득。○又上馬也，越也。

生　語辭。

你　汝也。眉訓爾也。音니。

渾　오로, 猶言全也。

討　츳다, 求也。○得也, 論也。[南三後]

會　아다。○흔디위 두디위。謂之一會二會。

消　爲也。又모로매, 又ᄒᆞ여디내다。眉訓須也。

漫　힘힘타。

摺　音탑, 뎌피다, 又쩍다。眉訓뎝단 말이라。

串　곳, 又쎄다。

研　窮也。궁구。○磨也。

漢　놈, 有病漢、醉漢、罔兩漢等語。

劈　쎄티다。

剔　쎄여。○猶剪也。글희텨。

椎　몽동이。○又椎擊。

儞　音니, 汝也。你仝。

俵　分給也。

等　等待, 眉訓也。○平也。稱子亦云等子。

初　잠깐。

跟　音根, 足踵也。○又追隨也。

提　잡다。[南四前]

硬　굿다。

夯　音向, 擔也。

蕩　音唐, 平聲。跌蕩也。頓伏貌, 行失正貌, 又飛動皃。又搶也。○又見去聲。츳다。

輥　音混, 車轂。齊等貌。

挨　音埃, 推也。○按次謂之挨次。

獃　音埃, 癡也。

儘　任也。○잇껏, 又ᄀ장。

捏　쥐다, 又모도다, 又지버 뫼호다, 音날。

錯　그릇, 又외다。

直　바ᄅ, 又흔 갓。　○物價ᄊ다。

交　交付也。

闊　어그럽다。

霎　音삽, 少頃也。小雨也。

趲　ᄣ로다, 眉訓。

妙　朱門人問「妙」字, 答曰:「『妙』字有運用之意, 以『運用』字有病, 故說『妙』
　　字。」[南四後]

抹　ᄒ여 ᄇ리다。○에우티다。

化　無所勉強而自中節也。

担　音擔, 排也。○當也。

揣　音췌, 度也。○撫摩也。

䐑　音過, 獸食之餘曰䐑。

走　牛馬走如云僕, 自謙之辭。

押　如今押領人以去。○着署亦曰花押。

鑿　ᅀᅳᆯ也。情之鑿去其性, 猶ᅀᅳᆯ之鑿物也。

越　더욱, 愈也。

搯　徂含切。取也。지버 ᄲᅡ다。○줏다。

遂　ᄭᅮ미다, 又일오다。

趁　미처。

摭　音拓, 拾取也。

遹　音律, 導也。又音郁, 循也。○音유, 回避也。

贊　明也。[南五前]

寔　音식, 진실로。

矜　矜嚴, 矜莊, 言過嚴莊也。○自負貌, 又自持貌。

怎　音즘, 어닉, 又엇디, 與甚仝。

強　有剩餘之意。

辜　與孤通。져브리다。

憖　音은, 心不欲爲而强作之謂。

離　兩人相對也。記云「離坐離立」。

諉　託辭。

輸　爲也, 致也。博者負而質物亦云。

撑　音팅, 撑柱之意。制舟也。又音掌。

肚　音杜, 腹也。

少　無也。○잠깐。

參　如「參三」之「參」, 爲三才之類。

礙　거티다。○害也。

剩　餘也。冗長也。通作賸。

體　骨子也。猶木之有幹。易:「貞固足以幹事。」[南五後]

呷　音甲, 흔 머곰, 吸呷。

略　잠간。

叵　音파, 不可之意。

下　音햐, 「下」字言아모 字를 노타, 下手, 손디타, 下工夫亦同。

剏　與創仝。造也, 初也。

寘　音至, 置也。俗音티。

突　韻會音要, 室東南隅也。本作突, 或作宋。隱暗處也, 又深也。○室東北隅
　爲窔養也。東北陽氣始起, 育養萬物也。西北隅爲屋漏, 日光自戶穿漏也。
　西南隅爲奧, 隱奧人事, 故名爲奧, 主人之所安息也。

夫　그, 語辭。

窒　막디르다。

厎3) 音至，致也。

饜 音厭，足也。

覰 音쳐，여어보다。

秖4) 音之，適也。오직。

楞 棱同。○四方木。[南六前]

焫 與熱音義同5)。

秤 與稱同。權衡總名。

賺 音담，欺也。又直段切，重買也。又市物失實也。

將 가져。眉訓持也。

以 由也。

泥 音녜，걸리다。○杜詩「致遠思恐泥」之「泥」也。

格 ○格物之格，窮底意多。物格之格，至底意多。

莽 勇敢也。

二字類

合下 猶言當初。본딕，又本來，退溪 李滉訓也。後凡云溪訓倣此。眉訓初也。[南
　　 七前]

査滓 즉긔。

跌撲 跌，박츠다；撲，두드리다。

湊合 뫼호다，又븓다。湊當作湊。○猶言輻輳也。

一截 眉訓截其半而爲一截。혼 동。

這箇 이，又이거시。

單提 쏘로드다。眉訓獨擧也。

伶俐 술갑다。眉訓分明也。

十分 ㄱ장。

不成 指下文而言，不得爲如此也。○謂不成得也。

只管 다함，又술이여。○다만 ㄱ움아다。

那裏　　뎌긔, 又어닉。眉訓一彼處一何處。

太極　　太, ᄆ장。

主張　　쥬변。自主己意而張皇之, 猶저즈다。[南七後]

拈出　　자바내다。

異時　　猶他時。

逐時　　隨時。

單行　　獨行。

推排　　밀며 벗바다 올리다。

定疊　　安頓也。疊亦定意。眉訓堅定。

就中　　이 듕에。

些子　　죠고만, 又잠싼。

理會　　혜아리다, 又싱각다, 又아다, 又출호다, 又省察也。

初頭　　처엄굿。

知道　　아다。

蕭疏　　조타。疏, 一作騷。

自家　　저, 亦云我也。指彼而稱自己曰自家。

儘多　　ᄆ장 만타。

一把　　흔 줌。

物事　　事, 語辭。如今數物必曰一事二事。[南八前]

向來　　아릭。

照顧　　솔피다。

合當　　맛당。

一間　　흔동안。

關子　　關子, 公文書也。子, 語辭, 如扇子、亭子之類。

的當　　合當之意, 猶言번득다。

衰颯　　쇼됴흔 거동。

箇中　　이 듕에。

撞着　　다디르다, 又맛돈다。眉訓衝着也。

放着　　두다。

一段　　흔 편, 猶言一片也。

逐旋　뜰와, 又ㅈ곰, 조초。

硬來　구틔여 와。

活法　言不拘一隅, 猶活水、活畫, 不拘一隅也。

揭出　드러내다。

照管　슬피다。[南八後]

提撕　잡드다。眉訓提而振之也。

自別　自然히, 又各別ᄒ다。此「自」字非제也, 如自當、自然之意。

上面　웃녁。外面裏面前面後面皆以此義推之。

鋪攤　펴다。○攤音灘, 又音爛。手布也、按也、開也。

抖擻　猶言振之也。○썰티다, 精神ㅁ다듬다。

零碎　흑ㅂㅅㅅᄒ다。

打疊　티다, 뎌 ᄇ리다。「疊」字與大典疊鐘之義恐相似也, 溪訓。眉訓克己也。
　　　○猶言疊疊。

霎然　잠깐。

多少　언메나。

下落　다힐디, 猶歸宿也。

賺連　○賺音湛, 以輕物買重物曰賺。心經所謂賺, 謂以大學「不欺」章連「小人閑
　　　居」章看也。

安頓　노타。

安排　사름이 힘드려 구틔여 버립ㅈ다。[南九前]

除是　일란 말고。「除是人間別有天」是를 除ᄒ고 人間애 各別히 天이 잇도
　　　다。又이리마다。　○猶言須是也, 又俗稱有「除是非」之語。

除非　與除是同, 又그러티 아니커든 말라, 又只是之義。

樣子　본。

索性　ㅁ장, 溪訓。○猶言白直, 又猶言直截, 又제 ᄆᆞᆷ으로 ᄒ다。

杜撰　杜前人說話撰出新語。○石中立在中書, 盛度撰張知白神道碑。石問曰:
　　　「是誰撰?」度卒對曰:「度撰。」滿堂大笑。蓋度與杜音同故也。

公案　귀글월, 溪訓。

下梢　내죵, 溪訓。

末梢　與下梢仝。

骨子　猶言웃듬이라，指當物也。如言데저비。

頓放　두다。

決定　一定也。

揩背　등 미다。○揩猶撫摩之意。[南九後]

差排　猶安排也。

恁地　이리，猶言如此。○여긔，又거긔。

領略　아다，猶言ᄆ음애 담다，溪訓。○猶言領了大槪也。

捏合　지버 뫼호다。○捏音涅，捻取也。

都來　本來。○猶言皆也。

家事　呂伯恭打破家事。俗指器皿爲갸ᄾ6)，此是漢語，溪訓。

收殺　거두어 ᄆᆺ다，畢終也。

過着　已爲也。「着」字有過意，又與「消」仝。猶言ᄒ야 디내다。

厮殺　醫書云厮炒。漢語厮訓作相7)。此只是相殺之意。

頭當　다힐 ᄃᆡ，疑다ᄃᆞᄅᆞᆫ ᄃᆡ，溪訓。

不同　與自別仝。○不如也。

特地　各別也。又ᄀᆞ장，漢語부러，又특별이。

巴鼻　다힐ᄃᆡ，잡을ᄃᆡ。語類「沒巴沒鼻」未詳。○漢語禽獸之尾謂之尾巴。此謂巴，即尾也。鼻即頭也。似是無頭無尾之義。又一説大蛇謂之巴，曾見漢人遇大蛇，用小箠一打其鼻便死，所謂巴鼻，恐是要切處之意。

一重　ᄒᆞᆫ 글피라。[南一〇前]

怎生　漢語怎，何也。生，語辭。어늬 엇뎨。眉訓何也。

甚生　怎生同。

了然　ᄉᆞᆷᆺ。○分明之意也。

接湊　뫼호다。

撰來　밍그라오다。

了了　與了然仝。○完了。

脫空　헛것。○ 猶言섭섭。

點檢　술피다，又샹고ᄒᆞ야 츨호다。

爲甚　甚音슴，므스 거슬 위ᄒᆞ야。

累墜　걸리며 드리디다。

平人	므던흔 사름이라。
甚麼	므슴。眉訓何等。
捱去	미러 가다。○견듸여 가다。
提掇	잡드러, 溪訓。眉訓掇亦提也。
怎麼	엇뎨오。[南一○後]
悠悠	有長遠之意。힘힘타。
放下	노하 브리다。
什麼	與甚麼仝。
一方	猶一邊也。
報道	알외여 닐으다。
伊麼	이만, 又그런, 又더, 又이리, 又그리。
爭奈	ㅎ건마ᄂ 그러커든 엇뎨료。○돗톤들 엇디ᄒ료。
委意	아다。
一齊	ᄒ글ᄀ티, ᄀ죽, 又다。
任他	뎨 아ᄆ리ᄒ게 더뎌 두다。○저 ᄒᄂ대로 두다。
卜度	짐쟉다。
一場	ᄒ바탕이라。
從教	○조초로 ᄒ여곰。
提敗	올긔 잡다。
一般	ᄒ 가지, 又一種。
任教	○與任他之意相近。教有教使之意而爲語助, 下同。[南一一前]
直饒	비록。○假使之意也。
一串	ᄒ 곳。○ᄒ 쎄옴。
免教	그리케 호믈 버서나다, 又벗기다。○此「教」字疑或語辭。
一搽	ᄒ 가짓。○音茶, ᄒ 번 브르다。
忽地	믄득。
解教	버서 브리다。○「教」字恐或語辭。
一遭	ᄒ 번。
打空	쇽졀업다。○猶言헛거슬。
嗑着	맛돗다。○易序卦「嗑者合也」即是맛돗之義。又嗑當作磕, 有撞合之義。

磕頭謂之머리좃다。

除去 말고。○더러 ᄇᆞ리다。

自是 제 이리。

一遍 ᄒᆞᆫ 번。

除外 除ᄒᆞᆫ 外예。

自由 제 쥬변ᄒᆞ다。漢語集覽字解云「제 ᄆᆞᄋᆞᆷ으로 ᄒᆞ다」。[南一一後]

横却 ᄀᆞᄅᆞ 디ᄅᆞ다。

若爲 엇디。

零細 猶箇箇也。

愁殺 시름 ᄒᆞ이다。

下夫 下手也。恐與下工夫仝8)。

從來 녜브터 오모로。

由來 從來仝。

到頭 다ᄃᆞ른 귿。眉訓到極也。

笑殺 우숩다。歐陽公詩曰：「笑殺汝陰 常處士，十年騎馬聽朝雞。」

裏頭 속머리，又속긋。○ 猶中也。頭，語辭。

從前 젼브터。

兩項 두목，又두 가지。

都盧 다，又오로。

依前 젼ᄀᆞ티，又아릐브터。

喚做 블러 일홈짓다。眉訓稱其爲此也。猶指其事以目之也。○지어 브ᄅᆞ다。
[南一二前]

伎兩 좀 ᄌᆡ죄라。

摸揉 어ᄅᆞᄆᆞᆫ지다。

厮鬥 싸혼다。恐此亦只是相鬥之義。

上頭 웃머리。○뎌 우희。

遮莫 遮音折，猶言儘教也。진실로 그러케ᄒᆞ다。遮，一作折。

精彩 깃깃다。

地頭 짜긋。○猶言本地也。

撲落 텨 뻐러디다。撲，一作摸。

轉頭   머리 도로혀。

落落   ○灑落, 淨潔之意, 灑灑亦同。此意又늬도타 눕다。

胡亂   어즈럽다, 溪訓。又간대로。

恁麼   그러타, 又이러타, 又그리, 又이리。

這裏   이예。○여긔。

捯到   다와다 가다。

一樣   흔가짓。[南一二後]

鍊成   マ다드마 일오다。

分曉   「曉」字只是「明」字意。분명히 아다, 又굴히여 아다。

多般   여러 가지。

活弄   ○不拙約不拘束之意。

獃獃   어리고 미옥다。

直下   바ᄅ ᄂ려오다。

胡寫   亂書也。

較遲   較, 比也。比之於他, 覺其遲也。

卓午   낫, 日中也。○猶言晌午也。

隴侗   猶含糊。又溪訓不分明也。

津遣   道路資送之意。

一向   흔글マ티。

郎當   舞態也。反覆不正之貌, 猶俗言헤젓ᄂ다, 猶狼籍也。

惺惺   씨ᄉ씨다。

鄉上   鄉, 向也。上, 「形而上」之「上」, 謂天理也。言向道理。

截斷   ᄭ다。[南一三前]

分疏   猶發明也, 溪訓。

悵悵   失路貌, 無見貌。○悵音長, 又見敬韻。

腔子   軀殼。

解額   ○秋闈鄉試之額數也[9]。

末疾   ○四肢謂之末。末疾謂手足不仁也。

親事   昏事。

硬寨   眉訓堅植意。

譙責 譙亦作誚，以辭相責曰譙責。
打破 터ᄒᆞ여 ᄇᆞ리다，溪訓。
挂搭 걸리다。
地步 頭也，又地也。○猶言里數也。
肚裏 빗속。
鶻突 간대로，不分明也。
蹉過 드틔 텨 디나다。
角頭 ᄒᆞᆫ 긋티라，溪訓。○모룽지。
田地 地位也。○地土亦云田地。[南一三後]
跉跰 뷔드러 ᄃᆞᆫ거ᄂᆞᆫ 거동。○行不正貌也。
主顧 마초다。○셩녕 마초다。
檃括 正木之器。溪訓마초 힐훠 고티다。○檃音隱。揉曲者曰檃，正方者曰括。
着落 如歸宿意。○使之爲也。吏語。亦曰着令。
着着 ○漢語謂實話曰實實，恐是此意。
賭是 是를 賭타 蓋 올ᄒᆞ믈 求ᄒᆞ다。
周羅 버전즈려 셔도다
盤問 두로 힐허 묻다。○져주어 묻다。
迷藏 숨박질。
再著 ○두 번。
做箇 지어。
闌珊 餘殘欲盡之意，又意思彫散貌。
不濟 쇽절업다。○猶言不成也。
脚跟 足踵。
當下 고대。[南一四前]
彊輔 直諒朋友也。
安着 편안히 븟티다。
一會 ᄒᆞᆫ 디위。
下手 손디타。
那箇 어늬 것。○뎌 것。

早早　어셔, 又ᄇᆞᆯ셔。○ᄀᆞ장 일즉。
消詳　仔細。○猶云須用詳細, 漢語消與須同義。
莫是　아니 이。
管著　울어다。○ᄀᆞ음 알리이다。
劄住　○劄, 刺著也。凡物刺著則不移動, 故曰劄住。
合趕　뽓다。
莫當　아니。
走作　ᄃᆞ라나다。○ᄃᆞᆺ다。
參詳　ᄌᆞ세 궁구。
一袞　ᄒᆞᆷᄭᅴ 모도다。
推鑿　穿也, 鑿也。[南一四後]
捃拾　收拾同。
郎次　버검, 디검。
解免　버서 ᄇᆞ리다。
劄著　바가뎟다。
四到　四, 四方也；到, 至也。溪訓。
齊到[10] ᄒᆞᆷ긔。
欠了　낫브다。○세오다。
鏖糟　眉訓雜穢也。○盡死殺人曰鏖糟。
㦬㦬[11] 未詳。
攧撲　溪訓攧, 韻書作搷, 急擊也, 投擲之勢。撲亦打也。攧撲不破言牢固也。
破綻　터디다, 猶言罅隙也。
骨董　雜也。○義見三字類。
仔細　ᄌᆞ세。
提起　잡드러。○드러닐ᄋᆞ혀다。
分外　분 밧기라。蓋所可爲者分内, 而分外則所不可爲者。○又, 十者數之終, 十分爲數之極, 而甚言其太過則曰分外。[南一五前]
斷置　眉訓決斷處置, 恐誤。猶棄也。
擔閣　벗틔워, 不行貌。又一説머므다。眉訓揮弃。○걸리다。
且如　아므리커나。○猶云만일

霎時	霎然意仝。아니흔 亽이。
了悟	頓悟。
這樣	잇가지。
實的	고디시기。○진실로。
勾當	ᄆᆞ음 아라 츨히다。一說猶主管。
厮睚	睚, 보다。恐亦相見之義。
混淪	뫼화。○섯거。
直截	方正。바ᄅ 베틴 듯。
了當	다당타。○ᄆᄌ막 명당ᄒ다。
弄得	흔ᄃ닷 ᄠᅳ미라。擺弄同。
官會	猶今楮貨, 溪訓。
甚人	엇던 사ᄅᆷ。[南一五後]
忠管	不忘也, 銘心也。
大小	猶多小[12], 溪訓。
着摸	대혀 잡드러, 溪訓。
一項	眉訓猶言一條。
放住	置也, 眉訓。○노하 두다。
奈何	○엇디 리오。
要之	구ᄒ여 보건댄。
便是	眉訓即也。假使也。如「便是黃金不直錢」之類也[13]。
硬要	구틔여 ᄒ고져。
略綽	略, 잠깐 ; 綽, 漢語謂ᄡᅳ리티다。
儘教	다ᄒ다。○잇것 ᄀᄅ치다, 잇것 ᄒ여곰。
咱們	漢音자믄, 우리。
思量	혜아리다。
曾無	與未曾仝。○猶言無前也。
未曾	잠깐도 아니, 又曾, 젼의。
挨去	疑捱去仝。○猶言按次而去之。[南一六前]
喚作	喚做仝。
喚成	喚作仝。

超詣　　工夫深造。

公門　　○猶他們之意，又衙門也。

他門　　指其人而稱曰他門。與公們仝。

頭影　　端緒。

徒然　　흔갓 그러타。

喫緊　　다긴타。

照領　　ᄀ옴아다。○猶云照數次知也。

容易　　쉽사리。

許多　　만타。

柝號[14]　　보람쎠히다，又榜내다。

一冬　　一方仝。

一件　　흔 볼，猶言第一件。

等閑　　쇽졀업시，又힘드렁이。

何曾　　어듸데，又엇디，일즉。[南一六後]

一團　　흔 무적。與一段仝而但分爲各段合爲一段。

一格　　猶一例。

厮匜　　出易注。

打酒　　○猶言拿酒也。

撦掇　　撦音랍，掇音뎔，理持也。○崔駟達旨辭「撦纓整襟」[15]。

打坐　　안좀 안싸。○漢語打是「爲」字之義。

押録　　猶今書吏[16]。

厮崖[17]　　厮，相也。「崖」或作「捱」[18]，疑相抗之意，或作「啀」，音애，犬欲噬也。相持相拒不聽順之意也。

打話　　説破也。○打，爲也。

撈摸　　音노막，撈，水中以手取物也。摸，又音모，手捉也。有「東西撈摸」之文，言不得其物，東西求取也。如言두로믜며 엇다。

打圍　　○畋獵也。

賭當　　疑是商量見得之意。○아므 거스로 나기ᄒ다。

闃然　　숫두어리다。○猶云鬥也。

諦當　　諦審。[南一七前]

騂然 面發赤色也。騂音셩，慚覥貌。

捞攘 捞，苦也。攘，奪也。言人之作事費氣力者則曰捞攘，衆人喧爭亦曰捞
攘，蓋不安穩不利順之謂。

抵當 猶擔當，又對敵ᄒ다。

體當 如云體驗，體得堪當。

攪聒 攪，搖動也。聒，어수선타，又요란타。

話頭 詞頭之類，言題目也。

挨前 挨音애，推也。○헤티고 나아가다。

會去 아다。○去，語辭。

滾得 섯버므러。○쓸타。

招認 招，如今다딤；認，引以爲証。

會問 잘 뭇다。

要得 이리콰댜，又ᄒ고져之意。

點抹 批點打抹以表識所得之意旨。循行間而長引筆曰抹，非塗抹之抹。

會對 잘 디답ᄒ다。[南一七後]

使得 ᄒ여곰。

會解 아다。

會得 猶會照也。如移文他司照驗之意。

關捩 關，機關也。捩，或作棙，冶者鼓風板所安之木也。

得解 得參鄉試。○解義見上[19]）。

失解 見屈於鄉試。

拼得 拼音반，楚人遺弃之物謂之拼得，言委棄工夫。

印可 佛語。올타。

滾同 흔듸 뒤섯기다。

少間 이윽고，少頃也。

寧可 출하리 가히。

滾冗 如雜冗。

外間 外物也。○밧곗티라。

耐可 엇디 ᄒ여야 올홀고。○耐，忍也。

幹了 爲其事之骨子也。맛다ᄒ다。若妻則幹家，奴則幹事。

行間	衆人行列之間。
便儇	便捷儇利也。늘나다。[南一八前]
引路	길잡이。
偶便	偶因歸便也。
錯了	그르다。
引他	引接。○他，뎌，又뎌를 혀오다。
催儹	儹音찬，亦「催」字之意。
貼裏	猶向裏。
引却	引身却退。
儹那	儹，取也。那，移也。
貼律	貼入規律。○구률의 합당타。
偏却	偏僻。○却，語辭。
作壞	爲所壞也。
檢押	猶檢束也。○見揚子法言，「押」作「柙」。
他説	謂舍所言之言而又發一端之説。
遏捺	捺音列，그쳐 누르다。
玩愒	○猶優遊荏苒之意。[南一八後]
批判	公事結尾。
支撥	撥猶發也。發其畜積支給。
剖判	卞別。
更攢	攢與趲、儹仝，促之也。
對移	禮記王制不受師教者右移左左移右謂之對移，宋時下官有過上官黜罰轉作辱任以懲之謂之對移。
打乖	打，爲也。打乖爲怪異，又破乖戾與物和仝也，又爲乖僻不同。俗又南人聰明性悟者亦謂乖。
曲拍	猶曲調節拍。○解見三字類「大拍頭」。
番得	番、翻仝。
方得	뵈야호로 得ㅎ다。
捭闔	捭音파，與擺仝，兩手擊之。猶闔闢之義也。
決遣	決尾。

方便　多般計較得其好處謂之方便。

扭捏　音뉴날。扭，手轉貌，뷔트다，又按也。捏與捏仝，年結切，捻也。捻音聶，拍也。○猶言攘取。

斷遣　뎌보내다，猶斷罪而遣也。[南一九前]

無方　無方所。

行遣　竄逐也。

無所　猶無處。

作怪　恣爲怪也。○猶言作用。

零星　餘殘之數。

枉陪　陪，重也，謂重疊添加之，陪疑倍之誤。○이미흔 무리쑤럭이라，當作賠。

豈亦　豈乃豈不之意。

擘畫　猶經營規畫也。

相須　「須」字多有待意。

參拜　參謁也。

屬饜　厭足，홈애 다타。

查礦　쇠뷜릴 제 줏씌니，猶쇠쏭이라。

懸知　懸，遠也。猶遙度。

依倚　依倚於權勢之家。[南一九後]

坯子　坯音杯，瓦未燒者。

只除　다만。○다만 더다。

具析　具，猶「兩造具備」之「具」。析，分也。

靠裏　裏예 의지흐다。○밋다。

脊梁　등 ᄆᆞᄅᆻ셔，人之擔負重任者，必硬着脊梁乃能出力而勝重任，猶등힘 쓰다。

大家　猶言大段。○大槪。

時學　時文。

體大　猶大事。

眼下　猶言當時。

閱理　古有「閱天下義理」之語。閱理，謂更歷而知。

夫人　猶言凡人。○猶言其人也。

亂去　간대로 ᄒᆞ여 가다。

硬把　벅벅이 ᄒ다。

虛閒　閒、閑仝。虛閒，不急促。○힘힘타。

配去　流配去絶之。[南二○前]

要束　約束同義。

合做　맛당이 做ᄒ염즉 ᄒ다。

窘束　家計窮也。○急迫也。

調停　調和均停。元祐末呂大防首爲調停之説和解新舊。

體認　體，驗也；認，卜識也。失物而得其物，分卜而識之曰此吾失物也。此「認」字之義。

剔出　글희텨 내여。

書會　如云文會，聚會讀書之處。

勸阻　人有所欲爲而我去勸止之也。

供申　다딤謂之供，보장謂之申。

剴切　베티ᄃᆺ，懇切之意。

且須　且，아직。○모로미。

擧似　似，向也。唐詩「臘月開花似北人」之「似」也。○又皆似也。

關聽　關，디내다。

圖賴　是屈已輸與人而聲言爲其所害也。○未詳。

袞纏　周圍纏繞。[南二○後]

稱停　稱，稱錘。○맛ᄀᆺ다。

圖榜　圖，精舍圖也。榜，如今勸資也。作精舍，勸人出物以助。

包籠　作事不果斷。

有箇　如云一物。

豪分　豪、毫同。十毫爲釐，十釐爲分。

磨勘　如今吏曹計仕滿。

築磕　以石相築，言爲小人所攻。○磕音合，石相築聲。

對班　自唐後經筵之官對朝班而奏事，故講筵謂之對班[20]。

齷齪　急促局恔貌。

築底　漢語築，窮極之意；底猶本根。言窮極本根更無去處。

本領　猶大體。

尋覓　猶思索，有助長之病。○猶言搜出。

銜戢　戢，藏也。感意銜戢于中。又感戢同。

底止　底，止也。底於止。

界至　自某地界至某地界。

鹵莽　無用貌。[南二一前]

般移　般亦移也。般移，猶세간 옴기다.

般取　般移仝。

穿鑿　穿牆鑿壁。出太極賦。

滲淡　音合담，半染色淺之意。

薄冗　迫於雜事。

參取　向此句中語參究而識取也。

淘汰　淘與陶通，乃淘金也。淘ㅎ며 汰ㅎ야.

若曰　이리 너겨 니ᄅ다, 又이리 곳니ᄅ면.

波吒　波波吒吒，忍寒聲。

漫漶　不分明。흔 디 너기다.

草本　○글 초ㅎ다.

涵養　養心以敬，如物之涵淹於水而養也[21]。

閑漢　한가흔 놈.

沬血　沬、頮、靧仝。洒面也。○又噴血也。

激昂　숫구러ㅎ여 놉다, 奮發自高之意。

鐫誨　鐫，刻也。鐫誨，刻責而教誨。[南二一後]

討書　猶今유무 밧다

渾身　온몸.

知覺　知此事，覺此理。

唱喏　喏音야，敬聲。下爲上作尊敬祝願之聲，如今吏胥拜謁作聲。中原人譏不作聲而揖曰啞揖。

且道　아므리커나 니ᄅ라.

巴家　與巴歌仝。사오나온 노래.

裏面　指其中。

頓拙　頓與鈍通用。

喝罵	우리티며 꾸짓다。
幹官	幹辦公事乃幕職。
頭邊	猶本末。○猶言初頭也。
唯阿	猶言오냐오냐，唯諾之意。
繳繞	버므러 휘감기다。○繳音皎，纏也。又音灼，矰繳也。
傴仄	몸을 기우리다。○조본 거동。
喚醒	블러 씨오다。[南二二前]
注脚	注之小字也。凡大字如人之有身，小字如人之有脚。
交他	他로 ᄒ여곰。交與教仝。
討喫	討，求也。討ᄒ야 喫ᄒ다。
星子	져울눈。
杠夯	杠，드다。夯，負荷也。○杠音江[22]，夯音向。
火煆	火애 노기다。
給降	自國降惠。
音旨	論辨意趣也。
經行	以經術取人。
當當	言處之皆得其當。
亭亭	猶當當。
經題	如今科場疑義之題。
縱臾	本作慫慂。己不欲喜怒而從傍人強爲之，又如助桀爲虐之義。
節節	ᄆ디ᄆ디。
勾斷	에우티다。[南二二後]
坐却	却，語辭。坐却，坐在也。
過計	너모흔 計較라。
切脉	猶診脉。
納界	印札。
遮蓋	마가 덥다。言杜撰道理掩遮自己之所爲也。
隱約	依稀之意[23]。
騰倒	紛綸升降錯揉往來之謂。
放過	不照管，舍置而過。

勘過	磨勘ᄒᆞ여 디내다。
規規	莊子注：塞淺貌。
符到	관ᄌᆞ 오다。
拜違	猶拜辭。
等候	等，猶待也。
退産	中原人買賣財産必告官質文，故若欲退其産亦呈于官而受其批然後退之，故曰批退也。
笆籬	○사립짝이라。笆籬，竹籬也。所見泛外不精切者謂之笆籬邊物。[南二三前]
匡綱	如頭當也。物之自外四圍曰匡，繩之總會處曰綱。
所有	○吏文。니믜여，猶言如右。
一意	ᄒᆞᆫ글ᄀᆞ티。
局生	판이 서다，局格生疏也。○猶手生。
一味	猶一切。ᄒᆞᆫ글ᄀᆞ티。
一角	猶一件。○猶云一隅也。信物封裏亦云一角。
一剪	ᄒᆞᆫ ᄀᆞ애에 ᄆᆞ르다。
卓然	두려디。
分定	得失之分定。○分義見上「分外」注。
一餉	一飯之頃。
下度	짐쟉다。與卜度同。○音濁。
謹空	寫公文已畢，末有餘紙，則書謹空言後面之皆空也。今漢人文書亦然。
都是	오로이。
大段	ᄀᆞ장。[南二三後]
國是	○舉國所同是曰國是。
大凡	大概。
自合	스스로 맛당타。
撐拄	벗밀며 괴오며 벗티다。言不肯虛心受人，硬執己意妄言語以撐拄拒扜他人之説24)。
檢放	放，除也。謂檢覈被災之田而除其税。
較然	較音教，漢書甚明也。又音角，相角也。

胡思　　어즈러이 싱각다.

按伏　　按, 누르다 ; 伏, 항복。 자에 뜻을 달았다.

放此　　放與做仝。

含胡　　不分明也。

糊塗　　含胡仝。

抵敵　　牛以角觸曰抵, 猶人欲之來與敬相遇對敵, 如牛之觸物而不進也。抵觸仝。

縮着　　움치다.

冷着　　우이 녀긴다, 猶冷笑。[南二四前]

鶻圇25)　團圓爲一, 不分析之狀。○與三字類「鶻圇棗」之義相近。

扶策　　붓들며 채티다。警人怠惰如馬之不行, 擧策輒行。

不着　　不合。

領會　　領略同。

不透　　心欲解而不通透, 即憤悱之意。

取會　　取其所會計也。

保任　　밋브다。○보두다.

不托　　或作餺飥, 나화之類。

揣摸　　揣, 度也。摸, 믄치다.

攙斷　　攙, 士咸切, 貫刺之也。言以己意貫入文義而斷之也。

已過26)　已過之事。

狼當　　狼籍仝。○「狼」字似是「浪」字。小兒戲頑甚者謂之浪當27)。

委曲　　委亦「曲」字之義。고븨고븨。○猶言曲盡也。

省事　　省音성, 일을 티다.

看見　　非有心而見也。○偶然看過也。

着力　　盡力也。猶有助長之意。[南二四後]

將上　　將ᄒᆞ야 上ᄒᆞ다.

張皇　　포댱ᄒᆞ다.

着緊　　긴히 着ᄒᆞ단 말이라, 긴히 之히 含着意.

將息　　安坐自在養神保氣曰將息。

襯貼　　音츤텹, 襯브티다。貼빈뎝ᄒᆞ다, 如以他物貼此物也。

照會　　校正也。○察解也。

申發　申, 보장ᄒᆞᆫ단 말이니, 申發은 보장ᄒᆞ여 내여 보내다.

卒急　과글리.

説殺　殺音쇄니 説ᄒᆞ여 ᄆᆞᆺ다.

裝點　ᄭᅮ미다.

上供　如今貢物.

歸宿　如言安定.

無量　不以幾器爲限, 惟適於氣, 世儒以飮之無限看者非.

出場　猶言畢其事.

落草　기ᄋᆞᆫ듸 落ᄒᆞ다. ○도적의 무리예 드다.

商量　立心然後其上頭可以商量. 전즈려보다, 又혜아려. [南二五前]

爐鞴　鞴音備, 고븐 불무애 블 붓는 거시라.

旬呈　謫居之人有旬呈之事. 如今每旬手本之事.

搏量　흔듸 모도와 量ᄒᆞ다, 如斗量之時必搏而量之也.

火迫　急遽.

端的　猶定奇. ○正히.

刺破　○종요로온 ᄃᆡ를 헷티다.

逐項　逐事.

乍到　纔到.

髡劓　劓音톄, 髡劓, 削髮之謂也.

犯手　下手同. 손ᄃᆡ다.

目今　猶見今, 卽當今也.

耐煩　煩거키를 견듸다.

當體　當身.

齰舌　혀 므단 말.

宿留　宿音슈, 止也. 有所希望而留之.

親炙　薰炙. ○炙音젹, 블의 ᄡᅬ다, 又音쟈, 膾炙也. [南二五後]

裏許　許猶所也.

畢竟　猶言要其終而言之.

必竟　與畢竟.

元料　猶本計.

醜差　猶言大差。○醜，大也。

延蔓　뒤너츠다。

甚底　音合뎌，어딘。○므合。

亹亹　音尾，自強不息。○不厭之意。

一等　흔 충，又흔 가지。

章皇　猶蒼皇。

勸諫　人有所爲不是而我救正之也。

也須　그럴찌라도 모로미 그리ᄒ라。

安置　以物實於其所也。又流放罪人於某所者亦曰安置。○猶言好在也。

姜芽　姜之初出土而萌芽方長者。姜、薑通用。

只消　猶言只須。[南二六前]

不消　猶言不須也、不必也。

云爾　이리 닐ᄅ다，又語辭。

委的　委，保也，信也。的，語助辭。

委實　委亦實也。

一劃　○音찬，平也，削也，即鋤治之義也，亦曰劃地忽然之意。又흔민 되게
　　　닥다。

劃新　새로이。

斬新　仝上。

生受　艱苦也，又貧乏也。○ᄂᆞᆷ의게 貽弊ᄒ다。

一面　혼자，又흔녁흐로，又흔 번。

收拾　간슈ᄒ다，又설엇다，又거두다。

罷罷　두워라 두워라，亦曰也罷。

一就　홈씌。

一發　仝上。

一宿　흔 숨，又ᄒᆞᄅᆺ 밤。

早晚　일늦도록，又多早晚，어늬때。[南二六後]

由他　더뎌두다，又제 ᄆᆞᆷ대로 ᄒ게 ᄒ다。

定害　貽弊於人，又해자ᄒ이과라。

強如　더어다。

不揀　골히디 아니타。

則管　則音즉, 或作只, 슬이여。

利害　○모디다。

空便　空隙順便之時, 조각。

標致　聰俊敏慧之稱。俱美其人心貌之辭。

打發　禮待應答也。보슯펴 딕답ᄒ다。○츌혀주며 보내다。

由你　네 ᄆᆞ음으로 ᄒ다。

結配　結昏28)。

下妻　小妻。○곳 겨집。

底似　ᄀ장, 又너모。

根前　앏픠。○根與跟同。

根底　앏픠恐非미틔。

知會　알외다。[南二七前]

省會　上仝。

知他　모로리로다。

知得　아다。

説知　닐러 알외다。

自由　제 ᄆᆞ음으로ᄒ다。以自家之心爲之。

照依　마초와 그뎨로 ᄒ다。

自在　ᄆᆞ음 편안히 잇다。

分付　맛디다, 又당부ᄒ다。

幾曾　어늬제。

不曾　못ᄒ다。○젼의 못ᄒ다。

剋減　剋亦減也。

剋落　上仝。

減落　減除。

丁囑　당부ᄒ다。○丁即丁寧之意。

囑咐　당부ᄒ다。

活計　싱계。[南二七後]

疾快　셜리。

這般　猶言如此。

那般　猶言如彼。

火計　동모。○火與夥仝。

生活　셩녕。

這們　○이 무리, 一云이러면。

那們　○뎌 무리, 一云뎌러면。

快活　즐기다。

幾會　여러 즈음。○몃 디위。

連忙　셜리。

無賴　힘힘이, 又브질업시。

一回　흔 슌。

幾回　몃 슌。

名捕　題名特捕。

淨殺　盡殺。

尤諱　尤, 大也。謂君喪也。[南二八前]

欛柄　欛亦柄也。

懸論　외오셔 의논ᄒ다。

訂出　賦稅時商定出令。○猶云立訂之義。

抵蹋　발명ᄒ여 나 몰내라ᄒ다。○抵, 諱也。蹋, 左傳 宣公十二年注「斥候蹋伏」, 謂蹤跡隱伏也。

隱拒　上仝。

吐款　罪人承服。

連咽　舟車相連而塡塞也。○咽即咽喉之路。

答移　答送移文。

肉薄　以身血戰。

旱路　陸路。

自事　己事。

死問　訃也。

展至　展, 寬也。如期限初定於正月, 更寬至二月或三月。

自送　ᄃ려가다。

護前	不使人在己前，猶言忌克[29]。○암쓰리다。[南二八後]
劣容	劣，僅也。如履小則云劣容足，指屋卑則云劣容頂趾。
愆懸	糧食不繼。○懸，似是「室如懸」之「懸」[30]。
愆乏	上仝。
纂嚴	戒嚴。
停解	休官。○停其俸，解其任。
拙行	바독 못두다 불워디는 거슬 曰故爲拙行。
代怖	人有迫於刑禍者己不知怖，而旁人爲之怖也。
枉酷	이믜히 죄닙다。
色裁	正色以示惡之之意。○作色貌。
目整	微怒目容以整他人之非。
防邏	巡邏而防賊。
裨販	賣賤買貴。
質作	質其家人而役之。
妄階	○猶俗言賊職。
反役	길 갓다가 도라오다。
折券	빗 에우다。如馮驩燒券之意。○문권 에우다。[南二九前]
檢詰	檢核其事而詰問之。
生憂	不殺而困苦之。
收録	捕捉罪人[31]。
治定	作文而點改。
走弄	奸吏弄法。
嬈懼	嬈，一作撓。
賧罰	以貨贖罪。○賧音淡，晉食貨志「元后渡江，蠻陬賧布」注「蠻夷以財贖罪也」。
首悔	首實而伏罪也。
裲襠	袴也。前漢書皇后傳宮人皆爲「窮袴」，即今쟘방이。
詰厲	詰責而勉其自新也。
催足	구실 지촉ᄒᆞ여 다밧다。
徵備	上仝。
住催	구실 밧기날 회다。

假還　受由而歸。○「假」字恐與「暇」字通用。

倀子　狂子。○倀子，義見二字類「倀倀」。[南二九後]

少待　如俄而。

密鞭　ᄌ조 채티다.

判能　斷然爲之。

審問　ᄌ셰ᄒᆞᆫ 긔별이라, 猶言的報。

角戾　헛그러디다 긤에 글쓰고 ᄀᆞᆯᄃᆞ리면 글지 힛그러디닷 말이라.

副急　블의예 쟝만ᄒᆞ다.

傖荒　傖，客也。荒，困也。<u>東晉</u>時<u>中國</u>人避亂渡<u>江</u>，<u>吳</u>人稱謂傖荒，蓋賤之也。

撅豎　倔起也。샹인이 블의예 놉피되다.

戲責　以雜技賭勝負而責物於人也。

露田　不種樹也。言耕田而不播種。

人門　人物門地。

勸分　勸富室賑人。

閑寫　從容談話。○猶言브졀업시 쓰다.

膳奴　炊飯之奴。○猶言厨子也。[南三〇前]

物土　貢稅。

射垛　射埲。○활 쏘ᄂᆞᆫ 터희 흘그로 무겁 믄ᄃᆞ 거시라.

賭跳　跳躑以高爲勝。○ᄠᅵ음 나기 ᄒᆞ다.

評直　論價。

作適　適意作戲。

在事　有司。

傳可　뎐뎐으로 그리ᄒᆞ라 ᄒᆞ다.

剛濟　剛斷成事。계우 이루다.

擲塗　塗泥丸也。擲塗，以泥丸相擲爲戲。

折難　○썻디러 힐난ᄒᆞ다.

感尋　感傷艱危而尋思經濟之術。

頓辱　捽髮而頓地。

閣手　縮手不爲也。

中晡　申時。

下晡　申時末。

白民　無官者。[南三〇後]

漸來　將來。

常來　常時。

連帶　걸리다。○느믜 죄예 걸리이다, 猶云죄예 지이다。

染涉　上仝。

苦手　杖也。매。○猶云毒手也。

詢仰　禀問而尊仰。

大可　ᄀ장 므던。

還忌　顧念而忌憚。

索節　索寞。

都伯　刑人者。都亦作屠。

儈子　上仝。○一作劊。

催切　빗 지쵹ᄒ여 일졀 다 바드려ᄒ다。

餘犯　旣有重罪, 又有他罪。○餘黨。

裁給　계유 쓰다。

休下　如今下番。

驗白　효험 나 분명타。[南三一前]

下熟　稍豐也。中熟、上熟以此推之。

已日　已過一日也。

王租　나라 구실。

花押　如今슈례。

鬆鬆　江左人以酒和粔, 則粔起鬆鬆, 如今상화。○섭섭ᄒ고 북건 거동。

吉還　好歸。

疾足　ᄲᆞ비 가ᄂ 사름。急足同。

觀説　見而言之。

折閱　흥졍애 힝혀 실가ᄒ여 죠곰티 주ᄂ거슬 名曰折閱。

失入　誤入無罪者於法網。

陪貼　增益不足之數也。古有「陪貼輪官」之語。○「陪」字恐是「賠」字。

三字類

一等人　혼 가지 사름, 猶言一種人也。[南三二前]

折轉來　옴겨와, 又것거 옴겨와。

作麼生　엇뎨ᄒ고, 又므스 거시라。

做將去　工夫ᄒ여 가다。

知多少　모로리로다 언매나 ᄒ뇨。○唐詩「花落知多少」亦此意。

擔板漢　널멘 놈이라, 謂見一面不見一面。

閑説話　부졀업시 말슴ᄒ미라。

幾多般　언메나 혼가지오。

一副當　一件也, 溪訓。

極好笑　ᄀ장 우옵다, 溪訓。

閑汨董　○閑, 閑漫也。汨董, 南人雜魚肉置飯中謂之汨董羹32)。謂雜亂不切之事也。○漢語汨從木, 閑相董猶枵株撅也。

多少般　幾多般仝。

從他説　○뎌의 니ᄅᄂ대로 좃다。[南三二後]

較些子　져기 병으다。○져기 겨로다。

將就的　○猶容恕扶護之意。的, 語辭。

花塔步　즈늑즈늑 것다。

就那裏　즉 제게셔。

不多時　아니한 ᄉ이。

都不得　아므려도 못ᄒ다。○다 못ᄒ다。

織的鬆　ᄯᆫ거시 얼믜다。○鬆, 漢音숭。

不折本　밋디디 아니타。

錯承當　외오 아다。○그릇 담당ᄒ다。

記認着　보람두다。

俠俠的　긔수ᄒ다。○「俠」字恐是「保」字之誤。

這幾日　요즈음。

許多時　하다혼 시졀이라。

沒由來　쇽졀업다。

剋落了　ᄀᆯ겨 내다。

自不得	스스로 그리티 못ᄒᆞ다. [南三三前]
花使了	간대로 쓰다.
種着火	블 뭇다.
信不及	於聖賢之言不能信而篤守之曰信不及.
信得及	於聖賢之言能信而篤守之曰信得及.
入門款	凡罪人被鞫而入門第一供事也, 眉訓.
看如何	보니 엇더ᄒᆞ뇨. 蓋事未前定而看勢如何處之之辭.
大小大	언매나 킈.
多少多	언매나 만ᄒᆞ뇨.
無縫塔	塔高數層而中間有門相通有梯可上, 而亦有以石構成無門無梯者曰無縫塔.
一袞説	섯버므러 니ᄅᆞ다.
攙前去	如云爭向前去. 攙作奪意.
收殺了	거두어 뭇다, 畢終也.
挨將去	如緩步向前去. ○비븨져겨 나아가다.
大字面	古者黥贓字於其面. [南三三後]
不奈何	아므라타 몯ᄒᆞ려니와.
白頭浪	水波湧起高出而白者曰白頭浪.
形而上	形으로 上애, 未有形之前, 只有理而已.
形而下	形인 下애, 旣有形之後, 有器之名.
動不動	動與不動之間, 如動輒之意.
石尤風	逆風舟不利行曰石尤風. 회호리 ᄇᆞ람. 唐詩「無將故人酒, 不及石尤風」. ○亦云頂頭風.
作怎生	엇디ᄒᆞ고, 又므ᄉᆞᆷᄒᆞ라 ○므ᄉᆞ 일을 ᄒᆞᄂᆞᆫ다.
甚工夫	甚、怎仝. ○므슴 工夫.
大着肚	肚, 腹也. ○힘 ᄡᅳᄂᆞᆫ 거동.
鶻崙棗	如云完全. ○有「鶻崙呑棗」之語. 대쵸를 오니로 ᄉᆞᆷ씨단 말.
上著床	上於床也. 床卽坐臥床也.
放門外	門外예 두다.
大拍頭	拍音빅, 樂之一曲. ᄆᆞᄃᆞ曰拍頭, 言其專主談論也. 拍頭, 拍之題頭也. 自負其才與人爭論, 必作氣勢高談大論無所忌憚之意. 如今用栢板

以節樂也。頭如詞頭、話頭、歌頭之頭, 謂奏曲之一頭段。大拍頭, 大張樂也, 以比大作氣勢也。[南三四前]

朴實頭	人之老實而忠信者曰朴實。朴實頭, 猶言質實地。
却最是	他言雖非而此言最是, 故下「却」字。믄득 マ장 올타。
下梢頭	아래긋。
一綽過	一目覽過。
胡叫喚	간대로 소릭 디르단意。
明得盡	格物以盡其知。○극진 분명ᄒ다。
捺生硬	설고 구든 거슬 눌러。
係磨勘	計仕遷官, 如今仕滿遷官之類。
沒巴鼻	다힐 듸 업다。○恐似無頭無尾。義見二字類。
渾化却	言查滓渾化而無也。却, 語助辭, 當屬上句。[南三四後]
急衮處	急히 범더므린 듸。
激惱人	사름을 도도와 보채단 意。
太瀾翻	言放肆鴻洞如波瀾翻動也。
陪奉它	問：「陪奉猶陪隨奉持之意否？」曰：「此說亦得。但『奉持』之『持』改作『事』爲切。」
	○더룰 뫼시다。
要得剛	剛을 브듸 ᄒ고져 ᄒ다。
射糖盤	見論語「北辰」章小注。○似是맷쏠쇠。
伊蒲塞	佛語。漢語翻爲近住, 言受戒行, 堪近僧住。
一錢漢	謂人物僅直一錢也。漢, 賤稱。
犢一羫	羫音江, 軀殼也。猶言犢一頭。○羫一作腔, 骨體也。
不別才	無特別之才, 謂庸人。
彼此言	讒言。
何物人	그 사름이 엇던 것고。侮而責之之辭。
兩當衫	衫之只掩心背者。○漢語云「背心子」。
乾矢橛	된나모。 [南三五前]
奔命兵	賊之歸順者曰奔命兵。
看一看	看ᄒ디옫 ᄒ번看ᄒ면。操一操、審一審全一句法。○皆是輕輕地說。

致命痕　　爲人所殺者，其傷處謂之致命痕。

四字類

幾多般樣　　幾多般仝。［南三六前］

禁忌指目　　猶偽學禁目。

對同勘合　　如兩人相對校書，各執一本而同讀勘合也。

生面工夫　　새암된 工夫。

直下承當　　바르 아다，又바르 당ᄒ여。

橫説豎説　　以四方言曰橫説，以古今言曰豎説，又以物言曰橫，以時言曰豎。

撑眉努眼　　指禪學人。○作氣貌。

緊得些子　　져기 다견타。

衮去衮來[33]　　섯거 가며 섯거 오다。

真箇會底　　진짓 안다。○猶言真是知本。

説得走作　　説話不合道理。○말ᄒ기를 잡난히 ᄒᆞ다，猶言易言之狀。

説得口破　　言之曲盡而口破壞者，言其甚也。猶俗言입이 ᄲᅧ여디게 니르다。［南三六後］

冷淡生活　　言其生理冷落也。

内房抄出　　内房即今之内府，文書房也，太監掌之，自其中寫出文書也。

趲進着説　　一步説深於一步也。猶俗言다함 니르다。

何處着落　　어듸 다하디ᄂ고。

固濟沙合　　以藥藏於沙合之後，口上蓋了，又將鐵線縛住，仍以壚泥封其口上，不使藥氣出走。

合少得者　　少，無也。못 엇기예 合當타。

分俵均敷　　俵，散給也。言散給而均布之也。

事無足者　　일이 足히 ᄒᆞ욤이 업다。言正心則胸中主宰得定，無事之難爲也。

押下諸司　　如今押領人以去。○諸司를 거ᄂ리다。

兩項地頭　　두목 짜굿티라，猶言두 가짓 곳이라。［南三七前］

挨着粉碎　　挨音익，排也，盪也。排盪，猶言撞着。言諸説撞着於此説便成破碎也。

做件事着　　件事를 밍ᄀᆞ라 홀디니，「着」字不必釋。○ᄒᆞᆫ 일 ᄒᆞ려 ᄒᆞ면。

甚生氣質	○甚生, 猶言非常也。見近思録注。 엇던 긔질。
領略將去	領, 會也。略, 取也。領會ᄒ야 取ᄒ야 將ᄒ야 가다。
奈何不下	아ᄆ리티 못ᄒ다。
八字打開	八, 別也。象分派相別之意, 言分明也。
鐵籠罩却	罩者以籠自上罩下。以捕魚者謂以鐵作籠, 自上籠下則其中籠入之物無緣脱出, 言無所見。
不求其素	그 젼의 그른 일란 求티 아니ᄒ고。○猶言不索其本也。
宛轉説來	宛轉, 不直截而委曲轉輾之意。[南三七後]
須放教開	모로미 放ᄒ야 히여곰 開케 ᄒ다。有助長之意。○展拓之義也。
那箇不是	是謂道也。어늬 거시이 아니리오。○뎌 거시이 아니가。
排定説殺	排布定規。因論説其義以求其質也。○殺, 語辭。
自住不得	言漸進也。○猶言自然不得止。
硬將拗橫	硬, 堅固不通之義。拗, 戾違也。言堅固將文義ᄒ야 뷔틀며 빗겨 사기다。○猶言堅執謬見。
著甚來由	므슴 來由를 著ᄒ야。○므슴 연고로。
打疊交空	텨 ᄇ리다。交如使也。言打疊而使空也。
擘畫分疏	擘ᄒ며 畫ᄒ며 分ᄒ며 疏ᄒ다。
鞭辟近裏	채텨 뵈야 안흐로 갓가이 ᄒ다。○朱子曰:「此是洛中語, 一作『鞭約』, 是要鞭督向理去[34]。」[南三八前]
打成一片	表裏精粗貫通浹洽。○猶言作成一塊也。
捺生做熟	生을 捺ᄒ야 熟을 做ᄒ다。
奔程趁限	程에 奔ᄒ며 限에 趁ᄒ다。
亭亭當當	言處之皆得其意[35]。
因循擔閣	虛度時日以致廢事。
直饒見得	셜ᄉ 보나。直饒, 猶言縱使也。
鶻突包籠	人之心地不明者曰鶻突, 作事不果斷者曰包籠。
未解有父	見太學九章小注「尋常」釋。語録「解」字爲아다 ᄒ거니와, 以此「未解」之「解」釋之, 豈可謂아다 ᄒ리오。凡用「解」字「會」字處, 雖難以方言的實解得, 只是그 이리 그리도 외 ᄅ謂之「解」라 ᄒ니, 亦謂之「會」。
事在恩後	謂犯罪在赦後不可赦也。

職輕任碎　謂雜職。[南三八後]

賣惡於人　以惡移人而自脫。

進熟圖身　進軟熟之言而圖貴其身。

受其斟酌　猶言被進退操縱。

首尾周皇　首尾를 두루쓰려, 猶言畏首畏尾。

多爭十年　爭, 爭較也。謂一年血氣之衰將與十年衰耗者相較也。較, 比也。

賦食行水　밥 눈 화주고 믈 도로다。○齊 竟陵 王子良篤信釋教, 大集衆僧賦食
　　　　　行水, 躬親其事, 世以爲失。

任運騰騰　싁횐이 ᄆ음으로 잇다。○猶云任便。

無甚利害　그대도록 니홈도업고 해홈도 업다。

五字類

看做甚麼事　므슴 일을 ᄒᆞᄂᆞᆫ고 볼디라。[南三九前]

叉手如何法　用二手大指相交, 則右大指在上, 左大指在下, 右四指在内, 左四
　　　　　指在外, 蓋取陰陽交合之義。○폴댱 디ᄅᆞᄂᆞᆫ 거시 므슴 법고。

真箇會底意　會, 理會之會, 兼知行意。진실로 니회홀 뜨디라。○底, 本也。
　　　　　진실로 本意를 안다。

癡獃罔兩漢　皆愚騃어린놈罔兩, 俗語망뎡之意。○罔兩, 鬼魅也。

一場大脫空　ᄒᆞᆫ밧탕 크게 소탈ᄒᆞ고 허타。

更着甚工夫　甚音습, 다시 므슴 工夫를 着ᄒᆞ리오。

精切似二程　二程두곤 精切ᄒᆞ다。

大學中肉菜　此是托辭, 言大學道理日用可行, 如肉菜之切用。[南三九後]

元是説甚底　元是 説ᄒᆞᄂᆞᆫ 거시 므서신고。

更説甚講學　쏘 므슴 講學을 説홀고。

似己無可得　임의 可히 시러곰 닐럼 즉 홈이 업거니와。

一摑一掌血　摑音괵, ᄒᆞᆫ 번손으로 티매 ᄒᆞᆫ 손바당 피라。手打則隨手而有一掌
　　　　　血漬, 謂其言之痛着如此。

一棒一條痕　一摑一掌血仝。言杖打則隨杖而有一條杖痕。

六字類

一節易如一節　一節이 一節두곤 쉽다。　[南四〇前]
會去分別取舍　去ᄒ야 分別 取舍를 會ᄒ다。○去，似是語辭。

語録解終

語録解跋

　　我殿下臨筵方講<u>心經</u>，討論忘倦。一日教曰：「<u>語録</u>實多未分曉處，玉堂官可取所謂<u>語録解</u>者詳加考校，以便繙閱茲役也。」應教臣<u>南二星</u>實尸之。臣亦猥聞其一二，刪其繁蕪，訂其訛謬，總合前後所録。務在明白簡易，去取次序略有權衡。書成繕寫投進。上令臣<u>浚吉</u>撰進跋文，臣辭不獲命。臣仍竊伏念<u>語録解</u>者即<u>中國</u>之俚語，昔有<u>宋</u>諸賢訓誨後學與書尺往復率多用之。蓋欲人之易曉，而顧我<u>東</u>聲音言語謠俗不同，反有難曉者，此解之所以作也。舊本初出於先正臣<u>李滉</u>門人所記而隨手劄録，實欠精粹。向者故掌令臣<u>鄭瀁</u>就<u>漢語集覽</u>中拈出如干語以補前録之未備者，然其書不出一人之手，故或前後重複，或同異牴牾。我殿下命之釐正者爲是也。仰惟殿下聖學高明，講解文義實有超出尋常萬萬者，非蒙陋諸臣所敢及，則此書之得失訛正必無所逃於聖鑑之中矣。嗚呼！摘其葉者必尋其根，沿其流者必窮其源。今殿下專精經學，日新又新。辭語疑晦之間或可以此書解之，而既解其言，又必體之於心，行之於事，上達不已。然則此解雖微，亦可爲摘葉尋根、沿流窮源之一助。此實微臣區區祈望之意也。

　　時龍集己酉四月日正憲大夫議政府左參贊兼世子贊善<u>成均館</u>祭酒臣<u>宋浚吉</u>奉教敬跋

● ● ●

1) 意 <u>白斗鏞</u>本同，<u>鄭瀁</u>本作「志」。
2) 覺 <u>鄭瀁</u>本同，<u>白斗鏞</u>本作「瞿」。
3) 底 <u>鄭瀁</u>本作「厎」，據<u>白斗鏞</u>本改。
4) 秖 <u>鄭瀁</u>本同，<u>白斗鏞</u>本作「秪」。
5) 熱 <u>白斗鏞</u>本同，<u>鄭瀁</u>本作「蓺」。
6) 俗指 <u>白斗鏞</u>本同，<u>鄭瀁</u>本此前多「朴君實云」。
7) 漢語 <u>白斗鏞</u>本同，<u>鄭瀁</u>本此前多「鄭子中云」。
8) 工夫 <u>鄭瀁</u>本同，<u>白斗鏞</u>本爲「功夫」。
9) 闌 <u>白斗鏞</u>本作「圍」。
10) 到 <u>白斗鏞</u>本同，<u>鄭瀁</u>本作「頭」。恐當從<u>鄭</u>本爲是。
11) **懤** <u>鄭瀁</u>本同，<u>白斗鏞</u>本作「懠」。
12) 小 <u>鄭瀁</u>本同，<u>白斗鏞</u>本作「少」。
13) 如 <u>鄭瀁</u>本同，<u>白斗鏞</u>本爲「如今」。
14) <u>南二星</u>本作「拆」，據<u>鄭瀁</u>、<u>白斗鏞</u>二本改。
15) 攝縷整襟 <u>白斗鏞</u>本爲「攝縷整衿」。後漢書 崔駰列傳：「其無事則躡縷整襟，規矩其步。」增修互注禮部韻略卷五：「崔駰達旨辭：『無事則躡縷整襟』。」
16) 吏 <u>南二星</u>本作「史」，據<u>鄭瀁</u>、<u>白斗鏞</u>二本改。
17) 崖 <u>鄭瀁</u>本同，<u>白斗鏞</u>本作「捱」。
18) 崖或作捱 <u>白斗鏞</u>本爲「捱或作崖」。
19) 編者按：「上」謂「解額」條。
20) 講筵 <u>白斗鏞</u>本同，<u>鄭瀁</u>本爲「筵講」。
21) 淹 <u>鄭瀁</u>、<u>白斗鏞</u>二本作「泳」。
22) 江 <u>白斗鏞</u>本作「紅」。
23) 稀 <u>鄭瀁</u>、<u>南二星</u>二本作「俙」，據<u>白斗鏞</u>本改。
24) 扞 <u>鄭瀁</u>本同，<u>白斗鏞</u>本作「捍」。
25) 圇 <u>鄭瀁</u>本同，<u>白斗鏞</u>本作「淪」。
26) 已過 <u>白斗鏞</u>本同，<u>鄭瀁</u>本爲「已事」。
27) 浪 <u>白斗鏞</u>本作「狼」。
28) 昏 <u>鄭瀁</u>本同，<u>白斗鏞</u>本作「婚」。
29) 忌克 <u>鄭瀁</u>本同，<u>白斗鏞</u>本爲「克忌」。
30) <u>國語 魯語上</u>：「室如懸磬，野無青草，何恃而不恐。」<u>南二星</u>僅引「室如懸」恐不妥。
31) 捕捉 <u>鄭瀁</u>本同，<u>白斗鏞</u>本爲「捉捕」。
32) 汩薰羹 <u>白斗鏞</u>本爲「閑汩薰羹」。
33) 袞去袞來 <u>鄭瀁</u>本爲「袞來袞去」，<u>白斗鏞</u>本爲「滾去滾來」。
34) 理 <u>白斗鏞</u>本作「裏」，字作「裡」。
35) 意 <u>白斗鏞</u>本同，似當從<u>鄭瀁</u>本作「宜」。

白斗鏞 語録解

注解語録總覽

心齋 白斗鏞編纂

鶴巢 尹昌鉉增訂

注解語録總覽凡例

一、語録이 字數ㅣ 多寡不同故로 舊本에 從其字 數ᄒ야 分編之ᄒ야 自一字二字로 至五六字而止ᄒ야 以便 考閱ᄒ니 今從之ᄒ노라。

一、舊釋이 或有未備ᄒ고 且未分曉處則未免借附新注而加圈以別之ᄒ노라。

一、注下에 所謂溪訓者ᄂ 即退溪先正臣李滉號 也오 眉訓者ᄂ 即眉巖所訓이니 故儒臣柳希春號也오 其無標識者ᄂ 李滉門人의 所記오 或後人所增云이라。

一、語録中에 或有字義音義之可考者則亦可證定ᄒ니 如「便」字、「要」字之類ㅣ 是也라。

一、舊本所載ㅣ 雖不屬於語録而其意義關重ᄒ고 或艱深難曉者并收録而注解之ᄒ니 如「形而 上」、「形而下」와 及「色裁」、「目整」之類ㅣ 是也라。

一、水滸誌、西遊記、西廂記、三國誌 語録을 亦爲添付ᄒ며。

一、吏文語録을 並附ᄒ야 以便閱覽ᄒ고라。

一字類

箇　語辭。有一箇二箇之意。[白一前]

却　語辭。又도로혀, 又또。<u>眉</u>訓還也。其在末句者語辭。

須　모로매, 又強也, 又有待意, 又必也。

閑　노다, 又속졀업다, 又힘힘타。

解　아다。○解粮、解銀、押解皆輸到卸下之意也。

恰　마치。<u>眉</u>訓適當之辭。

這　이。<u>眉</u>訓此也。

貼　븟치다。俗所謂褾貼亦此意。○貼將來, 흥졍 갑슬 거스러 오다。

要　求也, 又브듸, 又ᄒ고져。○音見平聲及去聲。要, 約也, 勤也。固, 要也, 察也。以上平聲。久, 要也, 樞要也。要, 會也, 欲也。以上去聲。

如　다혀, 猶今鄕人有所歷擧則必曰다혀。○만일, 又가다

較　마초와, 直也, 不等也, 相角也, 對兩而計其長短, 又가쟝。

教　ᄒ여곰。

是　此也, 即也。近語辭。○然也。

還　語辭。又도로혀。○다시롱, 又잡다, 又다함。

他　뎌, 又남의。<u>眉</u>訓彼也。又某人也。

和　猶言조차, 以別物合此物曰和。아므것 조차。

底　當處也。或作的。又그런거시, <u>眉</u>訓也。根底也, 又與地全, 又語辭。

得　語辭。又올타, 有得意。

也　語辭。又또。<u>眉</u>訓亦也, 猶也。

自　저, 凡言自者多有저意。○我也。

那　뎌, 又엇지。<u>眉</u>訓彼也。又어듸。

慢　헐ᄒ든 말。[白一後]

棒[1]　音방, 杖打也。몽동이 ○又杖也。

了　語辭。又뭇다, 又아다, 又잠깐。<u>眉訓</u>在末句者事之已畢爲了。

拶　音찰, 다와다 가다, 又썩다。

渠　저, 又그。<u>眉訓</u>呼彼之稱。

靠　音告, 憑也。

爭　엇지, 又有爭之意。○又쓰다。

扭2)　째어, 又씌여。俗「拆」字3)。

麼　語辭。

着　猶言爲也。又붓다, 又두다。○語辭。又使也。

趂　쫏다。

打　語辭。有爲意, 有成意。○又擊也。

頭　굿。○語辭也。語端皆云頭。

作　爲也。亦語辭。

劄　音찰, 刺着也。디르다。○<u>唐</u>人奏事非表非狀者謂之劄子。

頓　오로。○ 온 덩이, 千零不如一頓。又흔 번。

鎭　쟝샹。

管　主之也。ᄀ음아다。<u>眉訓</u>總攝也。

遞　公傳也。附遞傳書謂之遞。○納也。

旱　셜니。疑「早」字之誤。○陸地也。亦謂之旱地、旱路。

似　向也。<u>眉訓</u>亦於也。古詩云「去國一身輕似葉」。

來　語辭。有來意。

差　져기, 與較同。又差出之意。

合　맛당, 又본딕。

便　곳, 又쉽다。又私傳也, 如風便是也。<u>眉訓</u>即也。又因人寄書謂之便。○音見平聲及去聲。安也, 習也。便, 便言也。肥滿也, 溲也。以上平聲。利也, 宜也, 順也, 即也, 便, 殿也。便, 安也。以上去聲。

按　下也。又考也, 又禁也。

般　오로, 疑誤。옴기다, 又가지가지。○又一般二般之般也。

煞　與殺同。ᄆ쟝, 音쇄。

做　作也。又工夫成意。

瞿4)　左右驚顧, 又視邊兒。[白二前]

翻　도로혀。○뒤다。

會　아다。○흔가위 두지위。謂之一會二會。

捺　乃曷切。捎也, 又手按也。누르다。

撩　더위잡아。○又抉也, 取也。理亂曰撩理。

摺　音탑, 뎡희다, 又썩다。眉訓접단 말이라。

鑢　音慮, 줄。

生　語辭。

漢　놈, 有病漢、醉漢之罔兩漢等語5)。

當　고디。眉訓去聲, 抵當也。모막단 말이라。

討　츶다, 求也, 得也, 論也。

椎　몽동이, 又椎擊。

驀　音몍, 믄득。○上馬也, 越也。

漫　힘힘타。

劈　쌔치다。

渾　오로, 猶言全也。

研　窮也。궁구。○磨也。

儞　音니, 汝也。你同。

消　爲也。又모로며, 又ᄒ여디내다。眉訓須也。

悢　音兩, 悲也, 又眷眷兒。又音朗, 不得意6)。

初　잠깐。

串　곳, 又씩다。

在　語辭。有在意。

硬　굿다。

零　ᄌ견。零細也，箇箇也。○쁜것。

惹　亂也，又引着也。

挨　音埃，推也。○按次謂之挨次。

訣　絶也，又別也，又辭也。

攔　遮也。

捏　音날，쥐다，又모도다，又지버 뫼호다。

摑　音괵，手打也，批也。

撒　音煞，쇄，又音散，散之之皃。

交　交行也[7]。

羕　未詳。

你　汝也。眉訓爾也。音니。

担　音擔，排也，當也。

踼　音唐，平聲。跌踼也。頓伏貌，行失正貌，又飛動皃。又搶也。○又見去聲。츠다。[白二後]

走　牛馬走如云僕，自謙之辭。

妙　朱門人問「妙」字，答曰：「『妙』字有運用之意，以『運用』字有病，故説『妙』字。」

越　더욱，愈也。

剔　쌔여。○猶剪也。글희쳐。

等　等待，眉訓。平也。稱子亦云等子。

趁　미처。

俵　分給也。

提　잡다。

贊　明也。

跟　音根，足踵也，又追隨也。

輥　音混，車轂。齊等貌。

怎　音즘，어늬，又엇지，與甚同。

夯　音向，擔也。

儘　任也。밋겻，又ᄀ장。

憖　音은，心不欲爲而強作之謂。

獃　音埃，癡也。

直　바라，又한 갓。○物價ᄊ다。

輸　爲也，致也。博者負而質物亦云。

錯　그릇，又외다。

霎　音삽，少頃也8)。小雨。

少　無也。○잠ᄭ난。

闊　너그럽다。

趖　ᄯ로다。

剩　餘也。冗長也。通作賸。

抹　ᄒ여 ᄇ리다。○에우치다。

化　無所勉強而自中節也。

略　잠ᄭ난。

揣　音췌，度也。○撫摩也。

饖　音遏，獸食之餘曰饖。

撏　音잠，徂含切。取出也。지버 ᄶ다。○주다。

押　如今押領人以去。○着署亦曰花押。

鑿　ᄯ을也。情之鑿去其性，猶ᄯ을之鑿物也。

摭　音拓，拾取也。

寔　音식，진실노。[白三前]

諉　託辭。

磹　音潭，鋪於下。

強　有剩餘之意。

肚　音杜，腹也。

罅　音嚇，釁也。

離　兩人相對也。記云「離坐離立」。

礙　거치다。

膜　如皮而薄者。

撑　音㨒，撑柱之意。制舟也。又音掌。

呷　音甲，흔 머금，吸呷。

厎　音至，致也。

參　如「參三」之「參」，爲三才之類。

下　音하，「下」字言아마 字를 노타，下手，손지다，下工夫亦仝。

體　骨子也。猶木之有幹。易：「貞固足以幹事。」

突　韻會音要，室東南隅也。本作㚸，或作窔。隱暗處也。

叵　音파，不可之意。

戳　音濯，刺也，又契印。

祇9)　音之，適也。오직。

寘　音至，置也。俗音티。

蘸　音暫，物沒水。

席　以管蒲織者。

遂　쑤미다，일우다。

𢧵10)　音濯，刺也。

皴　音䰍，皮起。

遹　音律，導也。又音郁，循也。○音유，回避也。

鬆　髮亂貌，又寬也。

潑　散也。

矜　矜嚴，矜莊，言過嚴莊也。自負貌，又自持貌。

塌　低陷。

紮　音札，纏束。

辜　與孤通。져ᄇ리다。

仵　與午同。取光明之義。

薦　以藁秸織者。

癧　病也。猶血瘀。［白三後］

秤　與稱同。權衡總名。

夫　그，語辭。

黯　深黑。

以　由也。

履　音厭，足也。

委　實也。

莽　勇敢也。

楞　棱仝。四方木。

剏　與創同。造也，初也。

捽　捽持頭髮。

賺　音담，欺也。又直段切，重買也。又市物失實也。

窒　막지르다。

淅　浙。

覰　音쳐，엿보다。

竈　音黽。

泥　音녜，걸니다。○杜詩「致遠思恐泥」之「泥」也。

焫　與熱同[11]，音義亦同。

泐　音勒，合。又消磨，달타。

棼　亂。

將　가져。眉訓持也。

約 隱度也。

齚 音窄。

格 格物之格，窮底意多。物格之格[12]，至底意多。

勒 猶合也。

䭰 音紅，飛貌。

恩 濕同。

磚 甋同。甓也。

罨 音奄，掩也。

黨 音당。

胖 音棒，脹也。

皷 音脫也。皮剝。

敊 弼同。

淤 瘀通血凝也。

申 伸也。謂伸報上司。

褪 脫也。[白四前]

才 與纔同，又又。

沒 無也，眉訓。

去 語辭。有去意。眉訓舍此事爲彼事之意。

二字類

扮手 丈買切。扶也。

知道 아디。

這箇 이，又이거시。

合下 猶言當初。본딕，又本來，溪訓。

查滓 씩기。

十分 ㄱ장。

湊合　뫼호다，又뭇다。湊當作湊，猶言輻湊也。

一截　<u>眉</u>訓截其半而爲一截。흔 동。

那裏　뎌긔，又어늬。<u>眉</u>訓一彼處一何處。

單提　쓰로드다。<u>眉</u>訓獨舉也。

伶俐　슬갑다。<u>眉</u>訓分明也。

拈出　자바닉다。

不成　指下文而言，不得爲如此也。謂不成得也。

只管　다함，又슬의여，다만 ㅁ옴아다거푸。

單行　獨行。

太極　太，ㄱ장。

主張　쥬변。自主己意而張皇之，猶저드다。

就中　이 즁에。

異時　猶他時。

逐時　隨時。

初頭　처음긋。

推排　밀며 벗바다 올니다。

定疊　安頓也。疊亦定意。<u>眉</u>訓堅定。

自家　저，亦云我也。指彼而稱自己曰自家。

些子　조고만，又잠깐。

理會　혜아리다，又셩각다，又아다，又출호다，又省察也。

蕭疏　조타。疏，一作騷。[白四後]

一把　흔 줌。

的當　合當之意，猶言번득다。

跌撲　跌，박츳다，미씨러져；撲，두드리다。

照顧　슬피다。

撞着　다지르다，又마둣다。<u>眉</u>訓衝着也。

儘多　ㄱ장 만타。

關子　公文書也。子，語辭，如扇子、亭子之類。

逐旋　쓸와，又ㅈㅈ곰，又조촘。

向來　아릿，又그젼 붓텀。

箇中　이 즁애.

揭出　드러닉다.

一間　혼동안.

一段　혼 편, 猶言一片也.

自別　自然히, 又各別ᄒ다. 此「自」字非제也, 如自當、自然之意.

衰颯　소죠흔 거동.

活法　言不拘一隅, 猶「活水」之「活」13). 畫不拘一隅也.

放着　두다, 노아 벼려.

提撕　잡드다. 眉訓提而振之也.

抖擻　猶言振之也. 썰치다, 精神ᄀ다듬다.

硬來　굿틔여 와.

鋪攤　펴다. 攤音灘, 又音爛. 手布也、按也、開也.

照管　슬피다.

打疊　打, 다쳐 ᄇ리다.「疊」字與大典疊鍾之義恐相似, 溪訓. 眉訓克己也.
　　　猶言疊疊.

上面　읏녁. 外面裏面前面後面皆以此義推之.

多少　언메나, 幾何也. 얼마나.

下落　다힐대, 猶歸宿也.

零碎　혹ᄇᄉᄉᄒ다.

物事　事, 語辭. 如今數物必曰一事二事.

安頓　노타.

霎然　잠산.

合當　맛당.

安排　스름이 힘드려 구틔여 버립즈다.

賺連　賺音湛, 以輕物買重物曰賺. 心經所謂賺, 謂以大學「不欺」章連「小人閑居」
　　　章看也. [白五前]

樣子　본.

除非　제 잡담ᄒ고. 與除是同, 又그러치 아니커든 말라, 又只是之義.

末梢　與下梢同.

杜撰　杜前人説話撰出新語. ○石中立在中書, 盛度撰張知白神道碑. 石問曰:

「是誰撰？」度卒對曰：「度撰。」滿堂大笑。蓋度與杜音同故也。

撰來 밍그러오다.

決定 一定也.

一重 흔 갈괴라.

下梢 닉즁, 溪訓.

恁地 이리, 猶言如此. 여긔. ○거긔.

揩背 등 미다. ○揩猶撫摩之意.

頓放 두다.

都來 本來. 猶言皆也.

特地 各別也. 又ᄀᆞ쟝, 漢語부디, 又특별이.

差排 猶安排也.

過着 已爲也. 「着」字有過意, 又與「消」仝. 猶言ᄒᆞ야 지니다.

捏合 자바 미호다. ○捏音涅, 捻取也.

不同 與自別同. ○不如也.

甚生 怎生同.

收殺 거두어 맛다, 畢終也.

怎生 漢語怎, 何也. 生, 語辭. 어늬 언제. 眉訓何也. 엇지 ᄒᆞ면.

頭當 다힐 디, 疑ᄃᆞᄃᆞ른 디, 溪訓.

索性 ᄀᆞ쟝, 溪訓. 猶言白直, 又言直截, 又데 ᄆᆞᄋᆞᆷ으로 ᄒᆞ다.

除是 일난 말고. 「除是人間別有天」은를 除ᄒᆞ고 人間에 各別히 天이 잇도다. 又이리마다. 猶須是, 又俗「除是非」之語.

了然 ᄉᆞ못. ○又分明之意.

公案 귀글월, 溪訓. 據理結案如公文. ○佛家祖師一千七百公案即法也.

領略 아다, 猶言ᄆᆞᄋᆞ애 담다, 溪訓. 猶言領了大概也. [白五後]

接湊 뫼호다.

家事 呂伯恭打破家事. 俗指器皿爲가ᄉ14), 此是漢語, 溪訓.

脫空 헛것, 猶言셥셥.

廝殺 醫書云廝炒. 漢語廝訓作相15). 此只是相殺之意.

累墜 걸니며 셔러디다.

巴鼻 다힐디, 잡을디. 語類「沒巴沒鼻」未詳. ○漢語禽獸之尾謂之尾巴. 此謂

巴，即尾也。鼻即頭也。似是無頭無尾之謂。又一説大蛇謂之巴，曾見漢
人遇大蛇，用小箠一打其鼻便死，所謂巴鼻，恐是要切處之義也。巴，蛇
也。巴蜀有塞鼻蛇獨向上，餘蛇皆鼻垂下，即向上功夫之意。

了了　與了然仝。○完了。

悠悠　有長遠之意。힘힘타。

提掇　잡드려, 溪訓。眉訓掇亦提也。

爲甚　甚音合, 므슨 거슬 위ㅎ야。

一方　猶一邊也。

放下　노하 ᄇ리다。

甚麼　믓슴。眉訓何等。

爭奈　ᄒ건마는 그러커든 엇졔요, 엇지 ᄒᆯ슈, 又둣톤돌 엇지ᄒ료。

怎麼　엇뎨오。

任他[16]　뎨 아므리ᄒ게 더져 두다, 又져 ᄒᆫᄃᆡ로 두다。

什麼　與甚麼同。

從教　조쵸로 ᄒ여곰。

報道　알외여 닐으다。

伊麼　이만, 又그런, 又이리, 그리。

點檢　슬괴다, 又샹고ᄒ야 츌호다。

委意　아다。

一齊　ᄒᆫ갈ᄀᆺ치, ᄀ작쏘다。

平人　무던ᄒᆫ ᄉ름이라。

卜度　짐작다。

提敗　올기 줍다。[白六前]

任教　與任他之意相近[17]。教有教使之意而爲語助, 下仝。

直饒　비록, 又假使之意也。

免教　그러케 호믈 버서나다, 又벗기다。此「教」字疑或語辭。

一場　ᄒᆫ바탕이라。

解教　버서 ᄇ리다。「教」字恐或語辭。

一遭　ᄒᆫ 번。

一般　ᄒᆫ 가지, 又一種。

嗑着　맛둦다。易序卦「嗑者合也」即是맛둦之義。又嗑當作磕，有撞合之義。磕
　　　頭謂之머리좃다。

一串　흔 곳，又흔 쇠옴，一句節。

一遍　흔 번。

忽地　믄득。

自是　제 이리。

橫却　ᄀᄅ 지라다。

打空　쇽졀업다，猶言헛거슬。

捱去　미러 가다，견듸여 가다。

愁殺　殺音쇄，시름。

除去　말고，又더러 ᄇ리다。

零細　猶簡簡也。

由來　從來同。

除外　除흔 外예。

從來　녜븟터 오모로。

裏頭　속머리，又속앗，猶中也。頭，語辭。

若爲　엇지。

笑殺　우습다。唐詩：「山公欲上馬，笑殺襄陽兒。」

下夫　下手也。恐與下功夫仝18)。

兩項　두목，又두 가지。

都盧　다，又오로。

到頭　ᄃᄃ른 곳。眉訓極也。

一搽　흔 가짓。○音茶，흔 번 ᄇ라다。

伎兩　좀 지죄라，짓거리。

從前　전븟터。[白六後]

精彩　깃깃다。

地頭　짜앗。猶言本地也。

依前　전것치，又그전븟터。

轉頭　머리 도로혀。

分疏　猶發明也。

摸捼　어로만지다。

恁麽　그러타, 又이러타, 又그리, 又이리。

這裏　이예, 又여긔。

遮莫　音折, 猶言儘教也。진실노 그러케ᄒ다。遮, 一作折。

鍊成　ᄀ다ᄃ마 일로다。

撲落　텨 ᄲ러지다。撲, 一作摸。

一樣　ᄒ 가지。

活弄　不拙約不拘束之意。

胡亂　어즈럽다, 溪訓。又간ᄃ로。

多般　여러 가지。

胡寫　亂書也。

拶到　다왓다 가다。

直下　바로 ᄂ려오다。

儱侗　猶含糊。又溪訓不分明也。

分曉　「曉」字只是「明」字意。分明히 아다, 又ᄀᆯ히여 아다。

郎當　舞態也。反覆不正之皃, 猶俗語헤짓ᄂ다, 猶狼籍也。

獃獃　어리고 미욱다。音에, 미련ᄒ단 말。

卓午　낫, 日中也, 猶言晌午。

較遲　較, 比也。比於他, 覺其遲也。

一向　ᄒ갈ᄀᆺ치。

截斷　끈다。

喚做　블너 일홈짓다 지어 부루다, 猶指其事以目之。

津遣　道路資送之意。

厮鬥　쓰혼다。恐此亦只是相鬥之義。

上頭　웃머리, 뎌 우희。

惺惺　짓짓다, 씩씩ᄒᆫ 놈。

落落　洒落, 淨潔之意, 洒洒亦同。此意又ᄂᆝ도타 눕다。[白七前]

角頭　ᄒ ᄭᆺ치라, 溪訓。모롱치。

解額　秋圍鄉試之額數也[19]。

地步　頭也, 又地也。猶言里數也。

主顧　마초다, 又정영 맛초다。

硬寨　<u>眉</u>訓堅植意。

蹉過　드틔 쳐 디나다, 드틔여지나。

着着　漢語謂實話曰實實, 恐是此意。

挂搭　걸니다。

泠竮　뷔드러 단기ᄂ 거동, 行不正皃。

盤問　도로 힐허 뭇다。查問也。又저주어 뭇다。

鶻突　간듸로, 不分明也。

着落　如歸宿意。○使之爲也。吏語20)。亦曰着令。

田地　地位也。地土亦云田地。

周羅　버젼즈러 셔도다。

做箇　지어ᄒ는 것。

檃括　正木之器。<u>溪</u>訓마죠 힐휘 고치다。檃音은, 揉曲者檃, 正方者檃括。

脚跟　足踵。

賭是　是를 賭타 蓋 올ᄒ믈 求ᄒ다。

再著　두 번。

迷藏　숨박질。<u>康節有迷藏詩</u>。숨박국질。

鄉上　鄉, 向。上, 「形而上」之「上」, 謂天理也。言向道理。

腔子　軀殼。

闌珊　餘殘欲盡之意, 又意思彫散皃。

悵悵　失路皃, 無見皃, 失意。悵音長, 又見敬韻。

親事　婚事。

當下　곳듸, 곳。

末疾　四肢謂之末。末疾謂手足不仁也。

打破　뎌씌쳐 ᄇ리다。

一會　ᄒᆫ 지위, ᄒᆫ 번。

譙責　譙亦作誚, 以辭相責曰譙責。

肚裏　비속。

早早　어셔, 又볼셔, 又ᄆ쟉 일즉。

管著　울어다, 又ᄆᆞ음 아리이다。[白ᄂ後]

解免21)　버서 ᄇ리다。

仔細　ᄌ셰히。

莫當　아니。

齊到22)　함ᄭᅴ。

麿糟　眉訓雜穢也。盡死殺人曰麿糟。

一袞　함ᄭᅴ 모도다。

懡㦬23)　梵語。恥辱也。

破綻　터지다, 猶言罅隙也。

即次24)　버검, 지금。

安着　편안히 붓치다。

提起　잡드려, 又드러니ᄅ혀다。

四到　四, 四方也 ; 到, 至也。

那箇　어니 것, 저 것。

斷置　眉訓決斷處置, 恐誤。猶棄也。

不濟　속절업다, 일이 틀니다, 猶言不成也。

莫是　아니 이。

霎時　霎然之意소。아니흔 시이。

彊輔　直諒朋友也。

合趂　ᄯᅩᆺ다。

實的　고지시기, 又진실노。

下手　손지다, 着手也。

參詳　ᄌ셔히 궁구ᄒ다。

混淪　모화, 又섯거。

消詳　仔細。猶言須用詳細, 漢語消與須同義。

捃拾　拾取소。

弄得　흔ᄃᆫᄂᆫ ᄯᅳ지라。擺弄소。

劄住　劄, 刺著也。凡物刺著則不移動, 故曰劄住。

劄著　바가졋다。

忠管　不忘也, 銘心也。

走作　다라니다, 去也。

欠了　낫브다, 又싀오다。

一項　<u>眉</u>訓猶言一條。

推鑿　穿也, 鑿也。

擷撲　擷, 韻書作摍, 急擊也, 投擲之勢。撲亦打也。擷撲不破言牢固。

骨董　雜也。義見三字類。[白八前]

厮睰　睰, 보다。恐亦相見之義。

思量　혜아리다。

分外　분수 밧기라。蓋所可爲者分内, 而分外則所不可爲者。又, 十者數之終, 十分爲數之極, 而甚言其太過則曰分外。

擔閣　벗틔워, 不行皃。又머무다。<u>眉</u>訓揮弃。걸니다。

挨去　挨、捱仝。猶言按次而去之。

了悟　頓悟。

了當　다당타, 又마즈막 졍당ᄒ다。

超詣　工夫深造。

勾當　ᄀ음 아라 츨히다。一説猶主管。

甚人　音삼, 엇던 스름이라。

頭影　端緒。

直截　方正。바로 베힌 듯ᄒ다。

着摸　딕혀 잡드러, <u>溪</u>訓。

照領　ᄀᄋ마다, 猶云照數次知也。

官會　猶今楮貨, <u>溪</u>訓。

奈何　엇지 리오。

柝號　보람써히다, 又榜닉다。

大小　猶多少[25], <u>溪</u>訓。

硬要　구틔여 ᄒ고져。

等閑　속졀업시, 又힘드렁니。

放住　置也, <u>眉</u>訓。노하 두다。

咱們　漢語ᄌ믄, 우리들。

一格　猶一例。

便是　<u>眉</u>訓即也。假使也。如今「便是黃金不直錢」之類[26]。

儘教　다ᄒ다, 잇것 ᄀ라치다, 잇것 ᄒ여금.

且如　아무리커나, 猶云만일.

要之　구ᄒ여 보건ᄃᆡᆫ.

曾無　與未曾仝。猶言無前也。

這樣　잇가지.

略綽　略, 잠ᄭᅡᆫ ; 綽, 漢語謂쓰리치다.

喚作　喚做仝。

公門　猶他們之意, 又衙門也。[白八後]

一件　ᄒ 별, 猶言第一件。

話頭　詞頭之類, 言題目也。参禪法。

徒然　ᄒᆞᆫ갓 그럿타.

一團　ᄒᆞᆫ 무덕.

滾得　섯버므러, 又ᄭᅳᆯ타.

容易　쉽스리.

打酒　猶言拿酒也。술 가져 온단 말.

要得　이리콰쟈, 又ᄒᆞ고져之意.

一冬　一方仝。

押録　猶今書吏。

使得　ᄒ여곰.

何曾　어ᄃᆡ여, 又엇지, 일즉.

打話　説破也。打, 爲也。

関然　수션거리다, 猶云鬥也.

斯匜　出易注。

撒掇　撒音랍, 掇音텰, 理持也。崔駟達旨辭「撒縷整衿」27)。

打坐　안즘 안짜. 漢語打是「爲」字之義。

斯捱28)　斯, 相也。「捱」或作「崖」29), 疑相抗之意, 或作「啀」, 音애, 犬欲噬也。
　　　相持相拒不聽順之意也30)。

未曾　잠ᄭᅡᆫ도 아니, 又曾중젼의.

撈摸　音노막, 撈, 水中以手取物也。摸, 又音모, 手捉也。有「東西撈摸」之
　　　文, 不得其物, 東西求取也。猶言두루밀 이다.

喚成　喚作仝。

撈攘　撈，苦也。攘，奪也。言人之作事費氣力者則曰撈攘，衆人喧爭亦曰撈
　　　攘，蓋不利順之謂。

他門　指其人而稱曰他們。與公們仝。

賭當　疑是商量見得之意。아모 거스로 닉기ᄒ다。

喫緊　다긴타。

許多　만타。

抵當　猶擔當，又對敵ᄒ다，전당 잡펴。

體當　如云體驗，體得堪當。

挨前　挨音애，推也。헤치고 나아가다。[白九前]

失解　見屈於鄉試。

過捰　捰音列，그져 누르다。

招認　招，如今之다김；認，引以爲訂31)。

滾同　흔듸 뒤석기다。

印可　佛語。올타。

點抹　批點打抹以表識所得之意旨。循行間而長引筆曰抹，非塗抹之抹。

寧可　츨아리 가히。

會解　아다。

關捩　關，機關也。捩，或作樑，冶者鼓風板所安之木也。

得解　得參鄉試。解義見上32)。

拼得　拼音반，楚人遺棄之物謂之拼得，言委棄工夫。

打圍　畋獵也。

少間　이윽고，少頃。

耐可　엇지 ᄒ여야 올홀고。耐，忍也。

諦當　諦審。

外間　外物也。밧겻치라。

便儇　便捷儇利。날닉다。

攪聒　攪，搖動也。聒，어수선타，又요란타。

行間　衆人行列之間。

錯了　그르다。

會去　아다。去，語辭。

偶便　偶因歸便也。

貼裏　猶向裏。

會問　잘 뭇다。

催儧　儧音찬，亦「催」字之義。

貼律　貼入規律。구률의 합당타。

會對　잘 되답ㅎ다。

儧那　儧，取也。那，移也。

檢押　猶檢束也。見揚子法言，「押」作「柙」。

會得　照也。如移文他司照驗之意。

作壞　爲所壞也。

玩愒　猶優遊荏苒之意。

剖判　卞別。[白九後]

對移　禮記 王制不受師教者右移左左移右謂之對移，宋時下官有過上官黜罰轉作辱任以懲之謂之對移。

滾冗　如雜冗。

曲拍　猶曲調節拍。○解見三字類「大拍頭」。

幹了　爲其事之骨子也。맛타ㅎ다。若妻則幹家，奴則幹事。

引路　길자비。

方得　비야흐로 得ㅎ다。

捭闔　捭音파，與擺同，兩手擊之。猶闔闢之義。

引他　引接也。他，져，又져를 혀오다。

方便　多般計較得其好處謂之方便，暫時權道。

引却　引身却退。

斷遣　텨보닌다，猶斷罪而遣也。

扭捏　音뉴랄。扭，手轉皃，비트다，按也。捏與揑同[33]，年結切，捻也。捻音聶，拍也。○猶言攘取。

偏却　偏僻。却，語辭。

無所　猶無處。

他説　謂舍所言之言而又發一端之説。

枉陪　陪，重也，謂重疊添加之意。陪疑倍之誤。○이미흔　무리무럭이라，　當作賠。

批判　公事結尾。

摩畫　猶經營規畫也。

無方　無方所。

更攢　攢與趲、儧仝，促之也。

屬饜　厭足，흐뭇　디다。

作怪　恣爲怪也。猶言作用。

打乖　打，爲也。打乖爲怪異，又破乖戾與物和仝，又爲乖僻不同。俗又南人聰明性悟者亦謂乖。

支撥　撥猶發也。發其畜積支給，錢穀支出。

依倚　依倚於權勢之家。

相須　「須」字多有待意。셔루미더。

查礦　쇠불닐　제　싹긔니，猶쇠쏭이라。[白一○前]

具析　具，猶「兩造具備」之「具」。析，分也。

眼下　猶言當時。

坏子　坏音杯，瓦未燒者。

體大　猶大事。

亂去　간듸로　ᄒ여　가다。

靠裏　裏에　의지ᄒ다，밋다。

夫人　猶言凡人，猶其人也。

配去　流配去絶之。

番得　番、翻仝。

虛間　間、閑仝。虛間，不急促。심심타。

窘束　家計窮也。○急迫也。

決遣　決尾。

合做　맛당이　做ᄒ엄즉　ᄒ다。

勸阻　人有所欲爲而我去勸止之也。

行遣　竄逐也。

體認　體，驗也；認，卞識也。失物而得其物，分卞而識之曰此吾失物也。此「認」

字之義。

零星　餘殘之意。

書會　如云文會，聚會讀書之處。

且須　且，아직，모로미。

豈亦　豈乃豈不之意。

剴切　베힌 듯，懇切之意。

圖賴　抵賴同。是屈已輸與人而聲言爲其所害也。未詳。남의 힘을 보고져。

參拜　參謁也。

關聽　關，지닉다。

懸知　懸，遠也。猶遙度也。

稱停　稱，稱錘也。맛굿다。

圖榜　圖，精舍圖也。榜，如今勸資也。作精舍，勸人出物以助。

只除　다만。○다만 데ᄒ다。

大家　猶言大段。○大概。

脊梁　등 마로셔，人之擔負重任者，必硬着脊梁乃能出力而勝重任，猶등힘 쓰다。

豪分　豪、毫同。十毫爲釐，十釐爲分。

時學　時文。[白一〇後]

銜戢　戢，藏也。感意銜戢於中，又感戢仝。

本領　猶大體。

閲理　古有「閲天下義理」之語。閲理，謂閲歴而知[34]。

鹵莽　無用皃。

底止　底亦止也。底於止也。

硬把　색색이 ᄒ다。

穿鑿　穿牆鑿壁。出太極賦。

般移　세간 옴기다。

要束　約束同義。

參取　向此句中語參究而識取也。

滲淡　音合淡，半染色淺之意。

調停　調和停均。元祐末呂大防首爲調停之説和解新舊。

淘汰　淘與陶通，乃淘金也。淘ᄒ며 汰ᄒ다。

剔出	쓰러 내여。
波咤	波波咤咤，忍寒聲。
漫澾	不分明。흔 디 너기다。
供申	다짐謂之供，報狀謂之申。
涵養	養心以敬，如物之涵泳於水而養也。
閑漢	흔가헌 놈。
舉似	似，向也。唐詩「臘月開花似北人」之「似」也。又皆似也。
鐫誨	鐫，刻也。鐫誨，刻責而教誨也。
裹纏	周圍纏繞。
激昂	슷구러적 놉다，奮發自高之意。
知覺	知此事，覺此理。
有箇	如云一物。
對班	自唐後經筵之官對朝班而奏事，故講筵謂之對班35)。
築磕	以石相築，言爲小人所攻。磕音合，石相築聲。
包籠	作事不果斷。
築底	漢語築，窮極之意；底猶本根。言窮極本根更無去處。
磨勘	如今吏曹計仕滿。
齷齪	急促局悷貌。[白一一前]
注脚	注，小字也。凡大字如人之有身，小字如人之有脚。
尋覓	猶思索，有助長之病。猶言搜出。
星子	저울눈。
杠夯	杠，드다。夯，負荷也。杠音紅36)，夯音向。
界至	自某地界至某地界。
給降	自國降惠。
音旨	論辨意趣也。
般取	般移仝。
當當	言處之皆得其當。
亭亭	猶當當。
薄冗	迫於雜事。
縱臾	本作慫慂37)。己不欲喜怒而從傍人強爲之，又如助桀爲虐之義。

若曰　이리 너게 니르딕, 이리 곳니르면.

勾斷38)　에우치다.

坐却　却, 語辭。坐在也。

草本　글 초ᄒ다.

且道　아모러커나 니로라.

納界　印札。

沫血　沫、頮、靧仝39)。洒面也。又噴血也。

頓拙　頓與鈍通用。

討書　猶今유무 밧다.

渾身　온몸.

頭邊　猶本末也。40)，猶言初頭也。

唱喏　喏音야, 敬聲。下爲上作尊敬祝願之聲，如今吏胥拜謁作聲。中原人譏不作聲而揖曰啞揖。

裏面　指其中。

偏仄　몸을 기우리다. ○죠본 거동.

幹官　幹辦公事乃幕職。

交他　他로 ᄒ여금. 交與教仝。

繳繞　버므러 휘감기다. 繳音皎, 纏也。又音灼也, 矰繳也。

巴家　與巴謂仝. 사오나온 노릭.

喝罵　후리치며 ᄭ짓다. [白——後]

卓然　ᄯ렷시.

國是　舉國所同是曰國是。

唯阿　猶言와야와야, 唯諾之意。

下度　짐작다. 與卜度同。音濁。

撑拄　벗밀어 괴우며 밧치다. 言不肯虛心受人，硬執己意妄言語以撑拄拒捍他人之説41)。

喚醒　블너 ᄭᅵ오다.

大段　가쟝.

討喫　討, 求也。討ᄒ야 喫ᄒ다.

自合　스스로 맛당타.

火煅	블의 노기다。
騰倒	紛綸升降錯揉往來之謂。
經題	如今科場起義之題。
經行	以經術取人，如往來也。
勘過	磨勘ᄒ여 디니다。
節節	마대마대。
切脉	猶診脉。
等候	等猶待也。
過計	과ᄒ 계교라。
隱約	依稀之意。
笆籬	사립싹이라。竹籬也。所見泛外不精切者謂之笆籬邊物。
放過	不照管，舍置而過。
一意	ᄒ갈갓치。
遮蓋	막가 덥다。言杜撰道理掩遮自己之所爲也。
拜違	猶拜辭。
一角	猶一件。○猶云一隅。信物封裏亦云一角。
所有	吏文。니믜여，猶言如右。
分定	得失之分定。○分義見上「分外」注。
符到	관ᄌ 오다。
一味	猶一切。ᄒ갈ᄀ치。
謹空	寫公文畢，末有餘紙，則書謹空言後面之皆空也。今漢人文書亦然。今餘白。
規規	莊子注：蹇淺貌。[白一二前]
省事	省音성，일을 덜다。
不着	不合。
退産	中國人賣買財産必告官質文，故若欲退其産亦呈于官而受其批然后退之，故曰批退也。
匡網	如頭當也。物之自外四圍曰匡，绳之總會處曰網。
看見	非有心而見也。偶然看過。
局生	편이 서다，局格生疏也。猶手生。
將上	將ᄒ여 上ᄒ다。

一剪　　흔 ᄀᆞ위예 ᄆᆞ르다。

檢放　　放，除也。謂檢覈被災之田而除其稅。

較然　　較音教，漢書甚明也。又音角，相角也。

一餉　　一飯之頃。

按伏　　按，누로다；伏，항복。

放次[42]　放與倣仝。

都是　　오로이。

糊塗　　含胡仝。

抵敵　　牛以角觸曰抵，猶人欲之來與敬相遇對敵，如牛之觸物而不進也。抵觝
　　　　仝[43]。

縮着　　움치다。

冷着　　우슈이 녁긴다，猶冷笑。

大凡　　大概。

扶策　　붓들며 치치다。警人怠惰如馬之不行，擧鞭輒行。

胡思　　어즈러이 싱각다。

不透　　心欲解而不通透，即憤悱之意。

取會　　取其所會計也。

含胡　　不分明也。

不托　　或作餺飥，가두읍은 슈졉이。

揣摸　　揣，度也。摸ᄂᆞᆫ 만치다。

領會　　領略仝。

已過[44]　已過之事。

狼當　　狼籍同。「狼」字似是「浪」字。小兒戲頑甚者謂之狼當[45]。

鶻淪[46]　團圓爲一，不分析之狀。與三字類「鶻圇棗」之義同。[白一二後]

爐鞴　　鞴音備。골 풀무애 블 븟ᄂᆞᆫ 거시라。

保任　　밋보다。○브두다。

宿留　　宿音슈，止也。有所希望而留之。

火迫　　急遽。

攙斷　　攙，士咸切，貫刺之也。言以己意貫入文義而斷之也。

逐項　　逐事。

將息 安坐自在養神保氣曰將息。

張皇 포장ᄒᆞ다。

犯手 下手소。손지다。

申發 申, 보쟝ᄒᆞ단 말이니, 申發은 보쟝ᄒᆞ며 닉여 보닉다。

當體 當身。

裝點 ᄭᅮ미다。

襯貼 音츤텹, 襯브치다。貼빅졉ᄒᆞ다, 如以此物貼他物也47)。

無量 不以幾器爲限, 惟適於氣, 世儒以飮之無限看者非。

委曲 委亦「曲」字之義。고븨고븨, 猶曲盡也。

商量 立心然後其上頭可以商量。견누어보다, 又혜아려。

着力 盡力也。猶有助長之意。

搏量 흔듸 모도화 量ᄒᆞ다, 如斗量之時必搏而量之。

着緊 긴히 着ᄒᆞ단 말이라。

刺破 죵요로은 데을 헷치다。

卒急 과거리。

騂然 面發赤色也。騂音셩, 慚靦貌。

髠薙 薙音체, 削髮之謂也。

上供 如今貢物。

照會 校正也。察解也。公文。

耐煩 煩거키를 견듸다。

出場 猶言畢其事。

說殺 殺音쇄니 說ᄒᆞ여 맛다。

歸宿 如言安定。[白一三前]

一面 흔쟈, 又흔녁흐로, 又흔 번。

斬新 싀로히。

落草 가은듸 落ᄒᆞ다。○도적의 무리에 드다。

一就 흠ᄭᅴ。

收拾 자슈ᄒᆞ다, 又거두다。

旬呈 謫居之人有旬呈之事。如今每旬手本之事。

目今 猶見今、當今也。

端的　猶定奇。正히。○쪽。

早晩　일늦도록, 又早晚, 어늬쩌。

齰舌　혀 무단 말。

乍到　纔到。

親炙　薫炙[48]。炙音쳑, 블의 쬐다, 又音자, 膾炙。

裏許　許猶所也。

畢竟　猶言要其終而言之。

必竟　與畢竟同。

元料　猶本計。

醜差　猶言大差。○醜, 大也。

延蔓　뒤너치다。

甚底　甚音삼져, 어듸。○므슴。

亹亹　音尾, 自強之不息。○不厭之意。

一等　ᄒᆞᆫ 층, 又ᄒᆞᆫ 가지。

章皇　猶倉皇。

勸諫　人有所爲不是而我救正之也[49]。

也須　그럴지라도 또 모로미 그리ᄒᆞ라。

安置　以物置於某所也。又流放罪人於某地者亦曰安置。猶言好在也。

不消　猶言不須也、不必也。

姜芽　姜之出土而萌芽方長者。姜、薑通用。

委實　委亦實也。

云爾　이리 닐ᄋ다, 又語辭。

只消　猶言只須。

剗新　새로히。

一剗　音찬, 平也, 削也, 即鋤治之義, 亦曰剗地忽然之義。흔민 되게 다다。

委的　委, 保也, 信也。的, 語辭也。[白一三後]

一發　홈쯰。

一宿　ᄒᆞᆫ 숨, 又ᄒᆞ로 밤。

生受　艱苦也, 又貧乏也。남의게 貽弊ᄒᆞ다。

由他　더져두다, 又제 ᄆᆞᄋᆞᆷ되로 ᄒᆞ게 두다。

定害　　貽弊人。

強如　　더어다。

不揀　　굴히지 아니타。

則管　　則音즈，或作只，술피어여。

利害　　모지다。

空便　　空隙順便之時，조각。

標致50)　聰俊敏慧之稱。俱美其人心貌之意。

打發　　禮待應答也。보슬펴 되답ᄒ다，찰혀쥬며 보ᄂᆡ다。

結配　　結婚51)。

下妻　　小妻。곳 게집。

由你　　네 ᄆᆞ음으로 ᄒ라。

根前　　앏폐，根與跟同。

根底　　앏폐恐非밋희。

底似　　ᄀᆞ장，又너모。

省會　　알외다。

知他　　모로리로다。

知會　　알외다。

説知　　닐너 알외다。

自由　　제 ᄆᆞ음으로 ᄒ다。以自家之心爲之。

知得　　아다。

自在　　ᄆᆞ음 평안이 잇다。

分付　　맛기다，又당부ᄒ다。

照依　　맛초아 그체로 ᄒ다。

疾快　　ᄲᆞ리。

剋減　　剋亦減也。

幾曾　　어느제。

火計　　동모，又火與夥同。

丁囑　　당부ᄒ다。○丁卽丁寧之意。

罷罷　　두어라 두어라，亦曰也罷。

那們　　져 무리，又져러면。

連忙　샐리。[白一四前]

名捕　題名特捕。

懸論　외오셔 의논ᄒ다。

幾回　몃 쉰。

欄柄　欄亦柄也。

連咽　舟車相連而塡塞。○咽即咽喉之路。

尤諱　尤，大也。謂君喪。

快活　즐기다。

旱路52)　陸路。

訂出　賦稅時商定出令。○猶立訂之義。

抵蹋　발명ᄒ여 나 몰닉리ᄒ다。抵諱也。蹋，左傳 宣公十二年注「斥候蹋伏」53)，
　　　謂蹤跡隱伏也54)。

隱拒　抵蹋仝。

不曾　못ᄒ다。○젼의 못ᄒ다。

展至　展，寬也。如期限初定于正月，更寬至二月或三月。

答移　答送移文。

減落　減除。

自事　己事。

活計　싱계。

劣容　劣，僅也。如履小則云劣容足，指屋卑則云劣容頂趾。

剋落　與剋減仝。

那般　猶如彼。

囑付55)　당부ᄒ다。

這們　이 무리。又이러면。

纂嚴　戒嚴。

這般　猶如此。

幾會　어느 즈음。○몃 지위。

代怖　人有迫於刑禍者己不知怖，而傍人爲之怖也。

生活　셩녕，又事役。

一回　ᄒᆞᆫ 슌。

無頼	힘힘이, 又브졀업시。
淨殺	盡殺。
目整	微怒目容以整他人之非。
質作	質其家人而役之。[白一四後]
賧罰	以貨贖罪。○賧音淡, 晉食貨志「元后渡江, 蠻陬賧布」注「蠻夷以財贖罪也」。
折券	빗슬 에우다。如馮驩燒券之意。문권을 에우다。
褌襠	袴也。前漢書 皇后傳宮人皆爲「窮袴」56), 即今잠방이。
收録	捉捕罪人57)。
吐款	罪人承服。
嬈懼	嬈, 一作撓。
肉薄	以身血戰。
徵備	催足全。
自送	드려가다。
死問	訃也。
倀子	狂子。倀子, 義見二字類「倀倀」。
愆懸	糧食不繼。○懸, 似是「室如懸」之「懸」。
護前	不使人在己前, 猶言克忌58)。암쯔리다。
判能	斷然爲之。
停解	休官。○停其俸, 解其任。
愆乏	愆懸仝。
副急	블의예 쟝만ᄒ다。
枉酷	이미히 죄임다。
拙行	바독 못두다 불러지ᄂᆞᆫ 거슬 曰故爲拙行。
防邏	巡邏而防賊。
色裁	正色以示惡之意。○作色貌。
戲責	以雜技賭勝負而責物於人也。
妄階59)	猶俗言賊職。竊、階仝。
褊販	賣賤買貴。
勸分	勸富室賑人。
檢詰	檢校其事而詰問之。

反役　길 갓다가 도라오다。

物土　貢稅。

治定　作文而點改。

生憂　不殺而困苦之。

評直　論價。

傳可　뎐젼으로 그리ᄒ라 ᄒ다。[白一五前]

催足　구실 지촉ᄒ여 다밧다。

閣手　縮手不爲也。

走弄　奸吏弄法。

假還　受由而歸。○「假」字恐與「暇」字通用。

白民　無官者。

詰勵　詰責而勉其自新也60)。

密鞭　ᄌ조 치치다。

連帶　걸리다。○남의 죄에 걸이다, 猶連坐。

住催　구실 밧기소。희다。

角庋　허그러지다 깁에 글시 쓰고 ᄀ로딕이면 글ᄌ 헛그러지단 말이라。

少待　如俄。

撅竪　倔起也。상인이 분외의 놉히되다。

詢仰　禀問而尊仰。

審問　ᄌ세흔 긔별이라, 猶的報。

人門　人物門地。

索節　索寞。

傖荒　傖, 客也。荒, 困也。東晉時中國人避亂渡江, 吳人稱爲傖荒, 蓋賤之。

催切　빗 지촉ᄒ어 일졀 다 보드려ᄒ다。

露田　不種樹也。言耕田而不播種也。

膳奴　炊飯之奴, 猶厨子也。

休下　如今下番。

閑寫　從容談話。猶言브졀업시 쓰다。

賭跳　跳躑以高爲勝。씌움 박질 니기 ᄒ다。

已日　已過一日也。

射垛　射垛。활 쏘는 터희 흘그로 무겁 민든 거시라.

鬆鬆　江左人以酒和糯，則面起鬆鬆，如今상화쩍，又셥셥ᄒ고 복긔여 올온거
　　　동.

作適　適意作戲[61]。

在事　有司。

首悔　首實而伏罪也。

折難　썩지러 힐난ᄒ다.

剛濟　剛斷成事。계우 이루다.

感尋　感傷艱危而尋思經濟之術。[白一五後]

常來　常時。

著庭　著作之庭[62]。

中晡　申時。

苦手　杖也。믜, 猶云毒手。

囁嚅　欲言不敢言貌。

漸來　將來。

還忌　顧念而忌憚。

洩洩　舒散。

染涉　連帶仝。

儈子　都伯仝。一作劊。망난이.

雅響　조흔 일홈.

大可　ᄀ장 무던.

裁給　계우 쓰다.

塵刹　三千大千世界。

都伯　刑人者。都亦作屠。

下熟　稍豐也。中熟、上熟以此推之。

疾足　밧비 가ᄂᆞ 스롬。急足仝.

餘犯　既有重罪，又有他罪。○餘黨。

花押　如今署名。슈결 두단 말.

失入　誤入無罪者於法網。

驗白　효험이 분명타.

折閱　　흥졍의 힝혀쌀가ᄒᆞ여 조죠곰티 쥬은거슬 名曰折閱。

王租　　나라 구실。

僬僥　　短小人。

得雋　　得戰勝。

擲塗　　塗泥丸。擲塗，以泥丸相擲爲戲。

慢然　　悚仝。

使臺　　監司兼風臺。

頓辱　　捽髪而頓地。

敦遣　　州縣勸遣之人[63]。

漕臺[64] 轉運使兼風憲故云。

下晡　　申時末。

版曹　　戸曹[65]。

寄生　　겨우사리。

大率　　大槪。［白一六前］

融融　　和洽。

二敬　　稱臣於彼此。

嗒然　　解體貌。

掣肘　　일이 순치 못다。

蠅拂　　ᄑᆞ리치。

廁籌　　뒤나모。

輕文　　彈文不嚴。

起部　　工部。

憧憧　　往來不定之貌。

刺姦　　漢以來公府有刺姦掾，主治盜。

蹋歆　　以足蹋地而歆[66]。

觀説　　見而言之。

冒勳　　冒録勳籍。

伸眉　　笑也。

陪貼　　增益不足之數也。古有「陪貼輪官」之語。「陪」字恐是「賠」字。

任子　　以父官任其子。

鐫職　　罷職。

失適　　病也。不失。

金罌　　鳩也。盛鳩於金罌故名。

疣贅　　째슬, 사마귀。

梟夷　　梟首夷族。

椿管　　椿音庸, 棧下不動之物。凡錢物儲蓄封不動者謂之椿管。

水簾[67]　廬山瀑布散流簾樣。

挑覆　　抽出。

吉還　　好歸。

歡愠　　喜怒。

忍虐　　病忍暴虐之意。

廝養　　牧養奴[68]。

瘃墮　　瘃音斲, 瘡腫。

緩頰　　不率邊之貌[69]。긔한을 좀 넉넉히。

追典　　追贈封諡。

綜司　　出納王府之官[70]。

阿戎　　從弟。

沉疑　　沉吟不決。[白一六後]

下髮　　削髮。

深劾　　以重罪彈人。

黜落　　黜官落職。

方格　　注格, 猶表準也。

甘結　　所願曰甘, 合從曰結, 謂心結。

斬骸　　剖棺斬尸。

遇有　　如有也。

虛怯　　虛而多畏即安害變。

解息　　解鞍息馬。

去處　　猶言處所。

主首　　即戶主。

犁耳　　보십。

喝起　聲説。

屍首　尸身。

斷遣　斷罪而遣之也。

皰胗　音飽軫，皰面皮生氣胗皮外細起。

事因　事之根因。

監禁　囚也。

磕捺　音合察，以身觸物而傷。

四至　四方。

赤章　祝天之文。

今來　猶今次。

色目　種類。

榮信　符也。

當下　猶即時。

實因　謂實因某故。

留務　留後之務。

責狀　猶言取招。

攤在　昔灘。以手布置。

輕文　捧錢。

凶身　殺人元犯。

以來　猶幾何。

得盧　樗蒲得盧者勝有雉有犢云。

隱墊　下之物上觸而傷。

花文　肉理。

發變　血發於外而變色。[白一七前]

血瘲　音陰，血暈。

骨殖　殖，漫潤也。脂久而浸於骨。

苦主　即元告取被害之義。

骨子　猶言웃듬이라。指當物也。如言뎨저비。

自由　제 쥬변ᄒ다。<u>漢語集覽字解</u>云「마음으로 ᄒ다。」

三字類

彼此言　讒言。

打朶子　심싯다。

申元人　原告人。

一等人　흔 가지 스름, 猶言一種人也。

不折本　밋지지 아니ᄒ다。

許多時　허다흔 시절이라。

做將去　工夫ᄒ여 가다。

偢偢的　눈치치다。「偢」字恐是「保」字之誤。

沒由來　속졀업다。

閑說話　부졀업시 말솜호미라。

折轉來　옴겨와, 썩거 옴겨와。

花使了　간듸로 쓰다。

極好笑　ᄀ쟝 우옵다, 溪訓。

知多少　모로리로다 얼마나ᄒ요。唐詩「花落知多少」此意71)。

多少般　幾多般仝。

幾多般　얼마나 흔가지오。

大小大　얼마나 큰뇨。

將就的　猶容恕扶護之意。的, 語辭。

閑汩董　閑, 閑漫也。汩董, 南人雜魚肉置飯中謂之閑汩董羹72)。謂雜亂不切之事也。○漢語汩從木, 閑相董猶朽株撅也。

不多時　아니한 스이, 얼마 안이 ᄒ여셔。

收殺了　거두이 뭇다, 畢終也。

從他說　뎌의 니ᄅᄂ듸로 좃다。[白一七後]

不奈何　아므라타 못ᄒ려니와。

動不動　動與不動之間, 如動輒之意。

花塔步　스늑스늑 것다, 선쯕선쯕 것다。

形而下　形으로 下에, 旣有形之后, 有器之名。

都不得　아므려도 못ᄒ다, 다 못ᄒ다。

大着肚　肚, 腹也。심 쓰는 거동。

作怎生　엇지혼고, 무슨 일을 ㅎ눈다.

錯承當　외오아디。○그릇 당당ㅎ다。

放門外　門外에 두다。

一錢漢　謂人物僅直一錢也。漢, 賤稱也。

這幾日　요스음。

却最是　他言雖非而此言最是, 故下「却」字。믄득 ㄱ쟝 올타。

作麽生　어졔ㅎ고, 又므슨 거시라。

剗落了　골겨 닉다。

鶻崙棗　如云完全。有「鶻崙吞棗」之語。디초올 온니로 슴키단 밀, 어름어름。

擔板漢　널멘 놈이라, 謂見一面不見一面。

種着火　블 뭇다。

一副當　一件也, 溪訓。

入門款　凡罪人被鞫而入門第一供辭也, 眉訓。

較些子　져기 별으다 , 져기 겨르다。

多少多　언마나 만흔고。

自不得　스스로 그리치 못ㅎ다。

就那裏　즉 졔계셔。

一衰説　섯버므러 니른딕。

信不及　於聖賢之言不能信而篤守之曰信不及73)。

織的鬆　짠거시 얽믜다。漢語鬆音숭。

挨將去　如緩步向前去。비벼져겨 나아가다。

記認着　보람두다。

白頭浪　水波湧起高出而白者曰白頭浪。

看如何　보니 엇더ㅎ요。蓋事未前定而看勢如何處之之辭。[白一八前]

明得盡　格物以盡其知74)。극진 분명ㅎ다。

無縫塔　塔高数層而中間有門相通有梯可上, 而亦有以石構成無門無梯者曰無縫塔。

沒巴鼻　느러가지 못ㅎ다, 다힐 딕 입다。恐似無頭無尾。義見二字類。

攙前去　如爭向前去。攙作奪意。

射糖盤　見論語「北辰」章小注, 似是믜쏠쇠。

大字面　古者黥贓字於其面。

犢一羫　羫音江，軀殻也。猶言犢一頭。羫一作腔，骨體也。

形而上　形으로 上에，未有形之前，只有理而已。

激惱人　스름을 도도와 보치단 말。

石尤風　逆風舟不行曰石尤風。회호리 브름。唐詩「無將故人酒，不及石尤風」。
　　　　○亦云頂頭風。

伊蒲塞　佛語。漢語翻爲近住，言受戒行，堪近僧住。

甚工夫　甚、怎仝。므슴 工夫。

何物人　그 스름이 엇던 것고。侮而責之之辭。

上著床　上於床也。床即卧床也。

奔命兵　賊之歸順者曰奔命兵。

不別才　無特別之才，謂庸人。

胡叫喚　간듸로 소리 지르단意。

致命痕　爲人所殺者，其傷處謂之致命痕。

係磨勘　計仕遷官，如今仕滿遷官之類。

皮頑的　갈의단 말。

兩當衫　衫之只掩心背者。漢語云「背心子」。

急衮處　急히 범므린다。

下梢頭　아리긋。

陪奉它　問：「陪奉猶陪隨奉持之意否？」曰：「此説亦得。但『奉持』之『持』改作
　　　　『事』爲切。」뎔를 뫼시다。 它ᄂᆞᆫ 져也。

朴實頭　人之老實而忠信者曰朴實，猶言質實也。[白一八後]

小廝們　알희덜。

看一看　看ᄒᆞ니를 한번看，搉一搉、審一審仝一句法75)。○皆是輕輕之説。

抛撒子　홋단 말。

昨兒箇　어제。

乾矢橛　뒤나무，뒤간。

這頭等　이 웃듬。

大拍頭　拍音박，樂之一曲。므ᄅᆞ曰拍頭，言其專主談論也。拍頭，拍之題頭
　　　　也。自負其才與人爭論，必作氣勢高談大論無所忌憚之意。如今用栢板
　　　　以節樂也。頭如詞頭、話頭、歌頭之頭，謂奏曲之一頭段76)。大拍頭，

大張樂也。

色目人　各人。

一綽過　一目覽過。

撈出來　건져오다。

一打子　한 권。

捺生硬　설고 구든 거슬 누루다。

走了氣　김닉다。

幫子們　종덜。

渾化却　言査滓渾化而無也。却，語辭[77]，當屬上句。

這麼着　이러면。

太瀾翻[78]　言放肆鴻洞如波瀾翻動也[79]。

休做客　손인체 말고。

差不多　닉도치 아니타。

要得剛　剛을 브딕 호고져 호다。

燙的痛　데워 쓰리다。

四字類

無甚利害　그딕도록 니흠도 업고 히흠도 업다。[白一九前]

未知所税　税，止也。

幾多般樣　幾多般仝。

撑眉努眼　指禪學人。○作氣貌。

八字打開　八，別也。象分派相別之意，言分明也。

生面工夫　싀암된 工夫。

真箇會底　진짓 안다，猶言真是知本。참아다。

滾去滾來[80]　섯거 가며 섯거 오다。

趲進着説　一步説深於一步也。猶俗言다함 니르다。

説得口破　言之曲盡而口破壞者，言其甚也。猶俗言입이 찍여지게 니르다。

對同勘合　如兩人相對校書，各執一本而同讀勘合也。

内房抄出　内房即今之内府，文書房也，太監掌之，自其中寫出文書也。

固濟沙合	以藥藏於沙土合之后，口上盖了，又將鐵線縛住，仍以壜泥封其口上，不使藥氣走出。
分俵均敷	俵，散給也。言散給而均布之也。
事無足者	일이 足히 ᄒ옴이 업다。言正心則胸中主宰得定，無事之難爲也。
押下諸司	如今押領人以去。諸司ᄅᆯ 거나리다。
橫說豎說	以四方言曰橫說，古今言曰豎說，又以物言曰橫，以時言曰豎。
甚生氣質	甚生，猶言非常也。見近思録注。엇던 氣質。
禁忌指目[81]	猶僞學禁目。
兩項地頭	두목 ᄯᅡᄉ치다，猶言두가지 곳이라。
直下承當	바로 아다，바로 당ᄒᆞ여。
做件事着	件事ᄅᆯ 밍그러 홀지니，「着」字不必釋。ᄒᆞᆫ 일하려 ᄒᆞ면。
緊得些子	져기 다진타。[白一九後]
鞭辟近裏	치 안흐로 갓가이 ᄒᆞ다。○朱子曰：「此是洛中語，一作『鞭約』，是要鞭督向裏去[82]。」
說得走作	說話不合道理。말ᄒᆞ기을 잡난이 ᄒᆞ다，猶言易言之狀。
捺生做熟	生을 捺ᄒᆞ야 熟을 做ᄒᆞ다。
冷淡生活	言其生理冷落也。
因循擔閣	虛度時日以致廢事。
打疊交攻[83]	쳐 ᄇᆞ리다。交如使也。言打疊而使空也。
何處着落	어듸 다하지ᄂᆞᆫ고。
事在恩後	謂犯罪在赦後不可赦也。
合少得者	少，無也。못 엇기에 合當ᄒᆞ다。
不求其素	그 젼의 그른 일란 求치 아니ᄒᆞ고，猶言不索其本也。
挨着粉碎	挨音익，排也，盪也。排盪，猶言撞着。言諸說撞着於此說也。
打成一片	表裏精粗貫通浹洽，猶言作成一塊。
領略將去	領，會也。略，取也。領會ᄒᆞ야 取ᄒᆞ야 將ᄒᆞ야 가다。
奈何不下	아모리치 못ᄒᆞ다。
須放教開	모로미 放ᄒᆞ여 학야곰 開케 ᄒᆞ다。有助長之意。○展拓之義也。
宛轉說來	宛轉，不直截而委曲轉展之意。
排定說殺	排布定規。因論說其義以求其質也。殺，語辭。

那箇不是　是謂道也。어늬 거시니 아니리요, 져 거시니 아닌가.

奔程趁限　程에 奔ᄒ며 限에 趁ᄒ다.

自住不得　言漸進也。猶言自然不得止.

硬將拗橫　硬, 基固不通之義。拗, 違戾也。言堅固將文義ᄒ야 뷔틀며 빗겨
　　　　　스기다, 猶堅執謬見.

著甚來由　므슴 來由를 著ᄒ야。므슴 연고로.

直饒見得　셜ᄉ 보다。直饒, 猶縱使.

未解有父　見太學九章小注「尋常」釋。語録「解」字爲아다 ᄒ거니와, 以此「未解」
　　　　　之「解」釋之, 豈可謂아다 ᄒ리요。凡用「解」字「會」字處, 雖難以方
　　　　　言의實解得, 只是그 일이 고리되 옴을 謂之「解」라 ᄒ니, 亦謂之
　　　　　「會」。[白二〇前]

進熟圖身　進軟熟之言而圖貴其身.

職輕任碎　謂雜職.

皮裏抽肉　시드다.

這麼想着　이리 싱각ᄒ니.

鐵籠罩却　罩者以籠自上罩下。以捕魚者謂以鐵作籠, 自上籠下則其中籠入之物
　　　　　無緣脱去, 言無所見.

擘畫分疏　擘ᄒ며 畫ᄒ여 分ᄒ며 疏ᄒ다.

爭多十年[84]　爭, 爭較也。謂一年血氣之衰將與十年衰耗者相較也。較, 比也.

亭亭當當　言處之皆得其意[85].

任運騰騰　쇠횐이 ᄆ음으로 잇다, 猶云任便.

鶻突包籠　人之心地不明者曰鶻突, 作事不果斷者曰包籠.

正坐如此　謂如此議論.

賣惡於人　以惡移人而自脱.

何處得來　世無此人之賢, 謂何處得來.

首尾周皇[86]　首尾를 두루ᄡ려, 猶言畏首畏尾.

受其斟酌　猶言被進退操縱.

家奴訴良[87]　님의 죵이 良人이로라 ᄒ다.

賦食行水　밥 ᄂ 화쥬고 믈 도로다。齊 竟陵 王子良篤信釋教, 大集衆僧賦食行
　　　　　水, 躬親其事, 世以爲失.

五字類

元是説甚底	元是 説ᄒᆞᄂᆞᆫ 거시 므엇신고。[白二〇後]
一棒一條痕	言杖打則隨杖而有一棒一條痕。
看做甚麼事	므슴 일을 ᄒᆞᄂᆞᆫ고 블지라。
一摑一掌血	摑音셕, 흔 번손으로 치미 흔 손바닥 피라。手打則隨手而有一掌血漬, 謂其言之痛着如此。
一場大脫空	흔바탕 크게 소탈ᄒᆞ다。
精切似二程	二程두곤 精切ᄒᆞ다。
起鬼風疙疸	두드럭이 나다。
叉手如何法	用二手大指相交, 則右大指在上, 左大指在下, 右四指在内, 左四指在外, 蓋取陰陽交合之義。 팔쟝 지ᄅᆞᄂᆞᆫ 거시 므슴 법고。
癡獃罔兩漢	皆愚騃어린놈罔兩, 俗語방졍之意。罔兩, 鬼魅也。
更着甚工夫	甚音삼, 다시 므슴 工夫를 着ᄒᆞ리요。
似己無可得	임의 可히 실어금 일넘 즉 흠이 업거니와。
大學中肉菜	此是托辭, 言太學道理日用可行, 如肉菜之切用。
更説甚講學	ᄯᅩ 므슴 講學을 説ᄒᆞᆯ고。

六字類

一節易如一節	一節이 두곤 쉽다。
會去分別取舍	去ᄒᆞ야 分別 取舍를 會ᄒᆞ다。去, 似是語辭。
日頭尚午矬了	ᄒᆞ낮 지겨워다。

語録解跋

　　我殿下臨筵ᄒ샤　方講心經ᄒ실새　討論忘倦이러시기　一日에　教曰語録이　實多未分曉處ᄒ니　玉堂官이　可取所謂語録解者ᄒ야　詳加考校ᄒ야　以便繙閱케ᄒ라ᄒ시니兹役也에　應教臣南二星이　實尸之ᄒ고옵　臣이　亦猥聞其一二ᄋ와　刪其繁蕪ᄒ고　訂其訛謬ᄒ야　總合前後所録이　務在明白簡易ᄒ고　去取次序ㅣ　略有權衡이라　書成에繕寫投進ᄒ되　上이　令臣浚吉로　撰進跋文ᄒ라ᄒ시니　臣이　辭不獲命ᄒ와셔　臣이仍伏念語録解者ᄂᆞᆫ　卽中國之俚語라　昔에　有宋諸賢이　訓誨後學ᄒ며　與書尺往復에率多用之ᄒ니　蓋欲人之易曉而顧我東이　聲音言語가　謠俗이　不同ᄒ야　反有難曉者ᄒ니　此解之所以作也라　舊本이　初出於先正臣李滉門人에　所記而隨手劄録ᄒ야實欠精粹ᆯ새　故掌令臣鄭瀁이　就漢語集覽中에　拈出如干語ᄒ야　以補前録之未備者나然이　나其書ㅣ　不出一人之手故로或前後重複ᄒ고　或全異牴牾ᄒ니　我殿下命之釐正者ㅣ　爲是也시니라　仰惟殿下聖學이　高明ᄒ샤　講解文義에　實有超出尋常萬萬者ᄒ시니　非蒙陋諸臣의　所敢及則此書之得失訛正이　必無所逃於聖鑑之中矣라嗚呼라　摘其葉者ᄂᆞᆫ　必尋其根ᄒ고　沿其流者ᄂᆞᆫ　必窮其源ᄒᄂ니　今殿下專精經學ᄒ샤日新又新ᄒ시니　辭語疑晦之間에　或可以此書로　解之而既解其言ᄒ샤　又必體之於心ᄒ시고　行之於事ᄒ샤　上達不已ᄒ시리니　然則此解雖微나　亦可爲摘葉尋根ᄒ고　沿流窮源之一助라此實微臣에　區區祈望之意也로소이다。

　　時龍集己酉四月日正憲大夫議政府左參贊兼世子贊善成均館祭酒宋浚吉奉教敬跋

• • ●

1) 棒 白斗鏞本作「捧」，據鄭瀁、南二星二本改。
2) 扤 鄭瀁、南二星二本作「扤」，白斗鏞本似誤。
3) 拆 鄭瀁、南二星二本作「析」，白斗鏞本似誤。
4) 瞿 鄭瀁、南二星二本作「矍」。
5) 之 鄭瀁、南二星二本無。
6) 意 南二星本同，鄭瀁本作「志」。
7) 行 鄭瀁、南二星二本作「付」。
8) 頃 白斗鏞本作「須」，據鄭瀁、南二星二本改。
9) 祇 鄭瀁、南二星二本作「祗」。
10) 戳 似即「戳」。廣韻 覺韻：「戳，刺也。」
11) 熱 南二星本同，鄭瀁本作「𤍠」。
12) 物格 白斗鏞本爲「格物」，據鄭瀁、南二星本改。
13) 之 鄭瀁、南二星二本無。
14) 俗指 南二星本同，鄭瀁本此前多「朴君實云」。
15) 漢語 南二星本同，鄭瀁本此前多「鄭子中云」。
16) 他 白斗鏞本作「地」，據鄭瀁、南二星二本改。
17) 他 白斗鏞本作「地」，據鄭瀁、南二星二本改。
18) 功夫 鄭瀁、白斗鏞二本爲「工夫」。
19) 圍 南二星本作「闈」。
20) 吏 白斗鏞本作「史」，據鄭瀁、白斗鏞二本改。
21) 免 白斗鏞作「兌」，據鄭瀁、南二星二本改。
22) 到 南二星本同，鄭瀁本作「頭」。恐當從鄭本爲是。
23) 憁 鄭瀁本、南二星本作「憁」。
24) 即 鄭瀁、南二星二本作「郎」。
25) 少 鄭瀁、南二星二本作「小」。
26) 如今 鄭瀁、南二星二本作「如」。
27) 攝縷整衿 南二星本爲「攝縷整襟」。後漢書 崔駰列傳：「其無事則躡縷整襟，規矩其步。」增修互注 禮部韻略 卷五：「崔駰達旨辭：『無事則躡縷整襟』。」
28) 捱 鄭瀁、南二星二本作「崖」。
29) 捱或作崖 南二星本爲「崖或作捱」。
30) 拒 白斗鏞本作「距」，據鄭瀁、南二星二本改。
31) 訂 鄭瀁、南二星二本作「證」，字作「証」，白斗鏞本或誤。
32) 編者按：「上」謂「解額」條。
33) 捏 白斗鏞本作「担」，據南二星、鄭瀁二本改。
34) 閱歷 鄭瀁、南二星二本爲「更歷」。

35) 講筵　南二星本同，鄭瀁本爲「筵講」。
36) 紅　南二星本作「江」。
37) 愚　南二星本作「遇」。白斗鏞本原作「惠」，疑爲「愚」之誤，據南二星本改。
38) 勾　白斗鏞本作「句」，據鄭瀁、南二星二本改。
39) 磧　白斗鏞本作「磧」，據鄭瀁、南二星二本改。
40) 末　白斗鏞本作「未」，據鄭瀁、南二星二本改。
41) 捍　鄭瀁、白斗鏞二本作「扞」。
42) 次　鄭瀁、南二星二本作「此」。
43) 觚　鄭瀁、南二星二本作「觸」。
44) 已過　南二星本同，鄭瀁本爲「已事」。
45) 狼　南二星本作「浪」。
46) 淪　鄭瀁、南二星二本作「圇」，白斗鏞二本改。
47) 此物貼他物　鄭瀁、南二星二本爲「他物貼此物」。
48) 薰　白斗鏞本作「董」，據鄭瀁、南二星二本改。
49) 救　白斗鏞本作「求」，據鄭瀁、南二星二本改。
50) 標　白斗鏞本作「摽」，據鄭瀁、南二星二本改。
51) 婚　鄭瀁、南二星二本作「昏」。
52) 旱　白斗鏞本作「早」，據鄭瀁、南二星二本改。
53) 斥候蹋伏　白斗鏞本作「斥候蹋伏」，據南二星本改。
54) 伏　白斗鏞本作「他」，據南二星本改。
55) 付　鄭瀁、南二星二本作「咐」。
56) 宮　白斗鏞本作「官」，據鄭瀁、南二星二本改。
57) 捉捕　鄭瀁、南二星二本爲「捕捉」。
58) 克忌　鄭瀁、南二星二本爲「忌克」。
59) 妄　白斗鏞本作「忘」，據鄭瀁、南二星二本改。
60) 新　白斗鏞作「斬」，據鄭瀁、南二星二本改。
61) 適　白斗鏞本無，據鄭瀁、南二星二本補。
62) 庭　鄭瀁此條二處皆作「廷」。
63) 州縣勸遺之人　鄭瀁本爲「州郡勸送之意」。
64) 漕　白斗鏞本作「漉」，據鄭瀁本改。
65) 曹　鄭瀁本作「部」。
66) 欹　鄭瀁本兩處皆作「歌」。
67) 水簾　鄭瀁本爲「谷簾」。
68) 養　鄭瀁本作「羊」。
69) 卒　白斗鏞本作「率」，據鄭瀁本改。
70) 王府　鄭瀁本爲「王命」。
71) 此意　南二星本爲「亦此意」。
72) 閑汩董羹　南二星本爲「汩董羹」。

73) 不能信　<u>白斗鏞</u>本爲「不能」，據<u>鄭瀁</u>、<u>南二星</u>二本改。

74) 知　<u>白斗鏞</u>本無，據<u>鄭瀁</u>、<u>南二星</u>二本補。

75) 搽一搽　<u>鄭瀁</u>、<u>南二星</u>二本爲「操一操」。

76) 奏　<u>白斗鏞</u>本作「湊」，據<u>鄭瀁</u>、<u>南二星</u>二本改。

77) 語辭　<u>鄭瀁</u>、<u>南二星</u>二本爲「語助辭」。

78) 太　<u>白斗鏞</u>本作「大」，據<u>鄭瀁</u>、<u>南二星</u>二本改。

79) 洞　<u>白斗鏞</u>本作「毛」，據<u>鄭瀁</u>、<u>南二星</u>二本改。

80) 滾去滾來　<u>鄭瀁</u>本爲「袞來袞去」，<u>南二星</u>本爲「袞去袞來」。

81) 目　<u>白斗鏞</u>本作「日」，據<u>鄭瀁</u>、<u>南二星</u>二本改。

82) 裏　<u>白斗鏞</u>本此處字作「裡」，<u>南二星</u>本作「理」。

83) 攻　<u>鄭瀁</u>、<u>南二星</u>二本作「空」。

84) 爭多十年　<u>鄭瀁</u>、<u>南二星</u>二本爲「多爭十年」。

85) 意　<u>南二星</u>本同，似當從<u>鄭瀁</u>本作「宜」。

86) 皇　<u>白斗鏞</u>本作「星」，據<u>鄭瀁</u>、<u>南二星</u>二本改。

87) 訴　<u>白斗鏞</u>本作「訢」，據<u>鄭瀁</u>本改。

語録解三種合本

[A]

阿戎　　從弟。[鄭二五前-12，附錄]

阿戎　　從弟。[白一六前-34]

挨　　音埃，推也。[鄭三前-4]

挨　　音埃，推也。○按次謂之挨次。[南四前-6]

挨　　音埃，推也。○按次謂之挨次。[白二前-27]

挨將去　　如緩步向前去。[鄭一八後-21]

挨將去　　如緩步向前去。○비빙져겨 나아가다。[南三三前-14]

挨將去　　如緩步向前去。비벼져겨 나아가다。[白一七後-28]

挨前　　挨音애，推也。[鄭一一後-11]

挨前　　挨音애，推也。○헤티고 나아가다。[南一七前-8]

挨前　　挨音애，推也。헤치고 나아가다。[白九前-1]

挨去　　疑捱去仝。[鄭一〇後-15]

挨去　　疑捱去仝。○猶言按次而去之。[南一六前-1]

挨去　　挨、捱仝。猶言按次而去之。[白八前-6]

挨着粉碎　　挨音익，排也，盪也。排盪，猶言撞着。言諸説撞着於此説便成破碎也。[鄭二〇後-7]

挨着粉碎　挨音의，排也，盪也。排盪，猶言撞着。言諸説撞着於此説便成破碎也。[南三七前-2]

挨着粉碎　挨音의，排也，盪也。排盪，猶言撞着。言諸説撞着於此説也。[白一九後-12]

捱去　미러 가다。[鄭七前-10]

捱去　미러 가다。○견듸여 가다。[南一○前-14]

捱去　미러 가다，견듸여 가다。[白六前-16]

礙　거티다。[鄭四前-1]

礙　거티다。○害也。[南五前-15]

礙　거치다。[白三前-8]

安頓　노타。[鄭六前-16]

安頓　노타。[南八後-13]

安頓　노타。[白四後-29]

安排　사룸이 힘드려 구틔여 버립즈다。[鄭六前-17]

安排　사룸이 힘드려 구틔여 버립즈다。[南九前-1]

安排　스룸이 힘드려 구틔여 버립즈다。[白四後-32]

安着　편안히 붓다。[鄭九後-5]

安着　편안히 붓티다。[南一四前-3]

安着　편안히 붓치다。[白七後-11]

安置　以物實於其所也。又流放罪人於某所者亦曰安置。[鄭一七後-10]

安置　以物實於其所也。又流放罪人於某所者亦曰安置。○猶言好在也。[南二五後-14]

安置　以物置於某所也。又流放罪人於某地者亦曰安置。猶言好在也。[白一三前

−26]

按　　下也，又考也，又禁也。[鄭一後−9]

按　　下也，又考也，又禁也。[南二前−3]

按　　下也，又考也，又禁也。[白一後−26]

按伏　　按，누르다；伏，항복。[鄭一六前−6]

按伏　　按，누르다；伏，항복。[南二三後−9]

按伏　　按，누로다；伏，항복。[白一二前−13]

黯　　深黑。[白三後−4]

麖糟　　<u>眉</u>訓雜穢也。[鄭九後−27]

麖糟　　<u>眉</u>訓雜穢也。○盡死殺人曰麖糟。[南一四後−9]

麖糟　　<u>眉</u>訓雜穢也。盡死殺人曰麖糟。[白七後−32]

奧　　音오，室西南隅。[鄭四前−16]

[B]

八字打開　　八，別也。象分派相別之意，言分明也。[鄭二〇後−13]

八字打開　　八，別也。象分派相別之意，言分明也。[南三七前−7]

八字打開　　八，別也。象分派相別之意，言分明也。[白一九前−5]

巴鼻　　다힐 듸 잡블 듸。<u>語類</u>「沒巴沒鼻」未詳。[鄭六後−19]

巴鼻　　다힐 듸 잡을듸。<u>語類</u>「沒巴沒鼻」未詳。○漢語禽獸之尾謂之尾巴。此謂
　　　　巴，即尾也。鼻即頭也。似是無頭無尾之義。又一説大蛇謂之巴，曾見漢
　　　　人遇大蛇，用小箠一打其鼻便死，所謂巴鼻，恐是要切處之意。[南九後

−14]

巴鼻　다힐 뒤 잡을 뒤。語類「沒巴沒鼻」未詳。○漢語禽獸之尾謂之尾巴。此謂巴，即尾也。鼻即頭也。似是無頭無尾之謂。又一說大蛇謂之巴，曾見漢人遇大蛇，用小箠一打其鼻便死，所謂巴鼻，恐是要切處之義也。巴，蛇也。巴蜀有塞鼻蛇獨向上，餘蛇皆鼻垂下，即向上功夫之意。[白五後−7]

巴家　與「巴歌」仝。사오나온 노래。　[鄭一四後−8]
巴家　與「巴歌」仝。사오나온 노래。　[南二一後−7]
巴家　與「巴謌」仝。사오나온 노릭。　[白一一前−31]

笆籬　삽작이라。以不傳底絶學爲笆籬邊物。[鄭一五後−8]
笆籬　○사립짝이라。笆籬，竹籬也。所見泛外不精切者謂之笆籬邊物。[南二三前−1]
笆籬　사립짝이라。竹籬也。所見泛外不精切者謂之笆籬邊物。[白一一後−21]

罷罷　두워두워，亦曰也罷。[鄭二三前−10，字解]
罷罷　두워라 두워라，亦曰也罷。[南二六前−12]
罷罷　두어라 두어라，亦曰也罷。[白一三後−34]

欛柄　欛亦柄也。[鄭二四後−1，附録]
欛柄　欛亦柄也。[南二八前−2]
欛柄　欛亦柄也。[白一四前−5]

白民　無官者。[鄭二六後−10，附録]
白民　無官者。[南三〇後−1]
白民　無官者。[白一五前−6]

白頭浪　水波湧起高出而白者曰白頭浪。[鄭一九前−2]
白頭浪　水波湧起高出而白者曰白頭浪。[南三三後−3]
白頭浪　水波湧起高出而白者曰白頭浪。[白一七後−30]

捭闔　捭音파，與擺仝，兩手擊之。捭闔，猶闔闢。[鄭一二後-13]
捭闔　捭音파，與擺仝，兩手擊之。猶闔闢之義也。[南一八後-11]
捭闔　捭音파，與擺同，兩手擊之。猶闔闢之義。[白九後-7]

拜違　猶拜辭。[鄭一五後-3]
拜違　猶拜辭。[南二二後-13]
拜違　猶拜辭。[白一一後-25]

般　오오로，다。○疑誤。옴기다，又가지。[鄭二前-9]
般　오로，疑誤。옴기다，又가지가지。○一般二般之般也。[南二後-14]
般　오로，疑誤。옴기다，又가지가지。○又一般二般之般也。[白一後-27]

般取　般移仝。[鄭一四前-14]
般取　般移仝。[南二一前-3]
般取　般移仝。[白一一前-9]

般移　般亦移也。般移，猶세간 옴기다。[鄭一四前-11]
般移　般亦移也。般移，猶세간 옴기다。[南二一前-2]
般移　세간 옴기다。[白一〇後-9]

版曹　戶部。[鄭一四後-12]
版曹　戶曹。[白一五後-34]

扮手　丈買切。扶也。[白四前-5]

幫子們　종덜。[白一八後-15]

棒　音방，杖打也。[鄭一後-11]
棒　音방，杖打也。○又杖也。[南二前-5]

棒¹⁾　音방，杖打也。몽동이。○又杖也。[白一後-2]

包籠　作事不果斷。[鄭一三後-20]
包籠　作事不果斷。[南二○後-4]
包籠　作事不果斷。[白一○後-29]

薄冗　迫於雜事。[鄭一四前-16]
薄冗　迫於雜事。[南二一前-6]
薄冗　迫於雜事。[白一一前-12]

保任　밋브다。[鄭一六前-19]
保任　밋브다。○보두다。[南二四前-8]
保任　밋보다。○브두다。[白一二後-3]

報道　알외여 니ᄅ다。[鄭七前-17]
報道　알외여 닐으다。[南一○後-6]
報道　알외여 닐으다。[白五後-20]

奔程趁限　程에 奔ᄒ며 限에 趁ᄒ다。[鄭二一後-2]
奔程趁限　程에 奔ᄒ며 限에 趁ᄒ다。[南三八前-4]
奔程趁限　程에 奔ᄒ며 限에 趁ᄒ다。[白一九後-20]

奔命兵　賊之歸順者或曰奔命兵。²⁾[鄭二七後-9，附録]
奔命兵　賊之歸順者曰奔命兵。[南三五前-2]
奔命兵　賊之歸順者曰奔命兵。[白一八前-16]

本領　猶大體。[鄭一四前-5]
本領　猶大體。[南二○後-12]
本領　猶大體。[白一○後-3]

偏仄　몸을 기우리다。[鄭一四後-19]

偏仄　몸을 기우리다。○조본 거동。[南二一後-15]

偏仄　몸을 기우리다。○죠본 거동。[白一一前-27]

彼此言　讒言。[鄭二七後-4，附録]

彼此言　讒言。[南三四後-12]

彼此言　讒言。[白一七前-7]

必竟　猶畢竟。[鄭一七前-23]

必竟　與畢竟。[南二五後-4]

必竟　與畢竟同。[白一三前-16]

畢竟　猶言要其終而言之。[鄭一七前-20]

畢竟　猶言要其終而言之。[南二五後-3]

畢竟　猶言要其終而言之。[白一三前-15]

弲　弼仝。[鄭三前-6]

弲　弼同。[白三後-33]

裨販　賣賤買貴。[鄭二五前-13，附録]

裨販　賣賤買貴。[南二八後-13]

裨販　賣賤買貴。[白一四後-25]

鞭辟近裏　채텨 뵈야 안흐로 갓가이 ᄒᆞ다。[鄭二一前-14]

鞭辟近裏　채텨 뵈야 안흐로 갓가이 ᄒᆞ다。○朱子曰：「此是洛中語，一作『鞭約』，是要鞭督向理去。」[南三八前-1]

鞭辟近裏　치 안흐로 갓가이 ᄒᆞ다。○朱子曰：「此是洛中語，一作『鞭約』，是要鞭督向裏去。」[白一九後-2]

便　　곳, 又쉽다。又私傳也。如風便是也。<u>眉</u>訓即也。猶假使也。又因人寄書謂
　　　之便。[鄭一後-7]

便　　곳, 又쉽다。又私傳也。如風便是也。<u>眉</u>訓即也。又因人寄書謂之便。○音
　　　見平聲及去聲。安也, 習也。便, 便言也, 肥滿也, 溲也。以上平聲。利
　　　也, 宜也, 順也, 即也。便, 殿也。便, 安也。以上去聲。[南二前-1]

便　　곳, 又쉽다。又私傳也, 如風便是也。<u>眉</u>訓即也。又因人寄書謂之便。○音
　　　見平聲及去聲。安也, 習也。便, 便言也。肥滿也, 溲也。以上平聲。利
　　　也, 宜也, 順也, 即也, 便, 殿也。便, 安也。以上去聲。[白一後-25]

便是　　<u>眉</u>訓亦即也。假使也。如「便是黃金不直錢」之類也。[鄭一○後-6]
便是　　<u>眉</u>訓即也。假使也。如「便是黃金不直錢」之類也。[南一五後-9]
便是　　<u>眉</u>訓即也。假使也。如今「便是黃金不直錢」之類。[白八前-25]

便儇　　便捷儇利也。늘내다。[鄭一二前-11]
便儇　　便捷儇利也。늘나다。[南一八前-2]
便儇　　便捷儇利。날닉다。[白九前-18]

標致　　聰俊敏慧之稱。言俱美其人心貌之辭。[鄭二三前-23, 字解]
標致　　聰俊敏慧之稱。俱美其人心貌之辭。[南二六後-9]
標致3)　聰俊敏慧之稱。俱美其人心貌之意。[白一三後-12]

俵　　分給也。[鄭二後-22]

俵　　分給也。[南三後-13]

俵　　分給也。[白二後-8]

波咤　　波波咤咤, 忍寒聲。[鄭一四前-20]
波咤　　波波咤咤, 忍寒聲。[南二一前-10]
波咤　　波波咤咤, 忍寒聲。[白一○後-16]

擘畫　　猶經營規畫也。[鄭一三前-3]

擘畫　　猶經營規畫也。[南一九前-9]

擘畫　　猶經營規畫也。[白九後-19]

擘畫分疏　　擘ᄒ며 畫ᄒ며 分ᄒ며 疏ᄒ다。[鄭二一前-13]

擘畫分疏　　擘ᄒ며 畫ᄒ며 分ᄒ며 疏ᄒ다。[南三七後-9]

擘畫分疏　　擘ᄒ며 畫ᄒ여 分ᄒ며 疏ᄒ다。[白二○前-7]

卜度　　짐쟉다。[鄭七前-23]

卜度　　짐쟉다。[南一○後-12]

卜度　　짐쟉다。[白五後-26]

不別才　　無特別之才, 謂庸人。[鄭二七後-3, 附録]

不別才　　無特別之才, 謂庸人。[南三四後-11]

不別才　　無特別之才, 謂庸人。[白一八前-17]

不曾　　못ᄒ다。[鄭二三後-19, 字解]

不曾　　못ᄒ다。○젼의 못ᄒ다。[南二七前-11]

不曾　　못ᄒ다。○젼의 못ᄒ다。[白一四前-13]

不成　　指下文而言, 不得爲如此也。[鄭五前-10]

不成　　指下文而言, 不得爲如此也。○謂不成得也。[南七前-10]

不成　　指下文而言, 不得爲如此也。謂不成得也。[白四前-17]

不多時　　아니한 ᄉᆞ이。[鄭一八前-18]

不多時　　아니한 ᄉᆞ이。[南三二後-6]

不多時　　아니한 ᄉᆞ이, 얼마 안이 ᄒᆞ여셔。[白一七前-26]

不及新　　不及新穀之熟而死。[鄭二七後-5, 附録]

不濟   쇽졀업다。[鄭九前-27]

不濟   쇽졀업다。○猶言不成也。[南一三後-14]

不濟   쇽졀업다, 일이 틀니다, 猶言不成也。[白七後-16]

不揀   아무라나 마나, 俗語「不揀甚麼」。[鄭二三前-18, 字解]

不揀   굴히디 아니타。[南二六後-5]

不揀   굴히지 아니타。[白一三後-8]

不奈何   아므라타 못ᄒᆞ려니와。[鄭一九前-1]

不奈何   아므라타 몯ᄒᆞ려니와。[南三三後-2]

不奈何   아므라타 못ᄒᆞ려니와。[白一七後-2]

不求其素   그 젼의 그른 일란 求티 아니ᄒᆞ고。[鄭二一前-4]

不求其素   그 젼의 그른 일란 求티 아니ᄒᆞ고。○猶言不索其本也。[南三七前-9]

不求其素   그 젼의 그른 일란 求치 아니ᄒᆞ고, 猶言不索其本也。[白一九後-11]

不同   與自別仝。[鄭六後-17]

不同   與自別仝。○不如也。[南九後-12]

不同   與自別同。○不如也。[白五前-18]

不透   心欲解而不通透, 如憤悱之意。[鄭一六前-17]

不透   心欲解而不通透, 即憤悱之意。[南二四前-6]

不透   心欲解而不通透, 即憤悱之意。[白一二前-23]

不托   或作飥飥, 나화之類。[鄭一六前-20]

不托   或作飥飥, 나화之類。[南二四前-9]

不托   或作飥飥, 가두읍은 슈졉이。[白一二前-26]

不消　　猶言不須也、不必也。[鄭一七後-15]
不消　　猶言不須也、不必也。[南二六前-2]
不消　　猶言不須也、不必也。[白一三前-27]

不折本　　밋디디 아니타。[鄭一八前-21]
不折本　　밋디디 아니타。[南三二後-9]
不折本　　밋지지 아니ᄒ다。[白一七前-11]

不着　　不合。[鄭一六前-15]
不着　　不合。[南二四前-4]
不着　　不合。[白一二前-3]

[C]

才　　與纔同，又又。[鄭一前-3]

才　　與纔同，又又。[南一前-3]

才　　與纔同，又又。[白四前-2]

裁給　　계슈 쓰다。[鄭二七前-1, 附録]
裁給　　계유 쓰다。[南三〇後-15]
裁給　　계우 쓰다。[白一五後-14]

參　　如「參三」之「參」，爲三才之類。[鄭三後-27]

參　　如「參三」之「參」，爲三才之類。[南五前-14]

參　　如「參三」之「參」，爲三才之類。[白三前-13]

參拜　　參謁也。[鄭一三前-5]

參拜　　參謁也。[南一九前-11]

參拜　　參謁也。[白一〇前-24]

參取　　向此句中語參究而識取也。[鄭一四前-17]
參取　　向此句中語參究而識取也。[南二一前-7]
參取　　向此句中語參究而識取也。[白一〇後-11]

參詳　　ᄌ셰 궁구。[鄭九後-17]
參詳　　ᄌ셰 궁구。[南一四前-15]
參詳　　ᄌ셔히 궁구ᄒ다。[白七後-23]

餐錢　　俸錢。[鄭二七前-6, 附録]

草本　　謂讀書不仔細, 錯看了。[鄭一四前-22]
草本　　○글 초ᄒ다。[南二一前-12]
草本　　글 초ᄒ다。[白一一前-17]

厠籌　　뒷나모。[鄭二四後-17, 附録]
厠籌　　뒤나모。[白一六前-7]

曾無　　與未曾仝。[鄭一〇後-14]
曾無　　與未曾仝。○猶言無前也。[南一五後-15]
曾無　　與未曾仝。猶言無前也。[白八前-29]

叉手如何法　　用二手大指相交, 則右大指在上, 左大指在下, 右四指在内, 左四
　　　　　　　指在外, 蓋取陰陽交合之義。[鄭二二前-2]
叉手如何法　　用二手大指相交, 則右大指在上, 左大指在下, 右四指在内, 左四
　　　　　　　指在外, 蓋取陰陽交合之義。○ᄑᆯ댱 디ᄅᆫ 거시 므슴 법고。
　　　　　　　[南三九前-2]
叉手如何法　　用二手大指相交, 則右大指在上, 左大指在下, 右四指在内, 左四
　　　　　　　指在外, 蓋取陰陽交合之義。팔쟝 지ᄅᆫ 거시 므슴 법고。[白

二〇後-8]

差　　져기, 與較仝。又差出之意。[鄭二前-4]
差　　져기, 與較仝。又差出之意。[南二後-9]
差　　져기, 與較同。又差出之意。[白一後-23]

差不多　　늬도치 아니타。[白一八後-20]

差排　　猶安排也。[鄭六後-6]
差排　　猶安排也。[南九後-2]
差排　　猶安排也。[白五前-15]

攙斷　　攙, 士咸切, 貫刺之也。言以己意貫入文義而斷之也。[鄭一六前-22]
攙斷　　攙, 士咸切, 貫刺之也。言以己意貫入文義而斷之也。[南二四前-11]
攙斷　　攙, 士咸切, 貫刺之也。言以己意貫入文義而斷之也。[白一二後-6]

攙前去　　如云爭向前去。攙作奪意。[鄭一八後-19]
攙前去　　如云爭向前去。攙作奪意。[南三三前-12]
攙前去　　如爭向前去。攙作奪意。[白一八前-5]

佔畢　　佔, 視也；畢, 簡也。見禮記。[鄭六後-12]

剗新　　새로이。[鄭二三前-5, 字解]
剗新　　새로이。[南二六前-7]
剗新　　새로히。[白一三前-32]

倀倀　　失路皃。[鄭八後-20]
倀倀　　失路貌, 無見貌。〇倀音長, 又見敬韻。[南一三前-3]
倀倀　　失路皃, 無見皃, 失意。倀音長, 又見敬韻。[白七前-25]

伥子　狂子。[鄭二五後-16, 附録]
伥子　狂子。○伥子, 義見二字類「伥伥」。[南二九後-1]
伥子　狂子。伥子, 義見二字類「伥伥」。[白一四後-12]

常來　常時。[鄭二六後-12, 附録]
常來　常時。[南三○後-3]
常來　常時。[白一五後-2]

唱喏　喏音야,　敬聲。下爲上作尊敬祝願之聲, 如今吏胥拜謁作聲。中原人譏不
　　　作聲而揖曰啞揖。[鄭一四後-6]
唱喏　喏音야,　敬聲。下爲上作尊敬祝願之聲, 如今吏胥拜謁作聲。中原人譏不
　　　作聲而揖曰啞揖。[南二一後-5]
唱喏　喏音야,　敬聲。下爲上作尊敬祝願之聲, 如今吏胥拜謁作聲。中原人譏不
　　　作聲而揖曰啞揖。[白一一前-25]

超詣　工夫深造。[鄭一○後-18]
超詣　工夫深造。[南一六前-4]
超詣　工夫深造。[白八前-9]

掣肘　폴흘 잡아 들싀다。[鄭一五前-20]
掣肘　일이 순치 못다。[白一六前-5]

塵刹　言三千大千世界。[鄭一六後-17]
塵刹　三千大千世界。[白一五後-15]

沉疑　沉吟不決。[鄭二四後-10, 附録]
沉疑　沉吟不決。[白一六後-1]

趁　미처。[鄭三後-8]
趁　미처。[南四後-13]

趁　　미처。[白二後-7]

襯貼　　音츤뎝, 襯, 브티다。貼, 비뎝이니, 如以他物貼此物也。[鄭一六後
　　　　-10]
襯貼　　音츤텹, 襯, 브티다。貼, 비뎝ᄒ다, 如以他物貼此物也。[南二四後-6]
襯貼　　音츤첩, 襯, 브치다。貼, 비졉ᄒ다, 如以此物貼他物也。[白一二後-
　　　　14]

傖荒　　傖, 客也。荒, 困也。東晉時中國人避亂渡江, 吳人稱謂傖荒, 蓋賤之
　　　　也。[鄭二五後-26, 附録]
傖荒　　傖, 客也。荒, 困也。東晉時中國人避亂渡江, 吳人稱謂傖荒, 蓋賤之
　　　　也。[南二九後-8]
傖荒　　傖, 客也。荒, 困也。東晉時中國人避亂渡江, 吳人稱爲傖荒, 蓋賤之。
　　　　[白一五前-18]

稱停　　稱, 稱錘。稱停, 맛거든 마초다。[鄭一三後-18]
稱停　　稱, 稱錘。○맛ᄎ다。[南二○後-2]
稱停　　稱, 稱錘也。맛ᄎ다。[白一○前-27]

撑　　音팅, 拄意。制舟也。又音掌。[鄭三後-24]
撑　　音팅, 撑柱之意。制舟也。又音掌。[南五前-11]
撑　　音팅, 撑柱之意。制舟也。又音掌。[白三前-10]

撑眉努眼　　指禪學人。[鄭二○前-7]
撑眉努眼　　指禪學人。○作氣貌。[南三六前-7]
撑眉努眼　　指禪學人。○作氣貌。[白一九前-4]

撑拄　　벗밀며 괴오며 밧티다。言不肯虛心受人, 硬執己意妄言語以撑拄拒扞他
　　　　人之說。[鄭一六前-2]

撑拄　벗밀며 괴오며 벗티다。言不肯虛心受人，硬執己意妄言語以撑拄拒扦他人之説。[南二三後-5]

撑拄　벗밀어 괴우며 밧치다。言不肯虛心受人，硬執己意妄言語以撑拄拒捍他人之説。[白一一後-6]

秤　與稱同。權衡總名。[鄭四前-23]

秤　與稱同。權衡總名。[南六前-3]

秤　與稱同。權衡總名。[白三後-2]

喫緊　다긴타。[鄭一〇後-23]

喫緊　다긴타。[南一六前-9]

喫緊　다긴타。[白八後-26]

癡獃罔兩漢　皆愚騃어린놈罔兩，俗語망녕之意。[鄭二二前-4]

癡獃罔兩漢　皆愚騃어린놈罔兩，俗語망덩之意。○罔兩，鬼魅也。[南三九前-4]

癡獃罔兩漢　皆愚騃어린놈罔兩，俗語방졍之意。罔兩，鬼魅也。[白二〇後-10]

赤章　祝天之文。[鄭二七前-3，附録]

赤章　祝天之文。[白一六後-22]

慭4)　音은，心不欲爲而強作之謂。[鄭三後-19]

慭　音은，心不欲爲而強作之謂。[南五前-7]

慭　音은，心不欲爲而強作之謂。[白二後-16]

憧憧　音동，往來不定兒。[鄭一五前-24]

憧憧　往來不定之貌。[白一六前-10]

愁殺　시름 ᄒ이다。[鄭七後-20]

愁殺　시름 ᄒ이다。[南一一後-5]

愁殺　殺音쇄, 시름。[白六前-17]

僦倈的　긔소ᄒ다。[鄭一八後-1]

僦倈的　긔수ᄒ다。○「倈」字恐是「保」字之誤。[南三二後-12]

僦倈的　눈치치다。「倈」字恐是「保」字之誤。[白一七前-14]

醜差　猶言大差。[鄭一七前-22]

醜差　猶言大差。○醜, 大也。[南二五後-6]

醜差　猶言大差。○醜, 大也。[白一三前-18]

出場　猶言畢其事。[鄭一六後-20]

出場　猶言畢其事。[南二四後-15]

出場　猶言畢其事。[白一二後-28]

初　잠ᄭᅡᆫ。[鄭二後-24]

初　잠ᄭᅡᆫ。[南三後-15]

初　잠ᄭᅡᆫ。[白二前-21]

初頭　처임귿。[鄭五後-6]

初頭　처엄궃。[南七後-11]

初頭　처음궂。[白四前-25]

除非　아니니란 말오, 又아니면 말거시니라。[鄭六前-12]

除非　與除是同, 又그러티 아니커든 말라, 又只是之義。[南九前-3]

除非　졔 잡담ᄒ고。與除是同, 又그러치 아니커든 말라, 又只是之義。[白五前-3]

除去　말오。[鄭七後-12]

除去　말고。○더러 브리다。[南一一前-11]

除去　말고, 又더러 브리다。[白六前-18]

除是　일란 말오。「除是人間別有天」是을 除ᄒ고 人間애 各別히 天이 잇도다。言除<u>武夷</u>九曲之天而於人間別有天也, 又이리마다。[鄭六前-18]

除是　일란 말고。「除是人間別有天」是를 除ᄒ고 人間애 各別히 天이 잇도다。又이리마다。○猶言須是也, 又俗稱有「除是非」之語。[南九前-2]

除是　일난 말고。「除是人間別有天」是를 除ᄒ고 人間에 各別히 天이 잇도다。又이리마다。猶須是, 又俗「除是非」之語。[白五前-24]

除外　除ᄒ 外예。[鄭七後-15]

除外　除ᄒ 外예。[南一一前-14]

除外　除ᄒ 外예。[白六前-21]

黜落　黜官落職。[鄭二五後-11, 附録]

黜落　黜官落職。[白一六後-4]

揣　音췌, 度也。[鄭三前-26]

揣　音췌, 度也。○撫摩也。[南四後-5]

揣　音췌, 度也。○撫摩也。[白二後-29]

揣摸　揣, 度也。摸, ᄆᆞ치다。[鄭一六前-21]

揣摸　揣, 度也。摸, ᄆᆞ치다。[南二四前-10]

揣摸　揣, 度也。摸ᄂᆞ 만치다。[白一二前-27]

穿鑿　穿牆鑿壁。<u>太極賦</u>「穴墻垣」。[鄭一四前-12]

穿鑿　穿牆鑿壁。出<u>太極賦</u>。[南二一前-4]

穿鑿　穿牆鑿壁。出<u>太極賦</u>。[白一〇後-8]

傳可　뎐뎐으로 그리ᄒ라 ᄒ다。[鄭二六前-22, 附録]
傳可　뎐뎐으로 그리ᄒ라 ᄒ다。[南三〇前-8]
傳可　뎐뎐으로 그리ᄒ라 ᄒ다。[白一五前-1]

串　곳, 又쎄다。[鄭二後-14]
串　곳, 又쎄다。[南三後-6]
串　곳, 又쇠다。[白二前-22]

𡵈　與創仝。造也, 初也。[鄭四前-8]
𡵈　與創仝。造也, 初也。[南五後-6]
𡵈　與創同。造也, 初也。[白三後-10]

㿄　音脱也。皮剥。[白三後-32]

椿管　椿音庸, 棧下不動之物。凡錢物儲蓄封不動者謂之椿管。[白一六前-23]

戳　音濯, 刺也, 又契印。[白三前-18]

𢧵5) 音濯, 刺也。[白三前-24]

雌黄　猶言是非。[鄭八前-16]

刺姦　漢以來公府有刺姦掾, 蓋主治盜。[鄭二四後-5, 附録]
刺姦　漢以來公府有刺姦掾, 主治盜。[白一六前-11]

刺破　猶改定。[鄭一七前-7]
刺破　〇죵요로온 ᄃᆡ를 헷티다。[南二五前-7]

刺破　　종요로온 데을 헷치다。[白一二後-21]

從教　　ᄒ욘 조초로 므더니 녀기다。[鄭七前-25]
從教　　○조초로 ᄒ여곰。[南一○後-14]
從教　　조쵸로 ᄒ여곰。[白五後-19]

從來　　녜브터 오모로。[鄭七後-22]
從來　　녜브터 오모로。[南一一後-7]
從來　　녜붓터 오모로。[白六前-22]

從前　　젼브터。[鄭八前-1]
從前　　젼브터。[南一一後-12]
從前　　젼붓터。[白六後-1]

從他説　　뎌 늘조차 니ᄅ다。[鄭一八前-13]
從他説　　○뎌의 니ᄅᄂ대로 좃다。[南三二後-1]
從他説　　뎌의 니ᄅᄂ듸로 좃다。[白一七後-1]

催切　　빗 지촉ᄒ여 일졀 다 바ᄃ려。[鄭二六後-25, 附録]
催切　　빗 지촉ᄒ여 일졀 다 바드려ᄒ다。[南三○後-13]
催切　　빗 지촉ᄒ어 일졀 다 보드려ᄒ다。[白一五前-19]

催儧　　儧亦「催」字之意。[鄭一二前-16]
催儧　　儧音찬, 亦「催」字之意。[南一八前-7]
催儧　　儧音찬, 亦「催」字之義。[白九前-26]

催足　　구실 지촉ᄒ여 다 밧다。[鄭二五後-12, 附録]
催足　　구실 지촉ᄒ여 다 밧다。[南二九前-12]
催足　　구실 지촉ᄒ여 다 밧다。[白一五前-2]

粹然　　섯근 것 업다。[鄭一一後-5]

竄　音甓。[鄭三前-11]

竄　音甓。[白三後-16]

蹉過　드틔 텨 디나다。[鄭九前-9]

蹉過　드틔 텨 디나다。[南一三前-15]

蹉過　드틔 쳐 디나다, 드틔여 지나。[白七前-7]

錯　그릇, 又외다。[鄭三前-12]

錯　그릇, 又외다。[南四前-10]

錯　그릇, 又외다。[白二後-20]

錯承當　외오 아다。[鄭一八前-22]

錯承當　외오 아다。○그릇 담당ᄒ다。[南三二後-10]

錯承當　외오 아디。○그릇 당당ᄒ다。[白一七後-9]

錯了　그른ᄃ니라。[鄭一二前-14]

錯了　그ᄅ다。[南一八前-5]

錯了　그르다。[白九前-21]

[D]

嗒然　解體兒。[鄭一一後-7]

嗒然　解體貌。[白一六前-4]

答移　答送移文。[鄭二四後-12, 附録]

答移　答送移文。[南二八前-9]

答移　　答送移文。[白一四前-15]

打　　語辭。有爲意, 有成意。[鄭一後-16]

打　　語辭。有爲意, 有成意。○又擊也。[南二前-10]

打　　語辭。有爲意, 有成意。○又擊也。[白一後-12]

打成一片　　表裏精粗貫通浹洽。[鄭二一前-15]

打成一片　　表裏精粗貫通浹洽。○猶言作成一塊也。[南三八前-2]

打成一片　　表裏精粗貫通浹洽, 猶言作成一塊。[白一九後-13]

打疊　　티다。○텨 ᄇ리다。「疊」字如大典疊鍾之義恐相似也, 溪訓。眉訓克己也。[鄭六前-10]

打疊　　티다, 텨 ᄇ리다。「疊」字與大典疊鐘之義恐相似也, 溪訓。眉訓克己也。○猶言疊疊。[南八後-8]

打疊　　打, 다쳐 ᄇ리다。「疊」字與大典疊鍾之義恐相似, 溪訓。眉訓克己也。猶言疊疊。[白四後-24]

打疊交空　　텨 ᄇ리다。交如使也, 言打疊而使空也。[鄭二一前-12]

打疊交空　　텨 ᄇ리다。交如使也。言打疊而使空也。[南三七後-8]

打疊交攻　　쳐 ᄇ리다。交如使也。言打疊而使空也。[白一九後-7]

打朵子　　심싯다。[白一七前-8]

打發　　禮待應答之稱。보숩퍼 되답「ㅗ」, 「ㄆ」。[6][鄭二三後-1, 字解]

打發　　禮待應答也。보숩퍼 되답ᄒ다。 ○츌혀주며 보내다。[南二六後-10]

打發　　禮待應答也。보슬퍼 되답ᄒ다, 찰혀쥬며 보ᄂ이다。[白一三後-13]

打乖　　打, 爲也。打乖爲怪異, 又破乖戾與物和仝也。○爲乖僻不仝。俗又南人聰明性悟者亦謂乖。[鄭一二後-9]

打乖　打，爲也。打乖爲怪異，又破乖戾與物和仝也，又爲乖僻不同。俗又南人聰明性悟者亦謂乖。[南一八後-7]

打乖　打，爲也。打乖爲恠異，又破乖戾與物和仝，又爲乖僻不同。俗又南人聰明性悟者亦謂乖。[白九後-24]

打話　説破也。[鄭一一前-20]

打話　説破也。○打，爲也。[南一六後-10]

打話　説破也。打，爲也。[白八後-14]

打酒　飮酒。[鄭一一前-14]

打酒　○猶言拿酒也。[南一六後-5]

打酒　猶言拿酒也。술 가져 온단 말。[白八後-8]

打空　쇽졀업다。[鄭七後-9]

打空　쇽졀업다。○猶言헛거슬。[南一一前-9]

打空　쇽졀업다，猶言헛거슬。[白六前-15]

打破　텨ᄒ여 ᄇ리다，溪訓。[鄭九前-4]

打破　텨ᄒ여 ᄇ리다，溪訓。[南一三前-10]

打破　텨싀쳐 ᄇ리다。[白七前-29]

打圍　圍之也。[鄭一一前-22]

打圍　○畋獵也。[南一六後-12]

打圍　畋獵也。[白九前-13]

打坐　안즘 안기라。[鄭一一前-17]

打坐　안즘 안짜。○漢語打是「爲」字之義。[南一六後-7]

打坐　안즘 안짜。漢語打是「爲」字之義。[白八後-18]

大承氣　藥名也。[鄭一八後-16]

大段　ᄆ장。[鄭一五後-22]
大段　ᄆ장。[南二三後-1]
大段　가쟝。[白一一後-8]

大凡　大概。[鄭一五後-24]
大凡　大概。[南二三後-3]
大凡　大概。[白一二前-20]

大航　以船爲橋通謂之航，而在溱淮水者謂之大航。以其在國門外也，門名朱雀，故一名朱雀航。尙書 舜典篇題所云蓋指此也。[鄭二六後-24，附錄]

大家　猶言大段。或云大故。[鄭一三前-17]
大家　猶言大段。○大概。[南一九後-7]
大家　猶言大段。○大概。[白一○前-30]

大可　ᄆ장 므던。[鄭二六後-18，附錄]
大可　ᄆ장 므던。[南三○後-8]
大可　ᄆ쟝 무던。[白一五後-13]

大率　大概。[鄭一三前-14]
大率　大概。[白一六前-1]

大拍頭　拍音빅，樂之一曲。ᄆᄅ曰拍頭，言其專主談論也。拍頭，拍之題頭也。自負其才與人爭論，必作氣勢高談大論無所忌憚之意。○如今用栢板以節樂也。頭如詞頭、話頭、歌頭之頭，謂奏曲之一頭段。大拍頭，大張樂也，以比大作氣勢也。[鄭一九前-13]
大拍頭　拍音빅，樂之一曲。ᄆᄅ曰拍頭，言其專主談論也。拍頭，拍之題頭也。自負其才與人爭論，必作氣勢高談大論無所忌憚之意。如今用栢板以節樂也。頭如詞頭、話頭、歌頭之頭，謂奏曲之一頭段。大拍頭，大張樂也，以比大作氣勢也。[南三四前-1]

大拍頭　拍音박, 樂之一曲。므륵曰拍頭, 言其專主談論也。拍頭, 拍之題頭
　　　　也。自負其才與人爭論, 必作氣勢高談大論無所忌憚之意。如今用栢板
　　　　以節樂也。頭如詞頭、話頭、歌頭之頭, 謂奏曲之一頭段7)。大拍頭,
　　　　大張樂也。[白一八後-8]

大小　　猶多小, 溪訓。[鄭一○前-24]
大小　　猶多小, 溪訓。[南一五後-3]
大小　　猶多少, 溪訓。[白八前-19]

大小大　언매나 키。[鄭一八後-13]
大小大　언매나 키。[南三三前-8]
大小大　얼마나 큰뇨。[白一七前-23]

大學中肉菜　此是托辭, 言太學道理日用可行, 如肉菜之切用。[鄭二二前-8]
大學中肉菜　此是托辭, 言太學道理日用可行, 如肉菜之切用。[南三九前-8]
大學中肉菜　此是托辭, 言太學道理日用可行, 如肉菜之切用。[白二○後-13]

大着肚　肚, 腹也。[鄭一九前-9]
大着肚　肚, 腹也。○힘 스는 거동。[南三三後-10]
大着肚　肚, 腹也。심 쓰는 거동。[白一七後-7]

大字面　古者黥臟字於其面。[鄭一八後-22]
大字面　古者黥臟字於其面。[南三三後-1]
大字面　古者黥臟字於其面。[白一八前-7]

獃　音埃, 癡也。[鄭三前-5]
獃　音埃, 癡也。[南四前-7]
獃　音埃, 癡也。[白二後-17]

獃獃　어리고 미옥다。[鄭八後-5]
獃獃　어리고 미옥다。[南一二後-6]
獃獃　어리고 미욱다。音에, 미련ᄒ단 말。[白六後-23]

代怖　人有迫於刑禍者己不知怖, 而旁人爲之怖也。[鄭二五前-6, 附録]
代怖　人有迫於刑禍者己不知怖, 而旁人爲之怖也。[南二八後-8]
代怖　人有迫於刑禍者己不知怖, 而傍人爲之怖也。[白一四前-27]

担　音擔, 排也。[鄭三前-23]
担　音擔, 排也。○當也。[南四後-4]
担　音擔, 排也, 當也。[白二前-36]

單行　獨行。[鄭五前-19]
單行　獨行。[南七後-5]
單行　獨行。[白四前-19]

單提　또로드다。眉訓獨擧也。[鄭五前-7]
單提　또로드다。眉訓獨擧也。[南七前-7]
單提　ᄯ로드다。眉訓獨擧也。[白四前-14]

擔板漢　널멘 놈이라, 謂見一面不見一面。[鄭一八前-6]
擔板漢　널멘 놈이라, 謂見一面不見一面。[南三二前-6]
擔板漢　널멘 놈이라, 謂見一面不見一面。[白一七後-17]

擔閣　벗틔워, 不行皃。又一説머므다。眉訓揮弃。[鄭一〇前-9]
擔閣　벗틔워, 不行貌。又一説머므다。眉訓揮弃。○걸리다。[南一五前-3]
擔閣　벗틔워, 不行皃。又머무다。眉訓揮弃。걸니다。[白八前-5]

且　音단, 明也。日出之時。避我太祖諱讀朝。[鄭四前-10]

當　고대。<u>眉</u>訓去聲則抵當也。모막단 마리라。[鄭二前-22]

當　고대。<u>眉</u>訓去聲，抵當也。모막단 말이라。[南三前-4]

當　고디。<u>眉</u>訓去聲，抵當也。모막단 말이라。[白二前-10]

當當　言處之皆得其當。[鄭一五前-8]

當當　言處之皆得其當。[南二二前-11]

當當　言處之皆得其當。[白一一前-10]

當體　當身。[鄭一七前-14]

當體　當身。[南二五前-14]

當體　當身。[白一二後-12]

當下　고대。[鄭九後-3]

當下　고대。[南一四前-1]

當下　곳듸, 곳。[白七前-27]

當下　猶即時。[白一六後-26]

党　音黨。[鄭二前-20]

黨　音당。[白三後-30]

刀勑　執刀而傳勑。[鄭二六前-23，附録]

到頭　다드른 긑。<u>眉</u>訓到極也。[鄭七後-23]

到頭　다드른 긑。<u>眉</u>訓到極也。[南一一後-9]

到頭　드드른 굿。<u>眉</u>訓極也。[白六前-29]

得　語辭。又올타, 有得意。[鄭一後-5]

得　語辭。又올타, 有得意。[南一後-14]

得　　語辭。又올타，有得意。[白一前-18]

得解　　得參鄕試。[鄭一一後-23]
得解　　得參鄕試。○解義見上。8)[南一七後-6]
得解　　得參鄕試。解義見上。[白九前-11]

得雋　　戰勝。[鄭二六前-5，附錄]
得雋　　得戰勝。[白一五後-26]

得盧　　樗蒲有黑犢有雉有盧，得盧者勝。[鄭二七前-15，附錄]
得盧　　樗蒲得盧者勝有雉有犢云。[白一六後-34]

等　　待也，眉訓。[鄭二後-23]
等　　等待，眉訓也。○平也。稱子亦云等子。[南三後-14]
等　　等待，眉訓。平也。稱子亦云等子。[白二後-6]

等候　　等，猶待也。[鄭一五後-5]
等候　　等，猶待也。[南二二後-14]
等候　　等，猶待也。[白一一後-18]

等閑　　쇽졀업시，又힘드렁이。[鄭一一前-9]
等閑　　쇽졀업시，又힘드렁이。[南一六前-16]
等閑　　쇽졀업시，又힘드렁니。[白八前-21]

厎9)　音至，致也。[鄭四前-14]
厎10)　音至，致也。[南五後-11]
厎　　音至，致也。[白三前-12]

抵當　猶擔當，又對敵ᄒ다。[鄭一一後-4]

抵當　猶擔當，又對敵ᄒ다。[南一七前-4]

抵當　猶擔當，又對敵ᄒ다，젼당 잡펴。[白八後-28]

抵敵　牛以角觸曰抵，猶人欲之來與敬相遇對敵，如牛之觸物而不進也。抵觸仝。[鄭一六前-9]

抵敵　牛以角觸曰抵，猶人欲之來與敬相遇對敵，如牛之觸物而不進也。抵觸仝。[南二三後-13]

抵敵　牛以角觸曰抵，猶人欲之來與敬相遇對敵，如牛之觸物而不進也。抵觝仝。[白一二前-17]

抵蹋　발명ᄒ여 나 몰내다。[鄭二四後-7, 附録]

抵蹋　발명ᄒ여 나 몰내라 ᄒ다。○抵，諱也。蹋，左傳 宣公十二年注「斥候蹋伏」，謂蹤跡隱伏也。[南二八前-5]

抵蹋　발명ᄒ여 나 몰늬리 ᄒ다。抵，諱也。蹋，左傳 宣公十二年注「斥候蹋伏」11)，謂蹤跡隱伏也12)。[白一四前-11]

底　當處也。或作的。又그런거시，眉巖訓。[鄭一前-2]

底　當處也。或作的。又그런거시，眉巖 柳希春訓也。後凡云眉訓做此。○根底也，又與地同，又語辭。[南一前-2]

底　當處也。或作的。又그런거시，眉訓也。根底也，又與地仝，又語辭。[白一前-17]

底似　ᄆ쟝，又너모。[鄭二三後-6, 字解]

底似　ᄆ쟝，又너모。[南二六後-14]

底似　ᄆ쟝，又너모。[白一三後-19]

底止　底，止也。底於止。[鄭一四前-8]

底止　底，止也。底於止。[南二〇後-15]

底止　底亦止也。底於止也。[白一〇後-6]

的當　合當之意，猶言번득。[鄭五後-18]

的當　合當之意，猶言번득다。[南八前-7]

的當　合當之意，猶言번득다。[白四後-3]

地步　頭也，又地也。[鄭九前-6]

地步　頭也，又地也。〇猶言里數也。[南一三前-12]

地步　頭也，又地也。猶言里數也。[白七前-4]

地頭　싸긋。[鄭八前-12]

地頭　싸긋。〇猶言本地也。[南一二前-8]

地頭　싸끗。猶言本地也。[白六後-3]

遞　公傳也。附遞傳書謂之遞。[鄭二前-5]

遞　公傳也。附遞傳書謂之遞。〇納也。[南二後-10]

遞　公傳也。附遞傳書謂之遞。〇納也。[白一後-19]

諦當　諦審。[鄭一一後-1]

諦當　諦審。[南一七前-1]

諦當　諦審。[白九前-16]

攧撲　溪訓攧，韻書作摃，急擊如投擲之勢。撲亦打也。攧撲不破言牢固也。[鄭一〇前-2]

攧撲　溪訓攧，韻書作摃，急擊也，投擲之勢。撲亦打也。攧撲不破言牢固也。[南一四後-11]

攧撲　攧，韻書作摃，急擊也，投擲之勢。撲亦打也。攧撲不破言牢固。[白七後-35]

點檢　술피다，又샹고ᄒᆞ여 츌오디。[鄭七前-5]
點檢　술피다，又샹고ᄒᆞ야 츌호다。[南一〇前-9]
點檢　술괴다，又샹고ᄒᆞ야 츌호다。[白五後-22]

點抹　批點打抹以表識所得之意旨。循行間而長引筆曰抹，非塗抹之抹。[鄭一一後-17]
點抹　批點打抹以表識所得之意旨。循行間而長引筆曰抹，非塗抹之抹。[南一七前-14]
點抹　批點打抹以表識所得之意旨。循行間而長引筆曰抹，非塗抹之抹。[白九前-7]

磹　音潭，鋪於下。[白三前-3]

趺撲　趺，박ᄎᆞ다；撲，두드리다。[鄭五前-3]
趺撲　趺，박ᄎᆞ다；撲，두드리다。[南七前-3]
趺撲　趺，박ᄎᆞ다，미ᄭᅵ러져；撲，두드리다。[白四後-4]

丁囑　당부ᄒᆞ다。[鄭二三後-21，字解]
丁囑　당부ᄒᆞ다。〇丁即丁寧之意。[南二七前-15]
丁囑　당부ᄒᆞ다。〇丁即丁寧之意。[白一三後-33]

定疊　安頓也。疊亦定意。眉訓堅定。[鄭五後-2]
定疊　安頓也。疊亦定意。眉訓堅定。[南七後-7]
定疊　安頓也。疊亦定意。眉訓堅定。[白四前-27]

定害　貽弊於人，又해자ᄒᆞ이과라。[鄭二三前-16，字解]
定害　貽弊於人，又해자ᄒᆞ이과라。[南二六後-3]
定害　貽弊人。[白一三後-6]

訂出　賦稅時商定出令。[鄭二四後-6，附錄]
訂出　賦稅時商定出令。〇猶云立訂之義。[南二八前-4]

訂出　　賦稅時商定出令。○猶立訂之義。[白一四前-10]

動不動　　動與不動之間，如動輒之意。[鄭一九前-4]

動不動　　動與不動之間，如動輒之意。[南三三後-6]

動不動　　動與不動之間，如動輒之意。[白一七後-3]

都不得　　아므려도 몯。[鄭一八前-19]

都不得　　아므려도 못ᄒ다。○다 못ᄒ다。[南三二後-7]

都不得　　아므려도 못ᄒ다, 다 못ᄒ다。[白一七後-6]

都來　　本來。[鄭六後-10]

都來　　本來。○猶言皆也。[南九後-6]

都來　　本來。猶言皆也。[白五前-13]

都是　　오로이。[鄭一五後-21]

都是　　오로이。[南二三前-14]

都是　　오로이。[白一二前-15]

抖擻　　猶言振之也。一云떠러ᄇ리다。[鄭六前-8]

抖擻　　猶言振之也。○쩔티다，精神ᄆ다듬다。[南八後-6]

抖擻　　猶言振之也。쩔치다，精神ᄆ다듬다。[白四後-20]

都伯　　刑人者。[鄭二六後-22，附錄]

都伯　　刑人者。都亦作屠。[南三〇後-11]

都伯　　刑人者。都亦作屠。[白一五後-16]

都盧　　다，又오오로。[鄭八前-3]

都盧　　다，又오로。[南一一後-14]

都盧　　다，又오로。[白六前-28]

犢一羫　　羫音江，軀殼也。猶言犢一頭。[鄭二七後-2，附録]
犢一羫　　羫音江，軀殼也。猶言犢一頭。○羫一作腔，骨體也。[南三四後-10]
犢一羫　　羫音江，軀殼也。猶言犢一頭。羫一作腔，骨體也。[白一八前-8]

賭當　　疑是商量見得之意。[鄭一一前-23]
賭當　　疑是商量見得之意。○아므 거스로 나기ᄒᆞ다。[南一六後-13]
賭當　　疑是商量見得之意。아모 거스로 닉기ᄒᆞ다。[白八後-25]

賭是　　是乙 賭타 蓋 올ᄒᆞ믈 求ᄒᆞ다13)。[鄭九前-18]
賭是　　是를 賭타 蓋 올ᄒᆞ믈 求ᄒᆞ다。[南一三後-7]
賭是　　是를 賭타 蓋 올ᄒᆞ믈 求ᄒᆞ다。[白七前-19]

賭跳　　跳躑以高爲勝。[鄭二六前-17，附録]
賭跳　　跳躑以高爲勝。○ᄯᅴ음 나기 ᄒᆞ다。[南三〇前-4]
賭跳　　跳躑以高爲勝。ᄯᅴ움 박질 니기 ᄒᆞ다。[白一五前-24]

杜撰　　杜前人説話撰出新語。[鄭六前-20]
杜撰　　杜前人説話撰出新語。○石中立在中書，盛度撰張知白神道碑。石問曰：「是誰撰？」度卒對曰：「度撰。」滿堂大笑。蓋度與杜音同故也。[南九前-6]
杜撰　　杜前人説話撰出新語。○石中立在中書，盛度撰張知白神道碑。石問曰：「是誰撰？」度卒對曰：「度撰。」滿堂大笑。蓋度與杜音同故也。[白五前-5]

肚　　音杜，腹也。[鄭三後-25]
肚　　音杜，腹也。[南五前-12]
肚　　音杜，腹也。[白三前-5]

肚裏　　빈소옥。[鄭九前-7]
肚裏　　빗속。[南一三前-13]
肚裏　　빈속。[白七前-32]

端的　　猶定奇。[鄭一七前-6]

端的　　猶定奇。○正히。[南二五前-6]

端的　　猶定奇。正히。○씍。[白一三前-9]

斷遣　　텨보내다, 猶斷罪而遣也。[南一九前-1]

斷遣　　斷罪而遣之也。[白一六後-16]

斷遣　　텨보닉다, 猶斷罪而遣也。[白九後-12]

斷置　　眉訓決斷處置也, 恐誤。猶棄也。[鄭一〇前-8]

斷置　　眉訓決斷處置, 恐誤。猶棄也。[南一五前-2]

斷置　　眉訓決斷處置, 恐誤。猶棄也。[白七後-15]

對班　　自唐後經筵之官對朝班而奏事, 故筵講謂之對班。[鄭一四前-2]

對班　　自唐後經筵之官對朝班而奏事, 故講筵謂之對班。[南二〇後-9]

對班　　自唐後經筵之官對朝班而奏事, 故講筵謂之對班。[白一〇後-27]

對同勘合　　如兩人相對校書, 各執一本而全讀勘合也。[鄭二〇前-3]

對同勘合　　如兩人相對校書, 各執一本而同讀勘合也。[南三六前-3]

對同勘合　　如兩人相對校書, 各執一本而同讀勘合也。[白一九前-11]

對移　　禮記王制不受師教者右移左左移右謂之對移。宋時下官有過上官黜罰之轉作惡辱之任,以懲之謂之對移。[鄭一二後-8]

對移　　禮記王制不受師教者右移左左移右謂之對移。宋時下官有過上官黜罰轉作辱任以懲之謂之對移。[南一八後-6]

對移　　禮記王制不受師教者右移左左移右謂之對移。宋時下官有過上官黜罰轉作辱任以懲之謂之對移。[白九後-2]

敦遣　　州郡勸送之意。[鄭九前-19]

敦遣　　州縣勸遣之人。[白一五後-31]

頓　오오로。[鄭二前-2]

頓　오로。○ 온 덩이, 千零不如一頓, 又흔 번。[南二後-7]

頓　오로。○ 온 덩이, 千零不如一頓, 又흔 번。[白一後-16]

頓放　두다。[鄭六後-3]

頓放　두다。[南九前-11]

頓放　두다。[白五前-12]

頓辱　摔髪而頓地。[鄭二六後-6, 附録]

頓辱　摔髪而頓地。[南三〇前-13]

頓辱　摔髪而頓地。[白一五後-30]

頓拙　頓與鈍通用。[鄭一四後-13]

頓拙　頓與鈍通用。[南二一後-9]

頓拙　頓與鈍通用。[白一一前-21]

多般　여러 가지。[鄭八後-2]

多般　여러 가지。[南一二後-4]

多般　여러 가지。[白六後-16]

多少般　幾多般仝。[鄭一八前-12]

多少般　幾多般仝。[南三二前-12]

多少般　幾多般仝。[白一七前-21]

多少多　언믜나 만ᄒ뇨。[鄭一八後-15]

多少多　언매나 만ᄒ뇨。[南三三前-9]

多少多　언마나 만흔고。[白一七後-22]

多小　언메나。[鄭六前-13]

多少　　언메나。[南八後-10]
多少　　언메나, 幾何也。얼마나。[白四後-26]

多爭十年　　爭, 爭較也。謂一年血氣之衰將與十年衰耗者相較也。較, 比也。[鄭
　　　　　　二八前-10, 附錄]
多爭十年　　爭, 爭較也。謂一年血氣之衰將與十年衰耗者相較也。較, 比也。[南
　　　　　　三八後-6]
爭多十年　　爭, 爭較也。謂一年血氣之衰將與十年衰耗者相較也。較, 比也。[白
　　　　　　二〇前-8]

[E]

遏捺　　捺音列, 그쳐 누르다。[鄭一二後-1]
遏捺　　捺音列, 그쳐 누르다。[南一八前-16]
遏捺　　捺音列, 그져 누르다。[白九前-3]

二敬　　稱臣於彼此。[鄭二七前-13, 附錄]
二敬　　稱臣於彼此。[白一六前-3]

[F]

發變　　血發於外而變色。[白一七前-1]

番得　　番、翻소。[鄭一二後-11]
番得　　番、翻소。[南一八後-9]
番得　　番、翻소。[白一〇前-10]

翻　　도로혀。[鄭二前-26]
翻　　도로혀。○뒤다。[南三前-8]

翻　　도로혀。○뒤다。[白二前-2]

反役　　길 갓다가 도라오다。[鄭二五前-18, 附錄]
反役　　길 갓다가 도라오다。[南二八後-16]
反役　　길 갓다가 도라오다。[白一四後-28]

犯手　　下手同。손디타。[鄭一七前-11]
犯手　　下手同。손디다。[南二五前-11]
犯手　　下手仝。손지다。[白一二後-10]

方便　　多般計較得其好處謂之方便。[鄭一二後-15]
方便　　多般計較得其好處謂之方便。[南一八後-13]
方便　　多般計較得其好處謂之方便, 暫時權道。[白九後-10]

方得　　뵈야흐로 得ᄒ다。[鄭一二後-12]
方得　　뵈야흐로 得ᄒ다。[南一八後-10]
方得　　비야흐로 得ᄒ다。[白九後-7]

方格　　注格, 猶表準也。[白一六後-5]

防　　閑也, 謂檢束其身防閑人欲也。[鄭三前-25]

防邏　　巡邏而防賊。[鄭二五前-11, 附錄]
防邏　　巡邏而防賊。[南二八後-12]
防邏　　巡邏而防賊。[白一四後-21]

放此　　放與做仝。[鄭一六前-7]
放此　　放與做仝。[南二三後-10]
放次　　放與做仝。[白一二前-14]

放過　不照管，舍置而過。[鄭一五前-23]
放過　不照管，舍置而過。[南二二後-9]
放過　不照管，舍置而過。[白一一後-22]

放門外　門外예 두다。[鄭一九前-12]
放門外　門外예 두다。[南三三後-13]
放門外　門外에 두다。[白一七後-10]

放下　노하 ᄇᆞ리다。[鄭七前-14]
放下　노하 ᄇᆞ리다。[南一〇後-3]
放下　노하 ᄇᆞ리다。[白五後-13]

放着　두다。[鄭五後-22]
放着　두다。[南八前-11]
放着　두다，노아 벼려。[白四後-18]

放住　置也，眉訓。[鄭一〇後-3]
放住　置也，眉訓。○노하 두다。[南一五後-6]
放住　置也，眉訓。노하 두다。[白八前-22]

分俵均敷　俵，散給也。言散給而均布之也。[鄭二〇後-3]
分俵均敷　俵，散給也。言散給而均布之也。[南三六後-8]
分俵均敷　俵，散給也。言散給而均布之也。[白一九前-14]

分定　得失之分定。[鄭一五後-17]
分定　得失之分定。○分義見上「分外」注。[南二三前-10]
分定　得失之分定。○分義見上「分外」注。[白一一後-28]

分付　맛디다，又당부ᄒᆞ다。[鄭二三後-17，字解]
分付　맛디다，又당부ᄒᆞ다。[南二七前-9]

分付　맛기다, 又당부ᄒᆞ다。[白一三後-27]

分疏　猶發明也, <u>溪训</u>。[鄭八後-19]
分疏　猶發明也, <u>溪訓</u>。[南一三前-2]
分疏　猶發明也。[白六後-6]

分曉　「曉」字只是「明」字意。분명히 아다, 又굴히여 아다。[鄭八後-1]
分曉　「曉」字只是「明」字意。분명히 아다, 又굴히여 아다。[南一二後-3]
分曉　「曉」字只是「明」字意。分明히 아다, 又굴히여 아다。[白六後-21]

棼　亂也。[鄭二前-15]
棼　亂。[白三後-20]

分外　분 밧기라。蓋所可爲者分內, 而分外則所不可爲者。[鄭一〇前-7]
分外　十者數之終, 十分爲數至極, 而甚言其太過則曰分外, 上「分外」參考。[鄭二四前-8, 字解]
分外　분 밧기라。蓋所可爲者分內, 而分外則所不可爲者。〇又, 十者數之終, 十分爲數之極, 而甚言其太過則曰分外。[南一五前-1]
分外　분수 밧기라。蓋所可爲者分內, 而分外則所不可爲者。又, 十者數之終, 十分爲數之極, 而甚言其太過則曰分外。[白八前-10]

夫　그, 語辭。[鄭四前-12]
夫　그, 語辭。[南五後-9]
夫　그, 語辭。[白三後-3]

夫人　猶言凡人。[鄭一三前-22]
夫人　猶言凡人。〇猶言其人也。[南一九後-12]
夫人　猶言凡人, 猶其人也。[白一〇前-8]

扶策　티위 잡으며 警策ᄒ다。以警策起。人之怠惰如馬之不行，舉策輒行。[鄭
　　　一六前-14]

扶策　붓들며 채티다。警人怠惰如馬之不行，舉策輒行。[南二四前-3]

扶策　붓들며 치치다。警人怠惰如馬之不行，舉鞭輒行。[白一二前-21]

符到　관ᄌ 오다。[鄭一五後-2]

符到　관ᄌ 오다。[南二二後-12]

符到　관ᄌ 오다。[白一一後-29]

甫爾　甫，僅也。爾，語辭。[鄭二五後-17，附録]

副急　블의예 쟝만ᄒ다。[鄭二五後-25，附録]

副急　블의예 쟝만ᄒ다。[南二九後-7]

副急　블의예 쟝만ᄒ다。[白一四後-18]

賦食行水　밥 논 하주고 믈 도로다。[鄭二八前-9，附録]

賦食行水　밥 ᄂ 화주고 믈 도로다。○齊 竟陵 王子良篤信釋教，大集衆僧賦食
　　　　行水，躬親其事，世以爲失。[南三八後-7]

賦食行水　밥 ᄂ 화쥬고 믈 도로다。齊 竟陵 王子良篤信釋教，大集衆僧賦食行
　　　　水，躬親其事，世以爲失。[白二〇前-18]

[G]

甘結　所願曰甘，合從曰結，謂心結。[白一六後-6]

乾矢橛　된나모。[鄭二七後-8，附録]

乾矢橛　된나모。[南三五前-1]

乾矢橛　뒤나무，뒤간。[白一八後-6]

感尋　感傷艱危而尋思經濟之術。[鄭二六後-4，附録]
感尋　感傷艱危而尋思經濟之術。[南三〇前-12]
感尋　感傷艱危而尋思經濟之術。[白一五後-1]

趄　　哭다。[鄭一後-21]

趄　　哭다。[南二後-1]

趄　　哭다。[白一後-11]

幹官　幹辦公事乃幕職。[鄭一四後-15]
幹官　幹辦公事乃幕職。[南二一後-11]
幹官　幹辦公事乃幕職。[白一一前-28]

幹了　爲其事之骨子也。맛다ᄒ다。若妻則幹家，奴則幹事。[鄭一二前-9]
幹了　爲其事之骨子也。맛다ᄒ다。若妻則幹家，奴則幹事。[南一七後-16]
幹了　爲其事之骨子也。맛타ᄒ다。若妻則幹家，奴則幹事。[白九後-5]

剛濟　剛斷成事。[鄭二六前-24，附録]
剛濟　剛斷成事。계우 이루다。[南三〇前-9]
剛濟　剛斷成事。계우 이루다。[白一五前-32]

杠夯　杠，드다。夯音向，負荷也。[鄭一五前-1]
杠夯　杠，드다。夯，負荷也。〇杠音江，夯音向。[南二二前-6]
杠夯　杠，드다。夯，負荷也。杠音紅，夯音向。[白一一前-5]

格　　有「窮、至」二字意。致知在格物，則「格」字上取「窮」字意多，故云物ᄅ格ᄒ
　　　매。物格而後則「格」字在「物」字下，取「至」字意多，故云物이　格ᄒ。[鄭四
　　　後-7]

格　　〇格物之格，窮底意多。物格之格，至底意多。[南六前-8]

格　　格物之格，窮底意多。物格之格，¹⁴⁾至底意多。[白三後-24]

閣手　　縮手不爲也。疑袖手意。[鄭二六後-7，附錄]
閣手　　縮手不爲也。[南三〇前-14]
閣手　　縮手不爲也。[白一五前-3]

箇　　語辭。有一箇二箇之意。[鄭一前-1]
箇　　語辭。有一箇二箇之意。[南一前-1]
箇　　語辭。有一箇二箇之意。[白一前-1]

箇中　　이 듕에。[鄭五後-20]
箇中　　이 듕에。[南八前-9]
箇中　　이 즁애。[白四後-11]

給降　　自國降惠。[鄭一五前-4]
給降　　自國降惠。[南二二前-8]
給降　　自國降惠。[白一一前-7]

根底　　앎픠恐非미틔。[鄭二三後-7，字解]
根底　　앎픠恐非미틔。[南二六後-16]
根底　　앎페恐非밋희。[白一三後-18]

根前　　앎픠。[鄭二三後-6，字解]
根前　　앎픠。○根與跟同。[南二六後-15]
根前　　앎페，根與跟同。[白一三後-17]

跟　　音根，足踵也。[鄭二後-25]
跟　　音根，足踵也。○又追隨也。[南三後-16]

跟　音根，足踵也，又追隨也。[白二後-11]

更攢　攢、趲、儹仝，促之也。[鄭一二後-7]
更攢　攢與趲、儹仝，促之也。[南一八後-5]
更攢　攢與趲、儹仝，促之也。[白九後-21]

更説甚講學　坐 므슴 講學을 説ᄒᆞ고。[鄭二二前-10]
更説甚講學　坐 므슴 講學을 説ᄒᆞ고。[南三九後-3]
更説甚講學　坐 므슴 講學을 説ᄒᆞ고。[白二〇後-14]

更着甚工夫　甚音슴，다시 므슴 工夫를 着ᄒᆞ리오。[鄭二二前-6]
更着甚工夫　甚音슴，다시 므슴 工夫를 着ᄒᆞ리오。[南三九前-6]
更着甚工夫　甚音삼，다시 므슴 工夫를 着ᄒᆞ리요。[白二〇後-11]

公案　귀글월，溪訓。[鄭六前-21]
公案　귀글월，溪訓。[南九前-7]
公案　귀글월，溪訓。據理結案如公文。○佛家祖師一千七百公案即法也。[白五前-26]

公門　與他們仝。[鄭一〇後-19]
公門　○猶他們之意，又衙門也。[南一六前-5]
公門　猶他們之意，又衙門也。[白八後-1]

拱　合兩手之指也。[鄭三後-12]

供申　다딤謂之供，보장謂之申。[鄭一三後-11]
供申　다딤謂之供，보장謂之申。[南二〇前-10]
供申　다짐謂之供，報狀謂之申。[白一〇後-18]

舡　音홍，飛也。[鄭三前-8]

舡　音紅，飛貌。[白三後-26]

勾當　무음 아라 출이다。一説猶主管。[鄭一〇前-15]

勾當　무음 아라 출히다。一説猶主管。[南一五前-9]

勾當　무음 아라 출히다。一説猶主管。[白八前-10]

勾斷　에우티다。[鄭一五前-12]

勾斷　에우티다。[南二二後-1]

勾斷15) 에우치다。[白一一前-15]

辜　與孤通。져브리다。[鄭三後-18]

辜　與孤通。져브리다。[南五前-6]

辜　與孤通。져브리다。[白三前-32]

谷簾　廬山瀑布散流如簾樣也。[鄭九後-1]

水簾　廬山瀑布散流簾樣。[白一六前-24]

骨董　雜也。[鄭一〇前-4]

骨董　雜也。〇義見三字類。[南一四後-13]

骨董　雜也。義見三字類。[白八前-1]

骨子　猶言웃드미라，指當物也。如言데저비。[鄭六後-2]

骨子　猶言웃듬이라，指當物也。如言데저비。[南九前-10]

骨子　猶言웃듬이라，指當物也。如言데저비。[白一七前-5]

骨殖　殖，漫潤也。脂久而浸於骨。[白一七前-3]

固濟沙合　以藥藏於沙合之後，口上蓋了，又將鐵線縛住，仍以墐泥封其口上，

不使藥氣出走。[鄭二〇後-1]

固濟沙合　以藥藏於沙合之後，口上蓋了，又將鐵線縛住，仍以墡泥封其口上，不使藥氣出走。[南三六後-6]

固濟沙合　以藥藏於沙土合之后，口上盖了，又將鐵線縛住，仍以墡泥封其口上，不使藥氣走出。[白一九前-13]

挂搭　걸리다。[鄭九前-5]

挂搭　걸리다。[南一三前-11]

挂搭　걸니다。[白七前-9]

官會　猶今楮貨，溪訓。[鄭一〇前-21]

官會　猶今楮貨，溪訓。[南一五前-15]

官會　猶今楮貨，溪訓。[白八前-16]

關捩　關，機關也。捩，或作棙，冶者鼓風板所安之木也。[鄭一一後-22]

關捩　關，機關也。捩，或作棙，冶者鼓風板所安之木也。[南一七後-5]

關捩　關，機關也。捩，或作棙，冶者鼓風板所安之木也。[白九前-10]

關聽　關，디내다。[鄭一三後-15]

關聽　關，디내다。[南二〇前-14]

關聽　關，지닉다。[白一〇前-25]

關子　子，語辭，如扇子、亭子之類。眉訓只是關。[鄭五後-17]

關子　關子，公文書也。子，語辭，如扇子、亭子之類。[南八前-6]

關子　公文書也。子，語辭，如扇子、亭子之類。[白四後-8]

觀說　見而言之。[鄭二七前-18，附録]

觀說　見而言之。[南三一前-9]

觀說　見而言之。[白一六前-13]

管　　主之也。밈아다。<u>眉</u>訓總攝也。[鄭二前-1]
管　　主之也。밈아다。<u>眉</u>訓總攝也。[南二後-6]
管　　主之也。밈아다。<u>眉</u>訓總攝也。[白一後-18]

管著　　울워다。[鄭九後-12]
管著　　울어다。○밈 알리이다。[南一四前-10]
管著　　울어다, 又밈 아리이다。[白七後-1]

規規　　<u>莊子注</u>：蹇淺皃。[鄭一五後-1]
規規　　<u>莊子注</u>：蹇淺貌。[南二二後-11]
規規　　<u>莊子注</u>：蹇淺貌。[白一二前-1]

歸宿　　如言安定。[鄭一六後-18]
歸宿　　如言安定。[南二四後-13]
歸宿　　如言安定。[白一三前-1]

歸罪　　自歸請罪。[鄭二六後-13, 附錄]

裹纏　　周圍纏繞。[鄭一三後-17]
裹纏　　周圍纏繞。[南二〇後-1]
裹纏　　周圍纏繞。[白一〇後-23]

滾得　　섯버므러。[鄭一一後-13]
滾得　　섯버므러。○쓸타。[南一七前-10]
滾得　　섯버므러, 又쓸타。[白八後-6]

裹來裹去　　섯거 오며 섯거 가다。[鄭二〇前-9]
裹去裹來　　섯거 가며 섯거 오다。[南三六前-9]
滾去滾來　　섯거 가며 섯거 오다。[白一九前-8]

滾冗　如雜冗。[鄭一二前-6]
滾冗　如雜冗。[南一七後-13]
滾冗　如雜冗。[白九後-3]

滾同　흔듸 뒤섯기다。[鄭一二前-3]
滾同　흔듸 뒤섯기다。[南一七後-10]
滾同　흔듸 뒤석기다。[白九前-5]

輥　音混，車轂。齊等貌。[鄭三前-3]
輥　音混，車轂。齊等貌。[南四前-5]
輥　音混，車轂。齊等貌。[白二後-12]

國是　舉国皆曰是。[鄭一五後-23]
國是　○舉國所同是曰國是。[南二三後-2]
國是　舉國所同是曰國是。[白一一後-3]

摑　音괵，手打也，批也。[鄭二前-18]
摑　音괵，手打也，批也。[南三前-2]
摑　音괵，手打也，批也。[白二前-31]

過計　너모흔 計較라。[鄭一五前-16]
過計　너모흔 計較라。[南二二後-3]
過計　과흔 계교라。[白一一後-19]

過着　已爲也。「着」字有過意，又與「消」仝。猶흐야 디내다。[鄭六後-14]
過着　已爲也。「着」字有過意，又與「消」仝。猶言흐야 디내다。[南九後-9]
過着　已爲也。「着」字有過意，又與「消」仝。猶言흐야 지닉다。[白五前-16]

[H]

還　語辭。又도로혀。[鄭一前-20]

還　語辭。又도로혀。○당시롱，又갑다，又다함。[南一後-9]

還　語辭。又도로혀。○다시롱，又잡다，又다함。[白一前-14]

還忌　顧念而忌憚。[鄭二六後-19，附録]

還忌　顧念而忌憚。[南三〇後-9]

還忌　顧念而忌憚。[白一五後-8]

寒流　門戶微賤之類。[鄭二四後-4，附録]

含胡　不分明之甚。[鄭一六前-8]

含胡　不分明也。[南二三後-11]

含胡　不分明也。[白一二前-25]

涵養　養心以敬，如物之涵泳於水而養。[鄭一四前-23]

涵養　養心以敬，如物之涵淹於水而養也。[南二一前-13]

涵養　養心以敬，如物之涵泳於水而養也。[白一〇後-19]

旱　셜리。疑「早」字之誤。[鄭一後-25]

旱　셜리。疑「早」字之誤。○陸地也。亦謂之旱地、旱路。[南二後-5]

旱　셜니。疑「早」字之誤。○陸地也。亦謂之旱地、旱路。[白一後-20]

旱路　陸路。[鄭二四後-14，附録]

旱路　陸路。[南二八前-11]

旱路16) 陸路。[白一四前-9]

漢　놈，有病漢、醉漢、罔兩漢等語。[鄭二後-17]

漢　　놈, 有病漢、醉漢、罔兩漢等語。[南三後-8]

漢　　놈, 有病漢、醉漢之罔兩漢等語。17)[白二前-9]

夯　　音向, 擔也。[鄭三前-1]

夯　　音向, 擔也。[南四前-3]

夯　　音向, 擔也。[白二後-14]

行間　　衆人行列之間。[鄭一二前-10]

行間　　衆人行列之間。[南一八前-1]

行間　　衆人行列之間。[白九前-20]

行遣　　竄逐也。[鄭一二後-19]

行遣　　竄逐也。[南一九前-3]

行遣　　竄逐也。[白一○前-16]

豪分　　豪、亳仝。十毫爲釐, 十釐爲分。18)[鄭一三後-22]

豪分　　豪、亳同。十毫爲釐, 十釐爲分。[南二○後-6]

豪分　　豪、亳同。十毫爲釐, 十釐爲分。[白一○前-32]

合　　맛당, 又본디。[鄭二前-6]

合　　맛당, 又본디。[南二後-11]

合　　맛당, 又본디。[白一後-24]

合當　　맛당。「合」字亦此意。[鄭五後-15]

合當　　맛당。[南八前-4]

合當　　맛당。[白四後-32]

合趂　　쫏다。[鄭九後-14]

合趄   웃다。[南一四前-12]
合趄   웃다。[白七後-20]

合少得者   少, 無也。이업스매 合當타。[鄭二〇後-2]
合少得者   少, 無也。못 엇기예 合當타。[南三六後-7]
合少得者   少, 無也。못 엇기에 合當ᄒ다。[白一九後-10]

合下   猶言當初。본딕, 又本來, 溪訓。眉訓初也。[鄭五前-1]
合下   猶言當初。본딕, 又本來, 退溪 李滉訓也。後凡云溪訓做此。眉訓初也。
        [南七前-1]
合下   猶言當初。본딕, 又本來, 溪訓。[白四前-8]

合做   맛당이 做ᄒ다。[鄭一三後-3]
合做   맛당이 做ᄒ염즉 ᄒ다。[南二〇前-3]
合做   맛당이 做ᄒ염즉 ᄒ다。[白一〇前-14]

何曾   어듸데, 又엇디, 일즛。 [鄭一一前-10]
何曾   어듸데, 又엇디, 일즉。[南一六後-1]
何曾   어듸여, 又엇지, 일즉。[白八後-13]

何處得來   此間無此人之㕥, 何處可得而來乎。[鄭二一前-2]
何處得來   世無此人之賢, 謂何處得來。[白二〇前-14]

何處着落   어듸 다하디ᄂ고。[鄭二〇前-17]
何處着落   어듸 다하디ᄂ고。[南三六後-5]
何處着落   어듸 다하지ᄂ고。[白一九後-8]

何物人   그 사름이 엇던 것고。侮而責之之辭。[鄭二七後-6, 附録]
何物人   그 사름이 엇던 것고。侮而責之之辭。[南三四後-13]

何物人　그 스롬이 엇던 것고。侮而責之之辭。[白一八前-14]

和　猶言조차, 以別物合此物曰和。아못것 조차。[鄭一後-2]

和　猶言조차, 以別物合此物曰和。아므것 조차。[南一後-11]

和　猶言조차, 以別物合此物曰和。아므것 조차。[白一前-16]

和弱　良善而不能強立之意, 文弱、善弱皆全。[鄭二四後-3, 附録]

喝罵　우리 티며 꾸짓다。[鄭一四後-14]

喝罵　우리 티며 꾸짓다。[南二一後-10]

喝罵　후리 치며 꾸짓다。[白一一後-1]

喝起　聲説。[白一六後-14]

橫却　ᄀᄅ 디ᄅ다。[鄭七後-17]

橫却　ᄀᄅ 디ᄅ다。[南一一後-2]

橫却　ᄀᄅ 지라다。[白六前-14]

橫説豎説　以四方言曰橫説, 以古今言曰豎説, 又以物言曰橫, 以時言曰豎。[鄭二〇前-6]

橫説豎説　以四方言曰橫説, 以古今言曰豎説, 又以物言曰橫, 以時言曰豎。[南三六前-6]

橫説豎説　以四方言曰橫説, 古今言曰豎説, 又以物言曰橫, 以時言曰豎。[白一九前-17]

閧然　숫두어리다。[鄭一一前-24]

閧然　숫두어리다。○猶云鬥也。[南一六後-14]

閧然　수션거리다, 猶云鬥也。[白八後-15]

忽地　　믄득。[鄭七後-6]
忽地　　믄득。[南一一前-6]
忽地　　믄득。[白六前-12]

胡叫喚　　간대로 소릭 디릭단意。[鄭一九前-18]
胡叫喚　　간대로 소릭 디릭단意。[南三四前-6]
胡叫喚　　간듸로 소릭 지르단意。[白一八前-18]

胡亂　　어즈럽다, 溪訓。又간대로。[鄭八前-17]
胡亂　　어즈럽다, 溪訓。又간대로。[南一二前-12]
胡亂　　어즈럽다, 溪訓。又간듸로。[白六後-15]

胡思　　어즈러이 싱각다。[鄭一六前-5]
胡思　　어즈러이 싱각다。[南二三後-8]
胡思　　어즈러이 싱각다。[白一二前-22]

胡寫　　亂書也。[鄭八後-7]
胡寫　　亂書也。[南一二後-8]
胡寫　　亂書也。[白六後-17]

糊塗　　含胡仝。[鄭一六前-11]
糊塗　　含胡仝。[南二三後-12]
糊塗　　含胡仝。[白一二前-16]

鶻崙棗　　如云完全。[鄭一九前-10]
鶻崙棗　　如云完全。○有「鶻崙吞棗」之語。대쵸를 오니로 슴끼단 말。[南三三
　　　　　後-11]
鶻崙棗　　如云完全。有「鶻崙吞棗」之語。디쵸올 온니로 슴키단 밀, 어름어
　　　　　름。[白一七後-16]

鶻圇　團圓爲一，不分析之狀。[鄭一六前-13]
鶻圇　團圓爲一，不分析之狀。○與三字類「鶻圇棗」之義相近。[南二四前-2]
鶻淪　團圓爲一，不分析之狀。與三字類「鶻圇棗」之義同。[白一二後-1]

鶻突　간대로。○不分明也。[鄭九前-8]
鶻突　간대로，不分明也。[南一三前-14]
鶻突　간듸로，不分明也。[白七前-12]

鶻突包籠　人之心地不明者曰鶻突，作事不果斷者曰包籠。[鄭二一後-6]
鶻突包籠　人之心地不明者曰鶻突，作事不果斷者曰包籠。[南三八前-8]
鶻突包籠　人之心地不明者曰鶻突，作事不果斷者曰包籠。[白二〇前-11]

護前　不使人在己前，猶言忌克。[鄭二四後-22，附録]
護前　不使人在己前，猶言忌克。○압쓰리다。[南二八後-1]
護前　不使人在己前，猶言克忌。압쓰리다。[白一四後-14]

芐　音戶，地黄也。又音下，蒲平草也。[鄭四前-19]

花使了　간대로 쓰다。[鄭一八後-7]
花使了　간대로 쓰다。[南三三前-2]
花使了　간듸로 쓰다。[白一七前-18]

花塔步　즈늑즈늑 것다。[鄭一八前-16]
花塔步　즈늑즈늑 것다。[南三二後-4]
花塔步　스늑스늑 것다，션쯕션쯕 것다。[白一七後-4]

花文　肉理。[白一六後-36]

花押　如今슈례。[鄭二七前-10，附録]

花押　　如今슈례。[南三一前-5]
花押　　如今署名。슈결 두단 말。[白一五後-20]

化　　無所勉強而自中節也。[鄭三前-22]
化　　無所勉強而自中節也。[南四後-3]
化　　無所勉強而自中節也。[白二後-27]

話頭　　詞頭之類，言題目也。[鄭一一後-9]
話頭　　詞頭之類，言題目也。[南一七前-7]
話頭　　詞頭之類，言題目也。参禪法。[白八後-3]

歡愠　　喜怒。[鄭二六前-9，附録]
歡愠　　喜怒。[白一六前-27]

緩頰　　不卒遽之意。[鄭一五前-15]
緩頰　　不卒遽之貌。19)긔한을 좀 넉넉히。[白一六前-31]

喚成　　喚作仝。[鄭一〇後-20]
喚成　　喚作仝。[南一六前-3]
喚成　　喚作仝。[白八後-22]

喚醒　　블러 씌오다。[鄭一四後-20]
喚醒　　블러 씌오다。[南二二前-1]
喚醒　　블너 씌오다。[白一一後-7]

喚作　　喚做仝。[鄭一〇後-17]
喚作　　喚做仝。[南一六前-2]
喚作　　喚做仝。[白八前-32]

喚做　아무라타ᄒ야 블러 니ᄅ다, 又블러 일홈지타。<u>眉</u>訓稱其爲此也。○猶
　　　指其事以目之也。[鄭八前-5]

喚做　블러 일홈짓다, <u>眉</u>訓稱其爲此也。猶指其事以目之也。○지어 브ᄅ다。
　　　[南一二前-1]

喚做　블너 일홈짓다, 지어 부루다, 猶指其事以目之。[白六後-28]

會　아다。[鄭二後-10]

會　아다。○ᄒ디위 두디위, 謂之一會二會。[南三後-2]

會　아다。○ᄒ가위 두지위, 謂之一會二會。[白二前-3]

會得　猶會照也。如移文他司照驗之意。[鄭一一後-21]

會得　猶會照也。如移文他司照驗之意。[南一七後-4]

會得　照也。如移文他司照驗之意。[白九前-31]

會對　잘 디답다。[鄭一一後-18]

會對　잘 디답ᄒ다。[南一七後-1]

會對　잘 디답ᄒ다。[白九前-28]

會解　아다。[鄭一一後-20]

會解　아다。[南一七後-3]

會解　아다。[白九前-9]

會去　아다。[鄭一一後-12]

會去　아다。○去, 語辭。[南一七前-9]

會去　아다。去, 語辭。[白九前-22]

會去分別取舍　去分ᄒ야 分別取舍을 會ᄒ다。[鄭二二後-3]

會去分別取舍　去ᄒ야 分別取舍를 會ᄒ다。○去, 似是語辭。[南四〇前-2]

會去分別取舍　去ᄒ야 分別取舍를 會ᄒ다。去, 似是語辭。[白二〇後-16]

會問　잘 뭇다。[鄭一一後-15]
會問　잘 뭇다。[南一七前-12]
會問　잘 뭇다。[白九前-25]

喙　口喙也。昌芮切，又許穢切。[鄭二後-16]

漕臺　轉運使兼風憲故云。[鄭一四後-9]
漕臺20)轉運使兼風憲故云。[白一五後-32]

混淪　뫼화。[鄭一〇前-17]
混淪　뫼화。〇섯거。[南一五前-11]
混淪　모화，又섯거。[白七後-24]

渾　오오로，猶言全也。[鄭二後-8]
渾　오로，猶言全也。[南三前-16]
渾　오로，猶言全也。[白二前-16]

渾化却　言查滓渾化而無也。却，語助辭，當屬上句。[鄭一九後-3]
渾化却　言查滓渾化而無也。却，語助辭，當屬上句。[南三四後-1]
渾化却　言查滓渾化而無也。却，語辭，當屬上句。[白一八後-16]

渾身　온몸。[鄭一四後-4]
渾身　온몸。[南二一後-3]
渾身　온몸。[白一一前-23]

㿺　溷仝。[鄭二前-12]
㿺　溷同。[白三後-27]

活法　言不拘一隅，보피르손　　법비라，猶活水、活畫，不拘一隅也。[鄭六前 -1]

活法　言不拘一隅，猶活水、活畫，不拘一隅也。[南八前 -15]

活法　言不拘一隅，猶「活水」之「活」。畫不拘一隅也。[白四後 -17]

活計　싱계。[鄭二三後 -23, 字解]

活計　싱계。[南二七後 -1]

活計　싱계。[白一四前 -18]

活弄　너온너온 든니다。[鄭八後 -3]

活弄　○不拙約不拘束之意。[南一二後 -5]

活弄　不拙約不拘束之意。[白六後 -14]

火煅　火애 노기다。[鄭一五前 -3]

火煅　火애 노기다。[南二二前 -7]

火煅　블의 노기다。[白一一後 -11]

火計　동모。[鄭二四前 -2, 字解]

火計　동모。○火與夥仝。[南二七後 -5]

火計　동모, 又火與夥同。[白一三後 -32]

火迫　急遽。[鄭一七前 -5]

火迫　急遽。[南二五前 -5]

火迫　急遽。[白一二後 -5]

[J]

激昂　숫구러 놉다, 奮發自高之意。[鄭一四後 -1]

激昂　숫구러ᄒ여 놉다, 奮發自高之意。[南二一前 -16]

激昂　숫구러적 놉다, 奮發自高之意。[白一〇後 -24]

激惱人　　사름을 도도와 보채단意。[鄭一九後-5]
激惱人　　사름을 도도와 보채단意。[南三四後-3]
激惱人　　亽름을 도도와 보칙단 말。[白一八前-10]

吉貝　　閩 廣多種木綿, 結實如大菱, 色青。秋深即開露, 白綿茸然。摘取去殼以
　　　　鐵杖捍盡黑子, 徐以小弓彈令紛起, 然後紡績爲布, 名曰吉貝。[鄭二七前
　　　　-16, 附録]

吉還　　好歸。[鄭二七前-14, 附録]
吉還　　好歸。[南三一前-7]
吉還　　好歸。[白一六前-26]

吉徵　　褒美見召。[鄭二四前-14, 字解]

急衮處　　急히 범더므린 딕。[鄭一九後-4]
急衮處　　急히 범더므린 딕。[南三四後-2]
急衮處　　急히 범므린다。[白一八前-23]

疾快　　샐리。[鄭二三後-25, 字解]
疾快　　샐리。[南二七後-2]
疾快　　샐리。[白一三後-29]

疾足　　밧비 가는 사름。急足同。[鄭二七前-17, 附録]
疾足　　밧비 가는 사름。急足同。[南三一前-8]
疾足　　밧비 가는 亽름。急足仝。[白一五後-18]

極好笑　　フ장 우옵다, 溪訓。[鄭一八前-10]
極好笑　　フ장 우옵다, 溪訓。[南三二前-10]
極好笑　　フ쟝 우옵다, 溪訓。[白一七前-19]

脊梁　등 ㅁㄹ쎠, 人之擔負重任者, 必硬着脊梁乃能出力而勝重任, 猶등힘 쓰다. [鄭一三前-16]

脊梁　등 ㅁㄹ쎠, 人之擔負重任者, 必硬着脊梁乃能出力而勝重任, 猶등힘 쓰다. [南一九後-6]

脊梁　등 마로쎠, 人之擔負重任者, 必硬着脊梁乃能出力而勝重任, 猶등힘 쓰다. [白一〇前-31]

幾曾　어늬제。 [鄭二三後-18, 字解]

幾曾　어늬제。 [南二七前-10]

幾曾　어느제。 [白一三後-31]

幾多般　언메나 흔가지오。 [鄭一八前-8]

幾多般　언메나 흔가지오。 [南三二前-8]

幾多般　얼마나 흔가지오。 [白一七前-22]

幾多般樣　幾多般仝。 [鄭二〇前-1]

幾多般樣　幾多般仝。 [南三六前-1]

幾多般樣　幾多般仝。 [白一九前-3]

幾回　몃 슌。 [鄭二四前-12, 字解]

幾回　몃 슌。 [南二七後-15]

幾回　몃 쉰。 [白一四前-4]

幾會　여러 즈슴。 [鄭二四前-7, 字解]

幾會　여러 즈음。 ○몃 디위。 [南二七後-10]

幾會　어느 즈음。 ○몃 지위。 [白一四前-26]

伎兩　직조사오납다。 [鄭八前-6]

伎兩　좀직죄라。 [南一二前-2]

伎兩　좀직죄라, 짓거리。 [白六前-31]

記認着　　보람두다。[鄭一八前-23]
記認着　　보람두다。[南三二後-11]
記認着　　보람두다。[白一七後-29]

寄生　　겨으사리，溪訓。[鄭一〇後-1]
寄生　　겨우사리。[白一五後-35]

家奴訴良　　늠의 죵이 냥인이로라 하다。[鄭二八前-6，附錄]
家奴訴良 21)　님의 죵이 良人이로라 ᄒ다。[白二〇前-17]

家事　　呂伯恭打破家事，朴君實云，俗指器皿爲갸ᄉ，此是漢語，溪訓。[鄭六後
　　　　-11]
家事　　呂伯恭打破家事。俗指器皿爲갸ᄉ，此是漢語，溪訓。[南九後-7]
家事　　呂伯恭打破家事。俗指器皿爲가ᄉ，此是漢語，溪訓。[白五後-3]

假還　　受由而歸。[鄭二五後-15，附錄]
假還　　受由而歸。○「假」字恐與「暇」字通用。[南二九前-15]
假還　　受由而歸。○「假」字恐與「暇」字通用。[白一五前-5]

監禁　　囚也。[白一六後-19]

減落　　減除。[鄭二四前-15，附錄]
減落　　減除。[南二七前-14]
減落　　減除。[白一四前-16]

檢　　束也。[鄭四後-3]

檢放　　放，除也。謂檢覈被災之田而除其稅。[鄭一六前-3]
檢放　　放，除也。謂檢覈被災之田而除其稅。[南二三後-6]

檢放　　放，除也。謂檢覈被災之田而除其稅。[白一二前-10]

檢詰　　檢核其事而詰問之。[鄭二五前-20，附録]
檢詰　　檢核其事而詰問之。[南二九前-2]
檢詰　　檢校其事而詰問之。[白一四後-27]

檢押　　猶檢束也。[鄭一二前-23]
檢押　　猶檢束也。○見揚子法言，「押」作「柙」。[南一八前-14]
檢押　　猶檢束也。見揚子法言，「押」作「柙」。[白九前-30]

漸來　　將來。[鄭二六後-11，附録]
漸來　　將來。[南三〇後-2]
漸來　　將來。[白一五後-7]

薦　　以藁秸織者。[白三前-34]

姜芽　　姜之初出土而萌芽方長者。○姜、薑通用。[鄭一七後-11]
姜芽　　姜之初出土而萌芽方長者。姜、薑通用。[南二五後-15]
姜芽　　姜之出土而萌芽方長者。姜、薑通用。[白一三前-28]

將　　가져。眉訓持也。[鄭四後-2]
將　　가져。眉訓持也。[南六前-5]
將　　가져。眉訓持也。[白三後-21]

將就　　猶容忍扶護之意。혈위。[鄭二三前-21，字解]

將就的　　[鄭一八前-15]
將就的　　○猶容恕扶護之意。的，語辭。[南三二後-3]
將就的　　猶容恕扶護之意。的，語辭。[白一七前-24]

將上　將ᄒ여 上ᄒ다。[鄭一六後-6]

將上　將ᄒ야 上ᄒ다。[南二四後-2]

將上　將ᄒ여 上ᄒ다。[白一二前-8]

將息　辛苦勞碌安坐自在養神保氣曰將息。[鄭一六後-9]

將息　安坐自在養神保氣曰將息。[南二四後-5]

將息　安坐自在養神保氣曰將息。[白一二後-8]

交　交付也。[鄭三前-14]

交　交付也。[南四前-12]

交　交行也。[白二前-33]

交他　他로 ᄒ여곰。交與教仝。[鄭一四後-22]

交他　他로 ᄒ여곰。交與教仝。[南二二前-3]

交他　他로 ᄒ여금。交與教仝。[白一一前-29]

僬僥　短小人。[鄭九前-25]

僬僥　短小人。[白一五後-25]

角戾　헛그러다, 깁에 글쓰고 ᄀᆞᆯ드리면 글지 히그러디닷 말이라。[鄭二
　　　五後-24, 附錄]

角戾　헛그러다, 깁에 글쓰고 ᄀᆞᆯ드리면 글지 힛그러디닷 말이라。[南二
　　　九後-6]

角戾　허그러지다, 깁에 글시쓰고 ᄀᆞ로디이면 글ᄌᆞ 헛그러지단 말이라。
　　　[白一五前-11]

角頭　ᄒᆞᆫ 긋티라, 溪訓。[鄭九前-11]

角頭　ᄒᆞᆫ 긋티라, 溪訓。○모롱지。[南一三前-16]

角頭　ᄒᆞᆫ 긋치라, 溪訓。 모롱치。[白七前-2]

脚跟　足踵。[鄭九後-2]
脚跟　足踵。[南一三後-15]
脚跟　足踵。[白七前-18]

繳繞　버므러 휘감기다。[鄭一四後-18]
繳繞　버므러 휘감기다。○繳音皎，纏也。又音灼，繒繳也。[南二一後-14]
繳繞　버므러 휘감기다。繳音皎，纏也。又音灼也，繒繳也。[白一一前-30]

攪聒　攪，搖動也。聒，어수선타，又요란타。[鄭一一後-8]
攪聒　攪，搖動也。聒，어수선타，又요란타。[南一七前-6]
攪聒　攪，搖動也。聒，어수선타，又요란타。[白九前-19]

教　ᄒ여곰。[鄭一前-17]
教　ᄒ여곰。[南一後-6]
教　ᄒ여곰。[白一前-12]

窖　音체，又音串。穿地也，又小鼠聲。[鄭四後-6]

較　마초아，直也，不等也。相角也。對兩而計其長短。又ᄀ장。[鄭一前-16]
較　마초아，直也，不等也，相角也。對兩而計其長短。又ᄀ장。[南一後-5]
較　마초와，直也，不等也，相角也，對兩而計其長短，又가장。[白一前-11]

較遲　較，比也。比之於他，覺其遲也。[鄭八後-8]
較遲　較，比也。比之於他，覺其遲也。[南一二後-9]
較遲　較，比也。比於他，覺其遲也。[白六後-25]

較然　漢書甚明。又音각。[鄭一六前-4]
較然　較音教，漢書甚明也。又音角，相角也。[南二三後-7]

較然　較音教，漢書甚明也。又音角，相角也。[白一二前-11]

較些子　져기 벙으다。[鄭一八前-14]
較些子　져기 벙으다。○져기 겨로다。[南三二後-2]
較些子　져기 별으다，져기 겨르다。[白一七後-21]

接湊　뫼호다。[鄭七前-1]
接湊　뫼호다。[南一○前-5]
接湊　뫼호다。[白五後-2]

揭出　드러내다。[鄭六前-2]
揭出　드러내다。[南八前-16]
揭出　드러닌다。[白四後-12]

結配　結昏。[鄭二三後-3，字解]
結配　結昏。[南二六後-12]
結配　結婚。[白一三後-14]

節節　ᄆ되ᄆ되。[鄭一五前-11]
節節　ᄆ되ᄆ되。[南二二前-15]
節節　마대마대。[白一一後-16]

詰厲　詰責而勉其自新也。[鄭二五後-10，附録]
詰厲　詰責而勉其自新也。[南二九前-11]
詰厲　詰責而勉其自新也。22)[白一五前-7]

截斷　굿티다，又긋다。[鄭八後-18]
截斷　씃다。[南一三前-1]
截斷　씓다。[白六後-27]

解　아다。[鄭一前-18]

解　아다。○解粮、解銀、押解皆輸到卸下之意也。[南一後-7]

解　아다。○解粮、解銀、押解皆輸到卸下之意也。[白一前-5]

解免　버서 브리다。[鄭九後-22]

解免　버서 브리다。[南一四後-4]

解免23)버서 브리다。[白七後-2]

解額　解使遣去之意。額數也。[鄭八後-22]

解額　○秋闈鄕試之額數也。[南一三前-5]

解額　秋圍鄕試之額數也。[白七前-3]

解教　버서 브리다。○恐誤。[鄭七後-7]

解教　버서 브리다。○「教」字恐或語辭。[南一一前-7]

解教　버서 브리다。「教」字疑或語辭。[白六前-6]

解息　解鞍息馬。[鄭二六後-1，附録]

解息　解鞍息馬。[白一六後-10]

界至　自某地界至某地界。[鄭一四前-9]

界至　自某地界至某地界。[南二〇後-16]

界至　自某地界至某地界。[白一一前-6]

今來　猶今次。[白一六後-23]

金罌　謂鴆也。盛鴆於器則不能耐毒而破，故必盛以金罌，而因名鴆爲金罌。[鄭
　　　二六前-13，附録]

金罌　鴆也。盛鴆於金罌故名。[白一六前-20]

津遣　道路資送之意。[鄭八後-11]

津遣　道路資送之意。[南一二後-12]

津遣　道路資送之意。[白六後-29]

矜　矜嚴, 矜莊, 言過嚴莊也。[鄭三後-14]

矜　矜嚴, 矜莊, 言過嚴莊也。○自負貌, 又自持貌。[南五前-3]

矜　矜嚴, 矜莊, 言過嚴莊也。自負貌, 又自持貌。[白三前-29]

緊得些子　져기 다긴。[鄭二○前-8]

緊得些子　져기 다견타。[南三六前-8]

緊得些子　져기 다진타。[白一九後-1]

儘　任也。[鄭三前-9]

儘　任也。○잇것, 又ᄀ장。[南四前-8]

儘　任也。밋것, 又ᄀ쟝。[白二後-15]

儘多　ᄀ쟝 만타。[鄭五後-10]

儘多　ᄀ쟝 만타。[南七後-15]

儘多　ᄀ쟝 만타。[白四後-7]

儘教　다ᄒ다。[鄭一○後-11]

儘教　다ᄒ다。○잇것 ᄀ라치다, 잇것 ᄒ여곰。[南一五後-12]

儘教　다ᄒ다, 잇것 ᄀ라치다, 잇것 ᄒ여금。[白八前-26]

謹空　寫公文已畢, 末有餘紙, 則書謹空言後面之皆空也。今漢人文書亦然。[鄭一五後-20]

謹空　寫公文已畢, 末有餘紙, 則書謹空言後面之皆空也。今漢人文書亦然。[南二三前-13]

謹空　　寫公文畢，末有餘紙，則書謹空言後面之皆空也。今漢人文書亦然。今餘
　　　　白。[白一一後-31]

進熟圖身　　進軟熟之言而圖貴其身。[鄭二八前-7，附録]
進熟圖身　　進軟熟之言而圖貴其身。[南三八後-3]
進熟圖身　　進軟熟之言而圖貴其身。[白二〇前-2]

禁忌指目　　猶偽學禁木目。24)[鄭二〇前-2]
禁忌指目　　猶偽學禁目。[南三六前-2]
禁忌指目25)　猶偽學禁目。[白一九前-19]

禁司　　司，憲府。[鄭二五前-23，附録]

經行　　以經術取人。[鄭一五前-7]
經行　　以經術取人。[南二二前-10]
經行　　以經術取人，如往來也。[白一一後-14]

經題　　如今科場疑義之題。[鄭一五前-9]
經題　　如今科場疑義之題。[南二二前-13]
經題　　如今科場起義之題。[白一一後-13]

精彩　　깃깃다。[鄭八前-11]
精彩　　깃깃다。[南一二前-7]
精彩　　깃깃다。[白六後-2]

精切似二程　　二程두곤 精切ᄒ다。[鄭二二前-7]
精切似二程　　二程두곤 精切ᄒ다。[南三九前-7]
精切似二程　　二程두곤 精切ᄒ다。[白二〇後-6]

淨殺　　盡殺。[鄭二四前-16，附録]

淨殺　盡殺。[南二七後-17]
淨殺　盡殺。[白一四前-31]

窘束　家計窮也。[鄭一三後-5]
窘束　家計窮也。○急迫也。[南二○前-4]
窘束　家計窮也。○急迫也。[白一○前-12]

就那裏　즉 제게셔。[鄭一八前-17]
就那裏　즉 제게셔。[南三二後-5]
就那裏　즉 졔졔셔。[白一七後-24]

就中　이 듕에。[鄭五後-3]
就中　이 듕에。[南七後-8]
就中　이 즁에。[白四前-22]

局生　판이 선디라, 局格生。[鄭一五後-12]
局生　판이 서다, 局格生疏也。○猶手生。[南二三前-5]
局生　편이 서다, 局格生疏也。猶手生。[白一二前-7]

舉似　似, 向也。唐人詩「臘月開花似北人」。[鄭一三後-14]
舉似　似, 向也。唐詩「臘月開花似北人」之「似」也。○又皆似也。[南二○前-13]
舉似　似, 向也。唐詩「臘月開花似北人」之「似」也。又皆似也。[白一○後-21]

具析　具, 猶「兩造具備」之「具」。析, 分也。[鄭一三前-13]
具析　具, 猶「兩造具備」之「具」。析, 分也。[南一九後-4]
具析　具, 猶「兩造具備」之「具」。析, 分也。[白一○前-2]

鋸　解截也。[鄭三前-19]

鐫誨　鐫，刻也。鐫誨，刻責而教誨。[鄭一四後-2]
鐫誨　鐫，刻也。鐫誨，刻責而教誨。[南二一後-1]
鐫誨　鐫，刻也。鐫誨，刻責而教誨也。[白一〇後-22]

鐫職　벼슬 マ다。[鄭八後-4]
鐫職　罷職。[白一六前-18]

撅豎　倔起也。샹인이 블의예 놉피되다。[鄭二六前-2, 附録]
撅豎　倔起也。샹인이 블의예 놉피되다。[南二九後-9]
撅豎　倔起也。상인이 분외의 놉히되다。[白一五前-13]

決定　一定也。[鄭六後-4]
決定　一定也。[南九前-12]
決定　一定也。[白五前-7]

決遣　決尾。[鄭一二後-14]
決遣　決尾。[南一八後-12]
決遣　決尾。[白一〇前-13]

訣　絶也，又別也，又辭也。[鄭二前-13]
訣　絶也，又別也，又辭也。[南二後-15]
訣　絶也，又別也，又辭也。[白二前-28]

捃拾　收拾仝。[鄭九後-20]
捃拾　收拾同。[南一四後-2]
捃拾　拾取仝。[白七後-32]

矍　左右驚顧，又視遽皃。[鄭二前-17]
矍　左右驚顧，又視遽貌。[南三前-1]

瞿　　左右驚顧，又視邊兒。[白二前-1]

[K]

揩背　　등 미다。[鄭六後-5]
揩背　　등 미다。○揩猶撫摩之意。[南九後-1]
揩背　　등 미다。○揩猶撫摩之意。[白五前-11]

開物成務　　人所昧者開發之，人所欲者成全之。[鄭二〇後-11]

剴切　　베티듯, 懇切之意。[鄭一三後-12]
剴切　　베티듯, 懇切之意。[南二〇前-11]
剴切　　베힌듯, 懇切之意。[白一〇前-22]

勘過　　마감ᄒᆞ여 디내다。[鄭一五前-25]
勘過　　磨勘ᄒᆞ여 디내다。[南二二後-10]
勘過　　磨勘ᄒᆞ여 디닉다。[白一一後-15]

看見　　非有心而見也。[鄭一六後-4]
看見　　非有心而見也。○偶然看過也。[南二四前-16]
看見　　非有心而見也。偶然看過。[白一二前-6]

看如何　　보며 엇더ᄒᆞ다, 蓋事未前定而看勢如何處之之辭。[鄭一八後-11]
看如何　　보니 엇더ᄒᆞ뇨, 蓋事未前定而看勢如何處之之辭。[南三三前-7]
看如何　　보니 엇더ᄒᆞ요, 蓋事未前定而看勢如何處之之辭。[白一八前-1]

看一看　　看ᄒᆞ디온 ᄒᆞᆫ번看ᄒᆞ면 操一操、審一審仝一句法。[鄭二八前-1, 附録]
看一看　　看ᄒᆞ디온 ᄒᆞᆫ번看ᄒᆞ면 操一操、審一審仝一句法。○皆是輕輕地説。
　　　　　[南三五前-3]

看一看　　看ᄒ니를 한번看, 樣一樣26)、審一審仝一句法。○皆是輕輕之説。[白一八後-3]

看做甚麼事　　므슴 일을 ᄒᄂ고 볼디라。[鄭二二前-1]
看做甚麼事　　므슴 일을 ᄒᄂ고 볼디라。[南三九前-1]
看做甚麼事　　므슴 일을 ᄒᄂ고 블지라。[白二○後-3]

靠　　音告, 憑也。[鄭一後-10]
靠　　音告, 憑也。[南二前-4]
靠　　音告, 憑也。[白一後-6]

靠裏　　裏예 의지ᄒ다。[鄭一三前-15]
靠裏　　裏예 의지ᄒ다。○밋다。[南一九後-5]
靠裏　　裏에 의지ᄒ다, 밋다。[白一○前-7]

嗑着　　맛ᄃᆞ다。[鄭七後-10]
嗑着　　맛ᄃᆞ다。○易序卦「嗑者合也」即是맛ᄃᆞ之義。又嗑當作磕, 有撞合之義。磕頭謂之머리 좃다。[南一一前-10]
嗑着　　맛ᄃᆞ다。易序卦「嗑者合也」即是맛ᄃᆞ之義。又嗑當作磕, 有撞合之義。磕頭謂之머리 좃다。[白六前-9]

磕捺　　音合察, 以身觸物而傷。[白一六後-20]

可尚　　可尊尚也。[鄭一七前-18]

剗落　　剗減仝。[鄭二三後-24, 字解]
剗落　　上仝。27)[南二七前-13]
剗落　　與剗減仝。[白一四前-20]

剋落了　　글겨 내다。[鄭一八後-5]
剋落了　　글겨 내다。[南三二後-16]
剋落了　　글겨 닌다。[白一七後-15]

剋減　　剋亦減也。[鄭二三後-20，字解]
剋減　　剋亦減也。[南二七前-12]
剋減　　剋亦減也。[白一三後-30]

空便　　空隙順便之時，조각。[鄭二三前-22，字解]
空便　　空隙順便之時，조각。[南二六後-8]
空便　　空隙順便之時，조각。[白一三後-11]

苦手　　杖也。매。[鄭二六後-16，附録]
苦手　　杖也。매。○猶云毒手也。[南三○後-6]
苦手　　杖也。민，猶云毒手。[白一五後-5]

苦主　　即元告取被害之義。[白一七前-4]

快活　　즐기다。[鄭二四前-6，字解]
快活　　즐기다。[南二七後-9]
快活　　즐기다。[白一四前-8]

儈子　　上同。28)[鄭二六後-23，附録]
儈子　　上仝。○一作劊。[南三○後-12]
儈子　　都伯仝。一作劊。망난이。[白一五後-11]

匡網　　如頭當也。物之自外四圍曰匡，繩之總會處曰網。[鄭一五後-9]
匡網　　如頭當也。物之自外四圍曰匡，繩之總會處曰網。[南二三前-2]
匡網　　如頭當也。物之自外四圍曰匡，绳之總會處曰網。[白一二前-5]

頤　　跬仝。[鄭二前-11]

髠劓　劓音톄，髠劓，削髮之謂。[鄭一七前-10]
髠劓　劓音톄，髠劓，削髮之謂也。[南二五前-10]
髠劓　劓音체，削髮之謂也。[白一二後-24]

闊　어그럽다。[鄭三前-16]
闊　어그럽다。[南四前-13]
闊　너그럽다。[白二後-23]

[L]

來　語辭。有來意。[鄭二前-3]
來　語辭。有來意。[南二後-8]
來　語辭。有來意。[白一後-22]

闌珊　餘殘欲盡之意，又意思彫散皃。[鄭九前-26]
闌珊　餘殘欲盡之意，又意思彫散貌。[南一三後-13]
闌珊　餘殘欲盡之意，又意思彫散皃。[白七前-24]

攔　遮也。[鄭二前-27]
攔　遮也。[南三前-9]
攔　遮也。　[白二前-29]

郎次　버검，디검。[鄭九後-21]
郎次　버검，디검。[南一四後-3]

即次　　버검, 지금。[白七後-10]

郎當　　舞態也。及覆不正之兒，猶俗言혜적시다，猶狼籍也。[鄭八後-14]

郎當　　舞態也。反覆不正之貌，猶俗言혜젓는다，猶狼籍也。[南一二後-14]

郎當　　舞態也。反覆不正之兒，猶俗語혜짓는다，猶狼籍也。[白六後-22]

狼當　　狼籍仝。[鄭一六後-1]

狼當　　狼籍仝。○「狼」字似是「浪」字。小兒戲頑甚者謂之浪當。[南二四前-13]

狼當　　狼籍同。「狼」字似是「浪」字。小兒戲頑甚者謂之狼當。[白一二前-30]

悢　　音兩，悲也，又眷眷兒。又音朗，不得志。[鄭二前-16]

悢　　音兩，悲也，又眷眷貌。又音朗，不得意。[南二後-16]

悢　　音兩，悲也，又眷眷兒。又音朗，不得意。[白二前-20]

撈出來　　건져오다。[白一八後-11]

撈摸　　音노막，撈，水中以手取物也。摸，又音모，手捉也。有「東西撈摸」之
　　　　文，言不得其物，東西求取也，如言두로믜며 엇다。[鄭一一前-21]

撈摸　　音노막，撈，水中以手取物也。摸，又音모，手捉也。有「東西撈摸」之
　　　　文，言不得其物，東西求取也，如言두로믜며 엇다。[南一六後-11]

撈摸　　音노막，撈，水中以手取物也。摸，又音모，手捉也。有「東西撈摸」之
　　　　文，不得其物，東西求取也，猶言두루믜 이다。[白八後-21]

撈攘　　撈，苦也；攘，奪也。言人之作事費氣力者則曰撈攘，衆人喧爭亦曰撈
　　　　攘，蓋不安穩不利順之謂。[鄭一一後-3]

撈攘　　撈，苦也；攘，奪也。言人之作事費氣力者則曰撈攘，衆人喧爭亦曰撈
　　　　攘，蓋不安穩不利順之謂。[南一七前-3]

撈攘　　撈，苦也；攘，奪也。言人之作事費氣力者則曰撈攘，衆人喧爭亦曰撈
　　　　攘，蓋不利順之謂。[白八後-23]

勞臣　功臣。[鄭二六後-5，附録]

泐　音勒，疑合也。又消磨달타。[鄭二後-6]
泐　音勒，合。又消磨달타。[白三後-19]

勒　猶合也。[白三後-25]

累墜　걸리며 드리디다。[鄭七前-7]
累墜　걸리며 드리디다。[南一〇前-11]
累墜　걸니며 셔러디다。[白五後-6]

楞　棱同。[鄭四前-21]
楞　棱同。〇四方木。[南六前-1]
楞　棱仝。四方木。[白三後-9]

冷淡生活　言其生理冷落也。[鄭二〇前-14]
冷淡生活　言其生理冷落也。[南三六後-2]
冷淡生活　言其生理冷落也。[白一九後-5]

冷着　우이 너겨 보다，猶冷笑。[鄭一六前-12]
冷着　우이 녀긴다，猶冷笑。[南二四前-1]
冷着　우슈이 녁긴다，猶冷笑。[白一二前-19]

犂耳　보십，農器。[鄭二六前-1，附録]
犂耳　보십。[白一六後-13]

離　两人相對也。左傳云「離坐離立」。[鄭三後-20]
離　兩人相對也。記云「離坐離立」。[南五前-8]

離　　兩人相對也。記云「離坐離立」。[白三前-7]

理會　　헤아리다，又싱각다，又아다，又출호다，又省察也。於知於行於爲皆
　　　　曰理。知也，會也。溪訓찰오다，又理，脉也。會，知也。[鄭五後-5]

理會　　헤아리다，又싱각다，又아다，又출호다，又省察也。[南七後-10]

理會　　헤아리다，又성각다，又아다，又출호다，又省察也。[白四前-30]

裏許　　許猶所也。[鄭一七前-19]

裏許　　許猶所也。[南二五後-2]

裏許　　許猶所也。[白一三前-14]

裏面　　指其中。[鄭一四後-10]

裏面　　指其中。[南二一後-8]

裏面　　指其中。[白一一前-26]

裏頭　　속머리，又속굿。[鄭七後-26]

裏頭　　속머리，又속굿。○　猶中也。頭，語辭。[南一一後-11]

裏頭　　속머리，又속긋，猶中也。頭，語辭。[白六前-23]

鯉文　　捧錢。[白一六後-31]

利害　　ᄆ쉬압다。[鄭二三前-20，字解]

利害　　○모디다。[南二六後-7]

利害　　모지다。[白一三後-10]

懡㦬29)[鄭一〇前-1]

懡㦬　　未詳。[南一四後-10]

憈㦬　　梵語。恥辱也。[白七後-7]

連帶　　걸리다。[鄭二六後-14，附録]

連帶　걸리다。○느믜 죄예 걸리이다, 猶云죄예 지이다。[南三○後-4]
連帶　걸리다。○남의 죄에 걸이다, 猶連坐。[白一五前-9]

連忙　샐리。[鄭二四前-10, 字解]
連忙　샐리。[南二七後-11]
連忙　샐리。[白一四前-1]

連咽　舟車相連而填塞也。[鄭二四後-11, 附録]
連咽　舟車相連而填塞也。○咽即咽喉之路。[南二八前-8]
連咽　舟車相連而填塞。○咽即咽喉之路。[白一四前-6]

鍊成　ᄆ다ᄃ마 일오다。[鄭八前-24]
鍊成　ᄆ다ᄃ마 일오다。[南一二後-2]
鍊成　ᄆ다ᄃ마 일로다。[白六後-11]

兩當衫　衫之只掩心背者。[鄭二七後-7, 附録]
兩當衫　衫之只掩心背者。○漢語云「背心子」。[南三四後-14]
兩當衫　衫之只掩心背者。漢語云「背心子」。[白一八前-22]

兩項　두목, 又두 가지。[鄭八前-2]
兩項　두목, 又두 가지。[南一一後-13]
兩項　두목, 又두 가지。[白六前-27]

兩項地頭　두목 짜 긋티라, 猶言두 가짓 곳이라。[鄭二○後-6]
兩項地頭　두목 짜 긋티라, 猶言두 가짓 곳이라。[南三七前-1]
兩項地頭　두목 짜 슷치다, 猶言두 가지 곳이라。[白一九前-20]

褈襠　袴也。[鄭二五後-8, 附録]
褈襠　袴也。前漢書 皇后傳宮人皆爲「窮袴」, 即今잠방이。[南二九前-10]
褈襠　袴也。前漢書 皇后傳宮人皆爲「窮袴」30), 即今잠방이。[白一四後-4]

撩　더위잡다。[鄭二後-2]

撩　더위잡다。○又抉也，取也。理亂曰撩理。[南三前-11]

撩　더위잡아。○又抉也，取也。理亂曰撩理。[白二前-5]

了　語辭。又믓다，又아다，又곳，又잠깐。眉訓在末句者事之已畢爲了。[鄭一後-15]

了　語辭。又믓다，又아다，又씀싼。眉訓在末句者事之已畢爲了。[南二前-9]

了　語辭。又믓다，又아다，又잠싼。眉訓在末句者事之已畢爲了。[白一後-3]

了當　다당타。[鄭一〇前-19]

了當　다당타。○모즈막 뎡당ᄒ다。[南一五前-13]

了當　다당타，又마즈막 졍당ᄒ다。[白八前-8]

了了　與了然仝。[鄭七前-3]

了了　與了然仝。○完了。[南一〇前-7]

了了　與了然仝。○完了。[白五後-8]

了然　ᄉ믓，又믈又믈又。[鄭六後-22]

了然　ᄉ믓。○分明之意也。[南一〇前-4]

了然　ᄉ믓。○又分明之意。[白五前-26]

了悟　頓悟。[鄭一〇前-12]

了悟　頓悟。[南一五前-6]

了悟　頓悟。[白八前-7]

劣容　劣，僅也。如履小則云劣容足，指屋卑則云劣容頂趾。[鄭二四後-24，附錄]

劣容　劣，僅也。如履小則云劣容足，指屋卑則云劣容頂趾。[南二八後-2]

劣容　劣，僅也。如履小則云劣容足，指屋卑則云劣容頂趾。[白一四前-19]

撒掇　音랍텰，擇持，又理持。[鄭一一前-15]

撒掇　撒音랍，掇音텰，理持也。○崔駟達旨辭「撒纓整襟」。[南一六後-6]

撒掇　撒音랍，掇音텰，理持也。崔駟達旨辭「撒纓整衿」31)。[白八後-17]

伶俐　묽다，물키다，又영오타。眉訓分明也。[鄭五前-8]

伶俐　슬갑다。眉訓分明也。[南七前-8]

伶俐　슬갑다。眉訓分明也。[白四前-15]

吟唞　븨드러 돈기다。[鄭九前-13]

吟唞　뷔드러 돈거ᄂᆞᆫ 거동。○行不正貌也。[南一三後-2]

吟唞　뷔드러 단기ᄂᆞᆫ 거동，行不正兒。[白七前-10]

零　ᄌᆞ젼，又零細云者。箇箇也。[鄭二前-7]

零　ᄌᆞ젼，零細也，箇箇也。○ᄯᆞᆫ 것。[南二後-12]

零　ᄌᆞ젼，零細也，箇箇也。○ᄯᆞᆫ 것。[白二前-25]

零碎　흑ㅂᄉ다。[鄭六前-9]

零碎　흑ㅂᄉᄉ히다。[南八後-7]

零碎　흑ㅂᄉᄉ히다。[白四後-27]

零細　猶箇箇也。[鄭七後-19]

零細　猶箇箇也。[南一一後-4]

零細　猶箇箇也。[白六前-19]

零星　餘殘之數。[鄭一二後-22]

零星　餘殘之數。[南一九前-6]

零星　餘殘之意。[白一〇前-18]

領會　領略仝。[鄭一六前-16]

領會　領略同。[南二四前-5]
領會　領略仝。[白一二前-28]

領略　아다, 猶言合애 담다, 溪訓。[鄭六後-8]
領略　아다, 猶言ᄆᆞᆷ애 담다, 溪訓。○猶言領了大概也。[南九後-4]
領略　아다, 猶言ᄆᆞᄋᆞ애 담다, 溪訓。猶言領了大概也。[白五後-1]

領略將去　領, 會也。畧, 取也。領會「ᄡ」、「ᄈ」取「ᄡ」、「ᄈ」將ᄒ
　　　　　야가。 32) [鄭二〇後-10]
領略將去　領, 會也。略, 取也。領會ᄒ야 取ᄒ야 將ᄒ야 가다。[南三七前
　　　　　-5]
領略將去　領, 會也。略, 取也。領會ᄒ야 取ᄒ야 將ᄒ야 가다。[白一九後
　　　　　-14]

留務　留後之事。[鄭二六後-20, 附錄]
留務　留後之務。[白一六後-28]

六察　如尚書六員各有糾官。 [鄭一一前-2]

儱侗　猶含糊也。又溪訓不分明也。[鄭八後-10]
隴侗　猶含糊。又溪訓不分明也。[南一二後-11]
儱侗　猶含糊。又溪訓不分明也。[白六後-20]

爐鞴　鞴音備, 고분 불무애 블 분ᄂ 거시라。[鄭一七前-2]
爐鞴　鞴音備, 고븐 불무애 블 붓ᄂ 거시라。[南二五前-2]
爐鞴　鞴音備, 골 풀무애 블 붓ᄂ 거시라。[白一二後-2]

鹵莽　無用兒。[鄭一四前-10]
鹵莽　無用貌。[南二一前-1]
鹵莽　無用兒。[白一〇後-5]

露田　不種樹也。言耕田而不播種。[鄭二六前-4, 附録]
露田　不種樹也。言耕田而不播種。[南二九後-11]
露田　不種樹也。言耕田而不播種也。[白一五前-20]

亂去　간대로 ᄒᆞ여 가다。[鄭一三前-23]
亂去　간대로 ᄒᆞ여 가다。[南一九後-13]
亂去　간듸로 ᄒᆞ여 가다。[白一〇前-6]

落草　기은듸 落ᄒᆞ다。[鄭一六後-21]
落草　기은듸 落ᄒᆞ다。○도적의 무리예 드다。[南二四後-16]
落草　가은듸 落ᄒᆞ다。○도적의 무리에 드다。[白一三前-4]

落落　조타。[鄭八前-15]
落落　○灑落, 淨潔之意, 灑灑亦同。此意又늬도타 놉다。[南一二前-11]
落落　洒落, 淨潔之意, 洒洒亦同。此意又늬도타 놉다。[白七前-1]

鑢　줄。[鄭二後-1]
鑢　音慮, 줄。[南三前-10]
鑢　音慮, 줄。[白二前-7]

略　잠간。[鄭四前-5]
略　잠간。[南五後-3]
略　잠싼。[白二後-28]

略綽　略, 잠싼 ; 綽, 漢語謂쓰리티다。[鄭一〇後-9]
略綽　略, 잠싼 ; 綽, 漢語謂쓰리티다。[南一五後-11]
略綽　略, 잠싼 ; 綽, 漢語謂쓰리치다。[白八前-31]

[M]

賣惡於人　　以惡移人而自脫。[鄭二八前-5，附録]
賣惡於人　　以惡移人而自脫。[南三八後-2]
賣惡於人　　以惡移人而自脫。[白二〇前-13]

漫　　힘힘타。[鄭二後-12]

漫　　힘힘타。[南三後-4]

漫　　힘힘타。[白二前-14]

漫漶　　不分明。흔딕너기다。[鄭一四前-21]
漫漶　　不分明。흔딕너기다。[南二一前-11]
漫漶　　不分明。흔딕너기다。[白一〇後-17]

慢　　헐타。[鄭一後-3]

慢　　헐타。[南一後-12]

慢　　헐ᄒᆞᄃᆞᆫ말。[白一後-1]

莽　　勇敢也。[南六前-9]

莽　　勇敢也。[白三後-8]

莽張白戶　　莽，勇敢也。[鄭二〇前-13]

矛盾　　矛，거러들의ᄂᆞᆫ거지오。盾，防鏷也。矛以鉤之，盾以防之，言不相爲
　　　　用也。[鄭一三後-4]

冒勳　　冒録勳籍。[鄭二五前-17，附録]
冒勳　　冒録勳籍。[白一六前-14]

麼　　語辭。又그리，又이만，又아모만，又猶言乎否也。[鄭一後-13]

麼　　語辭。[南二前-7]

麼　　語辭。[白一後-9]

沒　　無也，眉訓。[鄭一前-10]

沒　　眉訓無也。[南一前-10]

沒　　無也，眉訓。[白四前-3]

沒巴鼻　　다힐 듸 업다。[鄭一九後-2]

沒巴鼻　　다힐 듸 업다。○恐似無頭無尾。義見二字類。[南三四前-10]

沒巴鼻　　느러가지 못ᄒ다，다힐 듸 입다。恐似無頭無尾。義見二字類。[白一八前-4]

沒由來　　속졀업다。[鄭一八後-4]

沒由來　　속졀업다。[南三二後-15]

沒由來　　속졀업다。[白一七前-15]

迷藏　　숨박질。[鄭九前-22]

迷藏　　숨박질。[南一三後-10]

迷藏　　숨박질。康節有迷藏詩。숨박국질。[白七前-21]

密鞭　　ᄌ조 채치다。[鄭二五後-20, 附録]

密鞭　　ᄌ조 채티다。[南二九後-3]

密鞭　　ᄌ조 치치다。[白一五前-8]

免教　　그러케 호믈 버서나다，又벗기다。[鄭七後-4]

免教　　그러케 호믈 버서나다，又벗기다。○此「教」字疑或語辭。[南一一前-4]

免教　　그러케 호믈 버서나다，又벗기다。此「教」字疑或語辭。[白六前-4]

妙　　朱門人問「妙」字。答曰：「『妙』字有運用之意，以『運用』字有病，故説『妙』字。」[鄭三前-20]

妙　　朱門人問「妙」字，答曰：「『妙』字有運用之意，以『運用』字有病，故説『妙』字。」[南四後-1]

妙　　朱門人問「妙」字，答曰：「『妙』字有運用之意，以『運用』字有病，故説『妙』字。」[白二後-3]

名捕　　題名特捕。[鄭二四前-13，字解]
名捕　　題名特捕。[南二七後-16]
名捕　　題名特捕。[白一四前-2]

明得盡　　格物以盡其知。[鄭一九前-19]
明得盡　　格物以盡其知。○극진 분명ᄒ다。[南三四前-7]
明得盡　　格物以盡其知33)。극진 분명ᄒ다。[白一八前-2]

摸挼　　어ᄅᆞᆷ티다。[鄭八前-7]
摸挼　　어ᄅᆞᆷ지다。[南一二前-3]
摸挼　　어로만지다。[白六後-7]

膜　　如皮而薄者。[白三前-9]

磨勘　　如今吏曹計仕甚滿。[鄭一三後-23]
磨勘　　如今吏曹計仕滿。[南二〇後-7]
磨勘　　如今吏曹計仕滿。[白一〇後-31]

抹　　ᄒᆞ여 ᄇᆞ리다。[鄭三前-21]
抹　　ᄒᆞ여 ᄇᆞ리다。○에우티다。[南四後-2]
抹　　ᄒᆞ여 ᄇᆞ리다。○에우치다。[白二後-26]

末疾　手足不仁也。[鄭八後-24]
末疾　○四肢謂之末。末疾謂手足不仁也。[南一三前-6]
末疾　四肢謂之末。末疾謂手足不仁也。[白七前-28]

末梢　與下梢仝。[鄭六前-22]
末梢　與下梢仝。[南九前-9]
末梢　與下梢同。[白五前-4]

沫血　沫、頮、靧仝。洒面也。[鄭一四前-25]
沫血　沫、頮、靧仝。洒面也。○又噴血也。[南二一前-15]
沫血　沫、頮、靧仝。34)洒面也。又噴血也。[白一一前-20]

莫當　아니。[鄭九後-15]
莫當　아니。[南一四前-13]
莫當　아니。[白七後-4]

莫是　아니 이。[鄭九後-11]
莫是　아니 이。[南一四前-9]
莫是　아니 이。[白七後-17]

驀　音멱，믄득。[鄭二後-4]
驀　音멱，믄득。○又上馬也，越也。[南三前-13]
驀　音멱，믄득。○上馬也，越也。[白二前-13]

目今　猶見今，即當今也。[鄭一七前-12]
目今　猶見今，即當今也。[南二五前-12]
目今　猶見今、當今也。[白一三前-8]

目整　微怒目容以整他人之非。[鄭二五前-9，附録]

目整　微怒目容以整他人之非。[南二八後-11]
目整　微怒目容以整他人之非。[白一四前-32]

[N]

那　　뎌, 又엇디。眉訓彼也。[鄭一前-15]
那　　뎌, 又엇디。眉訓彼也。○又어듸。[南一後-4]
那　　뎌, 又엇지。眉訓彼也。又어듸。[白一前-20]

那般　猶言如彼。[鄭二四前-4, 字解]
那般　猶言如彼。[南二七後-4]
那般　猶如彼。[白一四前-21]

那箇　어늬 것。[鄭九後-8]
那箇　어늬 것。○뎌 것。[南一四前-6]
那箇　어늬 것, 저 것。[白七後-14]

那箇不是　是謂道也。어늬 거시이 아니리오。[鄭二一前-7]
那箇不是　是謂道也。어늬 거시이 아니리오。○뎌 거시이 아니가。[南三七
　　　　　後-3]
那箇不是　是謂道也。어늬 거시니 아니리요, 져 거시니 아닌가。[白一九後
　　　　　-19]

那裏　뎌긔, 又어늬。眉訓一彼處一何處。[鄭五前-12]
那裏　뎌긔, 又어늬。眉訓一彼處一何處。[南七前-12]
那裏　뎌긔, 又어늬。眉訓一彼處一何處。[白四前-13]

那們　猶言如彼。[鄭二四前-9, 字解]
那們　○뎌 무리, 一云뎌러면。[南二七後-8]

那們　　져 무리, 又져러면。[白一三後-35]

納界　　印札。[鄭一五前-18]
納界　　印札。[南二二後-5]
納界　　印札。[白一一前-19]

捺　　乃曷切。捎也, 又手按也。누ᄅ다。[鄭二前-25]
捺　　乃曷切。捎也, 又手按也。누르다。[南三前-7]
捺　　乃曷切。捎也, 又手按也。누르다。[白二前-4]

捺生硬　　설고 구ᄃᆫ 거슬 눌믜。[鄭一九前-20]
捺生硬　　설고 구ᄃᆫ 거슬 눌러。[南三四前-8]
捺生硬　　설고 구ᄃᆫ 거슬 누루다。[白一八後-13]

捺生做熟　　生을 捺ᄒ야 熟을 做ᄒ다。[鄭二一後-1]
捺生做熟　　生을 捺ᄒ야 熟을 做ᄒ다。[南三八前-3]
捺生做熟　　生을 捺ᄒ야 熟을 做ᄒ다。[白一九後-4]

奈何　　猶言處置也, 眉訓。[鄭一〇後-4]
奈何　　〇엇디 리오。[南一五後-7]
奈何　　엇지 리오。[白八前-17]

奈何不下　　아ᄆ려티 못ᄒ다。[鄭二〇後-12]
奈何不下　　아ᄆ리티 못ᄒ다。[南三七前-6]
奈何不下　　아모리치 못ᄒ다。[白一九後-15]

耐煩　　煩거키를 견듸다。[鄭一七前-13]
耐煩　　煩거키를 견듸다。[南二五前-13]
耐煩　　煩거키를 견듸다。[白一二後-27]

耐可　엇디 ᄒ여야 올홀고。[鄭一二前-8]

耐可　엇디 ᄒ여야 올홀고。○耐, 忍也。[南一七後-15]

耐可　엇지 ᄒ여야 올홀고。耐, 忍也。[白九前-15]

内房抄出　内房即今之内府, 文書房也, 太監掌之, 自其中寫出文書也。[鄭二〇前-15]

内房抄出　内房即今之内府, 文書房也, 太監掌之, 自其中寫出文書也。[南三六後-3]

内房抄出　内房即今之内府, 文書房也, 太監掌之, 自其中寫出文書也。[白一九前-12]

内讒　好妻妾之讒。[鄭二三後-4, 字解]

泥　音녜, 걸리다。[鄭四後-5]

泥　音녜, 걸리다。○杜詩「致遠思恐泥」之「泥」也。[南六前-7]

泥　音녜, 걸니다。○杜詩「致遠思恐泥」之「泥」也。[白三後-17]

你　汝也。眉訓爾也。音니。[鄭二後-7]

你　汝也。眉訓爾也。音니。[南三前-15]

你　汝也。眉訓爾也。音니。[白二前-35]

儞　音니, 汝也。你仝。[鄭二後-21]

儞　音니, 汝也。你仝。[南三後-12]

儞　音니, 汝也。你同。[白二前-18]

拈出　자바내다。[鄭五前-15]

拈出　자바내다。[南七後-2]

拈出　자바닉다。[白四前-16]

捏　쥐다，又모도다，又지버 뫼호다，音날。[鄭三前-10]

捏　쥐다，又모도다，又지버 뫼호다，音날。[南四前-9]

捏　音날，쥐다，又모도다，又지버 뫼호다。[白二前-30]

捏合　지버 뫼호다。[鄭六後-9]

捏合　지버 뫼호다。○捏音涅，捻取也。[南九後-5]

捏合　자버 미호다。○捏音涅，捻取也。[白五前-17]

囁嚅　欲言未敢之兒。[鄭一四後-11]

囁嚅　欲言不敢言貌。[白一五後-6]

恁地　이리，猶言如此。[鄭六後-7]

恁地　이리，猶言如此。○여긔，又거긔。[南九後-3]

恁地　이리，猶言如此。여긔。○거긔。[白五前-10]

恁麼　그러타，又이러타，又그리，이리。[鄭八前-19]

恁麼　그러타，又이러타，又그리，又이리。[南一二前-13]

恁麼　그러타，又이러타，又그리，又이리。[白六後-8]

凝　結也，定也。[鄭三後-22]

寧可　출하리 可히。[鄭一二前-5]

寧可　출하리 가히。[南一七後-12]

寧可　출아리 가히。[白九前-8]

扭捏　音유날。扭，手轉兒，又按也。捏、捏仝，年結切，捻也。捻音聶，拍也。[鄭一二後-16]

扭捏　音뉴날。扭，手轉貌，뷔트다，又按也。捏與捏仝，年結切，捻也。捻音聶，拍也。○猶言攘取。[南一八後-14]

扭捏　　音뉴랄。扭，手轉皃，비트다，按也。捏與揑同[35]，年結切，捻也。捻音
　　　　聶，拍也。○猶言攘取。[白九後-13]

弄得　　ᄒ노려，又흔ᄃ 단意。擺弄仝。[鄭一○前-20]
弄得　　흔ᄃ닷 ᄲᅳ미라。擺弄同。[南一五前-14]
弄得　　흔든ᄂ ᄡᅳ지라。擺弄仝。[白七後-27]

[O]

偶　　　偶然。[鄭四前-24]

偶便　　偶因歸便也。[鄭一二前-13]
偶便　　偶因歸便也。[南一八前-4]
偶便　　偶因歸便也。[白九前-23]

[P]

排定説殺　　排布定規。因論説其義以求其質也。[鄭二一前-8]
排定説殺　　排布定規。因論説其義以求其質也。○殺，語辭。[南三七後-4]
排定説殺　　排布定規。因論説其義以求其質也。殺，語辭。[白一九後-18]

盤問　　두로 힐훠 묻다。[鄭九前-21]
盤問　　두로 힐혀 묻다。○져주어 묻다。[南一三後-9]
盤問　　도로 힐혀 뭇다。査問也。又저주어 뭇다。[白七前-11]

判能　　斷然爲之。[鄭二五後-21, 附録]
判能　　斷然爲之。[南二九後-4]
判能　　斷然爲之。[白一四後-15]

胖　　音棒，脹也。[白三後-31]

胖合　　夫婦各半體，合爲一也。[鄭八後-13]

抛撒子　　흣단 말。[白一八後-4]

皰胗　　音飽軫，皰面皮生氣胗皮外細起。[白一六後-17]

陪奉它　　問：「陪奉猶陪隨奉持之意否？」曰：「此說亦得。但『奉持』之『持』改作『事』爲切。」[鄭一九後-8]

陪奉它　　問：「陪奉猶陪隨奉持之意否？」曰：「此說亦得。但『奉持』之『持』改作『事』爲切。」○더롤 뫼시다。[南三四後-5]

陪奉它　　問：「陪奉猶陪隨奉持之意否？」曰：「此說亦得。但『奉持』之『持』改作『事』爲切。」뎔롤 뫼시다，它는 져也。[白一八前-25]

陪貼　　增益不足之數也。古有「陪貼輸官」之語。[鄭二七後-2，附錄]

陪貼　　增益不足之數也。古有「陪貼輸官」之語。○「陪」字恐是「賠」字。[南三一前-12]

陪貼　　增益不足之數也。古有「陪貼輸官」之語。「陪」字恐是「賠」字。[白一六前-16]

配去　　流配去絶之。[鄭一三前-26]

配去　　流配去絶之。[南二〇前-1]

配去　　流配去絶之。[白一〇前-9]

批判　　公事結尾。[鄭一二後-3]

批判　　公事結尾。[南一八後-2]

批判　　公事結尾。[白九後-18]

坯子　坯音杯, 瓦未燒者。[鄭一三前-11]

坯子　坯音杯, 瓦未燒者。[南一九後-2]

坯子　坯音杯, 瓦未燒者。[白一〇前-4]

劈　째티다。[鄭二後-18]

劈　째티다。[南三後-9]

劈　째치다。[白二前-15]

皮裏抽肉　시드다。[白二〇前-4]

皮頑的　갈의단 말。[白一八前-21]

偏却　偏僻處。[鄭一二前-21]

偏却　偏僻。〇却, 語辭。[南一八前-12]

偏却　偏僻。却, 語辭。[白九後-27]

拼得　拼音반, 楚人遺弃之物謂之拼得, 言委棄工夫。[鄭一一後-24]

拼得　拼音반, 楚人遺弃之物謂之拼得, 言委棄工夫。[南一七後-8]

拼得　拼音반, 楚人遺棄之物謂之拼得, 言委棄工夫。[白九前-12]

平人　므던흔 사룸이라。[鄭七前-8]

平人　므던흔 사룸이라。[南一〇前-12]

平人　무던흔 스룸이라。[白五後-25]

評直　論價。[鄭二六前-18, 附錄]

評直　論價。[南三〇前-5]

評直　論價。[白一四後-32]

潑　散也。[白三前-28]

叵　音파，不可之意。[鄭四前-6]

叵　音파，不可之意。[南五後-4]

叵　音파，不可之意。[白三前-17]

破綻　삐디다。○猶言罅隙也。[鄭一○前-3]

破綻　터디다，猶言罅隙也。[南一四後-12]

破綻　터지다，猶言罅隙也。[白七後-9]

剖判　卞別。[鄭一二後-6]

剖判　卞別。[南一八後-4]

剖判　卞別。[白九後-1]

撲落　뎌 삐러디다。撲，一作摸。[鄭八前-13]

撲落　뎌 삐러디다。撲，一作摸。[南一二前-9]

撲落　뎌 써러지다。撲，一作摸。[白六後-12]

鋪攤　펴다。[鄭六前-7]

鋪攤　펴다。○攤音灘，又音爛。手布也、按也、開也。[南八後-5]

鋪攤　펴다。攤音灘，又音爛。手布也、按也、開也。[白四後-22]

僕　사름。[鄭三前-15]

朴實頭　人之老而忠信者曰朴實頭。[鄭一九前-14]

朴實頭　人之老實而忠信者曰朴實。朴實頭，猶言質實地。[南三四前-2]

朴實頭　人之老實而忠信者曰朴實，猶言質實也。[白一八後-1]

[Q]

祇　音其，地神。[鄭四前-17]

齊頭　　흠씌。[鄭九後-25]
齊到　　흤씌。[南一四後-7]
齊到36)　함씌。[白七後-5]

起部　　工部。[鄭二五前-21，附録]
起部　　工部。[白一六前-9]

起鬼風疙疸　　두드럭이 나다。[白二〇後-7]

豈亦　　豈乃豈不之意。[鄭一三前-2]
豈亦　　豈乃豈不之意。[南一九前-8]
豈亦　　豈乃豈不之意。[白一〇前-21]

榮信　　榮符也。[鄭二六後-2，附録]
榮信　　符也。[白一六後-25]

氣魄　　血氣魂魄。人之精強者曰有氣魄，文章之昌大者亦曰有氣魄。[鄭一七後
　　　　-8]

恰　　마치。眉訓適當之辭。[鄭一前-19]
恰　　마치。眉訓適當之辭。[南一後-8]
恰　　마치。眉訓適當之辭。[白一前-6]

慫乏　　上同。37)[鄭二五前-2，附録]
慫乏　　上仝。[南二八後-4]
慫乏　　慫懸仝。[白一四後-17]

慫懸　　糧食不繼。[鄭二五前-1，附録]
慫懸　　糧食不繼。○懸，似是「室如懸」之「懸」。38)[南二八後-3]

愆懸　糧食不繼。○懸，似是「室如懸」之「懸」。[白一四後-13]

欠了　낫브다。[鄭九後-26]
欠了　낫브다。○씌오다。[南一四後-8]
欠了　낫브다，又씌오다。[白七後-32]

腔子　軀殼。[鄭八後-21]
腔子　軀殼。[南一三前-4]
腔子　軀殼。[白七前-23]

強　有剩餘之意。[鄭三後-17]
強　有剩餘之意。[南五前-5]
強　有剩餘之意。[白三前-4]

強如　더으다。[鄭二三前-17，字解]
強如　더어다。[南二六後-4]
強如　더어다。[白一三後-7]

彊輔　直諒朋友也。[鄭九後-4]
彊輔　直諒朋友也。[南一四前-2]
彊輔　直諒朋友也。[白七後-19]

僑　寄也，寓也，謂旅寓也。又音喬，高也。[鄭三前-24]

譙責　譙亦作誚，以辭相責曰譙責。[鄭九前-3]
譙責　譙亦作誚，以辭相責曰譙責。[南一三前-9]
譙責　譙亦作誚，以辭相責曰譙責。[白七前-31]

切脉　猶診脉。[鄭一五前-17]
切脉　猶診脉。[南二二後-4]

切脉　　猶診脉。[白一一後-17]

且道　　아ᄆ리ᄏ나 니ᄅ라。[鄭一四後-7]
且道　　아ᄆ리ᄏ나 니ᄅ라。[南二一後-6]
且道　　아모러커나 니로라。[白一一前-18]

且如　　아ᄆ나。[鄭一〇前-10]
且如　　아ᄆ리커나。○猶云만일。[南一五前-4]
且如　　아무리커나，猶云만일。[白八前-27]

且須　　且，아직。[鄭一三後-13]
且須　　且，아직。○모로미。[南二〇前-12]
且須　　且，아직，모로미。[白一〇前-20]

竊階　　猶俗言賊職。[鄭二五前-15，附録]

親事　　昏事。[鄭九前-1]
親事　　昏事。[南一三前-7]
親事　　婚事。[白七前-26]

親炙　　薫炙。[鄭一七前-17]
親炙　　薫炙。○炙音젹，블의 ᄧ다，又音쟈，膾炙也。[南二五後-1]
親炙　　薫炙。39)炙音쳑，블의 ᄧ다，又音자，膾炙。[白一三前-13]

輕文　　謂彈章不峻。[鄭二四後-23，附録]
輕文　　彈文不嚴。[白一六前-8]

渠　　저，又그。眉訓呼彼之稱。[鄭一後-14]
渠　　저，又그。眉訓呼彼之稱。[南二前-8]
渠　　저，又그。眉訓呼彼之稱。[白一後-5]

曲拍　猶曲調節拍。[鄭一二後-10]

曲拍　猶曲調節拍。○解見三字類「大拍頭」。[南一八後-8]

曲拍　猶曲調節拍。○解見三字類「大拍頭」。[白九後-4]

取會　取其所會計也。[鄭一六前-18]

取會　取其所會計也。[南二四前-7]

取會　取其所會計也。[白一二前-24]

去　語辭。有去意。眉訓舍此事爲彼事之意。[鄭一前-13]

去　語辭。有去意。眉訓舍此事爲彼事之意。[南一後-2]

去　語辭。有去意。眉訓舍此事爲彼事之意。[白四前-4]

去處　猶言處所。[白一六後-11]

覰　音쳐, 셔어보다。[鄭四前-18]

覰　音쳐, 여어보다。[南五後-13]

覰　音쳐, 엿보다。[白三後-15]

勸分　勸富室賑人。[鄭二六前-8, 附録]

勸分　勸富室賑人。[南二九後-13]

勸分　勸富室賑人。[白一四後-26]

勸諫　人有所爲不是而我救正之也。[鄭一七後-7]

勸諫　人有所爲不是而我救正之也。[南二五後-12]

勸諫　人有所爲不是而我救正之也。40)[白一三前-24]

勸阻　人有所欲爲而我去勸止之也。[鄭一三後-10]

勸阻　人有所欲爲而我去勸止之也。[南二〇前-9]

勸阻　　人有所欲爲而我去勸止之也。[白一〇前-15]

却　　語辭。又도로혀，又쏘。眉訓還也。其在末句者語辭。[鄭一前-7]

却　　語辭。又도로혀，又쏘。眉訓還也。其在末句者語辭。[南一前-7]

却　　語辭。又도로혀，又쏘。眉訓還也。其在末句者語辭。[白一前-2]

却最是　　他言雖非而此言最是，故下「却」字。믄득 ᄀ장 올타。[鄭一九前-15]

却最是　　他言雖非而此言最是，故下「却」字。믄득 ᄀ장 올타。[南三四前-3]

却最是　　他言雖非而此言最是，故下「却」字。믄득 ᄀ쟝 올타。[白一七後-13]

[R]

染涉　　連帶同。[鄭二六後-15，附錄]

染涉　　上仝。 41)[南三〇後-5

染涉　　連帶仝。[白一五後-10]

嬈懼　　嬈，一作撓。[鄭二五後-4，附錄]

嬈懼　　嬈，一作撓。[南二九前-7]

嬈懼　　嬈，一作撓。[白一四後-7]

惹　　亂也，又引着也。[鄭二前-24]

惹　　亂也，又引着也。[南三前-6]

惹　　亂也，又引着也。[白二前-26]

人門　　人物門地。[鄭二六前-7，附錄]

人門　　人物門地。[南二九後-12]

人門　　人物門地。[白一五前-16]

忍虐　殘忍暴虐之意。[鄭二七前-2，附録]
忍虐　病忍暴虐之意。[白一六前-28]

任他　뎨 아ᄆ라호믈 므더니 녀기다。[鄭七前-22]
任他　뎨 아ᄆ리ᄒ게 더뎌 두다。○저 ᄒᄂᆫ대로 두다。[南一〇後-11]
任他42)　뎨 아ᄆ리ᄒ게 더뎌 두다, 又져 ᄒᄂᆫ듸로 두다。[白五後-17]

任教　從教全。[鄭七後-1]
任教　○與任他之意相近。教有教使之意而爲語助，下同。[南一一前-1]
任教　與任他之意相近43)。教有教使之意而爲語助，下仝。[白六前-2]

任運騰騰　쇠횐이 ᄆ음으로 잇다。[鄭二八後-1，附録]
任運騰騰　쇠횐이 ᄆ음으로 잇다。○猶云任便。[南三八後-8]
任運騰騰　쇠횐이 ᄆ음으로 잇다，猶云任便。[白二〇前-10]

任子　以父蔭官其子孫。[鄭二六前-6，附録]
任子　以父官任其子。[白一六前-17]

日頭尚午矬了　ᄒ낫 지겨워다。[白二〇後-17]

日者　推命之人。[鄭一二前-24]

容易　쉽사리。[鄭一〇後-26]
容易　쉽사리。[南一六前-11]
容易　쉽ᄉ리。[白八後-7]

融融　和洽兒。[鄭一五前-2]
融融　和洽。[白一六前-2]

肉薄　以身血戰。[鄭二四後-13，附録]

肉薄　以身血戰。[南二八前-10]

肉薄　以身血戰。[白一四後-8]

如　다혀，猶今鄉人有所歷舉則必曰다혀也。[鄭一前-14]

如　다혀，猶今鄉人有所歷舉則必曰다혀也。○만일，又가다。[南一後-3]

如　다혀，猶今鄉人有所歷舉則必曰다혀。○만일，又가다。[白一前-10]

入門款　凡罪人被鞫而入門第一供事也，眉訓。[鄭一八後-10]

入門款　凡罪人被鞫而入門第一供事也，眉訓。[南三三前-6]

入門款　凡罪人被鞫而入門第一供辭也，眉訓。[白一七後-20]

若爲　엇디。[鄭七後-18]

若爲　엇디。[南一一後-3]

若爲　엇지。[白六前-24]

若曰　이리 너겨 니ᄅ다，又이리 곳니ᄅ면。[鄭一四前-19]

若曰　이리 너겨 니ᄅ다，又이리 곳니ᄅ면。[南二一前-9]

若曰　이리 너계 니ᄅ듸，이리 곳니ᄅ면。[白一一前-14]

焫　與褻音義同。[鄭四前-22]

焫　與熱音義同。[南六前-2]

焫　與熱同，音義亦同。[白三後-18]

[S]

撒　音煞，쇄，又音散，散之之皃。[鄭二後-3]

撒　音煞，쇄，又音散，散之之貌。[南三前-12]

撒　　音煞，쇄，又音散，散之之皃。[白二前-32]

灑灑　　落落仝。[鄭八前-18]

色裁　　正色以示惡之之意。[鄭二五前-8，附録]
色裁　　正色以示惡之之意。○作色貌。[南二八後-10]
色裁　　正色以示惡之意。○作色貌。[白一四後-22]

色目　　種類。[白一六後-24]

色目人　　各人。[白一八後-9]

煞　　與殺同。ㄱ장，音쇄。[鄭一後-8]
煞　　與殺同。ㄱ장，音쇄。[南二前-2]
煞　　與殺同。ㄱ쟝，音쇄。[白一後-28]

霎　　音삽，少頃也。小雨也。[鄭三前-17]
霎　　音삽，少頃也。小雨也。[南四前-14]
霎　　音삽，少頃也44)。小雨。[白二後-21]

霎然　　잠깐。[鄭六前-11]
霎然　　잠깐。[南八後-9]
霎然　　잠깐。[白四後-31]

霎時　　恐霎然意仝。아니흔 스이。[鄭一○前-11]
霎時　　霎然意仝。아니흔 스이。[南一五前-5]
霎時　　霎然之意仝。아니흔 스이。[白七後-18]

膳奴　炊飯之奴。[鄭二六前-14，附録]
膳奴　炊飯之奴。○猶言厨子也。[南三〇前-1]
膳奴　炊飯之奴，猶厨子也。[白一五前-21]

商量　能立箇心然後其上頭可以商量。저즈려보다，又혜아려。[鄭一七前-1]
商量　立心然後其上頭可以商量。전즈려보다，又혜아려。[南二五前-1]
商量　立心然後其上頭可以商量。견누어보다，又혜아려。[白一二後-17]

上供　如今貢物。[鄭一六後-16]
上供　如今貢物。[南二四後-12]
上供　如今貢物。[白一二後-25]

上面　운녁，外面裏面前面後面皆以此義推之。[鄭六前-6]
上面　웃녁，外面裏面前面後面皆以此義推之。[南八後-4]
上面　웃녁，外面裏面前面後面皆以此義推之。[白四後-25]

上頭　웃머리。[鄭八前-9]
上頭　젼츠로。[鄭二三後-9，字解]
上頭　웃머리。○뎌 우희。[南一二前-5]
上頭　웃머리，뎌 우희。[白六後-31]

上著床　上於床也。床，坐臥床。[鄭一九前-11]
上著床　上於床也。床即坐臥床也。[南三三後-12]
上著床　上於床也。床即臥床也。[白一八前-15]

少　無也。[鄭三後-26]
少　無也。○잠깐。[南五前-13]
少　無也。○잠깐。[白二後-22]

少待　如俄而。[鄭二五後-18, 附録]
少待　如俄而。[南二九後-2]
少待　如俄。[白一五前-12]

少間　이윽고, 少頃也。[鄭一二前-4]
少間　이윽고, 少頃也。[南一七後-11]
少間　이윽고, 少頃。[白九前-14]

射垜　射垜。[鄭二六前-16, 附録]
射垜　射垜。○활 쏘는 터희 흘그로 무겁 민든 거시라。[南三○前-3]
射垜　射垜。활 쏘는 터희 흘그로 무겁 민든 거시라。[白一五前-26]

射糖盤　見論語「北辰」章小注。[鄭一九後-10]
射糖盤　見論語「北辰」章小注。○似是맷쏠쇠。[南三四後-7]
射糖盤　見論語「北辰」章小注, 似是믜쏠쇠。[白一八前-6]

申　伸也。謂伸報上司。[白三後-35]

申發　申, 보장ᄒᆞ단 말이니, 申發, 보장ᄒᆞ여 내여 보내다。[鄭一六後-12]
申發　申, 보장ᄒᆞ단 말이니, 申發은 보장ᄒᆞ여 내여 보내다。[南二四後-8]
申發　申, 보쟝ᄒᆞ단 말이니, 申發은 보쟝ᄒᆞ며 닉여 보닉다。[白一二後-11]

申元人　原告人。[白一七前-9]

伸眉　笑也。[鄭二五後-9, 附録]
伸眉　笑也。[白一六前-15]

深劾　以重罪彈人。[鄭二六前-12, 附録]
深劾　以重罪彈人。[白一六後-3]

什麼　與甚麼仝。[鄭七前-15]
什麼　與甚麼仝。[南一○後-4]
什麼　與甚麼同。[白五後-18]

審問　ㅈ셰흔 긔별이라, 猶言的報。[鄭二五後-22, 附録]
審問　ㅈ셰흔 긔별이라, 猶言的報。[南二九後-5]
審問　ㅈ셰흔 긔별이라, 猶的報。[白一五前-15]

甚底　音合디, 어딕。[鄭一七後-2]
甚底　音合뎌, 어딕。○므슴。[南二五後-8]
甚底　甚音삼져, 어딕。○므슴。[白一三前-20]

甚工夫　甚、怎仝。又므스 거시라。[鄭一九前-8]
甚工夫　甚、怎仝。○므슴 工夫。[南三三後-9]
甚工夫　甚、怎仝。므슴 工夫。[白一八前-13]

甚麼　므슴。眉訓何等。[鄭七前-9]
甚麼　므슴。眉訓何等。[南一○前-13]
甚麼　믓슴。眉訓何等。[白五後-14]

甚人　엇던 사름。[鄭一○前-22]
甚人　엇던 사름。[南一五後-1]
甚人　音삼, 엇던 ᄉ름이라。[白八前-11]

甚生　怎生仝。[鄭八前-22]
甚生　怎生同。[南一○前-3]
甚生　怎生同。[白五前]

甚生氣質　葉氏注意言將來涵養則可成就非常氣質이니。甚生, 非常也, 當云가

　　　　　져 涵養ᄒ면 甚生ᄒ 氣質을 成ᄒ리라。見近思録。[鄭二〇後-9]
甚生氣質　　〇甚生, 猶言非常也。見近思録注。엇던 긔질。[南三七前-4]
甚生氣質　　甚生, 猶言非常也。見近思録注。엇던 氣質。[白一九前-18]

滲淡　　音合담, 半染色淺之意。[鄭一四前-15]
滲淡　　音合담, 半染色淺之意。[南二一前-5]
滲淡　　音合淡, 半染色淺之意。[白一〇後-12]

生　　語辭。[鄭二後-5]
生　　語辭。[南三前-14]
生　　語辭。[白二前-8]

生活　　셩녕。[鄭二四前-3, 字解]
生活　　셩녕。[南二七後-6]
生活　　셩녕, 又事役。[白一四前-28]

生面工夫　　새암된 工夫。[鄭二〇前-4]
生面工夫　　새암된 工夫。[南三六前-4]
生面工夫　　싀암된 工夫。[白一九前-6]

生受　　艱苦也, 又貧乏也。[鄭二三前-7, 字解]
生受　　艱苦也, 又貧乏也。〇놈의게 貽弊ᄒ다。[南二六前-9]
生受　　艱苦也, 又貧乏也。남의게 貽弊ᄒ다。[白一三後-4]

生憂　　不殺而困苦之。[鄭二五前-22, 附録]
生憂　　不殺而困苦之。[南二九前-3]
生憂　　不殺而困苦之。[白一四後-31]

省會　　알위다。[鄭二三後-10, 字解]

省會　上仝。⁴⁵⁾[南二七前-2]
省會　알외다。[白一三後-20]

省事　省音성, 일을 더다。[鄭一六後-3]
省事　省音성, 일을 더다。[南二四前-15]
省事　省音성, 일을 덜다。[白一二前-2]

剩　　餘也。冗長也。通作賸。[鄭四前-2]
剩　　餘也。冗長也。通作賸。[南五前-16]
剩　　餘也。冗長也。通作賸。[白二後-25]

失解　見屈於鄉試。[鄭一二前-1]
失解　見屈於鄉試。[南一七後-7]
失解　見屈於鄉試。[白九前-2]

失入　誤入無罪者於法網。⁴⁶⁾[鄭二七後-1, 附録]
失入　誤入無罪者於法網。[南三一前-11]
失入　誤入無罪者於法網。[白一五後-21]

失適　病也。猶言不快。[鄭二五後-3, 附録]
失適　病也。不失。[白一六前-19]

屍首　尸身。[白一六後-15]

十分　ᄀ장。[鄭五前-9]
十分　ᄀ장。[南七前-9]
十分　ᄀ쟝。[白四前-6]

石尤風　逆風舟不利行曰石尤風。도래 ᄇ람。唐詩「無將故人酒, 不及石尤風」。

[鄭一九前-5]

石尤風　逆風舟不利行曰石尤風。회호리 브람。<u>唐詩</u>「無將故人酒，不及石尤風」。
　　　　○亦云頂頭風。[南三三後-7]

石尤風　逆風舟不行曰石尤風。회호리 브람。<u>唐詩</u>「無將故人酒，不及石尤風」。
　　　　○亦云頂頭風。[白一八前-11]

時學　時文。[鄭一三前-18]
時學　時文。[南一九後-8]
時學　時文。[白一○後-1]

寔　音식，진실로。[鄭三後-13]
寔　音식，진실로。[南五前-2]
寔　音식，진실노。[白三前-1]

實的　고디시기。[鄭一○前-14]
實的　고디시기。○진실로。[南一五前-8]
實的　고지시기，又진실노。[白七後-21]

實因　謂實因某故。[白一六後-27]

使得　ᄒ여곰。[鄭一一後-19]
使得　ᄒ여곰。[南一七後-2]
使得　ᄒ여곰。[白八後-12]

使臺　監司兼風憲。[鄭八後-15]
使臺　監司兼風臺。[白一五後-29]

事無足者　일이 足히 ᄒ욤이 업다。言正心則胸中主宰得定，無事之難爲也。
　　　　　[鄭二○後-4]

事無足者　일이　足히　ᄒᆞ욤이　업다。言正心則胸中主宰得定，無事之難爲也。
　　　　　[南三六後-9]
事無足者　일이　足히　ᄒᆞ욤이　업다。言正心則胸中主宰得定，無事之難爲也。
　　　　　[白一九前-15]

事因　事之根因。[白一六後-18]

事在恩後　謂犯罪在赦後不可赦也。[鄭二八前-3，附録]
事在恩後　謂犯罪在赦後不可赦也。[南三八前-10]
事在恩後　謂犯罪在赦後不可赦也。[白一九後-9]

是　此也，即也。近語辭。[鄭一後-4]
是　此也，即也。近語辭。○然也。[南一後-13]
是　此也，即也。近語辭。○然也。[白一前-13]

收録　捕捉罪人。[鄭二五前-24，附録]
收録　捕捉罪人。[南二九前-4]
收録　捉捕罪人。[白一四後-5]

收殺　거두어　몿다，畢終也。[鄭六後-13]
收殺　거두어　뭇다，畢終也。[南九後-8]
收殺　거두어　맛다，畢終也。[白五前-20]

收殺了　거두어　뭇다，畢終也。[鄭一八後-20]
收殺了　거두어　뭇다，畢終也。[南三三前-13]
收殺了　거두이　뭇다，畢終也。[白一七前-27]

收拾　간슈ᄒᆞ다，又설엇다，又거두다。[鄭二三前-9，字解]
收拾　간슈ᄒᆞ다，又설엇다，又거두다。[南二六前-11]

收拾　자슈ᄒ다, 又거두다。[白一三前-6]

首悔　首實而伏罪也。[鄭二五後-6, 附録]
首悔　首實而伏罪也。[南二九前-9]
首悔　首實而伏罪也。[白一五前-30]

首尾周皇　首尾을 두루ᄯᅳ려, 猶言畏首畏尾。[鄭二八前-9, 附録]
首尾周皇　首尾를 두루ᄯᅳ려, 猶言畏首畏尾。[南三八後-5]
首尾周皇47)　首尾를 두루ᄯᅳ려, 猶言畏首畏尾。[白二〇前-15]

受其斟酌　猶言被進退操縱。[鄭二八前-8, 附録]
受其斟酌　猶言被進退操縱。[南三八後-4]
受其斟酌　猶言被進退操縱。[白二〇前-16]

書會　如云文會, 聚會讀書之處。[鄭一三後-9]
書會　如云文會, 聚會讀書之處。[南二〇前-8]
書會　如云文會, 聚會讀書之處。[白一〇前-19]

輸　爲也, 致也。博者負而質物亦云輸。[鄭三後-23]
輸　爲也, 致也。博者負而質物亦云。[南五前-10]
輸　爲也, 致也。博者負而質物亦云。[白二後-19]

屬饜　厭足홈애 다타。[鄭一三前-6]
屬饜　厭足홈애 다타。[南一九前-12]
屬饜　厭足흐믓 디다。[白九後-22]

衰颯　해호로타。[鄭五後-19]
衰颯　쇼됴ᄒᆫ 거동。[南八前-8]
衰颯　소죠ᄒᆫ 거동。[白四後-16]

説得口破　言之曲盡而口破壞者，言其甚也。猶俗言입이 떠여디게 니르다。[鄭二〇前-12]

説得口破　言之曲盡而口破壞者，言其甚也。猶俗言입이 떠여디게 니르다。[南三六後-1]

説得口破　言之曲盡而口破壞者，言其甚也。猶俗言입이 쩌여지계 니르다。[白一九前-10]

説得走作　説話不合道理，又或論事言語不相和。[鄭二〇前-11]

説得走作　説話不合道理。○말ㅎ기를 잡난히 혼다，猶言易言之狀。[南三六前-11]

説得走作　説話不合道理。말ㅎ기을 잡난이 ㅎ다，猶言易言之狀。[白一九後-3]

説殺　殺音쇄，説ㅎ여 못다。[鄭一六後-14]

説殺　殺音쇄니 説ㅎ여 못다。[南二四後-10]

説殺　殺音쇄니 説ㅎ여 맛다。[白一二後-29]

説知　닐어 알외다。[鄭二三後-13, 字解]

説知　닐러 알외다。[南二七前-5]

説知　닐너 알외다。[白一三後-23]

思量　혜아리다。[鄭一〇後-13]

思量　혜아리다。[南一五後-14]

思量　혜아리다。[白八前-3]

厮鬥　사혼다。恐此亦只是相鬥之義。[鄭八前-8]

厮鬥　싸혼다。恐此亦只是相鬥之義。[南一二前-4]

厮鬥　쓰혼다。恐此亦只是相鬥之義。[白六後-30]

厮殺　醫書云厮炒。鄭子中云漢語厮訓相。此只是相殺之意。[鄭六後-15]

廝殺　醫書云廝炒。漢語廝訓作相。此只是相殺之意。[南九後-10]
廝殺　醫書云廝炒。漢語廝訓作相。此只是相殺之意。[白五後-5]

廝睚　睚，보다。恐亦相見之義。[鄭一〇前-16]
廝睚　睚，보다。恐亦相見之義。[南一五前-10]
廝睚　睚，보다。恐亦相見之義。[白八前-2]

廝崖　廝，相也。「崖」或作「捱、唲」字，疑相抗之意。○音애，犬欲噬也。相持相拒不聽順之意。[鄭一一前-19]
廝崖　廝，相也。「崖」或作「捱」，疑相抗之意。或作「唲」，音애，犬欲噬也。相持相拒不聽順之意也。[南一六後-9]
廝捱　廝，相也。「捱」或作「崖」，疑相抗之意。或作「唲」，音애，犬欲噬也。相持相拒不聽順之意也。48)[白八後-19]

廝養　牧羊奴。[鄭一一前-16]
廝養　牧養奴。[白一六前-29]

廝匜　出易注。[鄭一一前-13]
廝匜　出易注。[南一六後-4]
廝匜　出易注。[白八後-16]

死問　訃也。[鄭二四後-16，附錄]
死問　訃也。[南二八前-13]
死問　訃也。[白一四後-11]

四到　四方至也，溪訓。今俗有「四到」之語。[鄭九後-24]
四到　四，四方也；到，至也。溪訓。[南一四後-6]
四到　四，四方也；到，至也。[白七後-13]

四至　四方。[白一六後-21]

似　　向也。眉訓亦拎也。「去國一身輕似葉」。[鄭二前-8]

似　　向也。眉訓亦於也。古詩「去國一身輕似葉」。[南二後-13]

似　　向也。眉訓亦於也。古詩云「去國一身輕似葉」。[白一後-21]

似己無可得　　임의 可히 시러곰 説ᄒ얌즉홈이 업거니와。[鄭二二前-11]

似己無可得　　임의 可히 시러곰 닐럼즉홈이 업거니와。[南三九前-11]

似己無可得　　임의 可히 실어곰 일넘즉홈이 업거니와。[白二〇後-12]

鬆　　髪亂貌, 又寛也。[白三前-27]

鬆鬆49)　江左人以酒和糆, 則糆起鬆鬆, 如今상화。[鄭二七前-12, 附録]

鬆鬆　　江左人以酒和糆, 則糆起鬆鬆, 如今상화。〇셥셥ᄒ고 북귄 거동。[南三一前-6]

鬆鬆　　江左人以酒和糆, 則面起鬆鬆, 如今상화쎡, 又셥셥ᄒ고 복긔여 올온 거동。 [白一五前-27]

愯然　　與悚仝。又音雙, 저허ᄒᄂ 겻티라。[鄭一一後-10]

愯然　　悚仝。[白一五後-28]

遂　　ᄭ미다, 又일오다。[鄭三後-7]

遂　　ᄭ미다, 又일오다。[南四後-12]

遂　　ᄭ미다, 일우다。[白三前-23]

縮着　　움치다。[鄭一六前-10]

縮着　　움치다。[南二三後-14]

縮着　　움치다。[白一二前-18]

所有　　〇吏文。니믜여。[鄭一五後-10]

所有　　○吏文。니믜여，猶言如右。[南二三前-3]
所有　　吏文。니믜여，猶言如右。[白一一後-27]

索節　　索寞。[鄭二六後-21，附録]
索節　　索寞。[南三〇後-10]
索節　　索寞。[白一五前-17]

索性　　ᄆ장，溪訓。[鄭六前-19]
索性　　ᄆ장，溪訓。○猶言白直，又猶言直截，又제 ᄆ음으로 ᄒ다。[南九前
　　　　-5]
索性　　ᄆ쟝，溪訓。猶言白直，又言直截，又뎨 ᄆ음으로 ᄒ다。[白五前-23]

瑣瑣　　細碎之意。[鄭一五後-7]

[T]

他　　　뎌，又ᄂ믜。眉訓彼也。又某人也。[鄭一前-5]
他　　　뎌，又ᄂ믜。眉訓彼也。又某人也。[南一前-5]
他　　　뎌，又남의。眉訓彼也。又某人也。[白一前-15]

他門　　指其人而稱曰他門。[鄭一一前-7]
他門　　指其人而稱曰他門。與公們仝。[南一六前-6]
他門　　指其人而稱曰他們。與公們仝。[白八後-24]

他説　　謂舍所言之言而又發一端之説。[鄭一二前-25]
他説　　謂舍所言之言而又發一端之説。[南一八前-15]
他説　　謂舍所言之言而又發一端之説。[白九後-16]

塌　　　低陷。[白三前-30]

踏歌　以足踏地而歌。[鄭二五後-19，附録]
踏欹　以足踏地而欹。[白一六前-12]

癙　音闒，皮起。[白三前-25]

太極　太，ᄆ쟝。[鄭五前-13]
太極　太，ᄆ쟝。[南七前-13]
太極　太，ᄆ쟝。[白四前-20]

太瀾翻　言放肆鴻洞如波瀾翻動也。[鄭一九後-7]
太瀾翻　言放肆鴻洞如波瀾翻動也。[南三四後-4]
太瀾翻50)言放肆鴻洞如波瀾翻動也51)。[白一八後-18]

攤在　昔灘。以手布置。[白一六後-30]

賧罰　以貨贖罪。[鄭二五後-5，附録]
賧罰　以貨贖罪。○賧音淡，晉食貨志「元后渡江，蠻陬賧布」注「蠻夷以財贖罪也」。
　　　[南二九前-8]
賧罰　以貨贖罪。○賧音淡，晉食貨志「元后渡江，蠻陬賧布」注「蠻夷以財贖罪也」。
　　　[白一四後-2]

燙的痛　데워 쓰리다。[白一八後-21]

淘汰　淘與陶通，乃淘金也。淘ᄒ며 汰ᄒ야。[鄭一四前-18]
淘汰　淘與陶通，乃淘金也。淘ᄒ며 汰ᄒ야。[南二一前-8]
淘汰　淘與陶通，乃淘金也。淘ᄒ며 汰ᄒ다。[白一〇後-14]

討　츳다，求也。[鄭二後-9]
討　츳다，求也。○得也，論也。[南三後-1]

討　츳다，求也，得也，論也。[白二前-11]

討喫　討，求也。討ᄒ야　喫ᄒ다。[鄭一四後-23]
討喫　討，求也。討ᄒ야　喫ᄒ다。[南二二前-4]
討喫　討，求也。討ᄒ야　喫ᄒ다。[白一一後-9]

討書　猶今유무　밧다。[鄭一四後-3]
討書　猶今유무　밧다。[南二一後-2]
討書　猶今유무　밧다。[白一一前-22]

特地　各別也。又ᄀ쟝，漢語ᄒ부러，又특별이。[鄭六後-18]
特地　各別也。又ᄀ쟝，漢語부러，又특별이。[南九後-13]
特地　各別也。又ᄀ쟝，漢語부듸，又특별이。[白五前-14]

騰倒　紛綸升降錯揉往來之謂。[鄭一五前-22]
騰倒　紛綸升降錯揉往來之謂。[南二二後-8]
騰倒　紛綸升降錯揉往來之謂。[白一一後-12]

剔　쌔혀。[鄭二後-19]
剔　쌔여。○猶剪也。글희텨。[南三後-10]
剔　쌔여。○猶剪也。글희쳐。[白二後-5]

剔出　글희텨 내여。[鄭一三後-8]
剔出　글희텨 내여。[南二〇前-7]
剔出　쯰러 ᄂᆡ여。[白一〇後-15]

踼　音唐，跌踼也。行失正皃，又飛動皃。搶也。[鄭三前-2]
踼　音唐，平聲，跌踼也。頓伏貌，行失正貌，又飛動皃。又搶也。○又見去聲，

　　　　츠다。[南四前-4]

踼　音唐，平聲，趺踼也。頓伏貌，行失正貌，又飛動皃。又搶也。○又見去聲，
　　츠다。[白二後-1]

提　잡다。[鄭二後-26]

提　잡다。[南四前-1]

提　잡다。[白二後-9]

提敗　올긔 잡다。[鄭七前-26]

提敗　올긔 잡다。[南一○後-15]

提敗　올기 줍다。[白六前-1]

提掇　잡드러，溪訓。眉訓掇亦提也。 [鄭七前-11]

提掇　잡드러，溪訓。眉訓掇亦提也。[南一○前-15]

提掇　잡드려，溪訓。眉訓掇亦提也。[白五後-10]

提起　잡드러。[鄭一○前-6]

提起　잡드러。○드러닐윽혀다。[南一四後-15]

提起　잡드려，又드러니륵혀다。[白七後-12]

提撕　잡드다。眉訓提而振之也。[鄭六前-4]

提撕　잡드다。眉訓提而振之也。[南八後-2]

提撕　잡드다。眉訓提而振之也。[白四後-19]

醍醐　酥之精液，養性令人無妬心。[鄭一○後-10]

體　骨子也。猶木之有幹。易：「貞固足以幹事。」[鄭四前-3]

體　骨子也。猶木之有幹。易：「貞固足以幹事。」[南五後-1]

體　　骨子也。猶木之有幹。易：「貞固足以幹事。」[白三前-15]

體大　　猶大事。[鄭一三前-19]
體大　　猶大事。[南一九後-9]
體大　　猶大事。[白一〇前-5]

體當　　如云體驗，體得堪當。[鄭一一後-6]
體當　　如云體驗，體得堪當。[南一七前-5]
體當　　如云體驗，體得堪當。[白八後-29]

體認　　體，驗也；認，卜識也。失物而得其物，分卜而識之曰此吾失物也。此「認」
　　　　字之義。[鄭一三後-7]
體認　　體，驗也；認，卜識也。失物而得其物，分卜而識之曰此吾失物也。此「認」
　　　　字之義。[南二〇前-6]
體認　　體，驗也；認，卜識也。失物而得其物，分卜而識之曰此吾失物也。此「認」
　　　　字之義。 [白一〇前-17]

天機　　天理自然發用之妙處。[鄭一三前-10]

田地　　地位也。[鄭九前-12]
田地　　地位也。〇地土亦云田地。[南一三後-1]
田地　　地位也。地土亦云田地。[白七前-14]

調停　　調和均停。元祐末呂大防以丞相首爲調停之説欲和解新舊。[鄭一三後-6]
調停　　調和均停。元祐末呂大防首爲調停之説和解新舊。[南二〇前-5]
調停　　調和停均。元祐末呂大防首爲調停之説和解新舊。[白一〇後-13]

挑覆　　抽出。[白一六前-25]

貼　　브티다。俗所謂褙貼亦此意。[鄭一後-1]

貼　　브티다。俗所謂褙貼亦此意。○貼將來, 흥졍 갑슬 거스려 오다。[南一後
　　　 -10]

貼　　붓치다。俗所謂褙貼亦此意。○貼將來, 흥졍 갑슬 거스려 오다。[白一前
　　　 -3]

貼裏　　古語也。猶向裏。[鄭一二前-17]

貼裏　　猶向裏。[南一八前-8]

貼裏　　猶向裏。[白九前-24]

貼律　　貼入規律。[鄭一二前-20]

貼律　　貼入規律。○구률의 합당타。[南一八前-11]

貼律　　貼入規律。구률의 합당타。[白九前-27]

鐵籠罩却　　罩者以籠自上罩下。以捕魚者謂以鐵作籠, 自上籠下則其中籠入之物
　　　　　　無緣脫出, 言無所見。[鄭二一前-3]

鐵籠罩却　　罩者以籠自上罩下。以捕魚者謂以鐵作籠, 自上籠下則其中籠入之物
　　　　　　無緣脫出, 言無所見。[南三七前-8]

鐵籠罩却　　罩者以籠自上罩下。以捕魚者謂以鐵作籠, 自上籠下則其中籠入之物
　　　　　　無緣脫去, 言無所見。[白二〇前-6]

亭亭　　猶當當。[鄭一五後-4]

亭亭　　猶當當。[南二二前-12]

亭亭　　猶當當。[白一一前-11]

亭亭當當　　言處之皆得其宜。[鄭二一後-3]

亭亭當當　　言處之皆得其意。[南三八前-5]

亭亭當當　　言處之皆得其意。52)[白二〇前-9]

停解　休官。[鄭二五前-4, 附録]
停解　休官。○停其俸, 解其任。[南二八後-6]
停解　休官。○停其俸, 解其任。[白一四後-16]

頭　　긋。[鄭一後-23]
頭　　긋。○語辭也。語端皆云頭。[南二後-3]
頭　　긋。○語辭也。語端皆云頭。[白一後-13]

頭邊　猶本末。[鄭一四後-16]
頭邊　猶本末。○猶言初頭也。[南二一後-12]
頭邊　猶本末也, 53)猶言初頭也。[白一一前-24]

頭當　다힐 디, 疑다ᄃ른 디, 溪訓。[鄭六後-16]
頭當　다힐 디, 疑다ᄃ른 디, 溪訓。[南九後-11]
頭當　다힐 디, 疑ᄃᄃ른 디, 溪訓。[白五前-22]

頭影　端緒。[鄭一○後-21]
頭影　端緒。[南一六前-7]
頭影　端緒。[白八前-12]

徒然　ᄒᆞᆫ갓 그러타。[鄭一○後-22]
徒然　ᄒᆞᆫ갓 그러타。[南一六前-8]
徒然　ᄒᆞᆫ갓 그럿타。[白八後-4]

圖榜　圖, 精舍圖也。榜, 如今勸資也。將作精舍, 勸人出物以助也。[鄭一三後-19]
圖榜　圖, 精舍圖也。榜, 如今勸資也。作精舍, 勸人出物以助。[南二○後-3]
圖榜　圖, 精舍圖也。榜, 如今勸資也。作精舍, 勸人出物以助。[白一○前-28]

圖賴　　是屈已輸與人而聲言爲其所害也。[鄭一三後-16]

圖賴　　是屈已輸與人而聲言爲其所害也。○未詳。[南二〇前-15]

圖賴　　抵賴同。是屈已輸與人而聲言爲其所害也。未詳。남의 힘을 보고져。[白
　　　　一〇前-23]

吐款　　罪人承服。[鄭二四後-9, 附録]

吐款　　罪人承服。[南二八前-7]

吐款　　罪人承服。[白一四後-6]

搏量　　흔듸 모도와 量ᄒ다, 如斗量之時必搏而量之也。[鄭一七前-4]

搏量　　흔듸 모도와 量ᄒ다, 如斗量之時必搏而量之也。[南二五前-4]

搏量　　흔듸 모도화 量ᄒ다, 如斗量之時必搏而量之。[白一二後-19]

推排　　밀며 벗바다 올리다。[鄭五後-1]

推排　　밀며 벗바다 올리다。[南七後-6]

推排　　밀며 벗바다 올니다。[白四前-26]

推鑿　　穿也, 鑿也。[鄭九後-19]

推鑿　　穿也, 鑿也。[南一四後-1]

推鑿　　穿也, 鑿也。[白七後-32]

退産　　中原人買賣財産必告官質文, 故若欲退其産亦呈于官而受其批然後退之,
　　　　故曰批退。[鄭一五後-6]

退産　　中原人買賣財産必告官質文, 故若欲退其産亦呈于官而受其批然後退之,
　　　　故曰批退也。[南二二後-15]

退産　　中國人賣買財産必告官質文, 故若欲退其産亦呈于官而受其批然后退之,
　　　　故曰批退也。[白一二前-4]

褪　　　脱也。[白四前-1]

脫空　헛것。[鄭七前-4]
脫空　헛것。○　猶言섭섭。[南一〇前-8]
脫空　헛것, 猶言섭섭。[白五後-4]

柝號　勅之號令。出於易。[鄭一一前-3]
柝號54)　보람쎠히다, 又榜내다。[南一六前-13]
柝號　보람쎠히다, 又榜닉다。[白八前-18]

[W]

外間　外物也。[鄭一二前-7]
外間　外物也。○밧겻티라。[南一七後-14]
外間　外物也。밧겻치라。[白九前-17]

玩愒　猶貪恋歲月之意。俗言人生과타。[鄭一二後-2]
玩愒　○猶優遊荏苒之意。[南一八後-1]
玩愒　猶優遊荏苒之意。[白九前-33]

宛轉說來　宛轉, 不直截而委曲轉輾之意。[鄭二一前-5]
宛轉說來　宛轉, 不直截而委曲轉輾之意。[南三七後-1]
宛轉說來　宛轉, 不直截而委曲轉展之意。[白一九後-17]

萬化　應物萬事。南州謂之萬化。[鄭一四前-13]

王租　나라 구실。[鄭二七前-9, 附錄]
王租　나라 구실。[南三一前-4]
王租　나라 구실。[白一五後-24]

枉酷　이민히 죄닙다。[鄭二五前-7, 附錄]

枉酷　　이미히 죄닙다。[南二八後-9]
枉酷　　이미히 죄임다。[白一四後-19]

枉陪　　陪，重也，謂重疊添加之。陪疑倍之誤。[鄭一三前-1]
枉陪　　陪，重也，謂重疊添加之，陪疑倍之誤。○이미흔 무리쑤럭이라，當作賠。[南一九前-7]
枉陪　　陪，重也，謂重疊添加之意。陪疑倍之誤。○이미흔 무리쑤럭이라，當作賠。[白九後-17]

妄階　　竊、階仝。[鄭二五前-16，附錄]
妄階　　○猶俗言賊職。[南二八後-15]
妄階55)猶俗言賊職。竊、階仝。[白一四後-24]

爲甚　　甚音슴，므스 거슬 위ᄒ야。[鄭七前-6]
爲甚　　甚音슴，므스 거슬 위ᄒ야。[南一〇前-10]
爲甚　　甚音슴，므슨 거슬 위ᄒ야。[白五後-11]

唯阿　　猶言오냐오냐。唯阿，維諾之意。[鄭一四後-17]
唯阿　　猶言오냐오냐，唯諾之意。[南二一後-13]
唯阿　　猶言와야와야，唯諾之意。[白一一後-4]

委　　實也。[白三後-7]

委的　　委，保也，信也。的，語助辭。[鄭二三前-2，字解]
委的　　委，保也，信也。的，語助辭。[南二六前-4]
委的　　委，保也，信也。的，語辭也。[白一三後-1]

委曲　　委亦「曲」字之義。고븨고븨。[鄭一六後-2]
委曲　　委亦「曲」字之義。고븨고븨。○猶言曲盡也。[南二四前-14]
委曲　　委亦「曲」字之義。고뷔고뷔，猶曲盡也。[白一二後-16]

委實　　委亦實也。[鄭二三前-3，字解]

委實　　委亦實也。[南二六前-5]

委實　　委亦實也。[白一三前-29]

委意　　아다。[鄭七前-20]

委意　　아다。[南一〇後-9]

委意　　아다。[白五後-23]

諉　　託辭。[鄭三後-21]

諉　　託辭。[南五前-9]

諉　　託辭。[白三前-2]

亹亹　　音尾，自強不息。[鄭一七後-4]

亹亹　　音尾，自強不息。○不厭之意。[南二五後-9]

亹亹　　音尾，自強之不息。○不厭之意。[白一三前-21]

未曾　　잠깐도 아니，又曾，아뢰。[鄭一〇後-16]

未曾　　잠깐도 아니，又曾，젼의。[南一五後-16]

未曾　　잠깐도 아니，又曾，증젼의。[白八後-20]

未解　　[鄭一〇後-7][56]

未解有父　　太學九章小注「尋常」釋。語録「解」字爲아다 ᄒ거니와，以此「未解」
之「解」釋之，豈可謂아다 ᄒ리오。凡用「解」字「會」字處，雖難以方
言的實解得，只是그 이리 그리도외 믈謂之「解」라 ᄒ니，亦謂之
「會」。[鄭二一後-7]

未解有父　　見太學九章小注「尋常」釋。語録「解」字爲아다 ᄒ거니와，以此「未解」
之「解」釋之，豈可謂아다 ᄒ리오。凡用「解」字「會」字處，雖難以方
言的實解得，只是그 이리 그리도 외 믈謂之「解」라 ᄒ니，亦謂之

「會」。[南三八前-9]

未解有父　見太學九章小注「尋常」釋。語録「解」字爲아다 ᄒ거니와, 以此「未解」
之「解」釋之, 豈可謂아다 ᄒ리요。凡用「解」字「會」字處, 雖難以方
言的實解得, 只是그 일이 고리되 옴을 謂之「解」라 ᄒ니, 亦謂之
「會」。[白二〇前-1]

未知所稅　稅, 止也。未知所居。[鄭二一前-1]
未知所稅　稅, 止也。[白一九前-2]

齷齪　急促局㥦皃。[鄭一四前-3]
齷齪　急促局㥦貌。[南二〇後-10]
齷齪　急促局㥦貌。[白一一前-1]

無方　猶方所。[鄭一二後-18]
無方　無方所。[南一九前-2]
無方　無方所。[白九後-20]

無縫塔　塔高数層而中間有門相通有梯可上, 而亦有石結成無門無梯者曰無縫
塔。[鄭一八後-17]
無縫塔　塔高數層而中間有門相通有梯可上, 而亦有以石構成無門無梯者曰無縫
塔。[南三三前-10]
無縫塔　塔高数層而中間有門相通有梯可上, 而亦有以石構成無門無梯者曰無縫
塔。[白一八前-3]

無賴　힘히미, 又부질업시。[鄭二四前-11, 字解]
無賴　힘힘이, 又브졀업시。[南二七後-12]
無賴　힘힘이, 又브졀업시。[白一四前-30]

無量　不以幾器爲限, 惟適於氣, 世儒以飲之无限看者非。[鄭一六後-19]
無量　不以幾器爲限, 惟適於氣, 世儒以飲之無限看者非。[南二四後-14]

無量　　不以幾器爲限，惟適於氣，世儒以飮之無限看者非。[白一二後-15]

無甚利害　　그대도록 니흠도 업고 해흠도 업다。[鄭二八後-2, 附録]
無甚利害　　그대도록 니흠도 업고 해홈도 업다。[南三八後-9]
無甚利害　　그딕도록 니흠도 업고 히흠도 업다。[白一九前-1]

無事生事　　無事之中生事。[鄭二〇後-15]

無所　　猶無處。[鄭一二後-20]
無所　　猶無處。[南一九前-4]
無所　　猶無處。[白九後-15]

仵　　與午同。取光明之義。[白三前-33]

五種　　다슷 가지。[鄭九前-10]

物事　　事，語辭。如今数物必曰一事二事。[鄭五後-12]
物事　　事，語辭。如今數物必曰一事二事。[南八前-1]
物事　　事，語辭。如今數物必曰一事二事。[白四後-29]

物土　　貢稅。[鄭二六前-15, 附録]
物土　　貢稅。[南三〇前-2]
物土　　貢稅。[白一四後-29]

[X]

扐　　매여, 又꺼여。俗「析」字。[鄭一後-18]
扐　　매여, 又꺼여。俗「析」字。[南二前-12]

扼　째어, 又씌여。俗「拆」字。[白一後-8]

席　以管蒲織者。[白三前-22]

係磨勘　計仕遷官，如今仕滿遷官之類。[鄭一九後-1]
係磨勘　計仕遷官，如今仕滿遷官之類。[南三四前-9]
係磨勘　計仕遷官，如今仕滿遷官之類。[白一八前-20]

戲責　以雜技賭勝負而責物於人也。[鄭二六前-3，附錄]
戲責　以雜技賭勝負而責物於人也。[南二九後-10]
戲責　以雜技賭勝負而責物於人也。[白一四後-23]

呷　音甲，흔 머곰，吸呷。[鄭四前-4]
呷　音甲，흔 머곰，吸呷。[南五後-2]
呷　音甲，흔 머금，吸呷。[白三前-11]

下　音햐，「下」字言아모 字늘 노타，下手，손디타，下工夫亦同。[鄭四前-7]
下　音햐，「下」字言아모 字를 노타，下手，손디타，下工夫亦同。[南五後-5]
下　音햐，「下」字言아마 字를 노타，下手，손지다，下工夫亦全。[白三前-14]

下晡　申時末。[鄭二六後-9，附錄]
下晡　申時末。[南三○前-16]
下晡　申時末。[白一五後-33]

下度　짐쟉다。卜度同。[鄭一五後-19]
下度　짐쟉다。與卜度同。○音濁。[南二三前-12]
下度　짐작다。與卜度同。音濁。[白一一後-5]

下髪　削髮。[鄭二七前-11, 附錄]
下髪　削髮。[白一六後-2]

下夫　下手也。恐與下工夫仝。[鄭七後-21]
下夫　下手也。恐與下工夫仝。[南一一後-6]
下夫　下手也。恐與下功夫仝。[白六前-26]

下落　다힐딕, 猶歸宿也。[鄭六前-14]
下落　다힐딕, 猶歸宿也。[南八後-11]
下落　다힐대, 猶歸宿也。[白四後-27]

下妻　小妻。[鄭二三後-5, 字解]
下妻　小妻。○곳 겨집。[南二六後-13]
下妻　小妻。곳 게집。[白一三後-15]

下梢　내죵, 溪訓。[鄭六後-1]
下梢　내죵, 溪訓。[南九前-8]
下梢　닉죵, 溪訓。[白五前-9]

下梢頭　아래굿。[鄭一九前-16]
下梢頭　아래굿。[南三四前-4]
下梢頭　아릿굿。[白一八前-24]

下手　손디타。[鄭九後-7]
下手　손디타。[南一四前-5]
下手　손지다, 着手也。[白七後-22]

下熟　稍豐也。中熟、上熟以此推之。[鄭二七前-7, 附錄]
下熟　稍豐也。中熟、上熟以此推之。[南三一前-2]
下熟　稍豐也。中熟、上熟以此推之。[白一五後-17]

罅　音嚇，罋也。[白三前-6]

閑　노다，又쇽졀업다，又힘힘타。[鄭一前-6]

閑　노다，又쇽졀업다，又힘힘타。[南一前-6]

閑　노다，又쇽졀업다，又힘힘타。[白一前-4]

閑汨董　힘힘코 잡되오다。[鄭一八前-11]

閑汨董　○閑，閑漫也。汨董，南人雜魚肉置飯中謂之汨董羹。謂雜亂不切之事也。○漢語汨從木，閑相董猶朽株撅也。[南三二前-11]

閑汨董　閑，閑漫也。汨董，南人雜魚肉置飯中謂之閑汨董羹。謂雜亂不切之事也。○漢語汨從木，閑相董猶朽株撅也。[白一七前-25]

閑漢　한가흔 놈。[鄭一四前-24]

閑漢　한가흔 놈。[南二一前-14]

閑漢　흔가헌 놈。[白一○後-20]

閑説話　쇽졀엄시 말솜ᄒ미라。[鄭一八前-7]

閑説話　부졀업시 말솜ᄒ미라。[南三二前-7]

閑説話　부졀업시 말솜호미라。[白一七前-16]

閑相董　서근 나모 들걸。[鄭一八後-12]

閑寫　從容談話。[鄭二六前-11，附錄]

閑寫　從容談話。○猶言브졀업시 쓰다。[南二九後-14]

閑寫　從容談話。猶言브졀업시 쓰다。[白一五前-23]

銜戢　戢，藏也。感意銜戢于中。又感戢仝。[鄭一四前-7]

銜戢　戢，藏也。感意銜戢于中。又感戢同。[南二○後-14]

銜戢 戢，藏也。感意銜戢於中，又感戢仝。[白一〇後-2]

撏 徂含切。取也。지버 ᄲᅢᆺ다。[鄭三後-6]
撏 徂含切。取也。지버 ᄲᅢᆺ다。○ᄌᆞᆺ다。[南四後-11]
撏 音잠，徂含切。取出也。지버 ᄯᅢᆺ다。○주다。[白二後-31]

綫 音善，細絲也。[鄭三前-7]

相表裏 兩事相爲表裏。彼爲表則此爲裏，此爲表則彼爲裏。[鄭一九後-6]

相須 「須」字多有待意。[鄭一三前-4]
相須 「須」字多有待意。[南一九前-10]
相須 「須」字多有待意。셔루미더。 [白九後-27]

鄉上 鄉，向也。上，「形而上」之「上」，謂天理也。言向道理。[鄭八後-17]
鄉上 鄉，向也。上，「形而上」之「上」，謂天理也。言向道理。[南一二後-16]
鄉上 鄉，向。上，「形而上」之「上」，謂天理也。言向道理。[白七前-22]

向來 아ᄅᆡ。[鄭五後-13]
向來 아ᄅᆡ。[南八前-2]
向來 아ᄅᆡ，又그전 븟텀。[白四後-10]

消 爲也。又모로매，又ᄒᆞ여디내다。眉訓須也。不須、不消也。[鄭二後-11]
消 爲也。又모로매，又ᄒᆞ여디내다。眉訓須也。[南三後-3]
消 爲也。又모로며，又ᄒᆞ여디내다。眉訓須也。[白二前-19]

消詳 仔細。[鄭九後-10]
消詳 仔細。○猶云須用詳細，漢語消與須同義。[南一四前-8]

消詳　仔細。猶言須用詳細，漢語消與須同義。[白七後-25]

梟夷　梟首而夷其族。[鄭二五後-23，附録]
梟夷　梟首夷族。[白一六前-22]

蕭疏　조타。○疏，一作騷。[鄭五後-8]
蕭疏　조타。疏，一作騷。[南七後-13]
蕭疏　조타。疏，一作騷。[白四後-1]

小廝們　알희뎔。[白一八後-2]

笑殺　우이다。歐陽公詩曰：「笑殺汝陰　常處士，十年騎馬聽朝雞。」[鄭七後-24]
笑殺　우숩다。歐陽公詩曰：「笑殺汝陰　　常處士，十年騎馬聽朝雞。」[南一一後-10]
笑殺　우숩다。唐詩：「山公欲上馬，笑殺襄陽兒。」[白六前-25]

些子　죠고만，又잠깐，又벙으다。[鄭五後-4]
些子　죠고만，又잠깐。[南七後-9]
些子　조고만，又잠깐。[白四前-29]

洩洩　舒散兒。[鄭一五前-5]
洩洩　舒散。[白一五後-9]

心齊　一志虛心，如祭祀之齊지。[鄭一三後-1]

信得及　於聖賢之言能信而篤守曰信得及。[鄭一八後-14]
信得及　於聖賢之言能信而篤守之曰信得及。[南三三前-5]

信不及　於聖賢之言不能信而篤守之曰信不及。[鄭一八後-9]

信不及　　於聖賢之言不能信而篤守之曰信不及。[南三三前-4]
信不及　　於聖賢之言不能信而篤守之曰信不及。57)[白一七後-26]

星子　　지울눈。[鄭一四後-24]
星子　　져울눈。[南二二前-5]
星子　　져울눈。[白一一前-4]

惺惺　　찟찟다, 又슘슘다。[鄭八後-16]
惺惺　　찟찟다。 [南一二後-15]
惺惺　　찟찟다, 씩씩흔 놈。[白六後-32]

騂然　　面發赤色也。騂音셩, 慚覥皃。[鄭一一後-2]
騂然　　面發赤色也。騂音셩, 慚覥貌。[南一七前-2]
騂然　　面發赤色也。騂音셩, 慚覥貌。[白一二後-23]

形而上　　形로 上이, 未有形之前, 只有理而已。[鄭一九前-3]
形而上　　形으로 上애, 未有形之前, 只有理而已。[南三三後-4]
形而上　　形으로 上에, 未有形之前, 只有理而已。[白一八前-9]

形而下　　形인 下애, 既有形之後, 有器之名。[鄭一九前-7]
形而下　　形인 下애, 既有形之後, 有器之名。[南三三後-5]
形而下　　形으로 下에, 既有形之后, 有器之名。[白一七後-5]

凶身　　殺人元犯。[白一六後-32]

休下　　如今下番。[鄭二七前-4, 附録]
休下　　如今下番。[南三〇後-16]
休下　　如今下番。[白一五前-22]

休做客　　손인체 말고。[白一八後-19]

宿留　　宿音슈，有所希望而留之。[鄭一七前-16]
宿留　　宿音슈，止也。有所希望而留之。[南二五前-16]
宿留　　宿音슈，止也。有所希望而留之。[白一二後-4]

虛間　　間、閑仝。虛間，不急促。[鄭一三前-25]
虛間　　間、閑仝。虛間，不急促。○힘힘타。[南一九後-15]
虛間　　間、閑仝。虛間，不急促。심심타。[白一○前-11]

虛怯　　虛而多畏卽安害變。[白一六後-9]

須　　모로매，又強也，又有待意，又必也。[鄭一前-11]
須　　모로매，又強也，又有待意，又必也。[南一前-11]
須　　모로매，又強也，又有待意，又必也。[白一前-3]

須放教開　　모로미 放「ꑦ」、「ꭶ」히여곰 開케 ᄒ다。有助長之意。[鄭二一前-6]
須放教開　　모로미 放ᄒ야 히여곰 開케 ᄒ다。有助長之意。○展拓之義也。[南三七後-2]
須放教開　　모로미 放ᄒ여 학야곰 開케 ᄒ다。有助長之意。○展拓之義也。[白一九後-16]

許多　　만타。[鄭一一前-1]
許多　　만타。[南一六前-12]
許多　　만타。[白八後-27]

許多時　　하다ᄒ 시져리라。[鄭一八後-3]
許多時　　하다ᄒ 시졀이라。[南三二後-14]

許多時　허다흔 시졀이라。[白一七前-12]

懸論　외오셔 의논ㅎ다。[鄭二四後-2, 附録]
懸論　외오셔 의논ㅎ다。[南二八前-3]
懸論　외오셔 의논ㅎ다。[白一四前-3]

懸知　懸, 遠也。猶遙度。[鄭一三前-8]
懸知　懸, 遠也。猶遙度。[南一九前-14]
懸知　懸, 遠也。猶遙度也。[白一○前-26]

血癮　音陰, 血暈。[白一七前-2]

旬呈　謫居之人有旬呈之事。如今旬日手本之事。[鄭一七前-3]
旬呈　謫居之人有旬呈之事。如今每旬手本之事。[南二五前-3]
旬呈　謫居之人有旬呈之事。如今每旬手本之事。[白一三前-7]

尋覓　猶思索, 有助長之病。[鄭一四前-6]
尋覓　猶思索, 有助長之病。○猶言搜出。[南二○後-13]
尋覓　猶思索, 有助長之病。猶言搜出。[白一一前-3]

詢仰　稟問而尊仰。[鄭二六後-17, 附録]
詢仰　稟問而尊仰。[南三○後-7]
詢仰　稟問而尊仰。[白一五前-14]

[Y]

押　如今押領人以去。[鄭三後-3]
押　如今押領人以去。○着署亦曰花押。[南四後-8]
押　如今押領人以去。○着署亦曰花押。[白二後-32]

押録   猶今書吏。[鄭一一前-18]

押録   猶今書吏。 58)[南一六後-8]

押録   猶今書吏。[白八後-11]

押下諸司   如今押領人以去。[鄭二〇後-5]

押下諸司   如今押領人以去。○諸司를 거ᄂ리다。[南三六後-10]

押下諸司   如今押領人以去。諸司를 거나리다。[白一九前-16]

雅響   조흔 일흠。[鄭二四後-20, 附録]

雅響   조흔 일홈。[白一五後-12]

齾   音遏, 獸食之餘曰齾。[鄭三後-1]

齾   音遏, 獸食之餘曰齾。[南四後-6]

齾   音遏, 獸食之餘曰齾。[白二後-30]

延蔓   뒤너츠다。[鄭一七後-1]

延蔓   뒤너츠다。[南二五後-7]

延蔓   뒤너치다。[白一三前-19]

研   窮也。궁극。[鄭二後-15]

研   窮也。궁구。○磨也。[南三後-7]

研   窮也。궁구。○磨也。[白二前-17]

眼下   猶言當時。[鄭一三前-20]

眼下   猶言當時。[南一九後-10]

眼下   猶言當時。[白一〇前-3]

罨   音奄, 掩也。[白三後-29]

驗白　효험 나 분명타。[鄭二七前-5, 附録]

驗白　효험 나 분명타。[南三一前-1]

驗白　효험이 분명타。[白一五後-22]

屫　音厭, 足也。[鄭四前-15]

屫　音厭, 足也。[南五後-12]

屫　音厭, 足也。[白三後-6]

樣子　본。[鄭八後-23]

樣子　본。[南九前-4]

樣子　본。[白五前-2]

要　求也。又브듸, 又ᄒ고져。[鄭一前-12]

要　求也。又브듸, 又ᄒ고져。○音見平聲及去聲。要, 約也, 勒也。固, 要
　　也, 察也。以上平聲。久, 要也, 樞要也。要, 會也, 欲也。以上去聲。
　　[南一後-1]

要　求也, 又브듸, 又ᄒ고져。○音見平聲及去聲。要, 約也, 勒也。固, 要
　　也, 察也。以上平聲。久, 要也, 樞要也。要, 會也, 欲也。以上去聲。
　　[白一前-9]

要得　이리과댜, 又ᄒ고져之意。[鄭一一後-16]

要得　이리콰댜, 又ᄒ고져之意。[南一七前-13]

要得　이리콰쟈, 又ᄒ고져之意。[白八後-9]

要得剛　剛을 브듸 ᄒ고져 ᄒ다。[鄭一九後-9]

要得剛　剛을 브듸 ᄒ고져 ᄒ다。[南三四後-6]

要得剛　剛을 브듸 ᄒ고져 ᄒ다。[白一八後-21]

要束   約束同義。[鄭一三後-2]
要束   約束同義。[南二〇前-2]
要束   約束同義。[白一〇後-10]

要之   구ᄒ여 보건댄。[鄭一〇後-5]
要之   구ᄒ여 보건댄。[南一五後-8]
要之   구ᄒ여 보건딘。[白八前-28]

突   音要, 室東南隅, 又與突同。[鄭四前-11]
突   韻會音要, 室東南隅也。本作窔, 或作宲。隱暗處也, 又深也。〇室東北隅
      爲窀養也。東北陽氣始起, 育養萬物也。西北隅爲屋漏, 日光自戶穿漏也。
      西南隅爲奧, 隱奧人事, 故名爲奧, 主人之所安息也。[南五後-8]
突   韻會音要, 室東南隅也。本作窔, 或作宲。隱暗處也。[白三前-16]

也   語辭。又ᄯᅩ也。眉訓亦也, 猶也。[鄭一前-4]
也   語辭。又ᄯᅩ。眉訓亦也, 猶也。[南一前-4]
也   語辭。又ᄯᅩ。眉訓亦也, 猶也。[白一前-19]

也須   그러나마 모로미 브딕。[鄭一七後-9]
也須   그럴ᄯᅵ라도 모로미 그리ᄒ라。[南二五後-13]
也須   그럴지라도 ᄯᅩ 모로미 그리ᄒ라。[白一三前-25]

一把   ᄒ 줌。[鄭五後-11]
一把   ᄒ 줌。[南七後-16]
一把   ᄒ 줌。[白四後-2]

一般   ᄒ 가지라, 又一種。[鄭七前-27]
一般   ᄒ 가지, 又一種。[南一〇後-16]

一般　　ᄒᆞᆫ 가지, 又一種。[白六前-8]

一棒一條痕　　一摑一掌血仝。言杖打則隨杖而有一條杖痕。[鄭二二後-1]
一棒一條痕　　一摑一掌血仝。言杖打則隨杖而有一條杖痕。[南三九前-13]
一棒一條痕　　言杖打則隨杖而有一棒一條痕。[白二〇後-2]

一遍　　ᄒᆞᆫ 디위。[鄭七後-14]
一遍　　ᄒᆞᆫ 번。[南一一前-13]
一遍　　ᄒᆞᆫ 번。[白六前-11]

一搭　　ᄒᆞᆫ 가짓。[鄭七後-5]
一搭　　ᄒᆞᆫ 가짓。○音茶, ᄒᆞᆫ 번 ᄇᆞ르다。[南一一前-5]
一搭　　ᄒᆞᆫ 가짓。○音茶, ᄒᆞᆫ 번 ᄇᆞ라다。[白六前-30]

一剗　　미호로시, 亦曰剗地忽然之意。[鄭二三前-4, 字解]
一剗　　○音찬, 平也, 削也, 即鋤治之義也, 亦曰剗地忽然之意。又ᄒᆞᆷ미 되게 닥다。[南二六前-6]
一剗　　音찬, 平也, 削也, 即鋤治之義, 亦曰剗地忽然之義。ᄒᆞᆷ미 되게 ᄃᆞ다。[白一三前-33]

一場　　ᄒᆞᆫ바탕이라。[鄭七前-24]
一場　　ᄒᆞᆫ바탕이라。[南一〇後-13]
一場　　ᄒᆞᆫ바탕이라。[白六前-5]

一場大脫空　　ᄒᆞᆫ밧탕 크게 소탈ᄒᆞ고 허타。[鄭二二前-5]
一場大脫空　　ᄒᆞᆫ밧탕 크게 소탈ᄒᆞ고 허타。[南三九前-5]
一場大脫空　　ᄒᆞᆫ바탕 크게 소탈ᄒᆞ다。[白二〇後-5]

一串　　ᄒᆞᆫ 곳。[鄭七後-3]
一串　　ᄒᆞᆫ 곳。○ᄒᆞᆫ ᄭᅦ옴。[南一一前-3]

一串　흔 곳, 又흔 쇠옴, 一句節。[白六前-10]

一綽過　一目覽過。[鄭一九前-17]
一綽過　一目覽過。[南三四前-5]
一綽過　一目覽過。[白一八後-10]

一打子　한 권。[白一八後-12]

一等　흔 층, 又흔 가지。[鄭一七後-5]
一等　흔 층, 又흔 가지。[南二五後-10]
一等　ᄒ 층, 又흔 가지。[白一三前-22]

一等人　흔 가디 사름, 猶言一種人也。[鄭一八前-1]
一等人　흔 가지 사름, 猶言一種人也。[南三二前-1]
一等人　흔 가지 ᄉ름, 猶言一種人也。[白一七前-10]

一冬　一方仝。[鄭一一前-5]
一冬　一方仝。[南一六前-14]
一冬　一方仝。[白八後-10]

一段　흔 편, 猶言一片也。[鄭五後-23]
一段　흔 편, 猶言一片也。[南八前-12]
一段　흔 편, 猶言一片也。[白四後-14]

一發　仝上。 59)치여。[鄭二三前-12, 字解]
一發　仝上。[南二六前-14]
一發　홈ᄢᅵ。[白一三後-2]

一方　猶一邊也。[鄭七前-16]

一方　猶一邊也。[南一〇後-5]
一方　猶一邊也。[白五後-12]

一副當　一件也, 溪訓。[鄭一八前-9]
一副當　一件也, 溪訓。[南三二前-9]
一副當　一件也, 溪訓。[白一七後-19]

一格　猶一例。[鄭一一前-12]
一格　猶一例。[南一六後-3]
一格　猶一例。[白八前-24]

一衮　홈쯰 모도다。[鄭九後-18]
一衮　홈쯰 모도다。[南一四前-16]
一衮　함쯰 모도다。[白七後-7]

一衮説　섯버므러 니르다。[鄭一八後-18]
一衮説　섯버므러 니르다。[南三三前-11]
一衮説　섯버므러 니르딕。[白一七後-25]

一摑一掌血　摑音괵, 흔 손바당으로 티매 흔 손바당 피라。手打則隨手而有一掌血漬, 謂其言之痛着如此。[鄭二二前-12]
一摑一掌血　摑音괵, 흔 번손으로 티매 흔 손바당 피라。手打則隨手而有一掌血漬, 謂其言之痛着如此。[南三九後-5]
一摑一掌血　摑音쎠, 흔 번손으로 치믹 흔 손바닥 피라。手打則隨手而有一掌血漬, 謂其言之痛着如此。[白二〇後-4]

一回　흔 슌。[鄭二四前-12, 字解]
一回　흔 슌。[南二七後-14]
一回　흔 슌。[白一四前-29]

一會　흔 디위。[鄭九後-6]
一會　흔 디위。[南一四前-4]
一會　흔 지위, 흔 번。[白七前-30]

一間　흔동안。[鄭五後-16]
一間　흔동안。[南八前-5]
一間　흔동안。[白四後-13]

一剪　흔 ᄀ애。[鄭一五後-15]
一剪　흔 ᄀ애에 ᄆᄅ다。[南二三前-8]
一剪　흔 ᄀ위에 ᄆᄅ다。[白一二前-9]

一件　흔 볼, 猶言第一件。[鄭一一前-8]
一件　흔 볼, 猶言第一件。[南一六前-15]
一件　ᄒ 볼, 猶言第一件。[白八後-2]

一角　猶一件。[鄭一五後-14]
一角　猶一件。○猶云一隅也。信物封裏亦云一角。[南二三前-7]
一角　猶一件。○猶云一隅。信物封裏亦云一角。[白一一後-26]

一節易如一節　一節이 一節두곤 쉽다。[鄭二二後-2]
一節易如一節　一節이 一節두곤 쉽다。[南四〇前-1]
一節易如一節　一節이 두곤 쉽다。[白二〇後-15]

一截　眉訓截其半而爲一截。흔 층。[鄭五前-5]
一截　眉訓截其半而爲一截。흔 동。[南七前-5]
一截　眉訓截其半而爲一截。흔 동。[白四前-12]

一介　一方仝。흔 디위。[鄭七後-11]

一就　이믜셔, 又흠씌。[鄭二三前-11, 字解]
一就　흠씌。[南二六前-13]
一就　흠씌。[白一三前-5]

一面　호온자, 又흔녀코로, 又흔 번。[鄭二三前-8, 字解]
一面　혼자, 又흔녁흐로, 又흔 번。[南二六前-10]
一面　흔쟈, 又흔녁흐로, 又흔 번。[白一三前-2]

一齊　흔글マ디 マ죽, 又다。[鄭七前-21]
一齊　흔글マ티 マ죽, 又다。[南一〇後-10]
一齊　흔갈ㅈ치 マ작쏘다。[白五後-24]

一錢漢　謂人物僅直一錢也。漢, 賤稱。[鄭二七後-1, 附録]
一錢漢　謂人物僅直一錢也。漢, 賤稱。[南三四後-9]
一錢漢　謂人物僅直一錢也。漢, 賤稱也。[白一七後-11]

一團　흔 무적。與一段全而但分爲各段合爲一團。[鄭一一前-11]
一團　흔 무적。與一段全而但分爲各段合爲一段。[南一六後-2]
一團　흔 무덕。[白八後-5]

一味　猶一切。흔글マ티。[鄭一五後-13]
一味　猶一切。흔글マ티。[南二三前-6]
一味　猶一切。흔갈マ치。[白一一後-30]

一餉　一飯之頃。[鄭一五後-18]
一餉　一飯之頃。[南二三前-11]
一餉　一飯之頃。[白一二前-12]

一向　흔글マ티。[鄭八後-12]
一向　흔글マ티。[南一二後-13]

一向　　흔갈ㅈ치。[白六後-26]

一項　　眉訓猶言一條。[鄭一〇後-2]
一項　　眉訓猶言一條。[南一五後-5]
一項　　眉訓猶言一條。[白七後-33]

一宿　　흔 숨, 又흐ㄹ 밤。[鄭二三前-13, 字解]
一宿　　흔 숨, 又흐릇 밤。[南二六前-15]
一宿　　흔 숨, 又흐로 밤。[白一三後-3]

一樣　　흔가짓。[鄭八前-23]
一樣　　흔가짓。[南一二後-1]
一樣　　흔가지。[白六後-13]

一意　　흔귿ㄱ티。[鄭一五後-11]
一意　　흔귿ㄱ티。[南二三前-4]
一意　　흔갈갓치。[白一一後-23]

一遭　　흔 디위。[鄭七後-8]
一遭　　흔 번。[南一一前-8]
一遭　　흔 번。[白六前-7]

一重　　흔 굴피라。[鄭六後-20]
一重　　흔 굴피라。[南一〇前-1]
一重　　흔 갈괴라。[白五前-8]

伊麼　　이만, 又그런, 又뎌, 又이리, 又그리。[鄭七前-18]
伊麼　　이만, 又그런, 又뎌, 又이리, 又그리。[南一〇後-7]
伊麼　　이만, 又그런, 又이리, 그리。[白五後-21]

伊蒲塞　　禅家飲食之名。[鄭一九後-11]
伊蒲塞　　佛語。漢語翻爲近住，言受戒行，堪近僧住。[南三四後-8]
伊蒲塞　　佛語。漢語翻爲近住，言受戒行，堪近僧住。[白一八前-12]

依前　　젼ㄱ티，又아릭브터。[鄭八前-4]
依前　　젼ㄱ티，又아릭브터。[南一一後-15]
依前　　젼젓치，又그젼붓터。[白六後-4]

依倚　　依倚於權勢之家。[鄭一三前-9]
依倚　　依倚於權勢之家。[南一九後-1]
依倚　　依倚於權勢之家。[白九後-25]

已日　　已過一日也。[鄭二七前-8，附録]
已日　　已過一日也。[南三一前-3]
已日　　已過一日也。[白一五前-25]

已事　　已過之事。[鄭一六前-23]
已過　　已過之事。[南二四前-12]
已過　　已過之事。[白一二前-29]

以　　由也。[鄭四後-4]
以　　由也。[南六前-6]
以　　由也。[白三後-5]

以來　　猶幾何。[白一六後-33]

異時　　猶他時。[鄭五前-17]
異時　　猶他時。[南七後-3]
異時　　猶他時。[白四前-23]

因循擔閣　虛度時日以致誤事。[鄭二一後-4]
因循擔閣　虛度時日以致廢事。[南三八前-6]
因循擔閣　虛度時日以致廢事。[白一九後-6]

音旨　論卞意趣也。[鄭一五前-6]
音旨　論辨意趣也。[南二二前-9]
音旨　論辨意趣也。[白一一前-8]

引路　길자비。[鄭一二前-12]
引路　길잡이。[南一八前-3]
引路　길자비。[白九後-6]

引却　引身却退。[鄭一二前-18]
引却　引身却退。[南一八前-9]
引却　引身却退。[白九後-11]

引他　引接。[鄭一二前-15]
引他　引接。○他, 뎌, 又뎌를 혀오다。[南一八前-6]
引他　引接也。他, 져, 又져를 혀오다。[白九後-9]

隱塾　下之物上觸而傷。[白一六後-35]

隱拒　上同。60)[鄭二四後-8, 附録]
隱拒　上仝。[南二八前-6]
隱拒　抵躪仝。[白一四前-12]

隱約　依稀之意。61)[鄭一五前-21]
隱約　依稀之意。[南二二後-7]
隱約　依稀之意。[白一一後-20]

檃括　正木之器。溪訓마초　힐훠　고티다。[鄭九前-15]

檃括　正木之器。溪訓마초　힐훠　고티다。○檃音隱，揉曲者曰檃，正方者曰括。[南一三後-4]

檃括　正木之器。溪訓마쵸　힐훠　고치다。檃音은，揉曲者檃，正方者檃括。[白七前-17]

癮　病也。猶血癮。[白三後-1]

印可　佛語。올타。[鄭一二前-2]

印可　佛語。올타。[南一七後-9]

印可　佛語。올타。[白九前-6]

攖　걸리다。[鄭三後-15]

蠅拂　프리채。[鄭二五前-10，附録]

蠅拂　프리치。[白一六前-6]

應且憎　雖黽勉應答而心實憎之。[鄭二七後-10，附録]

硬　굳다。[鄭二後-27]

硬　굿다。[南四前-2]

硬　굿다。[白二前-24]

硬把　벅벅이　ᄒ다。[鄭一三前-24]

硬把　벅벅이　ᄒ다。[南一九後-14]

硬把　쎅쎅이　ᄒ다。[白一〇後-7]

硬將拗橫　硬，堅固不通之義。拗，戾違也。言堅固將文義「ᄮ」、「ᅒ」쀠들

며 빗겨 사기다. [鄭二一前-10]

硬將拗横 硬，堅固不通之義。拗，戾違也。言堅固將文義ᄒ야 뷔틀며 빗겨 사기다。○猶言堅執謬見。[南三七後-6]

硬將拗横 硬，基固不通之義。拗，違戾也。言堅固將文義ᄒ야 뷔틀며 빗겨 스기다，猶堅執謬見。[白一九後-22]

硬來 구틔여 와。[鄭五後-25]

硬來 구틔여 와。[南八前-14]

硬來 굿틔여 와。[白四後-21]

硬要 구디 ᄒ고져。[鄭一〇後-8]

硬要 구틔여 ᄒ고져。[南一五後-10]

硬要 구틔여 ᄒ고져。[白八前-20]

硬寨 眉訓堅植意。[鄭九前-2]

硬寨 眉訓堅植意。[南一三前-8]

硬寨 眉訓堅植意。[白七前-6]

悠悠 有長遠之意。힘힘타。[鄭七前-13]

悠悠 有長遠之意。힘힘타。[南一〇後-2]

悠悠 有長遠之意。힘힘타。[白五後-9]

尤諱 尤，大也。謂君喪。[鄭二四前-17，附録]

尤諱 尤，大也。謂君喪也。[南二八前-1]

尤諱 尤，大也。謂君喪。[白一四前-7]

由來 從來仝。[鄭七後-25]

由來 從來仝。[南一一後-8]

由來 從來同。[白六前-20]

由你　네 무슴으로 ᄒ라。[鄭二三後-2, 字解]
由你　네 무음으로 ᄒ다。[南二六後-11]
由你　네 무음으로 ᄒ라。[白一三後-16]

由他　더뎌두다, 又제 무음대로 ᄒ게 ᄒ다。[鄭二三前-15, 字解]
由他　더뎌두다, 又제 무음대로 ᄒ게 ᄒ다。[南二六後-2]
由他　더져두다, 又제 무음디로 ᄒ게 두다。[白一三後-5]

疣贅　뙤슬。[鄭一二後-5]
疣贅　쪄슬, 사마귀。[白一六前-21]

有箇　如云一物。[鄭一三後-21]
有箇　猶言有一物也。[鄭一七後-13]
有箇　如云一物。[南二〇後-5]
有箇　如云一物。[白一〇後-26]

羑　音弋九切。善也。[鄭二前-23]
羑　未詳。[南三前-5]
羑　未詳。[白二前-34]

淤　瘀通血凝也。[白三後-34]

餘犯　既有重罪, 又有他罪。[鄭二六後-26, 附録]
餘犯　既有重罪, 又有他罪。○餘黨。[南三〇後-14]
餘犯　既有重罪, 又有他罪。○餘黨。[白一五後-19]

遇有　如有也。[白一六後-8]

遹　音律, 導也。又音郁, 循也。[鄭三後-10]

遹　音律，導也。又音郁，循也。○音유，回避也。[南四後-15]
遹　音律，導也。又音郁，循也。○音유，回避也。[白三前-26]

元料　猶本計。[鄭一七前-21]
元料　猶本計。[南二五後-5]
元料　猶本計。[白一三前-17]

元是説甚底　元是 説ᄒᄂ 거시 므서신고。[鄭二二前-9]
元是説甚底　元是 説ᄒᄂ 거시 므서신고。[南三九後-2]
元是説甚底　元是 説ᄒᄂ 거시 므엇신고。[白二〇後-1]

約　隱度也。[白三後-22]

越　더욱，愈也。[鄭三後-5]
越　더욱，愈也。[南四後-10]
越　더욱，愈也。[白二後-4]

閲理　古有「閲天下義理」之語。閲理，謂更歷而知。[鄭一三前-21]
閲理　古有「閲天下義理」之語。閲理，謂更歷而知。[南一九後-11]
閲理　古有「閲天下義理」之語。閲理，謂閲歷而知。62)[白一〇後-4]

云爾　이리 닐ᄅ다，又語辭。[鄭一七後-14]
云爾　이리 닐ᄅ다，又語辭。[南二六前-3]
云爾　이리 닐ᄋ다，又語辭。[白一三前-30]

[Z]

拶　音찰，다와다 가다。[鄭一後-6]

捹　　音찰, 다와다 가다。○쩍다。[南一後-15]

捹　　音찰, 다와다 가다, 又쩍다。[白一後-4]

捹到　　다와다 가다。[鄭八前-21]

捹到　　다와다 가다。[南一二前-15]

捹到　　다왓다 가다。[白六後-18]

仔細　　ᄌ셰。[鄭一○前-5]

仔細　　ᄌ셰。[南一四後-14]

仔細　　ᄌ셰히。[白七後-3]

再著　　엿 흔번。[鄭九前-23]

再著　　○두 번。[南一三後-11]

再著　　두 번。[白七前-20]

在　　語辭。有在意。[鄭二前-19]

在　　語辭。有在意。[南三前-3]

在　　語辭。有在意。[白二前-23]

在事　　有司。[鄭二六前-20, 附録]

在事　　有司。[南三○前-7]

在事　　有司。[白一五前-29]

咱們　　漢語音자문, 우리。[鄭一○後-12]

咱們　　漢音자문, 우리。[南一五後-13]

咱們　　漢語ᄌ믄, 우리들。[白八前-23]

儧那　　儧音찬, 取也。那, 移也。[鄭一二前-19]

儧那　儧，取也。那，移也。[南一八前-10]
儧那　儧，取也。那，移也。[白九前-29]

趲　ᄯ라，眉訓。[鄭三前-18]
趲　ᄯ로다，眉訓。[南四前-15]
趲　ᄯ로다。[白二後-24]

趲進着説　一步説深於一步也。猶俗言다함 니ᄅ다。[鄭二〇前-16]
趲進着説　一步説深於一步也。猶俗言다함 니ᄅ다。[南三六後-4]
趲進着説　一步説深於一步也。猶俗言다함 니르다。[白一九前-9]

贊　音찬，明也。[鄭三後-11]
贊　明也。[南五前-1]
贊　明也。[白二後-10]

鑿　슬也。情之鑿去其性，猶슬之鑿物也。[鄭三後-4]
鑿　슬也。情之鑿去其性，猶슬之鑿物也。[南四後-9]
鑿　슬也。情之鑿去其性，猶슬之鑿物也。[白二後-33]

早晩　這早晩일늣도록，又問何時曰多早晩。어ᄂᆞ때。[鄭二三前-14，字解]
早晩　일늣도록，又多早晩，어늬때。[南二六後-1]
早晩　일늣도록，又早晩，어늬쎄。[白一三前-10]

早早　어셔，又블셔。[鄭九後-9]
早早　어셔，又블셔。○ᄆᆞ장 일즉。[南一四前-7]
早早　어셔，又블셔，又ᄆᆞ쟉 일즉。[白七前-33]

則管　則音ᄌᆞ，或作只，슬이여。[鄭二三前-19，字解]

則管　則音즉, 或作只, 슬의여。[南二六後-6]
則管　則音즉, 或作只, 슬피어。[白一三後-9]

責狀　猶言取招。[白一六後-29]

齰　音窄。[鄭二前-14]
齰　音窄。[白三後-23]

齰舌　혀 즌므단 말。[鄭一七前-15]
齰舌　혀 므단 말。[南二五前-15]
齰舌　혀 무단 말。[白一三前-11]

怎　音즘, 어늬, 又엇디, 與甚仝。[鄭三後-16]
怎　音즘, 어늬, 又엇디, 與甚仝。[南五前-4]
怎　音즘, 어늬, 又엇지, 與甚同。[白二後-13]

怎麽　엇데오。[鄭七前-12]
怎麽　엇데오。[南一〇後-1]
怎麽　엇데오。[白五後-16]

怎生　漢語怎, 何也。生, 語辭。어늬 엇데。眉訓何也。[鄭六後-21]
怎生　漢語怎, 何也。生, 語辭。어늬 엇데。眉訓何也。[南一〇前-2]
怎生　漢語怎, 何也。生, 語辭。어늬 언제。眉訓何也。엇지 ᄒ면。[白五前-21]

查礦　쇠뷜릴 제 즛씌니, 猶쇠똥이라。[鄭一三前-7]
查礦　쇠뷜릴 제 즛씌니, 猶쇠똥이라。[南一九前-13]
查礦　쇠불닐 제 싹긔니, 猶쇠똥이라。[白一〇前-1]

查滓　　즛긔。[鄭五前-2]

查滓　　즉긔。[南七前-2]

查滓　　씩기。[白四前-9]

紮　　音札，纏束。[白三前-31]

劄　　지ㄹ다。眉訓着也。[鄭一後-19]

劄　　音札，刺着也。디ㄹ다。○唐人奏事非表非狀者謂之劄子。[南二前-13]

劄　　音札，刺着也。디라다。○唐人奏事非表非狀者謂之劄子。[白一後-15]

劄住　　堅立意。[鄭九後-13]

劄住　　○劄，刺著也。凡物刺著則不移動，故曰劄住。[南一四前-11]

劄住　　劄，刺著也。凡物刺著則不移動，故曰劄住。[白七後-28]

劄著　　바가덧다。[鄭九後-23]

劄著　　바가덧다。[南一四後-5]

劄著　　바가젓다。[白七後-29]

乍到　　纔到。[鄭一七前-9]

乍到　　纔到。[南二五前-9]

乍到　　纔到。[白一三前-12]

展至　　展，寬也。如期限初定于正月，更寬至二月或三月。[鄭二四後-18，附錄]

展至　　展，寬也。如期限初定於正月，更寬至二月或三月。[南二八前-14]

展至　　展，寬也。如期限初定于正月，更寬至二月或三月。[白一四前-14]

斬骸　　如今之剖棺斬尸。[鄭二五後-7，附錄]

斬骸　　剖棺斬尸。[白一六後-7]

斬新　　仝上。 63)[鄭二三前-6，字解]
斬新　　仝上。[南二六前-8]
斬新　　싀로히。[白一三前-3]

醮　　音暫，物沒水。[白三前-21]

章皇　　猶蒼皇。[鄭一七後-6]
章皇　　猶蒼皇。[南二五後-11]
章皇　　猶倉皇。[白一三前-23]

張皇　　포댱ᄒ다。[鄭一六後-7]
張皇　　포댱ᄒ다。[南二四後-3]
張皇　　포쟝ᄒ다。[白一二後-9]

招認　　招，如今다딤；認，引以爲證。[鄭一一後-14]
招認　　招，如今다딤；認，引以爲證。[南一七前-11]
招認　　招，如今之다김；認，引以爲訂。 64)[白九前-4]

照顧　　슬피다。[鄭五後-14]
照顧　　슬피다。[南八前-3]
照顧　　슬피다。[白四後-5]

照管　　슬피다。[鄭六前-3]
照管　　슬피다。[南八後-1]
照管　　슬피다。[白四後-12]

照會　　校正也。[鄭一六後-11]
照會　　校正也。○察解也。[南二四後-7]
照會　　校正也。察解也。公文。[白一二後-26]

照領   ᄀ음아다。[鄭一〇後-25]

照領   ᄀ음아다。○猶云照數次知也。[南一六前-10]

照領   ᄀ ᄋ마다, 猶云照數次知也。[白八前-15]

照依   마초와 그데로 ᄒ다。[鄭二三後-15, 字解]

照依   마초와 그톄로 ᄒ다。[南二七前-7]

照依   맛초아 그체로 ᄒ다。[白一三後-28]

遮蓋   마가 덥다。言杜撰道理掩遮自己之所爲也。[鄭一五前-19]

遮蓋   마가 덥다。言杜撰道理掩遮自己之所爲也。[南二二後-6]

遮蓋   막가 덥다。言杜撰道理掩遮自己之所爲也。[白一一後-24]

遮莫   遮音折, 므더니 너기다, 猶言儘教也。진실로 그러케 ᄒ다。遮, 一作折。[鄭八前-10]

遮莫   遮音折, 猶言儘教也。진실로 그러케 ᄒ다。遮, 一作折。[南一二前-6]

遮莫   音折, 猶言儘教也。진실노 그러케 ᄒ다。遮, 一作折。[白六後-10]

折産   如今分財。[鄭二四後-21, 附録]

折難   걱디 못ᄒ게 ᄒ다。[鄭二六後-3, 附録]

折難   ○썻디러 힐난ᄒ다。[南三〇前-11]

折難   썩지러 힐난ᄒ다。[白一五前-31]

折券   빗 에우다。如馮驩燒券之意。[鄭二五前-19, 附録]

折券   빗 에우다。如馮驩燒券之意。○문권 에우다。[南二九前-1]

折券   빗슬 에우다。如馮驩燒券之意。문권을 에우다。[白一四後-3]

折閱   흥졍애 힝혀실가ᄒ여 죠곰티 주ᄂᆞᆫ거슬 名曰折閱。[鄭二七前-19, 附録]

折閱   흥졍애 힝혀실가ᄒ여 죠곰티 주ᄂᆞᆫ거슬 名曰折閱。[南三一前-10]

折閱　흥졍의 힝혀쌀가ᄒ여 조죠곰티 쥬은거슬 名曰折閱。[白一五後-23]

折轉來　옴겨와, 又젓거 옴겨와。[鄭一八前-2]
折轉來　옴겨와, 又젓거 옴겨와。[南三二前-2]
折轉來　옴겨와, 썩거 옴겨와。[白一七前-17]

摺　音탑, 뎌피다, 又젓다。眉訓덥단 마리라。[鄭二後-13]
摺　音탑, 뎌피다, 又썩다。眉訓덥단 말이라。[南三後-5]
摺　音탑, 뎡희다, 又썩다。眉訓졉단 말이라。[白二前-6]

這　이。眉訓此也。[鄭一前-9]
這　이。眉訓此也。[南一前-9]
這　이。眉訓此也。[白一前-6]

這般　猶言如此。[鄭二四前-1, 字解]
這般　猶言如此。[南二七後-3]
這般　猶如此。[白一四前-25]

這箇　이예, 又이, 又이거시。[鄭五前-6]
這箇　이, 又이거시。[南七前-6]
這箇　이, 又이거시。[白四前-7]

這幾日　요즈음。[鄭一八後-2]
這幾日　요즈음。[南三二後-13]
這幾日　요스음。[白一七後-12]

這裏　이에。[鄭八前-20]
這裏　이예。○여긔。[南一二前-14]

這裏　이예, 又여긔。[白六後-9]

這麼想着　이리 싱각ᄒ니。[白二〇前-5]

這麼着　이러면。[白一八後-17]

這們　猶言如此。[鄭二四前-5, 字解]
這們　〇이 무리。一云이러면。[南二七後-7]
這們　이 무리。又이러면。[白一四前-23]

這頭等　이 읏듬。[白一八後-7]

這樣　잇가지。[鄭一〇前-13]
這樣　잇가지。[南一五前-7]
這樣　잇가지。[白八前-30]

涮　即「浙」字。[鄭二前-10]
涮　浙。[白三後-14]

真箇會底　[鄭二〇前-10]
真箇會底　진짓 안다。〇猶言真是知本。[南三六前-10]
真箇會底　진짓 안다, 猶言真是知本。참아다。[白一九前-7]

真箇會底意　會, 理會之會, 兼知行意。진실로 니회홀 ᄯ디라。[鄭二二前-3]
真箇會底意　會, 理會之會, 兼知行意。진실로 니회홀 ᄯ디라。〇底, 本也。
　　　　　　진실로 本意를 안다。[南三九前-3]

鎮　댱샹。[鄭一後-22]

鎮 댱샹。[南二後-2]
鎮 쟝샹。[白一後-17]

爭 엇뎨, 又有爭之意。[鄭一後-17]
爭 엇뎨, 又有爭之意。○쁘다。[南二前-11]
爭 엇지, 又有爭之意。○又쁘다。[白一後-7]

爭奈 ᄒ건마ᄂᆞ 그러커든 엇뎨료。[鄭七前-19]
爭奈 ᄒ건마ᄂᆞ 그러커든 엇뎨료。○듯톤들 엇디ᄒ료。[南一○後-8]
爭奈 ᄒ건마ᄂᆞ 그러커든 엇졔요, 엇지 홀슈, 又듯톤둘 엇지ᄒ료。[白五後-15]

正坐如此 正坐於如此之議論。[鄭二○後-14]
正坐如此 謂如此議論。[白二○前-12]

支撥 撥猶發也。發其畜積支給。[鄭一二後-4]
支撥 撥猶發也。發其畜積支給。[南一八後-3]
支撥 撥猶發也。發其畜積支給, 錢穀支出。[白九後-25]

知道 아다。[鄭五後-7]
知道 아다。[南七後-12]
知道 아디。[白四前-6]

知得 아다。[鄭二三後-12, 字解]
知得 아다。[南二七前-4]
知得 아다。[白一三後-25]

知多少 모로리로다 언매나ᄒ뇨。[鄭一八前-5]

知多少   모로리로다 언매나ᄒᆞ뇨。○唐詩「花落知多少」亦此意。[南三二前-5]
知多少   모로리로다 얼마나ᄒᆞ요。唐詩「花落知多少」此意。[白一七前-20]

知會   알위다。[鄭二三後-8, 字解]
知會   알외다。[南二七前-1]
知會   알외다。[白一三後-22]

知覺   知此事, 覺此理。[鄭一四後-5]
知覺   知此事, 覺此理。[南二一後-4]
知覺   知此事, 覺此理。[白一○後-25]

知他   모로리로다。[鄭二三後-11, 字解]
知他   모로리로다。[南二七前-3]
知他   모로리로다。[白一三後-21]

知言   五峰 胡氏説。[鄭一一前-6]

秖   音之, 適也。오직, 秖同。[鄭四前-20]
秖   音之, 適也。오직。[南五後-14]
秖   音之, 適也。오직。[白三前-19]

織的鬆   ᄧᅳ기 멀믜다。[鄭一八前-20]
織的鬆   ᄯᅳᆫ거시 얼믜다。○鬆, 漢音숭。[南三二後-8]
織的鬆   ᄭᅡᆫ거시 얽믜다。漢語鬆音숭。[白一七後-27]

直   바ᄅᆞ, 又혼 갓。[鄭三前-13]
直   바ᄅᆞ, 又혼 갓。○物價ᄊᆞ다。[南四前-11]
直   바라, 又한 갓。○物價ᄊᆞ다。[白二後-18]

直截　方正。고기 베틴 듯。[鄭一〇前-18]
直截　方正。바ᄅ 베틴 듯。[南一五前-12]
直截　方正。바로 베힌 듯ᄒ다。[白八前-13]

直饒　현마, 又비록, 又作僥, 又넌즈시。[鄭七後-2]
直饒　비록 ○假使之意也。[南一一前-2]
直饒　비록, 又假使之意也。[白六前-3]

直饒見得　셜ᄉ 보나。直饒, 猶言縱使也。[鄭二一後-5]
直饒見得　셜ᄉ 보나。直饒, 猶言縱使也。[南三八前-7]
直饒見得　셜ᄉ 보다。直饒, 猶縱使。[白一九後-24]

直下　바ᄅ ᄂ려오다。[鄭八後-6]
直下　바ᄅ ᄂ려오다。[南一二後-7]
直下　바로 니려오다。[白六後-19]

直下承當　바ᄅ 아다, 又바ᄅ 당ᄒ이。[鄭二〇前-5]
直下承當　바ᄅ 아다, 又바ᄅ 당ᄒ여。[南三六前-5]
直下承當　바로 아다, 바로 당ᄒ여。[白一九前-21]

摭　音拓, 拾取也。[鄭三後-9]
摭　音拓, 拾取也。[南四後-14]
摭　音拓, 拾取也。[白二後-34]

職輕任碎　謂雜職。[鄭二八前-4, 附錄]
職輕任碎　謂雜職。[南三八後-1]
職輕任碎　謂雜職。[白二〇前-3]

徵備　催足同。[鄭二五後-13, 附錄]

徵備　上仝。 65)[南二九前-13]

徵備　催足仝。[白一四後-9]

只除　다믄。[鄭一三前-12]

只除　다만。○다만 더다。[南一九後-3]

只除　다만。○다만 데ᄒ다。[白一○前-29]

只管　다함, 又슬ᄋ여。[鄭五前-11]

只管　다함, 又슬이여。○다만 ᄀ옴아다。[南七前-11]

只管　다함, 又슬이여, 다만 ᄀ옴아다 거푸。[白四前-18]

只消　猶言只須。[鄭一七後-12]

只消　猶言只須。[南二六前-1]

只消　猶言只須。[白一三前-31]

治定　作文而點改。[鄭二五後-1, 附録]

治定　作文而點改。[南二九前-5]

治定　作文而點改。[白一四後-30]

致命痕　爲人所殺者, 其傷處謂之致命痕。[鄭二八前-2, 附録]

致命痕　爲人所殺者, 其傷處謂之致命痕。[南三五前-4]

致命痕　爲人所殺者, 其傷處謂之致命痕。[白一八前-19]

窒　막디ᄅ다。[鄭四前-13]

窒　막디ᄅ다。[南五後-10]

窒　막지르다。[白三後-13]

寘　音至, 置也。俗音티。[鄭四前-9]

寘　音至, 置也。俗音티。[南五後-7]

寘　　音至，置也。俗音티。[白三前-20]

質作　　質其家人而役之。[鄭二五前-14，附録]
質作　　質其家人而役之。[南二八後-14]
質作　　質其家人而役之。[白一四後-1]

擲塗　　塗泥丸也。擲塗，以泥丸相擲爲戲。[鄭二六前-25，附録]
擲塗　　塗泥丸也。擲塗，以泥丸相擲爲戲。[南三〇前-10]
擲塗　　塗泥丸。擲塗，以泥丸相擲爲戲。[白一五後-27]

中晡　　申時。[鄭二六後-8，附録]
中晡　　申時。[南三〇前-15]
中晡　　申時。[白一五後-4]

忠管　　不忘也，銘心也。[鄭一〇前-23]
忠管　　不忘也，銘心也。[南一五後-2]
忠管　　不忘也，銘心也。[白七後-30]

種着火　　블 묻다。[鄭一八後-8]
種着火　　블 뭇다。[南三三前-3]
種着火　　블 뭇다。[白一七後-18]

周羅　　번저려 셔도다。[鄭九前-20]
周羅　　버전즈려 셔도다。[南一三後-8]
周羅　　버전즈러 셔도다。[白七前-15]

逐時　　隨時。[鄭五前-18]
逐時　　隨時。[南七後-4]
逐時　　隨時。[白四前-24]

逐項　逐事。[鄭一七前-8]
逐項　逐事。[南二五前-8]
逐項　逐事。[白一二後-7]

逐旋　뜰와。○ᄯᅩ곰, 조초。[鄭五後-24]
逐旋　뜰와, 又ᄯᅩ곰, 조초。[南八前-13]
逐旋　쓸와, 又ᄯᅩ곰, 又조촘。[白四後-9]

瘃墮　瘡腫也。瘃音琢。[鄭二六前-10, 附録]
瘃墮　瘃音퇴, 瘡腫。[白一六前-30]

主顧　마초다。[鄭九前-14]
主顧　마초다。○셩녕 마초다。[南一三後-3]
主顧　마초다, 又졍영 맛초다。[白七前-5]

主首　即戶主。[白一六後-12]

主張　쥬변。○自主己意而張皇之, 猶저즈다。[鄭五前-14]
主張　쥬변。自主己意而張皇之, 猶저즈다。[南七後-1]
主張　쥬변。自主己意而張皇之, 猶저드다。[白四前-21]

囑咐　당부ᄒᆞ다。[鄭二三後-22, 字解]
囑咐　당부ᄒᆞ다。[南二七前-16]
囑付　당부ᄒᆞ다。[白一四前-22]

住催　구실 더다。[鄭二五後-14, 附録]
住催　구실 밧기 날회다。[南二九前-14]
住催　구실 밧기 仝。희다。[白一五前-10]

著廷　著作之廷。[鄭一〇後-24]

著庭　著作之庭。[白一五後-3]

注脚　注之小字也。凡大字如人之有身，小字如人之有脚。[鄭一四後-21]
注脚　注之小字也。凡大字如人之有身，小字如人之有脚。[南二二前-2]
注脚　注，小字也。凡大字如人之有身，小字如人之有脚。[白一一前-2]

築底　漢語築，窮極之意；底猶本根。言窮極致本根更無去處之意。[鄭一四前
　　　-4]
築底　漢語築，窮極之意；底猶本根。言窮極本根更無去處。[南二○後-11]
築底　漢語築，窮極之意；底猶本根。言窮極本根更無去处。[白一○後-30]

築磕　以石相築，言爲小人所攻。[鄭一四前-1]
築磕　以石相築，言爲小人所攻。○磕音合，石相築聲。[南二○後-8]
築磕　以石相築，言爲小人所攻。磕音合，石相築聲。[白一○後-28]

磚　甎同。甓也。[白三後-28]

撰來　밍ᄆ라오다。[鄭七前-2]
撰來　밍그라오다。[南一○前-6]
撰來　밍그러오다。[白五前-6]

賺　音啗，欺也。又直段切，重買也。又市物失實也。[鄭四後-1]
賺　音啗，欺也。又直段切，重買也。又市物失實也。[南六前-4]
賺　音啗，欺也。又直段切，重買也。又市物失實也。[白三後-12]

賺連　過爲連着也。[鄭六前-15]
賺連　○賺音湛，以輕物買重物曰賺。心經所謂賺，謂以大學「不欺」章連「小人閑
　　　居」章看也。[南八後-12]
賺連　賺音湛，以輕物買重物曰賺。心經所謂賺，謂以大學「不欺」章連「小人閑居」

章看也。[白五前-1]

轉頭　머리 도로혀。[鄭八前-14]
轉頭　머리 도로혀。[南一二前-10]
轉頭　머리 도로혀。[白六後-5]

裝點　꾸미다。[鄭一六後-15]
裝點　꾸미다。[南二四後-11]
裝點　꾸미다。[白一二後-13]

撞着　다디르다, 又맛든다。眉訓衝着也。[鄭五後-21]
撞着　다디르다, 又맛돈다。眉訓衝着也。[南八前-10]
撞着　다지르다, 又마딋다。眉訓衝着也。[白四後-6]

追典　追贈封諡。[鄭一一前-4]
追典　追贈封諡。[白一六前-32]

椎　몽동이。[鄭二後-20]
椎　몽동이。○又椎擊。[南三後-11]
椎　몽동이, 又椎擊。[白二前-12]

諄諄　仔細。[鄭一五前-13]

着　猶言爲也。又븟다, 又두다。[鄭一後-20]
着　猶言爲也。又븟다, 又두다。○語辭。又使也。[南二前-14]
着　猶言爲也。又븟다, 又두다。○語辭。又使也。[白一後-10]

着緊　긴히 着ㅎ단 말이라, 긴히 之說含着意。[鄭一六後-8]
着緊　긴히 着ㅎ단 말이라, 긴히 之히 含着意。 [南二四後-4]

着緊 긴히 着ᄒᆞ단 말이라。[白一二後-20]

着力 盡力也。猶有助長之意。[鄭一六後-5]
着力 盡力也。猶有助長之意。[南二四後-1]
着力 盡力也。猶有助長之意。[白一二後-18]

着落 박아뎟다，又如歸宿意。[鄭九前-16]
着落 使之爲也。吏語。亦曰着令。 [鄭二三前-1，字解]
着落 如歸宿意。○使之爲也。吏語。亦曰着令。[南一三後-5]
着落 如歸宿意。○使之爲也。史語。[66]亦曰着令。[白七前-13]

着摸 대혀 잡드러，溪訓。[鄭一○前-25]
着摸 대혀 잡드러，溪訓。[南一五後-4]
着摸 ᄃᆡ혀 잡드러，溪訓。[白八前-14]

着着 븐튼 ᄃᆡ 아다。未詳。[鄭九前-17]
着着 ○漢語謂實話曰實實，恐是此意。[南一三後-6]
着着 漢語謂實話曰實實，恐是此意。[白七前-8]

著甚來由 므슴 來由乙 著「ソ」、「也」。[鄭二一前-11]
著甚來由 므슴 來由를 著ᄒᆞ야。○므ᄉᆞᆷ 연고로。[南三七後-7]
著甚來由 므슴 來由를 著ᄒᆞ야。 므슴 연고로。[白一九後-23]

拙行 바독 못두다 부러디ᄂᆞᆫ 거ᄉᆞᆯ 曰故爲拙行。[鄭二五前-5，附録]
拙行 바독 못두다 불워디ᄂᆞᆫ 거ᄉᆞᆯ 曰故爲拙行。[南二八後-7]
拙行 바독 못두다 불러지ᄂᆞᆫ 거슬 曰故爲拙行。[白一四後-20]

卓然 두려디。[鄭一五後-16]
卓然 두려디。[南二三前-9]
卓然 ᄯᅮ렷시。[白一一後-2]

卓午　　낫, 日中也。[鄭八後-9]

卓午　　낫, 日中也。○猶言晌午也。[南一二後-10]

卓午　　낫, 日中也, 猶言晌午。[白六後-24]

自　　저, 凡言自者多有저意。[鄭一前-8]

自　　저, 凡言自者多有저意。○我也。[南一前-8]

自　　저, 凡言自者多有저意。○我也。[白一前-20]

自別　　自然히 各別ᄒ리라。此「自」字非제也, 如自當、自然之意。[鄭六前-5]

自別　　自然히 又各別ᄒ다。此「自」字非제也, 如自當、自然之意。[南八後-3]

自別　　自然히 又各別ᄒ다。此「自」字非제也, 如自當、自然之意。[白四後-15]

自不得　　스스로 아니티 몯ᄒ리라。[鄭一八後-6]

自不得　　스스로 그리티 못ᄒ다。[南三三前-1]

自不得　　스스로 그리치 못ᄒ다。[白一七後-23]

自合　　스스로 맛다。[鄭一六前-1]

自合　　스스로 맛당타。[南二三後-4]

自合　　스스로 맛당타。[白一一後-10]

自畫　　如畫地以自限, 謂自足而止也。[鄭五前-16]

自家　　저, 猶言我也。指彼而稱自己亦曰自家。[鄭五後-9]

自家　　저, 亦云我也。指彼而稱自己曰自家。[南七後-14]

自家　　저, 亦云我也。指彼而稱自己曰自家。[白四前-28]

自事　　己事。[鄭二四後-15, 附錄]

自事　　己事。[南二八前-12]

自事　　己事。[白一四前-17]

自是　　제 이리。[鄭七後-13]
自是　　제 이리。[南一一前-12]
自是　　제 이리。[白六前-13]

自送　　드려가다。[鄭二四後-19，附錄]
自送　　드려가다。[南二八前-15]
自送　　드려가다。[白一四後-10]

自由　　제 쥬변。漢語集覽字解云「제 ᄆ음으로 ᄒ다。」[鄭七後-16]
自由　　제 쥬변ᄒ다。漢語集覽字解云「제 ᄆ음으로 ᄒ다。」[南一一後-1]
自由　　제 쥬변ᄒ다。漢語集覽字解云「마음으로 ᄒ다。」[白一七前-6]

自由　　제 ᄆ음으로 ᄒ다。以自家之心爲之。[鄭二三後-14，字解]
自由　　제 ᄆ음으로 ᄒ다。以自家之心爲之。[南二七前-6]
自由　　제 ᄆ음으로 ᄒ다。以自家之心爲之。[白一三後-24]

自在　　ᄆ음 편안히 잇다。[鄭二三後-16，字解]
自在　　ᄆ음 편안히 잇다。[南二七前-8]
自在　　ᄆ음 평안이 잇다。[白一三後-26]

自住不得　　言漸進也。[鄭二一前-9]
自住不得　　言漸進也。○猶言自然不得止。[南三七後-5]
自住不得　　言漸進也。猶言自然不得止。[白一九後-21]

綜司　　出納王命之官。[鄭二六前-21，附錄]
綜司　　出納王府之官。[白一六前-33]

縱臾　　己不欲喜怒而從傍人強爲之。○如助桀爲虐之義。[鄭一五前-10]
縱臾　　本作慫慂。己不欲喜怒而從傍人強爲之，又如助桀爲虐之義。[南二二前
　　　　-14]

縱臾　　本作慫慂。67)己不欲喜怒而從傍人強爲之，又如助桀爲虐之義。[白一一前
　　　　−13]

走　　牛馬走如云僕，自謙之辭。[鄭三後−2]
走　　牛馬走如云僕，自謙之辭。[南四後−7]
走　　牛馬走如云僕，自謙之辭。[白二後−2]

走了氣　　김뇌다。[白一八後−14]

走弄　　奸吏弄法。[鄭二五後−2，附錄]
走弄　　奸吏弄法。[南二九前−6]
走弄　　奸吏弄法。[白一五前−4]

走作　　ᄃ라나다。[鄭九後−16]
走作　　ᄃ라나다。○듯다。　[南一四前−14]
走作　　다라니다，去也。[白七後−31]

揍合　　뫼호다，又븥다。揍當作湊。[鄭五前−4]
揍合　　뫼호다，又븥다。揍當作湊。○猶言輻輳也。[南七前−4]
揍合　　뫼호다，又못다。揍當作湊，猶言輻湊也。[白四前−11]

卒急　　과글리。[鄭一六後−13]
卒急　　과글리。[南二四後−9]
卒急　　과거리。[白一二後−22]

纂嚴　　戒嚴。68)[鄭二五前−3，附錄]
纂嚴　　戒嚴。[南二八後−5]
纂嚴　　戒嚴。[白一四前−24]

昨兒箇　　어제。[白一八後-5]

捽　　持頭髮也。[鄭二前-21]

捽　　捽持頭髮。[白三後-11]

左右　　古制尚右，今制尚左。如廟堂之上文東武西。東爲左而西爲右也。在一屋
　　　　之間向外並立，則以左手爲尊。若向上作揖，則請客之居右手。蓋以屋之
　　　　所向爲定也。往時南北禮多不一，今題准只行南禮如前所云。[鄭一七後
　　　　-3]

作　　爲也。亦語辭。[鄭一後-24]

作　　爲也。亦語辭。[南二後-4]

作　　爲也。亦語辭。[白一後-14]

作怪　　恣爲怪也。[鄭一二後-21]

作怪　　恣爲怪也。○猶言作用。[南一九前-5]

作怪　　恣爲怪也。猶言作用。[白九後-23]

作壞　　爲所壞也。[鄭一二前-22]

作壞　　爲所壞也。[南一八前-13]

作壞　　爲所壞也。[白九前-32]

作麼生　　엇데ᄒ고 又므스 거시라。[鄭一八前-3]

作麼生　　엇데ᄒ고 又므스 거시라。[南三二前-3]

作麼生　　어제ᄒ고 又므슨 거시라。[白一七後-14]

作適　　適意作戲。[鄭二六前-19, 附録]

作適　　適意作戲。[南三〇前-6]

作適　　適意作戲。 69)[白一五前-28]

作怎生　　엇지ᄒ고 又므슴 ᄆ라。[鄭一九前-6]
作怎生　　엇디ᄒ고 又므슴ᄒ라。○므스 일을 ᄒᄂ다。[南三三後-8]
作怎生　　엇지ᄒ고 무슨 일을 ᄒᄂ다。[白一七後-8]

坐却　　却，語辭。坐却，坐在也。[鄭一五前-14]
坐却　　却，語辭。坐却，坐在也。[南二二後-2]
坐却　　却，語辭。坐在也。[白一一前-16]

做　　作也。又工夫成意。[鄭一後-12]
做　　作也。又工夫成意。[南二前-6]
做　　作也。又工夫成意。[白一後-29]

做箇　　지어。[鄭九前-24]
做箇　　지어。[南一三後-12]
做箇　　지어 ᄒᄂ 것。[白七前-16]

做件事着　　件事을 밍ᄀ라 ᄒᆯ디니，「着」字不必釋。[鄭二〇後-8]
做件事着　　件事를 밍ᄀ라 ᄒᆯ디니，「着」字不必釋。○ᄒᆫ 일ᄒ려 ᄒ면。[南三七前-3]
做件事着　　件事를 밍그러 ᄒᆯ지니，「着」字不必釋。ᄒᆫ 일하려 ᄒ면。[白一九前-22]

做將去　　工夫ᄒ여 가다。[鄭一八前-4]
做將去　　工夫ᄒ여 가다。[南三二前-4]
做將去　　工夫ᄒ여 가다。[白一七前-13]

● ● ●

1) 棒　白斗鏞本作「捧」，據鄭瀁、南二星二本改。

2) 奔命兵　鄭瀁本作詞目重復字符「━」，僅表示一字，據南二星、白斗鏞本改。

3) 標　白斗鏞本作「摽」，據鄭瀁、南二星二本改。

4) 玉篇 心部：「憨：丑力切。從也。」據玉篇反切暫歸於此處。

5) 𢧵　似即「戳」。廣韻 覺韻：「戳，刺也。」

6) 「ㄴ」、「夕」　南二星、白斗鏞二本為「ㅎ다」。此鄭瀁本之借字。

7) 奏　白斗鏞本作「湊」，據鄭瀁、南二星二本改。

8) 編者按：「上」謂「解額」條。

9) 厎　鄭瀁本作「厎」，據白斗鏞本改。

10) 厎　南二星本作「厎」，據白斗鏞本改。

11) 斥候蹋伏　白斗鏞本作「斤侯蹋伏」，據南二星本改。

12) 伏　白斗鏞本作「他」，據南二星本改。

13) 乙　南二星、白斗鏞二本作「를」。此鄭瀁本之借字，同「를」，下同。

14) 物格　白斗鏞本為「格物」，據鄭瀁、南二星本改。

15) 勾　白斗鏞本作「句」，據鄭瀁、南二星二本改。

16) 旱　白斗鏞本作「早」，據鄭瀁、南二星二本改。

17) 之　鄭瀁、南二星二本無。

18) 釐　鄭瀁本作「━」，據南二星、白斗鏞二本改。

19) 卒　白斗鏞本作「率」，據鄭瀁本改。

20) 漕　白斗鏞本作「漉」，據鄭瀁本改。

21) 訴　白斗鏞本作「訢」，據鄭瀁本改。

22) 新　白斗鏞作「斬」，據鄭瀁、南二星二本改。

23) 兔　白斗鏞作「兌」，據鄭瀁、南二星二本改。

24) 木　南二星、白斗鏞二本無，鄭瀁本似衍。

25) 目　白斗鏞本作「日」，據鄭瀁、南二星二本改。

26) 搽一搽　鄭瀁、南二星二本為「操一操」。

27) 編者按：上謂「剋減」條。

28) 編者按：上謂「都伯」條。南二星本同。

29) 集韻 錫韻：「㦿，心所營也。」

30) 宮　白斗鏞本作「官」，據鄭瀁、南二星二本改。

31) 後漢書 崔駰列傳：「其無事則躕縷整襟，規矩其步。」增修互注禮部韻略卷五：「崔駰達旨辭：『無事則躕縷整襟』。」

32) 「ㅆ」、「也」　南二星、白斗鏞二本為「ㅎ야」。此鄭瀁本之略字符號，同「ㅎ야」，下同。

33) 知　白斗鏞本無，據鄭瀁、南二星二本補。

34) 醎　白斗鏞本作「醎」，據鄭瀁、南二星二本改。
35) 捏　白斗鏞本作「担」，據南二星、鄭瀁二本改。
36) 到　鄭瀁本作「頭」。南二星、白斗鏞二本恐當從鄭本爲是。
37) 編者按：上謂「愆懸」條。南二星本亦同。
38) 國語 魯語上：「室如懸磬，野無青草，何恃而不恐。」南二星僅引「室如懸」恐不妥。
39) 薰　白斗鏞本作「董」，據鄭瀁、南二星二本改。
40) 救　白斗鏞本作「求」，據鄭瀁、南二星二本改。
41) 編者按：上謂「連帶」條。
42) 他　白斗鏞本作「地」，據鄭瀁、南二星二本改。
43) 他　白斗鏞本作「地」，據鄭瀁、南二星二本改。
44) 頃　白斗鏞本作「須」，據鄭瀁、南二星二本改。
45) 編者按：上謂「知會」條。
46) 網　鄭瀁本作「罔」，據南二星、白斗鏞本改。
47) 皇　白斗鏞本作「星」，據鄭瀁、南二星二本改。
48) 拒　白斗鏞本作「距」，據鄭瀁、南二星二本改。
49) 鬆鬆　鄭瀁本爲「鬆□」，□處空半字。據南二星、白斗鏞本改。
50) 太　白斗鏞本作「大」，據鄭瀁、南二星二本改。
51) 洞　白斗鏞本作「毛」，據鄭瀁、南二星二本改。
52) 意　南二星、白斗鏞二本似當從鄭瀁本作「宜」。
53) 末　白斗鏞本作「未」，據鄭瀁、南二星二本改。
54) 析　南二星本作「拆」，據鄭瀁、白斗鏞二本改。
55) 妄　白斗鏞本作「忘」，據鄭瀁、南二星二本改。
56) 未解　此條鄭瀁本僅存詞目，未作解釋。南二星、白斗鏞二本皆無此條。
57) 不能信　白斗鏞本爲「不能」，據鄭瀁、南二星二本改。
58) 吏　南二星本作「史」，據鄭瀁、白斗鏞二本改。
59) 編者按：上謂「一就」條。南二星本亦同。
60) 編者按：上謂「抵蹋」條。南二星本亦同。
61) 稀　鄭瀁、南二星二本皆作「俙」，據白斗鏞本改。
62) 閱歷　鄭瀁、南二星二本爲「更歷」。
63) 編者按：上謂「剗新」條。南二星本亦同。
64) 訂　鄭瀁、南二星二本作「證」，字作「証」，白斗鏞本恐誤。
65) 編者按：上謂「催足」條。
66) 吏　白斗鏞本作「史」，據鄭瀁、白斗鏞二本改。
67) 悪　南二星本作「憑」。白斗鏞本原作「惠」，疑爲「悪」之誤，據南二星本改。
68) 嚴　鄭瀁本此條二處皆作「吅」，據南二星、白斗鏞二本改。
69) 適　白斗鏞本無，據鄭瀁、南二星二本補。

語録解三種異體字表

正字	異體字	正字	異體字
土	圡	民	民 民
才	才	匡	匡
丈	丈	托	扥
久	乆	考	攷
凡	凢 凣	再	再
叉	义	此	此 此 此
支	攴	吐	吐
尤	尢	因	囙
切	切 切	回	囘
瓦	厐 厐	肉	肉
少	少	廷	廷
片	片 片	伏	伏
凶	凶	延	延 延
札	扎	血	血
北	北 北 北 北	朵	朶
叫	呌 呌	旨	旨 旨
犯	犯	妄	妄
包	包	州	卅
它	宅	忙	忙

正字	異體字	正字	異體字
那	那 那	兒	兒
收	收 收 收 收	佛	佅
防	防	役	役
巡	巡	兌	兌
弄	弄	坐	坐
形	形 形	含	舍 舍 舍
批	抌	肚	肚
走	走	免	免 免
均	均	角	角 角
投	投	床	牀 牀
抗	抗	忘	忘 忘
扭	扭	沒	没
柲	柲	決	决
杖	杖	快	快
辰	辰 辰	初	初
步	步	即	即
足	足	忌	忌
吟	吟	矣	矣
別	別	災	灾
每	每	抵	抵
作	你	招	招
你	你	拗	拗

正字	異體字	正字	異體字
取	冣 取	爭	争 争
直	直 直	服	服
析	柝	炙	炙 炙
來	来 来	底	厎
刺	剌	卒	卒
兩	两	刻	刻
奈	柰	於	扵 扵
奔	奔	劾	劾
些	些	炒	炒
具	具	注	註
門	门 门	怪	恠
易	昜	学	学
罔	罔 罔 罔	定	定
乖	乖	宜	冝
臾	臾	宛	宛
兒	児	郎	郞
卑	卑	戾	戻
迫	迫	陋	陋
往	徃	狀	状 状 状
彼	彼	孤	孤
所	所 所 所	糾	紏
舍	舎 舍	奏	奏

正字	異體字
珊	珊
挂	掛
垜	絜
指	指 捐
拼	拼
某	某
甚	甚
荒	荒
相	相
剋	尅
柝	拆 拆
背	背
虐	虐
冒	冐
界	界
咽	咽
骨	骨
拜	拜
看	者 者
段	叚 叚 叚 叚 叚
鬼	鬼
後	浚

正字	異體字
刹	刹
逃	逃
負	負
勉	勉
急	惡 惡
疣	疣
養	養
美	義
羞	羞
逆	逆
洒	洒
洩	洩
派	派
染	染
突	突
衿	衿
既	既
飛	飛 飛
矜	矜 矜
捕	捕 捕
振	振
捏	捏

正字	異體字		
恐	恐		
挨	挨		
莾	莾		
辱	辱		
剗	剗		
致	致		
晉	晉	晉	
鬥	鬭	鬭	
時	旹		
畢	畢		
响	晌		
員	負		
恩	恩		
峰	峯		
剛	剛		
氣	気	氣	
笑	笑		
俅	俅		
倚	倚		
條	条		
俱	俱		
候	候	候	

正字	異體字		
師	師		
徒	徒		
般	般	般	
殺	殺		
胸	胷	胷	胷
留	留	畱	留
衰	衰		
部	部		
旅	旅		
涉	涉		
涅	涅		
流	流		
害	害		
被	被		
陶	陶		
陷	陷		
通	通		
能	能		
規	規		
捱	捱		
捺	捺		
掩	揜		

正字	異體字
掉	捭
捻	捻
教	敎
勒	勒 勒 勒
專	專
曹	曺
帶	帶 帯
處	處 處 處 処 处
晡	晡
問	問
異	異
距	距
略	畧
蛇	虵
國	国 國 吺
崖	崖
過	過
第	茅
停	停
偏	偏
假	假
術	術 術 術

正字	異體字
得	淂
從	從 從 從
船	舡
欲	欲 欲
覓	覔
脫	脫 脫
衰	衰 衰
商	商
族	族
望	望 望 望 望
着	着
混	混
淨	凈 凈
淘	淘
深	深
涵	涵 涵
梁	梁
寄	寄
窟	窟
密	密 密 密
袴	袴
強	強

正字	異體字	正字	異體字
將	将 㧦 将	辜	辜
參	恭 叅 㕘 叅 叅 叅	植	植
鄉	鄕 鄉	棧	栈
揍	揍	極	極
款	欸 欵	棗	棗
揀	揀	欹	欹
趁	趂	虛	虗
超	赽 超	喫	喫
場	塲	閑	閞 閜 閞 閞 閒
博	博 愽	跋	跋
揭	揭	喝	喝 喝
捏	捏	單	単 單 单
塊	塊 塊	喉	喉
報	報	喚	喚 嗖
殼	殼 殼 殼 殻	喙	喙
揉	捸	圍	圖
惡	惡 惡	無	無 无 无
㩁	㩁	剩	剩
葉	葉	稅	稅
散	散	等	等
董	董	策	策
喪	喪	筵	筵

正字	異體字
答	荅
筆	筆
備	備
傖	傖
衆	众
須	須 湏 須
番	畨
爲	爲 爲
飫	飫 飫
猶	狋
就	就
敦	敦
廁	厠
遊	游
棄	弃 棄
曾	曾
湊	湊
湛	湛
減	減 減
盜	盗
愜	愜
愒	愒

正字	異體字
惱	惱 惱
富	冨
皴	皴
禍	禍
尋	尋 尋
畫	畫 画
弼	弻
疏	疏 疏 踈 踈
隙	隙
發	發 發
摃	摃
鼓	皷
搖	搖
蓋	盖
蒲	蒲
蒙	蒙
幹	幹
椿	橳
楚	楚
概	槩
頓	頓 頓 頓 頓
歲	歲

正字	異體字
睚	睚
號	號 號
照	照
跐	跐
置	置
罜	罜
罩	罩
節	節 莭 卲
與	与
僅	僅
奧	奧
遞	遞 遞
微	微 微
慾	慾
會	會
亂	亂 亂 亂 乱 乿
解	解 解 解 解
遙	遙 遙
詣	詣
裏	裏 裒 裡
瘃	瘃
義	義 義

正字	異體字
煅	煆
準	準
實	實
裲	裲 裲
裨	裨 裨
殿	殿
經	經
瑣	瑣
劖	劖
搏	搏
摑	摑
臺	臺
摭	摭
摺	摺
構	構 構
輕	輕
遭	遭
厭	厭
爾	甬
奪	奪
對	對
團	團

正字	異體字	正字	異體字
圖	畐	滾	滾 滾
稱	穪 稱 稱 称	寬	寬 寬
箇	箇 圖	寧	寧 寍 寧
篓	籖	實	宲
僥	僥 憿	盡	盡
僕	僕	隨	随 隨
僬	僬 僬	網	綱 綢
鼻	臭	綻	綻
魄	皃	髮	髮
魅	魅	撓	撓
銜	銜	撒	撒
貌	狼	撩	撩
餉	餉	趣	趣
疑	疑 疑 疑 䖸	熱	熱
誤	誤	穀	穀
說	說	搨	搨
認	認	撰	撰
遮	遮 遮	撥	撥
摒	摒	標	摽
精	精	樣	樣
弊	獘	輥	輥
滿	蒲 蒱 蒲 滿	暫	暫

正字	異體字					
甄	甄					
敷	敷 敷					
豎	竪 豎					
遷	迁					
醉	醉					
慮	慮					
賤	賎					
閱	閱					
數	數 數					
嗒	嗒 嗒					
罷	罷 羂					
骸	骹					
儇	儇 儇					
儈	儈					
樂	乐					
質	質					
徵	徵					
慫	慫					
盤	盤 盤					
鋪	舖					
餘	餘					
談	談					

正字	異體字					
廢	廢					
糊	糊					
獎	獎					
潔	潔					
潭	潭					
潑	潑					
憚	憚 憚					
憎	憎					
寫	寫 寫 寫 寫 寫 寫					
鳩	鳩					
遲	遲					
履	履 履					
層	層					
彈	彈					
嬈	嬈 嬈					
緣	緣 緣					
墰	墰					
據	據					
擔	擔 擔 擔					
薑	薑					
蕭	蕭					
樹	樹					

正字	異體字
橫	橫 橫
橛	橛
輸	輸
賴	賴
融	融
醜	醜
餐	餐
邊	邊 邊 邊
盧	盧
器	器 器 器
戰	戰
還	還
築	築 築
舉	舉 舉 舉 舉
學	學 学 孝
儷	儷
儘	儘
衡	衡
錢	錢
錘	錘
鉾	鉾
錄	錄 錄 錄

正字	異體字
膳	膳
諫	諫
親	親
劑	劑
憲	憲
隱	隱
縛	縛
幫	幫
驛	驛
轂	轂 轂 轂
聲	聲 聲 声
聰	聰 聰 聰 聰 聰
藏	藏
薰	薰
舊	舊 旧
檢	檢 檢 撿
擊	擊 佯
磚	磚
戲	戲 戲 戲
賺	賺
闌	闌
雛	雛

正字	異體字			正字	異體字		
點	点			熱	爇		
黜	黜			鞠	鞫		
償	償			轉	轉		
優	優			覆	覄		
鍊	鍊			豐	豊		
懇	懇			覷	覰		
講	講			瞿	瞿		
謠	謠			羆	羆 羆		
謙	謙 謙			闔	闔		
糟	糟			軀	軀 軀 : 軀		
濟	濟			雙	双		
竄	竄			邊	邉 过 过		
壁	壁			歸	歸 㱕 㱕		
牆	墻			鎭	鎭		
總	捴 総 總			翻	翻 飜 飜		
縱	縱			雞	鷄		
鼇	鼇			雜	雜		
攅	攅 攅			離	雜		
撒	撒			糧	粮		
攬	攬			竄	竂		
晶	晶			襠	襠		
職	耺 : 耺			繞	繞		

正字	異體字	正字	異體字
斷	断 斵 断	鶻	鶻
壞	壞 㘿	籍	藉
勸	勸 勸 勸	籌	籌 籌
礙	碍	譽	譽 誉
關	関 開	覺	覺 覚
蠅	蠅 蠅	釋	釋
嚴	嚴	騰	騰
獸	獸 獸	觸	觗
贊	贊 賛	爐	爐 爐
簾	簾	隮	隮
辭	辞 辞	繼	繼
譙	譙	歡	歓
證	証	覽	覧
譏	譏	囑	嘱
癡	癡 癡	儹	儹 儹
塵	麈	鐵	銕 鉄
韻	韻	懼	惧
類	顙	顧	顧 顧
繩	繩	屬	属
攪	攪 攪 撹 撹	纏	纏
夒	夒	聽	聽 聴 塘
黥	黥 黥	齔	齔 齔

正字	異體字		
疊	叠		
巖	岩	嵒	
體	軆	躰	体
籠	篭		
豐	豊	豐	
灑	洒		
竊	竊	窃	
驗	驗	験	验
攪	攪	揽	
齰	齚		
鑢	鑢		
變	変		

正字	異體字		
纏	纏	纏	
齷	齷	齪	
臟	臟	膱	
囑	嘱		
讒	諓		
欄	欄		
趲	趲	遭	趙
驪	驪		
鑿	鑿	鑿	
齾	齾	齾	
疑難字	吴 輕 骰 愁		

以上字形在點校本中皆依據通用規範漢字表統一改爲正字*，少數字形因涉及古今字等文字問題，不易區分，又或涉及詞目，暫不作統一。如：
置—寘、著—着、貌—皃、尸—屍、灑—洒、黨—党、捏—揑、於—于

---

* 　中國教育部國家語言文字工作委員會編《通用規範漢字表》，語文出版社2013年版。

語録解詞目索引

(漢語筆畫索引)

【十畫】

鄭瀁·南二星·白斗鏞 語録解 影印本

殿下命之釐正者ㅣ爲是也라시니　仰惟　殿下聖學이　高明ㅣ샤　講解文

義에　實有超出尋常萬口者ㅣ니　非蒙陋諸臣의　所敢及則此書之得失

訛正이　必無所逃於　聖鑑之中矢ㅣ라　嗚呼ㅣ라　摘其業者는　必尋其根ㅎ고

沿其流者는　必窮其源니ㅣ　今　殿下專精經學ㅎ샤　日新又新ㅎ시니　解語

疑晦之間에　或可以此書로　解之而旣解其言ㅎ시고　又必軆之於心ㅎ고

之於事ㅎ샤ㅣ上達不已리ㅣ시니　然則此解雖微니　亦可爲摘業尋根ㅎ고　沿流窮

源之一助라ㅣ此實微臣에　區口祈望之意也ㅣ니中

昔龍集己酉四月　日正憲大夫議政府左叅贊兼　世子贊善成均館

祭酒宋浚吉奉　敎敬跋

●跋文一後●

語録解跋

我

殿下臨遵ᄒ샤 方講心經ᄒ실ᄉᆡ 討論忘倦ᄒ시더니 一日에 教曰語録에

實多未分曉慶ᄒ니 玉堂官이 可ᄒᆞᆫ謂語録解者ᅵ아 詳加考校ᄒ야ᄡ以便繙

閱ᄒ게ᄒ라 兹役也에 應教臣南二星이 實尸之ᄒᆞ고 臣이 亦徲聞其一二

ᄒᆞ와 刪其繁蕪ᄒᆞ고 訂其訛謬ᄒᆞ야 揔合前後ᄒᆞ야 釐錄이 務在明白簡易ᄒᆞ고 去取次

序ᅵ略有權衡이라 書成에 繕寫授進ᄒᆞᆫ대 上이 令臣浚吉로 撰進跋文ᄒ시라

니 臣이 辭不獲 命ᄒᆞ와서 仍伏念語録解者ᄂᆞᆫ 即中國之俚語라 昔

에 有宋諸賢이 訓誨後學ᄒᆞ며 與書尺往復에 率多用之ᄒᆞ니 蓋欲人之易曉

而顧我東이 聲音言語가 謠俗이 不同ᄒ야 反有難曉者ᄒ니 此解之所以作

也라 舊本이 初出扵先正臣李滉門人에 而随手劄録ᄒ야 實欠精粹

ᄒ시ᄂᆞ 故掌令臣鄭瀁이 就漢語集覧中에 拈出如干語ᄒ야ᄡ以補前録之未備

者ᅵ나 然ᄂᆞ니 其書ᅵ 不出一人之手故로 或前後重複ᄒᆞ고 或全異牴牾ᄒ니 我

朱子語録

語三論鈔

元是說甚底 시므엇신고

一棒一條痕 言狀打則隨杖而有一棒條痕

看做甚麼事 므슴일을고 불지라

一摑一掌血 摑音써 호번손으로치미 手所有一掌血 濱謂其言之痛着如此

一場大脫空 호바탕크게소

起鬼風疙瘩 두드럭이나다

精功似二程 二程두분 精功히다

义手如何法 用二手大指相交 則右大指在上左大指在下右四指在內左四指在外 盖取陰陽交合之義 발샹지라 노거서므슴법고

癡獸間兩漢 皆愚駭어린놈 間兩鬼魅也 間俗語

更着甚工夫 工夫를착호리요

似已無可得 임의可히실어금일업거니와

大學中肉菜 此是扴辥言 大學道理用日 用可行如肉菜之功用

更說甚講學 쪼므合講學을說호고

六字類

會去分別取舍 去호야分別取舍을會 호다去似是語辭 分別取舍를會

一節易如一節 호절이두 곤쉽다

日頭尚午矬了 희낫지겨워다

●白二〇後●

未觧有父　見大學九章小註尋常釋語録字高外ᄒᆞ거니와以此未
　觧之解釋之豈可謂ᄭᅵ다ᄒᆞ리오凡用觧字ᄒᆞ면會字ᄀᆞ티難以方
　言的宗解得只是그일이ᄭᅳ리되ᄆᆞᆷ을謂之觧라ᄒᆞ니亦謂之會

職輕任碎　謂雜

鐵籠罩却　籠者以籠自上罩下以捕魚者謂以鐵作籠自上
　罩下則其中籠人之物無緣脱去言無而見　皮裡抽肉ᄒᆞ시ᄃᆞ

擘画分踈　擘ᄂᆞᆫᄂᆞᆫ화낼벽이오擘画分踈ᄂᆞᆫᄂᆞᆫ화ᄒᆞ다
　爭多十年　与十年較也謂一年血氣之衰將一年戴也戴比也　這麼想着이리ᄒᆞ니　進熱圖身而圖貴其身

亭亭當當　言處之皆得其宜　任運騰騰　ᄭᅬ다쉬원이ᄆᆞᆯ료猶云任便

鶻突包籠　人之心地不明者曰鶻突作事不果斷者曰包籠　正坐如此　謂如此議論

賣惡衒人　以惡秨人而自脫ᄒᆞ러　何處得来　世無此人之賢謂何處得来

首尾周星　猶言首尾畏首畏尾

受其斟酌　退操縱言被進　家奴訢良　남의죵이良人이로ᄒᆞ다

賦食行水　教大集衆僧賦食行水躬親其事世以為失釋

五字類

朱子語録　四字五字六字

●白二〇前●

緊得些子 져기다

鞭辟近裡 子曰此是洛中語 你鞭約是要鞭督向裡去 로 갓가이ᄒᆞ라 ㅇ 來

說得走作 說話不合道理 말이 ᄇᆡ이에 ᄌᆞᆸ도ᄒᆞ다 猶言易言之狀

捺生做熟 生을 捺ᄒᆞ야 熟을 做ᄒᆞ다 처ᇰᄒᆞ리라 ᄆᆞᆯ言 猶使也言打

冷淡生活 言其生理 冷落也

因循擔閣 應寬時日以致廢事 犯罪在赦 不可赦也 猶言 不索其本也

事在恩後 後ᄒᆞ고 猶言 謂犯罪在赦 不可赦也

何處着落 에 의ᄒᆞ야 호지고 當ᄒᆞ고

打疊交攻 表裡精粗貫 通浹洽猶言 疊而使

合少得者 ᄲᅮ니 也 엇기 ᄆᆞᆺᄒᆞᆫ다

不求其素 그젼의 그 로 일 ᄒᆞᆺ처 아니 不索其本也

領略将去 領會也略取也領會 将去 아 가

打成一片 一作成 一塊成

挨着粉碎 黄音挨排也盞 盜猶撞言 撞着於此 說也

奈何不下 아모리 ᄒᆞ나 엇지 못ᄒᆞ리치

須放教開 모로매 放ᄒᆞ다 ᄒᆞ야곰 開ᄒᆞ 有助長之意 ㅇ展拓之義也

宛轉說来 宛轉不直截而 委曲轉展之意

排定說殺 排布定規因論說其義 以求其質也殺語辭

郍箇不是 뎌 거시니 아니가 아닌가

自任不得 言漸進也 猶 不得止ᄒᆞ

硬將拗横 硬基固不通之義 堅固ᄒᆞ야 비틀어 猶 堅固

著甚来由 므슴 来由를 著ᄒᆞ고 므ᄉᆞᆷ 来由 ㅣ라 고로 著ᄒᆞ

奔程趂限 程에 奔ᄒᆞ며 限에 趂ᄒᆞ다

直饒見得 설뎡 보다 直

朱子語録　四字

直下承當　바로아다바
禁忌指日　猶倚學禁目日時言
甚生氣質　其生猶言非常也氣質日曰豎
押下諸司　諸司如今押領人以去
分俵均敷　俵仍布也以均給而敷也
回瀾沙合　以藥藏沙土合之后口上不使藥氣走出
內房抄出　內房即今之內府文書房也監掌之自其中寫出文書也
說得口破　盡言之曲其口破壞者言其甚俗言입이여지게니라
滾去滾来　섯거가며섯거오나다
生面工夫　工서얻된
幾多般樣　般多
無甚利害　그딕도록니흠도업고히흠도업다

做件事着　件事를러그러호지니着字不必釋호일호려호면
兩項地頭　두목件이치다猶日두가지곳이라
近思録註엇던日
橫說竪說　以四方言曰橫又以古今言曰竪
事無足者　일이足히호옴이업다言正心則睿無事之難為也
趲進着說　一步說深杇一步也猶俗言다함니르다
真筒會底　是知本㞡아이라猶言真言分明也
撑眉努眼　○作气㒵指禪學人
對同勘合　如兩人相對校書各執一對本而同讀勘合也
八字打開　派相別之意八別也家分
未知所稅　稅止也

朱子語録類

人之老實而忠信者曰
朴宗頭　朴宗猶言質實也

着一着　審호니一句法이○皆是輕口審之說一

昨兒箇　어제

大拍頭　拍音박樂之一曲이라曰拍頭言其專主談論也拍頭言其才与人爭論必作氣勢高談大論然兩忌憚之意又今頭用相接以前樂也段頭大話歌頭之張樂頭也

一緯過　一目覽過

捺生硬　설고누구다

渾化却　知語辭當屬上句言查渾化而無也

大瀾翻　言放肆渾毛如波瀾瀾動也

要得剛　剛을브딕고져ᄒᆞ다

四字類

色目人各入
小廝們　덜아희
仙撒子　흣단말
這頭等　이웃
乾矢橛　뒤간말

撈出来　오건더
一打子　한건
尅子們　종덜
這麼着　이러면
休做客　손인체말고
差不多　나도치나타
燙的痛　데워쓰
走了氣　김나저

看如何　보니엇더ᄒᆞ뇨　盖事未前　定而着勢如何處之口辭

無縫塔　而ㅊ有以層而中間有門無門無通者有梯可上曰無縫塔

挽前去　如爭向前去挽作奪意

大字面　字ㅊ其顯臧古者顯臧

形而上　形ᄋᆞ로上에未有形之前只有理而已

石尤風　逆風舟不行曰石尤風無故人酒不及石尤風○亦云

甚工夫　合工夫그ㅅ공부ㅁ

上着牀　上校牀也자리로소리

胡叫喚　지ㄹ단소리意

係磨勘　仕蒲遷官之類計仕遷官如今

急家處　急히ᄒᆞᆫ다

陪奉宅　問陪奉猶陪隨奉持之意否曰此說亦得但奉持之改作事爲功뎐되시다ᄒᆞᆯᄂᆞ저져也

射糖盤　見論語北辰章小註似是민ᄃᆞᆯᄋᆡ

犢一牸　登音江軦巍也猶言犢一作腔骨体也

激惱人　와보치단말

伊蒲塞　近佛語漢語翻爲堪住言受戒行

何物人　그ㅅ럼이엇던것

奔命兵　曰奔之帰順者　不別才　才無特別之才謂庸人之

致命痕　傷處謂之致命痕

皮頑的　ᄭ아리단말

下梢頭　긋ᄒᆞ러

兩當衫　衫之只掩心背者漢語云肯心背　于

明得盡　格物以盡其국진분명ᄒᆞ다

沒巴鼻　느러가지못ᄒᆞᆯ디입ᄂᆞ다　恐似無頭無尾義見二字類

朱子語録　三字　十八

●白一八前●

先手讀録 一

記認着	織的鬆	就那裏	較些子	一副當	擡板漢	作麼生	這幾日	錯承當	都不得	花塔步	從他說	不奈何

從他說 더의나ᄃᆞ로 좃다

不奈何 어ᄅᆞ려니와 못 動不動 如動輕之問　動不動 如動輕之意

花塔步 션득션득 거ᄉᆞᆺ다 形而下 形之以下에 旣有 皃之有名

都不得 아므려도 못ᄒᆞ다 大着肚 肚腹也ᄉᆞᆯ거둠 作怎生 엇저ᄒᆞ고 又무

錯承當 욋오아ᄃᆡ오ᄒᆞ다 放門外 門外에 두다 一錢漢 錢也 漢賤稱也

這幾日 음요ᄉᆞ 却最是 他言雖非而此言最是 故下却字믄득ᄆᆞ장올타 鶻崙棗 如云渾全ᄋᆞ로 鶻崙呑棗之話 ᄃᆡᆺ초 올온니로 ᄉᆞᆷᄭᅵ단 말어름

作麼生 어제ᄒᆞ고 ᄒᆞ시라 剝落了 버다

擡板漢 一面不見一面 謂見種着火 불ᄉᆞᆺ

較些子 져기 거오다

就那裏 제셔 入門欵 凡罪人被鞫而入門 一供辭也 眉訓 어름

織的鬆 漢語鬆音숭 多少多 만흐뇨 自不得 ᄃᆡᄒᆞ로 그리치

記認着 보람두다 挨將去 버저거나 아가다 信不及 ᄒᆞᆨ聖賢之言不及 信不及

白頭浪 白者曰水波湧起高出而 曰白頭浪

發變　血發於外
血發而變色

血癥　血音陰　血暈

苦主　即元告取
被害之義

骨子　猶言웃듬이라指當
物也如言데저비

自由　字解云마음으로ᄒᆞ다
漢語集覽云

骨殖　殖漫潤也脂
久而浸於骨

三字類

彼此言譁言

打朵子　집엇　　申元人　原賞

一等人　호가지ㅅ도몸猶
言一種人也

不折本　ᄭᆞ지디아니ᄒᆞ다

做將去　工夫호여가다

僗俊的　눈치치다恐是僗字之誤浸由來
又석

許多時　여러젼이라

開說話　부졀업시말
名호미라

折轉來　거욹겨와
모로로얼마나

花使了　ᄡᅳᆫ다로

極好笑　ᄀᆞ장우옴
딕호漢헐

知多少　다열마나此意
多少此意知多少唐詩花落

多少般　幾多
般今

幾多般　가지오얼마나호

大小大　얼마나크고

將就的　之意扶護
的語辭猶恕容

開汨董　開汨董之間汨
漢謂雜亂不功之事也○漢謂

不多時　아니한ᄉᆞ이
마ᄅᆞ이호여서

語汨董猶朽株木橛也攸殺了
다라終也

況疑　沉吟不决
下髮　崩髮
深劫　以重罪弹人

熟落　洛官黙職
遇有　如有也
方格　注招猶表準也
甘結　日甘合從　日結謂心結

斬骸　斬尸剖棺
虚怯　虚而多畏　即安害変

鮮息　解息鞍馬
去屦　猫脱言
主首　生即广

犂耳　卫심
喝起　耆說
屍首　尸身

監禁　囚也
砡攃　音合唼咬而傷以身
四至　至四方

斷遣　遣罪而遣之也
炮胘　音飽軯麁面皮生皮斗細起
事因　車之根因

染信　符也
今来　猶今次
色目　種類

赤章　祝天之文
當下　猶即時即
宗因　謂宗因某故

田務　田後之務
責状　猶言販招
攤在　音灘以手布置

輕文　篾鐵
凶身　元犯人
以来　猶猶幾何

得廬　有雄有犢云者勝
隱蟄　觸下之物而傷上
花文　内理

大率　大凡

融融　和洽

嗒然　猒你

厠籌　다히시

憧憧　定性之猒　往來不

觀說　言見而　嘗益不足之数也

陪貼　輸官之萬陪字恐是賠字古有賠貼

鐫職　罷職

尨贅　게우 잉ㄹ사

水簾　廬山瀑布散流簾㨾

吉還　됴히 도라

厮養　奴收養

追典　追贈封謚

朱子語録　三字

二敬　秋臣扠　彼此

蠅拂　치

掣肘　치吳다

起部　工部

輕文　不嚴文

刺姦　漢以來公府有刺蹋敬地而敬　姦㨾主治盜

冒勳　籍冒錄勳

伸眉　笑也

任子　以其子任父官

金闕　金闕燼也戚燼扠　金闕故名

捲管　搭音胥揳之物凡搕物儲蓄封不動者謂之搕管下不動

失適　病也　不快

吳夷　鳥族夷族首

挑摠　抽出

忍厲　厲忍暴之意

歡愉　喜怒

綜司　出納王府之官

瘃墮　瘃音쥭瞳

緩頰　不幸遇之類기한

阿戎　從弟

十六

精言語録觧

感尋 恩傷毅危而尋	常來 常時		
恩經濟之術	著庭 之是著作		
中晡 申時	苦手 云毒手也		
	吹嚅欲言致言斂		
漸來 將来	還忌 忌顧念而		
	減沒 節散		
梁涉 公連滞	僧子 都伯仝一作		
	雅譽 일홈		
大可 무단상	裁給 다		
	麈利 三千大世界		
都伯 刑人者都	花押 如今署名介결두단말		
	疾足 急足仝		
餘犯 既有壹罪又有餘黨	下熟 稍豊也中熟上		
	誤入 着於法綱無罪		
驗白 분명타	折閱 곰디쥬온거늘名曰折閱		
王租 나라	儜俀人短小	得傷 勝戰	
擲塗 相擲爲戱	懷然	使臺 監司	
頤屛 拂髮而	敦道 遣之人勸	濾臺 風臺轉運使故云	
下晡 申時末	厰曹 戶曹	寄生 기우리	

朱子語録 二字

傳可 던젼으로그리ᄒᆞ라ᄒᆞ다

走弄 好吏弄法

詰厲 其自斬而勉　詰責而勉也

住催 구실ᄡᅵᆺ기

少待 如俄

審問 이라猶ㅎ기별　猶的報

愴荒 愴客江也荒国也吳人称為愴荒盖賤之人也東晉時中國之人避

露田 不偉不橱也　種耕也

開寫 브릴넙여시쓰다　從密話猶言

射堋 ᄇᆞ릴무검민든거시라　射垜

作適 戲作　意作

首悔 首宗而伏罪也

催足 구실ᄌᆞ촉ᄒᆞ리ᄒᆞ여ᄡᅳ다

閣手 ᄉᆞ미縮手不　高也

假還 恐与由而歸孛通用假立　白民 著無官　猶達生

連帶 걸리다　남의ᄌᆡ

客鞭 万里치다

角炙 허그리치다 김에 글ᄉᆞᄶᅩ그ᄆᆞ로더

撼竪 위個起也ᄉᆞ인이분詢仰尊仰而　索節索寞

人門 門也人物　人避

膳奴 厨子之奴　休下 如今着

催功 보드려ᄒᆞ다

跳跳　賭跳

在事有司　鬆鬆 江左人以酒和麫起鬆如今

折難 쉬지려현　剛濟 우이루다 剛斷成事게

十五

語録解

質作　質其家人

賤罰　渼江虫板賤布註〔賤音淡晋食貨志元后○賤布註漢書皇后禍襠傳官人皆為窮袴后〕

折券　以今에우다如燒驕燒之意는쳔을에우다

収録　収捕罪人

嬈恨　燒作撓一

自送　드려가나

慾懸　室糧食不繼○懸似是

傳解　休官○傳其任軆解其任

枉酷　죄인히임다

防邏　防賊巡邏而

忘階　戡階金賊猶言

撿詰　撿校其事而詰問之

治定　点作文而改

護前　言不使人克己在已前猶判骸

死問　血戰불克忌임신리다

肉薄　血戰

吐欵　以身承服罪人

徵備　催足

帳子　狂子二字類帳帳□

賤備　即今잠

副急　밧희다

長子　二字類帳帳見

慾必　全懸懸

色裁　正色以示惡之

拙行　내득吴두다불러지故為拙行

戲責　以雜技賭勝負

裸販　賣賤

勸分　勸人賑富室而責物於人也

忘役　도라오나가

物土　貢稅

生憂　困苦之而不稂

反役　길잤다가오나

評直　論價

連忙 ᄉᆞᆯ리

名捕
特捕名

懸論 외오셔러의
○다

幾回 몃슌

欄柄
柄欄也亦

連咽 ○咽即連而
填塞之路

尤諱 謂君大喪也

快活 다즐기

早路 陸路

訂出 賦稅時商定訂出令

抵踢 宣公十二年註介
俵踢伏謂踣隱他也傳

隱拒 抵踢

不曾 못ᄒᆞ여나몰너리
ᄒᆞ다못ᄒᆞ다전

展至 定于正月更覧
至三月或 二月

荅移 荅送移文

減落 減除

労容 則云労容足
指屋甲 労僅也如襁小則
容頂趾労

白事 巳事

活計 싱계

尯落 減与尯

邦假 猶如彼

囑付 당부ᄒᆞ다

這們 러면무리ᄌ이이

纂嚴 戒嚴

這般 猶如

幾會 어ᄂᆞ즈음

代怖 人有追於刑禍而傍人者
為之怖已不知怖而

生活 성명又事役

一回 ᄒᆞᆫ슌

净殺 盡殺

無頼 젼업시이又브

朱子語録 二字

目整 徵怒目容以整他人之非

精言諺鑑

委的　委保也信也　的語辞也

生受　艱苦也又貧之也　남의게貽獘ㅎ다

強如　더어

利害　나모지

打發　禮待應答也又보슬펴디담 ㅎ다ㅎ살펴쥬며보내다

下妻　小妻곳게집

根底　밋희　얽퍼恐非

知他　모로리

自由　세ᄆ음으로ㅎ다　以自家之心為之

分付　당부ㅎ다

超減　초也超亦減也　맛기다가又

丁囑　당부ㅎ다　即丁寧之意　○丁

一發　홈쎄　一

一宿　흐로비又

定害　貽獘入

由他　더져두다又제ᄆ긔두다

不揀　아니ᄒᆞ지 아니ᄒᆞᆯ지라

則管　只숌펴이　則音즈或作

空便　空隙順便　之時조각便

結配　結婚

摽致　聡俊敏慧之称俣　表其人心貌之意

根前　얽퍼根　与跟同

省會　다알외 알

説知　널녀알 외다

知會　다알외

底似　너모쟝又

由你　네ᄆ음으로 로ᄒᆞᆼ라

知得　아다

自在　잇다 ᄆ음평안이

疾快　샐리

照依　체로ᄒᆞ다

火計　동모又火　与夥同

幾曾　제어느

邘們　져러면又

羃羃　두어라두어라又ᄆ음펴이　亦曰也羃

●白一三後●

歸宿　如言安定
一面　로호자又호벅호　斬新　히시로

落草　가은되落호다다○도　一就　호셔　收拾　자슈호야又거두다

旬呈　謂居之人有旬呈之事如今每旬手本之事　日今　當見今也猶

端的　猶言的定奇正　히○빅　齘舌　혀무단말

乍到　總到　早晩　일노도어니서又音적호臍炙을의

畢竟　猶言要其終而言之　親炙　倒다炙又音적膾炙을의　裏許　許所也又猶本也

醜差　醜言大差也猶言大也　延蔓　뒤너치다　元料　計也○므合

蘴蘴　音尾自强之不廄之意　一等　호가층又　甚底　甚音삼져어

勸諫　人有所爲不是而　章皇　皇猶倉

不消　猶言不須也不必也　一等　로미그럴지라도모　安置　以物置於其所也又流放罪人枚某

委棄　委亦棄也　姜芽　姜之出土而萌芽方長者姜薑通用猶言好在也

云甬　다又語辭　只消　只猶須

刮新　히새로　一刮　刮音平也削也即鋤治之義亦曰　一刮　刮音忽然之義호민되게다

朱子語录／二字

語録解二

鶻淪 團圓為一不分析之状与 鶻圇枣三字類之義同

保住 보두다。

挽斷 挽土咸功貫刺之也言以 已意貫入文義而断之也

将息 保氣曰将息 安坐自在養神

申發 은보장ᄒ단말이니申發 ᄒ여너여보너다

宿留 宿音介止也有 所希望而留之

張皇 포장ᄒ다

裝點

無量 不以幾兒為限惟適夜 気以然以儒以欲之無限看者非気

商量 量立心然後其上頭以商 多又혜아려

搏量 搏斗量之時必搏而量之

剌破 죵요로은데

髠劉 髪劉之謂也

耐煩 번거기로別ᄒ다

襯貼 음츤텹 如襯보치다 貼ᄇ졉 以此物貼他物也

當體 當身

犯手 손지다

逐項 逐事

火迫 急遽

爐鞴 鞴音備 에불곳끌굴무 시라

委曲 委亦曲字之義고 曲비猶曲盡也

着力 助長也猶有 盡力也之意

着緊 지히着ᄒ단말이

駢然 面發赤色必駢 音병뼈覰貌

照會 校正也公文索解

上供 如今貢物

卒急 따기리

出塲 其事猶言畢

説殺 殺音쇠 ᄒ여붓다니 説

•白一二後•

規規　莊子註蹇淺狼子註蹇

省事　省音성일　을딀다

不着　不合

退産　中國人賣買財産必告官賣文故若欲退其産亦呈于官而受其地然后退之故曰批退也

省見　非有心而見也偶然看過

匡綱　如頭當也物之自外四圍日匡細日綱之緫會屬曰綱

将上　上ㅎ여ㅎ다

一剪　모르다

局生　生뜯이서다　局格也猶手生

較然　較音敎漢書甚明也又音角相角也

一飭　之項

朔瀅　全舍胡

放次　做全　放与

按伏　按누로다　伏항복

都是　이오

檢放　放之田而除其稅猶檢籔被

抵敵　牛以角觸曰抵猶人欲之来与敵相遇如牛之觸物而不進也抵献全

冷着　다우介이븨긴　猶冷笑

胡思　어즈러이

大凡　大槩

簡着　다몸치

扶策　붓들어치치나警人急惰　如馬之不行擧鞭輙行之意

揣摸　揣度也摸노마치다

舍胡　明也不分也

不透　心柰即憤悱之意　透即憤悱之意

取會　會計也

領會　領畧

不托　或柰飲飥也　가두음은介접이

狼當　狼字似是浪字狼藉同狼當藏頑甚者謂之狼當　小兒

已過　已過之事

朱子語録　二字

●白一二前●

朱子語録

喝罵　꾸지저며

唯阿　唯諾之意　와야와야

噢醒　오다블너세

討喫　討求也討亨　기다

火煅　블의노

經行　如經術取入也

切脉　脉猶診

隱約　依俙之意

放過　不照管合置而過

拜違　辞猶拜

所有　狋文니別여猶言如右

一味　갈며一切호치

卓然　뚜렷

下度　度同音濁　집작다다与卜

大段　가장

自合　스亽로吹당다

騰倒　紛綸升降錯様往来之謂

勘過　磨勘호여다나다

等候　待也等猶待也

笆籬　사립딱이라竹籬也所見不精功者謂之笆籬過物

一意　一意갓치

一角　信物封裹一件。猶云一隅也所為

分定　得失之義見上分外註。分定호外符到오다

謹空　寫公文畢末有餘紙則書謹空言後面之皆空也今漢人文書亦然今餘曰

國是　是舉國所同是曰國是

撑拄　치다言不肯虛心受入硬執己意妄言語必撑拄拒捍

經題　起義之題如今科場之說

割截　마리마대

過計　과히계

遮盖　막가다言杜道理掩遮有巳之

崛峍　惆貌急促局

尋覓　猶思索有助長

界至　之病猶言搜出
　　　自其地界

般取　至其地界
　　　般移

薄冗　雜事
　　　迫於

若曰　이리너 ᄀ러니 ᄅ니라
　　　又이리 굿니 로딕면

草本　글초ᄒᆞ다

沫血　類讀仝洒面
　　　也又噴血也

渾身　온몸

裏面　揩其
　　　中

幹官　乃幕職公事
　　　幹辨公事

繼繞　纏也又音灼
　　　也繒繳也

朱子語録　三字

註脚　小字也尾大字如人之
　　　有脚
　　　註脚有身小字也尾大字如人之有脚

星子　別

給降　降惠
　　　給言降惠之皆

當當　得其言當
　　　當本作憶惠已不欲喜怒而從
　　　之又如助辭為慮之義

亭亭　（口）當

縱史　強爲之又如助辭為
　　　慮之義傍人

坐却　却語辭
　　　坐在也

納界　印札

討書　猶今ᄋ므

頓拙　通用頓與鈍
　　　本末也猶

且道　니ᄒ니로라

句斷　치다

頭邊　言初頭也猶

唱喏　上ᄋ恭敬祝願之為
　　　聲如今吏昏拜謁
　　　作聲中原人讖不

交他　他로ᄒᆞ여곰
　　　交与教소

偪仄　몸을기우리다
　　　仄본거동
　　　日哑聲揑

巴家　오나巴詞소리
　　　与巴詞소리
　　　巴詞소리은노리

語録解

時學　時文

衝戞　戞藏也感意　——
于中又感戞全

本領　体大

閤理語　古有閤
天下義理之
—— 謂閤歷而知

國葬　無用
兒

硬把　——이
で다

穿鑿　穿墻鑿壁
出太極賦

般移　기다

底止　底亦止也
底枕止也

調停　調和停均
首為 —— 之說和解新舊

要束　同義
約束

參取　究而識取也
向此句中語恭

滲淡　音合淡半雜
色淺淡之意

淘汰　淘與陶通乃淘金
也淘히淘히며汰히다　不分明

別出　너여

波咤　波ㄷ咤ㄷ
忍寒声

漫濾　호가
너기다　不分明호다

供申　報狀謂之供
申也

涵養　養心以敬如物之
涵泳於水而養也

閒漢　호가

舉似　北人之
似也又皆似也
唐詩月開花似

鑴誨　鑴列也 ——列
責而敎誨也

衮纏　周圍
纏繞纏繞

激昂　奮發自高之意

知覺　覺此事
知此事理

有箇　一如云
一物

對班　自唐後經進之官
對朝班 —— 而奏事故講進謂之 ——

苞籠　作事不
果断　如今吏曹

簇磕　以石相
簇言爲小人所
攻磕音合石相簇声

磨勘　졸갓마
前仕滿

篑底　漢語篑窮極之意篑底猶本
根言窮極本根更無去処

査礦　쇠불닐제끽ㅣ니　猶쇠동이라

具析　具猶兩造具備　之具析分也

眼下　猶言當時

坯子　坯音杯尾　未燒者

軆大事猶大

亂去　여가나다　流ㅣㅣ

靠裏　裏에의지ᄒ다　밋다

夫人猶其人也

配去　絶之

番得　쇠　番翻

虛間　間間全ㅣㅣ不

窘束　家計窮也　急迫也

決遣　決尾

合做　염죽이做ᄒ

勸阻　我去勸止之也　人有所欲為而

行遣　竆遂

軆認　体驗也認卜識也失物而得其物此認字之義分ㅣ下

零星　餘殘之意

書會　會社兵懇　如云文會書之処

且頎　모로미

豈亦　豈乃豈不之意

剚功　州社兵懇　功之意

圖頎　与人抵頎同是屈巴輪　所言為其声言為

恭拜也恭謁

関聽　関ㅣ知

圖榜　今圖精舍圖榜如…作精舍

懸知　懸遠也度也猶

稱停　稱ㅣ錘也　稱言大段

圖榜…勸賞也…作精舍

只除　만대ㅇㅣ다

大家　ㅇ大椠　物以助

脊梁　등ᄆᆞ로ᄇᆡ人之擔負重任者必硬着ㅣ乃能出力而勝重任猶脊呂ㅅㅅ다

朱子語録　二字

豪分　豪毫同十釐為分　十釐為釐

語録解全

剖判 ᄒᆞᆯ별

對移 礼記王制不受師教者右移左ᄂᆞ移右謂任以懲之 來時下官有過上官黙罰轉作辱謂之ᅳᅳ

滾冗 冗如雜

曲拍 見曲調節拍○猶曲調節拍○三字類大拍頭解 一抌

幹了 다ᄉᆞ리다為其事之骨子也ᄯᅡ타ᄒᆞ若妻則幹家奴則幹事

押闔 押音ᄲᅡ與擺同兩手伴之猶闔闔之義

引路 길자비

方得 비야흐로得ᄒᆞ다

引他 저ᄅᆞᆯ혀오다引接也他져又

方便 謂之ᅳᅳ暫時權道也多般計較得其好處

引却 退身却引

扭捏 音뉴닐捏手轉見扭비트다按也担与担同年結切捻也捻取音捻

偏却 語辞偏僻却

無所 處猶無

斷遣 断罪而遣也ᄯᅥ보내다猶断罪而遣也

他説 謂舍所言而發一端之説也又

枉畫 이리호무리ᄒᆞ陪重也謂重疊添加之意當作賠疑倍之誤○

批判 公事結尾

壁畫 猶經營規畫也

無方 所ᅳᅳ

更攛 攛与遺償全促之也

屬厭 足ᄒᆞ다嚴也

作恠 恣為恠也猶言作用

打乖 打為ᅳᅳ異又破乖戾不同俗又南人聰明性悟者亦謂乖與物和仝又為恠

支撥 支給錢穀也發其畜積

依倚 ᅳᅳ之家扶權勢

相須 須字多有待意 서ᄅᆞ미더

•白九後•

挨前 ᄀᆞ나아가다　挨音애 推也 혜시

失解 見屈水　鄉試

遏捺 捺音列 저ᄂᆞ르다 그

招認 認引以爲訂

印可 佛語 올타

滚同 ᄀᆞᆯ기다 뒤

黠抹 把點行間而長引筆曰抹 非塗抹之意

寧可 ᄒᆞ아리 가히

得解 得爲鄉試 解義見上

拼得 謂拼之閔 言委弃工夫 楚人遺弃之木也

會解 아다

閔挨 者銳閔也 挨或作 檢冶

少間 이윽고 少頃也ᄇᆞᆺ

耐可 엇지ᄒᆞ여야올 ᄒᆞ고耐忍也

諦當 諦審

外間 外物也 것치라

便儇 便捷儇利 날녀다

打圍 也 毆獵

行間 列衆人行之間

錯了 그르

攬聒 攬搖動也 聒어수 선타又요란타

偶便 偶因故便 也

貼裹 貼裹猶向

會去 語辭 아ᄂᆞ니去

催儧 催音찬 儧取也 儧字之義

貼律 貼入規律구굴 의합당타

會問 잘뭇

償那 那償移也 儧音移也

拈押 法言押作柙 猶拈束也見楊子

會對 잘ᄃᆡ답 ᄒᆞ다

作壞 爲所壞也

會得 他猶會照也如移文 司照驗之意

玩愒 猶優遊徃 愒之意

朱子語録 二字

九

●白九前●

雜語詳録

公門 猶他們之意 又衙門也　　話頭 詞頭之類言題目 也緣禪法

徒然 헛갓타그　　一件 猶言弟一件

容易 쉽소 리　　一團 덩호무　　滾得 이리꽈자자 又

何曾 어디여又 엇지일즉　　打酒 猶言拿酒也술 가져온단말　　要得 ᄒᆞ고져ᄒᆞ다 又

一冬 소一方　　押録 書吏 猶令　　使得 곰어

厮匜 注出易　　打話 打言也　　關然 猶云鬪也　　수션거리다

打坐 打안즘안더 又是為字之漢語義　　厮揑 ᄯᅥ相也猶言ᄯᅥ

未曾 잠산도아니 又증전의　　撈摸 음也猶言무

唤成 金 唤作　　撈攘 人之作事責氣力

他門 指其人而稱曰 他們与公門全　　賭當 疑是商量見得之意也 모기스로니

喫緊 다긴타　　抵當 猶撈當又對敵 잡펴

許多 만타　　體當 如云体得体験 得堪當

●白八後●

骨董 雜也義見
三字類

厮睚 睚보다恐아
相見之義亦

思量 혜아리다

分外 뫼밧기라盖
所可爲者分內
而分外則所不
可爲也者又
數之終十分爲
數之極而甚
言其太過則曰
分外

挨去 工夫按次
而去之言

擔閣 다머眉訓
揮弃걸니다

了悟 頓悟

了當 당당타又마즈
막졍당히다

趙詣 工夫深造
端緒

着實 더혀잡드
러溪訓

甚入 音삼이얼라
사람이

頭影 端緒

照領 照數次知
也

析號 又榜럽업너
니다

句當 一説猶主管

直截 方正바로비
한듯히다

奈何 엇지오

官會 溪訓猶수楮貨

硬要 구틔여
구틔여

等閒 힘드렁니
러

大小 溪訓多少
多少

咱們 漢語주든
우리들

一格 例猶一

放住 노하두다

便是 ㅡㅡ眉訓即也假
使也如今黃金
不直錢之類

咱們

硬要

且如 아무리키나
ㅡㅡ眉訓即也

儘教 치다히잇것マ라
다히다

要之 구ㅎ여
보건댄

曾無 言無前也猶今
与未曾全猶

這樣 지잇가

略綽 畧잡앗綽漢語
綽쓰리치다

喚作 喚做

朱子語録 二字

●白八前●

卷三語録鈔

管著　울어다又ㅋ음　　鮮兒　버서브 리다

莫當　아니　　齊到　함쇠

一衮　함쇠모 도다　　懷懱　梵語　恥厚也

即次　비검지금　　安着　편안히　붓치다

四到　四口方也　到至也　지검　　那箇　저것　어너것

不濟　속질업다일이틀너　不成也　莫是　이아니　斷置　眉訓決斷　恐誤猶弃也慶置

殭輔　友猶諒朋　直也　　提起　眉訓　잡드려又드러니

下手　손지다　著手也　　破縱　言譁喋也借　　雲時　霎然之意仝　아니호소이

消詳　漢語消与須同義　仔細猶言須用詳細　　合趣　뜻다　　鏖糟　殺人曰盡死　眉訓雜穢也

劄住　則剌著故曰一一　不動凡物剌著也　　參詳　구ㅎ이궁　　仔細　히　不세

走作　去也　다라나다　　混淪　모와又　　實的　섯거

推鑿　鑿穿也　也　　弄得　不忘也銘　　忠管　心也

攧撲　攧韻書作撲急　伴也　投擲之勢　一一不破言牢固

欠了　섯오다又　　一項　眉訓猶言　一条

劄著　바가　젓다　　招拾　拾取소

落□ 酒落净潔之意酒□亦同

鮮額 秋圍鄉試之額數也
地步 猶言里數也 頭也又地也
主顧 영맛초다 又정 마쵸다
角頭 모롱이 호얏치라 溪訓

硬寨 植眉意 訓堅
蹉過 드타쳐다나다
着□ 漢語謂宗話曰 宗是此意恐是
盤問 問也又저주어뭇 도로힐허뭇다

掛搭 거리
岭崢 뵈드러단기는 行不正皃
着落 如故宿意○使之 着令也史語亦曰着書

鶻突 분명티못
周羅
做箇 기어호

田地 地位也地土亦云□□
着落 버전즈러
脚跟 足踵

驍括 正木之冤浄訓마쵸 힐허곳치다 孫曲者驍正方者□□
再著 두번
迷藏 숨박질숨 康節有迷藏

賭是 是是賭타 蓋므求此호나
腔子 軀殻
闌珊 餘殘詩舍思暗散兒 又意欲盡之意

鄉上 謂天理也言向上之上意向道理
親事 婚事
當下 곳더

低□ 失路皃無見失意 低音長又見敬韻
打破 부티서쳐다
一會 호번 호지위

末疾 四肢謂之末也
肚裏 비속
早□ 어셔又불셔 又작일즉又

譙責 譙亦作誚以辞相責亦曰不仁也

朱子語録二字

●白七前●

語録解

從前　전붓

精彩　다깃다

依前　젼것치나又그젼붓터又

地頭　本地也又猶言一

轉頭　로혀도

摸擦　어르만지

憑麼　그러타又그리타又이러타又이리

遮莫　그러케ᄒᆞ나儘敎也진실노…一作折

分踈　猶發明也

撲落　…一作撲

鍊成　일로다

胡亂　어간디로漢訓

這裏　여긔

拶到　다와다

活弄　拘束之意不拙約不

分曉　曉字只是明字意分明히

胡寫　也亂書

獃口　어리고미욱ᄒᆞ야아다…

多般　여러가지

較遲　較比也猶其遲也

直下　바로ᄂᆞ리오다

喚做　…指其事以目之

卓午　낫日中也猶言駒午

一向　ᄒᆞᆫ갓치

厮闘　只是相闘之義亦

即當　…

儱侗　不分明也又漢訓

截斷　ᄂᆞᆫ다

津遣　道路資送之意

上頭　우머리

惺口　셩ᄂᆞ다씩ᄂᆞ

●白六後●

朱子語録　二字

| 提敗 을기百다 | 直饒 비록又暇 使之意也 | 一塲 호바탕이라 | 一般 호가지又一種 | 一串 홈곳又호옴一句節 | 忽地 믄득 | 打空 헛것을쇽졀업다猶言 | 除去 말고又더러브리다 | 除外 除호外 | 若爲 엇지 | 下夫 下手也恐與下工夫소ㄷㄷ코又眉訓 | 到頭 極也ㄷ드코又尾ㅈ眉訓 |

住教 與任地之意相近而為語助下全教有教
使之意而為語助下全教有教

免教 그러케호믈버서나다又語辞
鮮教 비서보리다敎字疑或語辞 一遭 번호
嗑着 맛듯다易序卦嗑者合也即變맛듯之義又嗑當作磕有撞合之義磕頭謂之어리 一遍 번호
自是 제이 橫却 모르지
撞去 더려가다져 愁殺 殺音쇄시
零細 猶箇 由来 從來同
從來 비븟티又모로 裏頭 猶中也又속어머리語辞
笑殺 우슙다唐詩山公欲殺襄陽兒 都廬 다又오로
兩項 두가지 伎兩 짓거리라
一搭 호번브라다又使兩

六

朱子語録

巴鼻　謂巴即尾也鼻即頭也巴蜀有䕫䕫蛇獨尙上餘蛇皆鼻垂下即向上
見漢人遇大蛇用小箠一打其鼻便死所謂巴鼻未詳○漢語禽獸之尾謂之尾巴此又一說大蛇謂之巴曾恐是要功夫處之義
悠□　힘□다　猶言過也　猶一过也有長遠之意

厮殺　作相殺之意
提撕　撕捷也亦提也漢訓眉訓

家事　呂伯恭言打破家事漢語俗指罪漢訓
一方　猶一过也

領略　아다　漢訓猶言領了大槩也
放下　노하브리다

接漤　다　외호
爭奈　지ᄒᆞ마ᄂᆞ그러커든엿제요엿

脫空　헛것　猶言
任地　뎌아마그리ᄒᆞ개다셔두다

累墜　걸니며ᄀᆞ
從教　조ᄎᆞ로
報道　알외여

了□　□音合　□完了然金○與了然
住地　又져호ᄂᆞ디로두다
點撿　合괴ᄂᆞ다샹고
委意　아다

爲甚　거슨위ᄒᆞ야
甚麼　甚音合　眉訓

怎麼　엇ᄃᆡ오

什麼　同与甚麼
從教　조ᄎᆞ로
報道　알외여

伊麼　이만또그리ᄀᆞ리
平人　무던ᄒᆞᆫ소람이라
卜度　짐작

一齊　ᄒᆞᆫᄀᆞᆯ조치ᄀᆞ작소다

賕連　音湛以輕物買重物曰賕心經所謂所賕
謂以大夆不欺章連小人閒居章着也

除非　아니커든말라又只是同又그러치

様子　본

杜撰　社前人說話撰出新語○石中立在中書咸度撰張知白神道碑石中音同故也

末梢　梢与下同

撰来　잉그러오다

決定　一定也

下梢　너음漢訓

悳地　여긔이리○거긔猶言如此

一重　호갈괘라

頓放　두다

都来　皆也本来猶言

揩背　揩摩之意○揩猶
各別也又마쟝漢

差排　排安猶也

過着　已為也着字有過意又與消

特地　各別也又마쟝漢
語부디又득별이

揑合　揑音湼捴取也

不同　与自別同○不如也

收煞　거두어맛다
畢終也

怎生　언제漢語怎何也生語辞어니
眉訓猶言白直又言

索性　直截又비俗의

頭當　나힐리疑ᄃᆞ
다漢訓

甚生　怎生

除是　일난말고다除是ᄂᆞᆫ人間別有天是몯除ᄒᆞ고니俗非之語

公案　귀글윌漢訓攄理結案如公文○一千七百公案即法也
入間에各別이天어잇도

了然　ᄉᆞᄆᆞᆺ이又分明之意

朱子吾録〇二字

●白五前●

朱子語録

蕭疏	조타　蹊一
一把	좀호
的當	言合當之意猶
跌撲	撲두드리다　跌박ㅊ다미셔러져
照顧	술피다
撞着	다지딛다又마닷　訓衝着也
儘多	만장
関子	公文書也子語辞也亭子之類辞
逐旋	돌와又조촘
向来	아리오고　건봇텀
箇中	애이좀
揭出	니드러
一間	안동
一段	흐뎌猶言
自別	自然히又各別히非別也
衰颯	거동호
活法	言不拘一隅猶活水如當自然之意
斜攬	다精神マ다돔다
放着	부다노아
提撕	잡드다眉訓提而振之也
硬来	굿타여와
鋪攤	攤手也리다疊訓眉訓爛
照管	소피
打疊	打처ㅂ리다疊字與大典醫鍾之義猶言疊口
物事	事語辞如今数物必曰一事二事
零碎	소ㅎ다又ㅂㅅ
上面	外面裏面前面皆以此義推之多少
多少	얼마나幾何也　下落 歸宿也
合當	당닷　安頓 노타
霎然	잠处　安排 사름이힘드려구여버림조다구

二字類

去　此語辝有去意眉訓舍此事為彼事之意

褪　脫也

才與纔同　才又

沒　無也眉訓

扮手　扢買切挾也

知道　아다

合下　猶言當初 본디 又本來溪訓

這箇　이거시

撲合　作撲猶言輻湊也撲當

邦裏　뎌거 又어니眉訓　彼處一何處

一截　眉訓截其半而為一截

十分　マ장

查滓　의기

單提　訓獨舉也眉

拈出　자바니

伶俐　訓分明也眉

就中　에

不成　如此也謂不成得也 指下文而言不得為只管 다함又이여다

單行　獨行

太極　太マ장

主張　張皇之猶 쥬변自主已意而 져드다

異時　猶他

逐時　隨時

推排　밀며벗바 올니다

初頭　처음

定疊　安頓也疊亦定 意眉訓堅定

自家　저 云我也指彼而稱自已曰自家

此三字　조고만 안

理會　혜아리다 又살피다 又査호다 又省察也

●白四前●

尔弟諺録

敠 同弼	党 音당	恩 同憑

癮 病也猶 血癮　秤 與秤同權 衡稱名　夫 コ語 辭也

黰 黑深　以 由也　屦 音屦 足也

委 也宗　蒅 也勇敢　楞 音棱全四 方木

釰 與劍初也 初造　捽 捽頭持髮　賺 音甘歉也 又直陵坊 重買也又市 物失宗

窒 막지음쳐엿　湔 漸

覰 보다　竃 音蟲　泥 音녜닐니다也○ 杜詩遠思恐泥之 泥也致

炳 與燹同音 義亦同 訓持眉　汷 音勒合又 消磨칼다　棼 音棼 亂

將 가져持也　約 隱度也　齰 音窄

搭 搭物之格窮底 意多 格訓物之格 至底意多　勒 也徝合　羾 音紅 飛額

恩 同憑　磚 甎同 魔也　畚 音奄 掩也

党 音당　胖 脹也音棒　皺 皺皮剥也 音脱也

敠 同弼　淤 凝瘀也 通血　申 報上司謂伸 伸上也

・白三後・

朱子語録　一字

寔　音식진
謏　辭訮

強　之有剩餘之意
肚　腹音也

離　兩人相對立也又云兩離坐離立也記
礎　나거치

撑　音뎅撑柱之意又音掌
呷　音甲호야며吸呷

參　如參三之類 馬三才之之參
下　音하下字言아마字를上斗下工夫言아마字를上斗亦仝

體　骨子也猶木之有幹 制舟固足以幹事
突　讀會音要室東南隅也本作突或作突隱暗處也

匵　音괴不可之意
戳　音□又音契刺物印也

寔　俗音티音至置也
蘸　音□浸水刺也

遂　일우다、
歡　音□刺也

逈　音律導也又音郁回避也循
鬆　音□髮乱額也又音寬也

矜　矜矜自貟총言過莊又自持賴
塌　陷低也

辜　與孤通져비리다
仵　光與午同取明之義

薦　織以葉秸
紮　音札纏束
潋　音□散也
趢　音蘭皮起也
席　織者以管蒲
祗　音오식也之適
底　音至致也也
膜　音薄者皮而
皽　音畏嚢也
礅　音潭舖
礘　於下

三

●白三前●

新義語録觧

踢　音唐平声一也頓伏貌行失貌　又飛動見也○又見去声太丁
走　牛馬走如云　僕自謙之辞

妙　朱門人間妙字答曰妙字有病故說妙字有運用之意以運用字有病故說妙字
越　愈也

剔　새여○猶剪치여也
趍　치

俵　分給也
等　秤子待眉訓平也亦云等子

跟　音根足踵也又追隨也
提　다잡

夯　音向擔也
輥　音混車載齊等貌

獣　埃塵也
儘　音盡又한갓又尽從也

錯　외다又그릇
直　바라又한갓

閭　너그럽다
霎　音小雨也

抹　호여브리다又치다
趙

揣　音揣度也○揣摩也
化　無所勉強而自中節也

押　如今一領人以去○著署亦曰花
鑒　性也○猶鑑之物也去其物也

贊　明也
怎　音즘엇지又甚同
輸　質爲而致也博者
少　無也○잠시닌
剩　餘也通作賸
略　잠
攝　音잠但合劫取出也又다
擴　音拓拾取也

●白二後●

朱子語録□一字

瞿　左右驚顧兒

翻　ㅇ도로혀ㅇ뒤다

會　아다ㅇㅎ기위두지위지一一二ㅣ두지

鑢　音鑢

捺　乃曷切捐也又手按也누르다

撩　取也理乱曰ㅣ理也

挶　眉訓접단말이라셕다

當　고디眉訓去声抵當모막단말이라

生　辞語

漢　之罔有病漢醉語漢等語漢

蟇　上音맥也越也

漫　타힘다

討　得也論也求也

推　又롱推仔이

渾　言全也

研　ㅇ磨也공구

佈　也佈同

劈　나믜치

消　也又모로며ㅎ眉訓須也

恨　音両悲也又音朗不得意

初　잠나산

串　꿰다又꿰곳

在　在語辞有在意

硬　구덧

담　也音擔排也

訣　絶也又辞也又別也

惹　乱也又着也

挨　次音埃謂之挨次ㅇ按

担　다音날쥐다ㅅ又지쥐다又호다

零　天전零細也零箇

欄　也遮引也

交　也交行也

摑　音픠批手打也

撒　散音慇비之ㅅ点

担　다音남쥐다又지쥐다외호다

羹　未詳

佁　甯也音니眉訓汝也

담　也音當也

●白二前●

紫子語録

慢　현ᄒᆞᆫ
돗 말

撥　가ᄃᆞ와다
音찰다 ᄇᆡᅥ다 又서다

捧　音방 杖打也 몽 又杖也

渠　뎌 又그 眉訓
呼彼之稱

靠　音告 憑也

爭　엇지 又ᄃᆞ토다
又有争之意 又語辞 又ᄆᆞᆺ다 又使也又

麼　辞語

著　긋다 猶言
為也○語辞又

打　語辞有為意有
又伴也

頭　語端皆云頭也

管　그ᅳ估다 主之也 ᄆᆞᆷ아 眉訓揔攝也

劄　音찰 刺着也
非表非狀者謂之
劄子라ᄒᆞ니라唐人
謂之劄子也

鎮　장
亦謂之 旱地 旱路
陸地

早　쌀니 疑早字之
誤○陸地

来　来語辞有
又ᄭᅳᆯ다 又私傳也 如風便是也眉訓即也又因人寄書謂之便也以上平去利也宜也

差　서기 又差出之意 又較之意 與較同

似　ᄀᆞᆮᄃᆞ又
向也眉訓亦狀古
詩云國一身輕似葉也

逓　遞也○附遞傳書
謂之遞也 公傳

頓　오로○ᄒᆞᆫ번에
不如一頓又 혼번 又믄덩이千零 頓也

作　지을
作為也亦
語辞為也

趕　ᄯᆞ롤

扼　거머쥐다
州語 俗흔字

便　ᄯᅩᆺ 又쉽다
見平声及去声安也 習也
便言也 肥滿也 溲也

合　마땅又 본ᄃᆡ

按　누르다又
禁也 又考也

煞　장 音쇄
與殺音同ᄆᆞ
便 順也即也
便安也以上去声

做　作也又工
夫成意

敀　가지가지
오로疑誤ᄋᆞᆷ기다又
又一般

了　語辞又ᄆᆞᆺ다又아다
又잠ᄭᅡᆫ眉訓在末句
為事之已畢
者

敀　二般也
般也

●白一後●

解語録總覧

一字類

心齋白斗鏞　編纂
鶴巢尹昌鉉　增訂

箇　語辭有一箇二箇之意

却　語辭又도로혀又ㅿ눈眉訓　還也其在未句者語辭

頃　待意又必也　모로매又強也又必也又有

解　아다○解皆輸到卻下之意也○解粮解銀押解恰適當之辭

開　노나又속졀업다又힘힘타

這　이也眉訓

貼　吳치다俗所謂裨貼접을거시러오다亦此意○

較　마초又흥졍갑슬거스러오다　相角也對兩而計其長短又가장

要　求也又브디又ㅎ고져　音見平声及去声要會紉也勤也以上去声欲也以上平声

如　必曰다혀猶今郷人有所歷寧則必曰다혀일又가다

是　此也即然也近也　語辭○然也

教　ㅎ여곰

和　猶言조차以別物合　此物日和아므것조차

他　더又남의眉訓　彼也又其人也

底　當慶也或作的又그런거시眉根底也又與地仝又語辭

得　타語辭又올　得意타有得意

還　語辭又도로혀○다ㅣ대又다한

也　當也語辭又任也猶亦也又眉

自　저凡言自者多○我也　有저저意○

那　더又엇지眉訓　彼也又어러듸

•白一前•

一水滸誌西遊記西廂記三國誌語録을亦爲添付ᄒᆞ며
一吏文語録을並附ᄒᆞ야以便閱覽ᄒᆞ고

●凡例一後●

解註

語録總覽凡例

一語録이字数ー多寡不同故로舊本에從其字数호야分編之호야自一

字二字로至五六字而止호야以便考閱호니今從之라호노

一舊釋이或有未備호고且未分曉處則未免借附新注而加圈以別之
라호노

一註下에 所謂漢訓者と即退溪先正臣李滉號也오 眉訓者と即眉

巖所訓이니故儒臣柳希春號也오 其無標識者と李滉門人의所記

오或後人所増云라이

一語録中에或有字義音義之可考者則亦可證定이니如便字要字之

類ー是也라

一舊本所載ー雖不屬於語録而其意義関重호고或艱澁難曉者則并

收録而注解之호니如形而上形而下와及色裁目整之類ー是也라

語録凡例

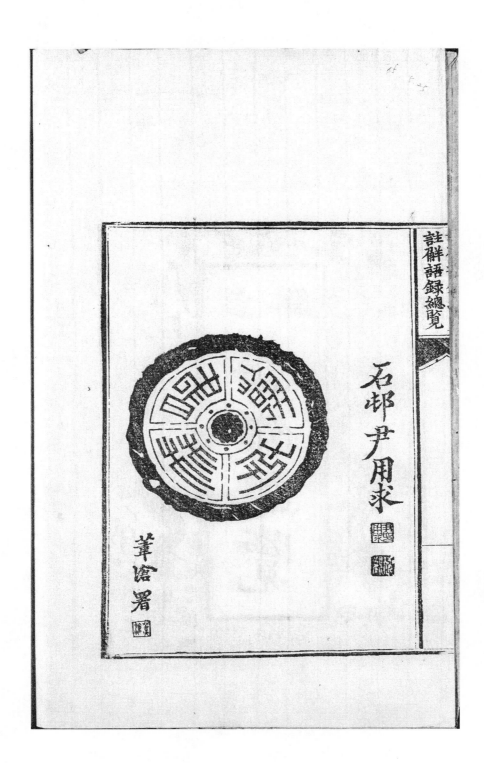

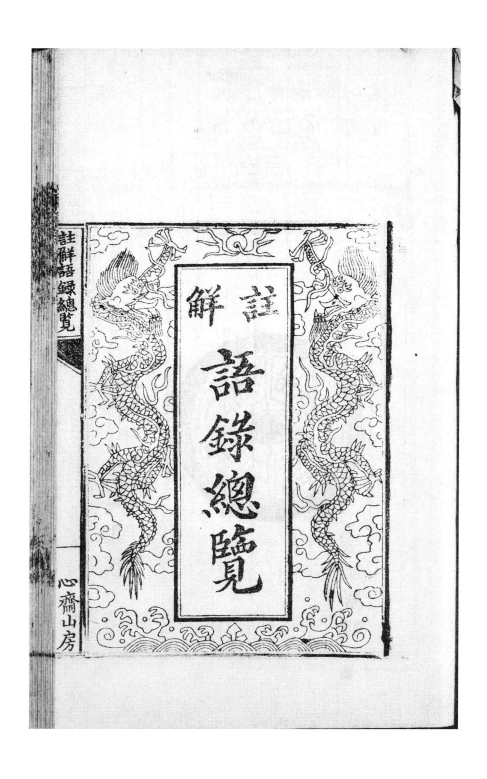

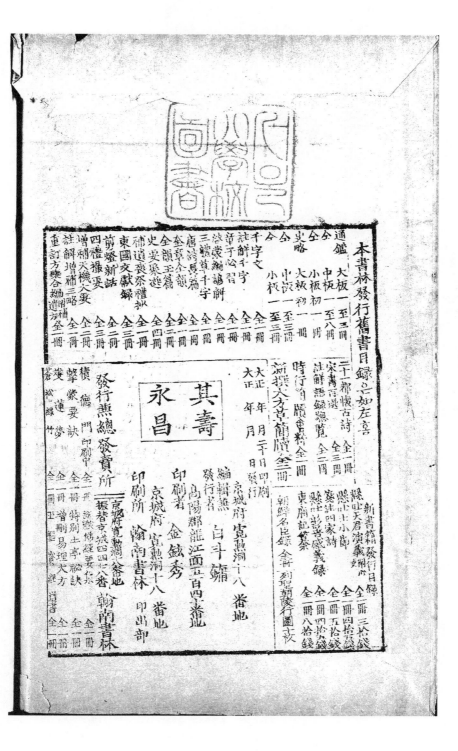

本書林發行舊書目錄如左亭

通鑑	大板	一至三冊
	中板	一至六冊
	小板	一至三冊
今史略	大板初	一冊
	中板	一冊
今實	小板	一至三冊
全韻玉篇		全三冊
千字文		全一冊
註解千字		全一冊
草千字		全一冊
蒙學必習		全一冊
三體草千字		全一冊
唐詩長篇		全一冊
全韻玉篇		全一冊
草千字		全一冊
史要聚選		全四冊
東國交獻錄		全三冊
補遺喪祭禮抄		全一冊
剪燈新話		全二冊
四禮撮要		全二冊
增補天機大要		全一冊
註解增補三略		全一冊
重訂方藥合編遺方全		全一冊

新書籍發行目錄

縣吐天君演義	全一冊	三拾錢
縣吐小學	全四冊	四拾五錢
蒐註四家詩	全四冊	五拾五錢
縣吐善善感義錄	全四冊	四拾錢
東朝記纂	全一冊	八拾錢
朝鮮名臣錄	全二冊	
列聖朝行圖攷		

時行自贖會寶料全一冊
前撰大方草簡牘全二冊

京城府 寬勲洞 十八番地

大正　年　月　日印刷
大正　年　月　日發行

編輯兼
發行者　白斗鏞
　　　　京城府 寬勲洞 十八番地

印刷者　金敎秀
　　　　京城府 寬勲洞 十八番地

印刷所　翰南書林 印出部
　　　　島陽郡漉江面五百四十番地

發行兼總發賣所　翰南書林
振替京城四七八番　京城府寬勲洞二番地

德門印刷中	全一冊
特別土高秘訣	全一冊
繪畵佛經要仄	全一冊
增刪易理大方	全一冊
懸墨蓮夢竹	全一冊
醬書	全一冊

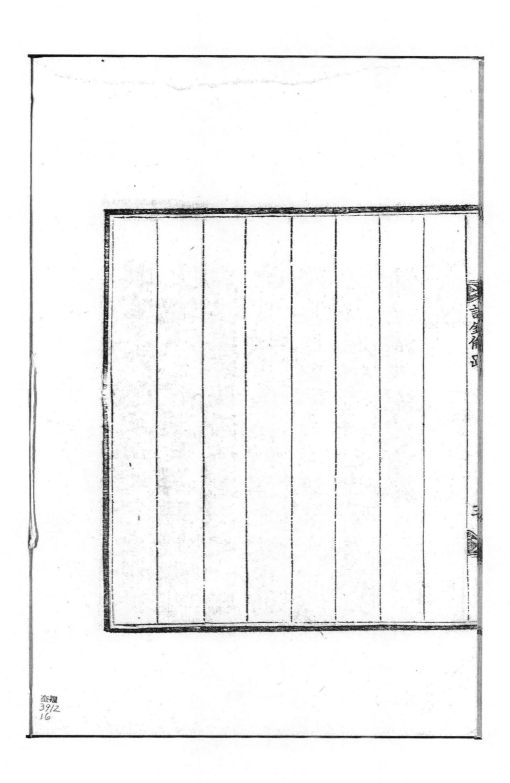

其言又必體之於心行之於事
上達不已然則此解雖微亦可
爲摘葉尋根沿流窮源之一助
此實微臣區區祈望之意也時
龍集己酉四月日正憲大夫議
政府左叅贊兼世子贊善成均
館祭酒臣宋浚吉奉

教敬跋

殿下聖學高明講解文義實有超出
尋常萬萬者非蒙陋諸臣所敢
及則此書之得失訛正必無所
逃於
聖鑑之中矣嗚呼摘其業者必尋其
根沿其流者必窮其源令
殿下專精經學日新又新辭語疑晦
之間或可以此書解之而既解

以作也舊本初出於先正臣李
滉門人所記而隨手劄錄實久
精粹向者故掌令臣鄭瀁就漢
語集覽中拈出如干語以補前
錄之未備者然其書不出一人
之手故或前後重複或同異抵

悟我

殿下命之釐正者為是也仰惟

錄務在明白簡易去取次序略

有權衡書成繕寫投進

上令臣俊吉撰進跋文臣辭不獲

命臣仍竊伏念語録解者卽中國

之俚語昔有宋諸賢訓誨後學

與書尺往復率多用之盖欲人

之易曉而顧我東聲音言語謠

俗不同反有難曉者此解之所

語録解跋

　我

殿下臨莚方講心經討論忘倦一日

教曰語録實多未分曉處玉堂官

可取所謂語録解者詳加孜校

以便繙閱兹役也應教臣南二

呈實尸之臣亦猥聞其一二刪

其繁蕪訂其訛謬撼合前後所

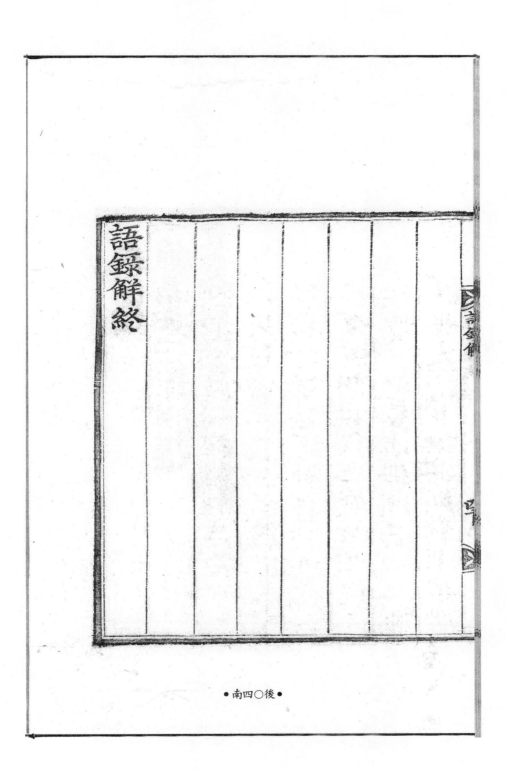

語録解終

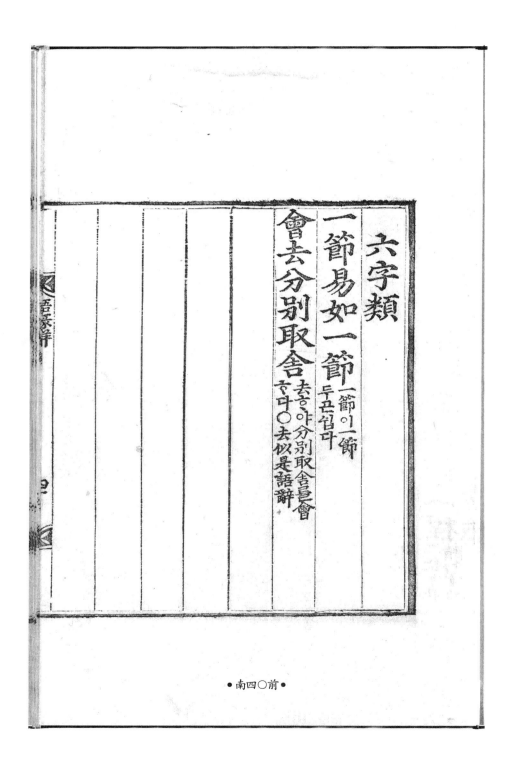

六字類

一節易如一節　一節이一節 두곤쉽다

會去分別取舍　호야分別取舍홀會 호다○去似是語辭

大學中肉菜　此是托辭言大學道理目用可行如肉菜之切用

元是說甚底　元是說ᄒᆞᄂᆞ끼 시ᄆᆞ써신고

更說甚講學　ᅜᄆᆞ合講學을說ᄒᆞ고

似已無可得　임의可히시러곰블텀즉홈이업거니와

一摑一掌血　摑音괵ᄒᆞᆫ번손ᄋᆞ로티ᄆᆡ ᄒᆞᆫ손바당피라手打 摑隨手而有一掌血清謂其言之痛着如此

一棒一條痕　一摑一掌血全言杖打 則隨杖而有一條杖痕

五字類

着做甚麼事　므슴일을ᄒᆞᆫ、노고볼딕라

義手如何法　用二手大措相交則右大措在上左大措在下　右四措在內左四措在外盖取陰陽交合之義

○菩ᄯᅡ디ᄅᆞᆫ거시 므슴법고

意진실로니진실로회ᄒᆞᆫᄯᆞᆯ디라　底本也진실로本意ᄅᆞᆯ안다○

俗語망目ㅇ之意　○固兩鬼魅也

고허타

夫呈着　ᄒᆞ리오

真箇會底意　會理會之　皆愚騃어　會燕知行　會兩

癡獸固兩漢　ᄒᆞᆫ빗당ㅋ

一場大脫空　ᄂᆡ소탈ᄒᆞᆫ　린논固兩

更着甚工夫　甚音合다　시므슴고

精切似二程　二程두곤　精切ᄒᆞ다

職輕任碎 謂雜職

進熟圖身 進軟熟之言而圖貴其身

首尾周皇 首尾를已두루위려

多爭十年 爭爭較也謂一年血氣之養將與十年養耗者相較也較比也

賦食行水 밥亡화주고믈로로다 ○齊竟陵王子良篤信釋敎大集衆僧————躬親其事世以爲失

任運騰騰 싀헌이口 으로 잇다 ○猶云任便

無甚利害 그매도록니흔도 업고해흔도업다

賣惡於人 以惡移人而自脫

受其甚酌 猶言被進退操縱

鞭辟近裏　체터뵈야안ᄒᆞ로갓가이ᄒᆞ다○朱子曰此是洛中語一作鞭約是要鞭督向裏去

打成一片　○表裏精粗貫通浹洽猶言作成一塊也

捺生做熟　生을捺ᄒᆞ야熟을做ᄒᆞ다

奔程趂限　程에奔ᄒᆞ며限에趂ᄒᆞ다

亭亭當當　言處之皆得其意

因循擔閣　虛度時日以致廢事

直饒見得　믄득보나니直饒猶言縱使也

鶻突包籠　者曰鶻突人之心地不明

未解有父　見大學九章小註尋常釋語錄

不果嚙者曰包籠

解字高아다ᄒᆞ거니와以此未解之解釋之豈可謂아다ᄒᆞ리오凡用解字會字處雖難以方言的實解得只是그이리그리도외呈謂之解라ᄒᆞ니亦謂之會

事在恩後　謂犯罪在赦後不可赦也

立○猶言不
索其本也

須放教開　모로미教호야흐로여곰開케호
다有助長之意○展拓之意也

那箇不是　是謂道也어닉거시아니
리오○뎌거시아니냐가

排定說殺　排布定規因論說其義
以求其質也○殺語辭

自住不得　言漸進也○猶
言自然不得止

宛轉說來　宛轉不直截而
委曲轉輾之意

硬將拗橫　硬堅固不通之
義拗戾違也言

堅固將文義호야비틀믈띠비
거사기다○猶言堅執謬見

著甚來由　므合來由믈著
호야○므合연

打疊交空　뎌브리다畫交如
使也言打疊而

劈畫分疎　劈호야며畫호며
分호야며疎호다

使空
也

고로

兩項地頭　두록짜굿티라라猶言두가짓곳이라

揆着粉碎　揆音의排也蓋也排言諸說穜着言橦着言於此說便成破碎也

做件事着　件事룰밍ㄱ라ㅎㄴ디니着字不必釋○ㅎ일ㅎ려ㅎㄴ면

甚生氣質　○甚生猶言非常也見近思錄註엇던긔질

領略將去　領會也略取也領會ㅎ야將ㅎ야가다

奈何不下　아무리타못ㅎ다

八字打開　八別也象分派相別之意言分

鐵籠罩却　罩者以籠自上罩下以捕魚者

不求其素　그틴의그린일란求티아니ㅎ

明也

謂以鐵作籠自上籠下則其中
籠入之物無緣脫出言無所見

說得口破　言之曲盡而口破壞者言其甚也　猶俗言입이째여디게나르다

冷淡生活　言其生理冷落也

監掌之音甚卑　寫出文書也　함다러다

内房抄出　内房卽今之内府文書房也太

趙進着說　一步說深於一步也猶俗言다步也猶俗言다

何處着落　어듸다하고

固濟沙合　以藥藏於沙合之後口上蓋了又將鐵線縛住仍以璗泥封其口上不使藥氣出走

合少得者　少無也못얏　기예合當타

分俵均敷　俵散給也言散給而均布之也

事無足者　일이足히ᄒᆞ욤이업다言正心則胷中主宰得定無事之難爲也

押下諸司　如今押領人以去○諸司를거ᄂᆞ리다

四字類

幾多般樣　幾多般仝

禁忌揩目　猶僞學禁目

對同勘合　如兩人相對校書各執一本而同讀勘合也

生面工夫　새암된工夫

直下承當　바ᄅᆞ아다又　바ᄅᆞ당ᄒᆞ여

橫說竪說　以四方言曰橫說以古今言曰竪說又以物言曰橫以時言曰竪

撑眉努眼　○指禪學人作氣皃

緊得些子　켜기다펴타

褰去褰來　셧거가며　셧기오다

真箇會底　진짓안다○猶言真是知本

說得走作　說話不合道理○말ᄒᆞ기ᄅᆞᆯ잡되히ᄒᆞᆫ다猶言易言之狀

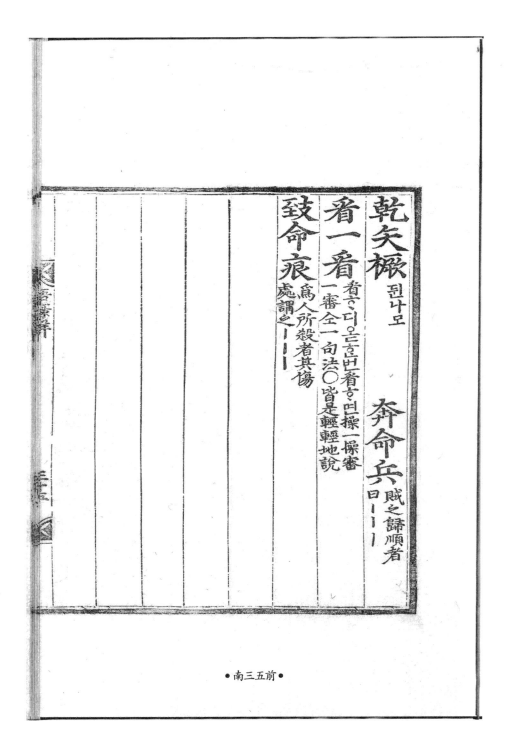

乾矢橛 긴나모

奔命兵 賊之歸順者曰———

着一看 着ᄒᆞᄃᆞᆯᄒᆞᆫ번着ᄒᆞᆷ叫操一操審一審全一句法○皆是輕輕地說

致命痕 爲人所毆者其傷處謂也———

渾化却　言査渾渾化而無也却語助辭當屬上句
急衰處　急히범더

激惱人　ㅅ름을도와보채단意

太瀾飜　言放肆鴻洞如波瀾飜動也

陪奉宅　問陪奉猶陪隨奉持之意否曰此說亦得但奉持之持改作事爲切○더욱되시다

要得剛　剛言旦句す고져言다

射糖盤　見論語坴辰章小註○似是哭謦리

伊蒲塞　佛語漢語翻爲近住言受戒行壒近僧住

一錢漢　謂人物僅直一錢也漢賤稱

犢一羫　羫音江軀殼也猶言犢一頭○羫一作腔骨體也

不別才　才謂庸人無特別々

彼此言　譏言

何物人　ㄱ나름이엇덜것고悔而責々之辭

兩當衫　衫々只掩心背者○漢語云背心子

大拍頭　拍音박樂之一曲只曰拍頭言其專主談論也拍頭拍
之題頭也自負其才與人爭論父作氣勢高談大論無所
忌憚之意如今用拍板以節樂也頭如詞頭話頭歌頭之
頭謂奏曲之一頭段----大張樂也以比大作氣勢也

朴實頭　人之老實而忠信者曰朴
　實----猶言質實地

却最是　他言雖非而此言最是故
下却字문득이장읕다

下梢頭　아래굿
一綽過　一目覽過

胡叫喚　과대로소리
디르단意
明得盡　格物以盡其知○극진분명ᄒ다

捱生硬　섭고구든
거슬눌러
傒磨勘　計仕遷官如今
仕滿遷官之類

沒巴鼻　다힐디업다○恐似無
頭無尾義見二字類

大字面　古者縣贓字於其面

不奈何　아무라타몯ᄒᆞ려니와

白頭浪　水波湧起高出而白者曰一一一

形而上　形ᄋᆞ로上애未有形之前只有理而已

形而下　形인下애既有形之後有器之名

動不動　動與不動之間○亦云頂頭風　如動輒之意

石尤風　逆風舟不利行曰一一一회ᄒᆞ리ᄇᆞ람唐詩無將故人酒不及石尤風○亦云頂頭風

作怎生　엇디ᄒᆞ고又ᄆᆞᄉᆞᆷᄒᆞ료○ᄆᆞᄉᆞ일을ᄒᆞ료ᄒᆞᆫ다

甚工夫　甚怎全○

大着肚　肚腹也○ᄇᆡ스ᄂᆞᆫ거동

鶻崙吞棗　如云完全○有鶻崙呑棗之語대ᄎᆞ로오니로合ᅰ단말

上着牀　上於牀也牀卽坐臥牀也

放門外　門外예두다

自不得　스스로ᄀ리 티못ᄒᆞ다　　花使了　간대로ᄡ다

種着火　블븟다

信得及　於聖賢之言能信ᄒᆞ야萬守之曰ᅵᅵ

信不及　於聖賢之言不能信而萬守之曰ᅵᅵ

八門款　凡罪人被鞫而入門　第一供事也眉訓

看如何　보니엇더ᄒᆞ료　定而看勢如何處之之辭

大小大　언매나기

多少多　언매나　만ᄒᆞ료

無縫塔　塔皆高數層而中間有門相通有梯可上而亦有以石構成无門无梯者曰ᅵᅵ

一衰說　잇버ᄆᆞ리나닷다

攬前去　如云爭向前去　攬作奪意

收殺了　거두어ᄆᆞᆺ다畢終也

挨將去　如緩步向前去○비릐거기나아가다

從他說 ○뎌의니ᄅ 눈대로 둣다　較些子 져기병으다 ○ 져기거로다

將就的 ○猶容恕扶護 之意的語辭　花塔步 즌드즈다

就那裏 즉제게셔　不多時 아니한스이

都不得 아므려도 못ᄒᆞᆫ다 ○다못ᄒᆞᆫ다　織的鬆 ...○鬆漢音숭

不折本 멧디디 아니타　錯承當 외오아다ᄒᆞᆫ다○그 롯담당ᄒᆞᆫ다

記認着 보람두다　儂倸的 ᄀᆞᆺ수ᄒᆞᆫ다○倸字 恐是倸字之誤

這幾日 요스음　許多時 하다 호시 질이라

没由來 속結업다　剋落了 골커내다

三字類

一等人　言一種人也猶　호가지사롬이라

作麼生　엇디흐고　므스거시라

知多少　모로리로다언머나흐뇨○唐詩花落知多少亦此意

　　　　折轉來　옴과밋것　기옴며와

　　　　做將去　여가다　工夫흐

撥板漢　블밀눈이라謂見一面不見一面

　　　　閙說話　숨흐미라　부랄업시말

幾多般　언메나흐뇨　가지오

　　　　一副當　一件也漢訓

極好笑　フ장우읍　漢訓

　　　　閑泪董○閑閒漫也泪泪董南人雜魚肉置飯中謂

之泪董叢謂雜亂不切之事也○漢語泪從木間相董猶枵株撅也

　　　　多少般　幾多般仝

驗白　효험나 분명타

下熟　稍豐也中熟上　熟以此推之

已日已過一日也

王租　나라구실

花押　如手슈례

껴동

鬆鬆　江左人以酒和麪則麪起　如手상화○섭섭홈

疾足　밧비가ᄂᆞᆫ사룸호로足同

吉還　好歸

觀說　見而言之

折閱　흥졍애히오허디몯가ᄒᆞ여됴곰티주ᄂᆞᆫ거슬名曰ㅣㅣ

失入　誤入無罪　者於法綱

陪貼　輸官之語○陪字恐是賠字　增金不足之數也古有ㅣㅣ

白民　無官者

漸来　將来

常来　常時

連帯　걸리다○ᄂ믜죄여걸려이다猶云죄여지이다

粢涉　上仝

苦手　云杖也也○猶云毒手也

詢仰　稟問而尊仰

大可　키장ᄆ던

還忌　顧念而忌憚

索莭　索寞

都伯　刑人者都
亦作屠

儈子　上仝
一作劊○

催切　빗쳐奔ᄒ여일탄
다바드려ᄒ다

餘犯　既有重罪又有
他罪○餘黨

裁給　베유쓰다

休下　如今下番

●南三○後●

膳奴 猶言廚子也 ○炊飯之奴○　　物土 貢稅

射堋 射垜○활쏘는터희흘그로무겁민든거시라　　賭跳 跳躍以高爲勝○뛰옴나기ᄒᆞ다

評直 論價　　作適 適意作戲

在事 有司　　傳可 더던ᄋᆞ로ㄱ리ᄒᆞ라ᄒᆞ다

剛濟 剛斷成事○비우이루다　　擲塗 塗泥丸也○泥丸相擲爲戲 以

折難 ○엇디려힐난ᄒᆞᆫ다　　感尋 感傷艱危而尋思經濟之術

頧辱 捽髮而頧地　　閣手 縮手不爲也

中晡 申時　　下晡 申時末

張子　狂子○ㅣㅣ義　兒二字類悵悵

少待　如俄而爲之

密鞭　조셰호긔 빨이

判能　斷然爲之

審問　조셰호기 빨이　獨言的報
라

角戾　헛그러다다 깁에글쓰고
기르두리 뎌글지헛ᄉᆞ려

副忌　블의예장
만능다

디댓말
이라

偸荒　偸容也荒困也東晉時中國人避
亂渡江吳人稱謂ㅣㅣ蓋賤之也

戲責　次雜技賭勝負
而責物於人也

擻竪　佝起也샹인이를
의예놈피되다

人門　人物門地

露田　不種樹也言耕
田而不播種

閑寫　從容談話○猶言
브졀업시 쓰다

勸分　勸富室賑人

折券　빗에우다　如馮驩燒券之意○문권에우다　撿詰　撿核其事而詰問之

生憂　不殺而困苦之　收錄　捕捉罪人

治定　作文而點改　走弄　姦吏弄法

燒懼　燒一作撓　贖罰　次貨贖罪○贖音淡音食　貨志元后渡江蠻賧賧布

註螢惠次　財贖罪也　首悔　首實而伏罪也

裲襠　袴也○前漢書皇后傳宮人皆爲窮袴即今잠방이　詰厲　詰責而勉其自新也

催足　구실바기여다밧다　徵備　上仝

住催　구실밧기브회다　假還　受由而歸○假字恐與暇字通用

護前　不使人在已前獨言
忌克　○이긔다

劣容　劣僅也如屋小則云ーー
足指屋卑則云ーー頂趾

懲懸　糧食不繼 ○懸似
是室如懸之懸
懲乏　上仝

纂嚴　戒嚴
停解　休官 ○停其任

拙行　바독못두다 불위디
ㅂ더合曰故爲ーー
代怖　知怖而旁人爲之怖也
人有迫於刑禍者已不

枉酷　인민히
色裁　正色以示惡之
○作色貌

目整　微怒目容以
整他人之非
防邏　巡邏而防賊
之意

稗販　賣賤買貴
質作　質其家人
而役之

妄階　○摘俗
言賊職
反役　김갯다가
도라오다

●南二八後●

尤諱　尤大也謂 君喪也

攔柄　攔亦柄也

懸論　외오뎌의 논ㅎ다

抵蹋　발뎌ᄒᆞ여 나물내라ᄒᆞ다 ○抵諱也蹋左傳 宣公十二年註斥候蹋伏謂蹤跡隱伏也

訂出　賦稅時商定出令 ○猶云立訂之義

隱拒　上仝

連咽　舟車相連而填塞也 ○咽卽咽喉之路

吐欵　罪人承服

肉薄　以身迫戰

答移　答送移文

自事　己事

早路　陸路

死問　計也

展至　展寬也如期限初定于正月更寬至二月或三月

自送　드려가다

活計 싱계
疾快 섈리

這般 猶言如此
那般 猶言如彼

火計 동모○火 與夥仝
生活 싱녕

這們 云이러면 ○이무리一
那們 云뎌러면 ○더무리一

快活 즐기다
幾會 ○멋디위 여러즈음

連忙 섈리
無賴 힘힘이又 브쥘업시

一回 호순
幾回 몃슌

名捕 題名特捕
净殺 盡殺

知會 알외다　　　　省會 上仝

知他 모로리로다　　知得 아다

說知 블러알외다　　自由 제ᄆᆞᄋᆞᆷ으로ᄒᆞ다 以自家之心爲之

照依 뎨로롱다　　　自在 히잇다 ᄆᆞᄋᆞᆷ편안

分付 당부ᄒᆞ다 맛디다又　幾曾 어늬제

不曾 못ᄒᆞ다○뎐 의못ᄒᆞ다　剋減 剋亦減也

剋落 上仝　　　　　減落 減除

丁囑 당부ᄒᆞ다○丁 即丁寧之意　囑咐 당부ᄒᆞ다

根前 與跟同 앏픠○根	下妻 小妻○ 곳비집	由侢 로훙라	褾致 聰俊敏慧之稱俱義其人心貌之辭	刺害 ○모다다	不揀 끔히디아니타	定害 貽弊於人又多 자히이파라	早晩 일으즈도록又多 어늬째
根底 非미티	底似 ○긔장又니모	結配 結音	打發 禮待應答也○보솝펴디답호여주며보내다	空便 空隙順便之時조과	則管 則音조只솔이여	強如 더어다	由他 더뎌두다又제므옴대로훙게훙다

只消　猶言只須　　不消　也不必也

云爾　이리닐ㄷ、다又語辭

委實　委亦實也　　委的　委保也信也　的語助辭

意又호미
되게ᄃᆞ다　　一劃　之義也卽鋤治…亦曰劃地忽然之
　　　　音札平也削也

斬新　全　　　　生受　難苦也又貧乏也○
　　　　　　　　　　貼辭ᄒᆞ다

　　　　　　　　新新　새로이

一面　혼자又호미　收拾　간슈ᄒᆞ다又설
　　　호로又호번　　　엇다又거두다

罷罷　두위라두위　一就　ᄒᆞᄢᅴ
　　　라亦曰也罷

一發　全上　　　　一宿　ᄒᆞᄅᆞᆷ又
　　　　　　　　　　ᄒᆞᄅᆞᆺ밤

親炙　薰炙○炙音적 또音자膽炙也의
幽다又音자膽炙也

裏許　許猶所也

畢竟　猶言要其終而言之

必竟　猶畢竟

元料　猶本計

醜差　猶言大差○醜大也

延蔓　뒤너추다

甚底　音合대어○ㅁ合

蕈蕈　音尾自强不息○不厭之意

一等　ㅎㄹㅇ又 ㅎ가지

章皇　猶蒼皇

勸諫　人有所爲不是而我救正之也

也須　그럴꺼라도모로미 그리ㅎ라

安置　罪人於某所者亦曰一一以物實於其所也又流放

○猶言好在也

姜芽　方長者姜薑通用

商量立心 然後其上頭可以ㅣ　ㅣ젼즈려보다 又혜아려
爐鞴 鞴音備 고른불 애블붓도거시라

旬呈 謫居之人有ㅣㅣ之事 如今每旬手本之事
搏量 立디모도와量호다如斗 量之時必搏而量之也

火迫急遽
端的 ○正히 獶定奇ㅣㅣ

剌破 디를헷티다 ○죵요로온
逐項 逐事

乍到 繞到
髡劄 劄音剳 ㅣㅣ 削髮之謂

犯手 下手同 손디다
目今 獨見今卽 當今也

耐煩 브디다 煩거키롤
當體 當身

齰舌 허믈단말
宿留 宿音슈 止也有 所希望而習之

着力　盡力也猶有

將上　將ᄒᆞ야上ᄒᆞᆫ다

張皇　포댱ᄒᆞ다

着緊　긴히着ᄒᆞᆫ단말이라　緊히ᄒᆞ야舍着意

將息　安坐自在養神保氣曰ᅳᅳ

襯貼　音츤텹襯브티다貼빌텹如以他物貼此物也

照會　按正也○察解也

申發　申音신　申은보장ᄒᆞ야단말이니ᅳᅳ

卒戞　파ᄀᆞ리

說殺　殺音쇄니說ᄒᆞ여ᄉᆞᆷ다

裝點　ᄭᅮ미다

上供　如今貢物

歸宿　如言安定

無量　不以幾器爲限惟適於氣世儒以飮之无限看者非

出場　猶言畢其事

落草　기요ᄃᆡ落ᄒᆞᆫ다○도적의무리예ᄃᆞᆯ다

冷着　우ㅇ티긴　다猶冷笑

鶻圇　團圓鳥二不分析之狀　○與三字鶻圇彙之義相近

扶策　吳旨며채티다警人急惰　如馬之不行舉策輒行

不着　不合

領會　領略同

不透　心欲解而不通透

取會　取其所會計也

保任　以旦다○보두다　卽憤悱之意也

不托　或作餺飥

揣摸　揣度也摸　모치다

攪斷　攪士咸切貫刺之也言以　已意貫入文義而斷之也

已過　已過之事

狼當　狼籍仝○狼字似是浪字　小兒戲頑甚者謂之狼當

委曲　委亦曲字之意　고디　○猶言曲盡也

省事　省音성ㅇ일　을티다

看見　○非有心而見也　○偶然看過也

大段 구장

大凡 大槩

撐柱 빗밀며괴오며 벗ㅣ다 言不肯虛心受人 硬執已意妄言語以ㅣㅣ 拒扞他人之說

檢放 放除也謂撿覈被 史之田而除其稅

胡思 성각더이

放此 放與倣仝

糊塗 舍胡仝

觸物而不進 也抵舽仝

國是 ○舉國所同 是曰ㅣㅣ

自合 스스로 맛당타

較然 較音教漢書甚明 ㅣㅣ也又音角相角也

按伏 按누르다 伏항복

舍胡 不分明也

抵敵 牛以角觸曰抵猶入欲之 來與敬相遇對敵如牛之

縮着 움치다

笆籬　○사립짝이라　ㅣㅣ竹籬也所見

涯外不精切者謂之ㅣㅣ邊物

匡網　如頭當也物之自外四圍日匡繩之總會處日網

所有　여긔나믜　ㅣㅣ猶言如右　吏文

一意　호골ㅣ티

局生　판이ㅣ셔다　偶搭生　跦也　○猶言生

一味　골ㅣ티　猶一切호

一角　信物封裹亦云一角　猶一件　○猶云一隅也

一剪　호ㅣ가애에　只ㄹㅁ다

卓然　두려디

分定　得失ㅣㅣ○分　義見上分外註

一餉　一飯之頃

下度　짐쟉다與ㅏ卜　度同○音濁

謹空　寫公文已畢末有餘紙則書ㅣㅣ言後面之皆空也

今漢入文書亦然

都是　오로이

勾斷　에우티다

坐却　却語辭ㅣㅣ　坐在也

過計　다므음　計較라

切脉　猶診脉

納界　印札

遮蓋　叶가덥다　言杜撰道理　掩遮自已之所爲也

隱約　依俙之意

騰倒　紛綸升降錯　操往來之謂

放過　不照管舍　置而過

勘過　磨勘ㅎ여　디내다

規規　莊子註　褰淺貌

符到　관조오다

拜違　猶拜辭

等候　等猶待也

退產　中原人買賣財產必告官質文故若欲退其產亦呈于官而受其批然後退之故曰批退也

唤醒 블러ᄭᅢ오다

交他 他로ᄒᆞ여곰 交與敎仝

星子 져울눈

火煆 火애ᄂᆞ기다

音吉 論辨意趣也

當當 言處之皆 得其當

經題 如今科場 疑義之題

烏虐 之義

註脚 註之小字也尨大字如人 尨有身小字如人之有脚

討喫 討求也討ᄒᆞ야喫ᄒᆞ다

杠夯 杠三다夯員荷也 ○杠音江夯音向

給降 自國降惠

經行 以經術取人

亭亭 猶當當

縱史 本作懲懘已不欲喜怒而 從傍人強爲之又如助桀

節節 ᄆᆞᄃᆡᄆᆞᄃᆡ

鑱誨 刻責也一一刻責而教誨

討書 무빗다 猶今有

譚身 온몸

知覺 知此理 覺此理

唱喏 喏音야敬聲下爲上作尊敬祝願之聲如今吏胥拜謁作聲中原人議不作聲而揖曰啞揖

巴家 나오노래 與巴歌仝사오

且道 아무리코 나니르라

裏面 指其中

頓拙 頓與鈍通用

喝罵 우리더며 꾸짓다

幹官 幹辦公事 乃幕職

頭邊 言初頭也 猶本末也 ○猶

唯阿 猶言오냐오 나唯諾之意

繳繞 비꼬러혀깜기다 ○繳音교纏也又音灼繒繳也

偪仄 몸을기우리다 ○조본거동

鹵莽　無用貌

般取　般移仝

謏談　音合다ㅁ半染　色淺之意

參取　向此句中語參究而識取也

若曰　이러타니르다　又이리곳니르면

漫德　不分明ᄒᆞ다　디뎌기다

涵養　養心以敬如物之涵淹於水而養也

沫血　沫頮全洒面也　○又噴血也

般移　般亦移也ㅣ一一　猶세간옴기다

穿鑿　穿墻鑿壁　出大極賦

薄冗　迫於雜事

淘汰　淘與陶通乃淘金也　淘ᄒᆞ며汰ᄒᆞ야

波咤　忍寒聲　波波咤咤

草本　ᄀᆞᆯ초ᄒᆞ다

閙漢　한가ᄒᆞᆫ놈

激昂　숫구러ᄒᆞ여ᄒᆞᆷ다　奮發自高之意

袞纏　周圍纏繞

圖榜　精舍圖也榜如今勸賞　也作精舍圖也榜如今勸賞　勸人出物以助

有箇　如云一箇

磨勘　如今吏曹計仕滿

對班　自唐後經筵之官對朝班而奏事故謂慈謂之ーー

築底　漢語築窮掘之意底猶本根言窮掘本根更無去處

尋覓　猶思索有助長之　病〇猶言搜出

底止　底止也　底於止

稱停　等稱錘〇

包籠　作事不果斷

豪分　豪毫同十毫為分

築磕　以石相築言為小人所　磕音合石相築聲

齟齬　急促局促貌

本領　猶大體

衝戰　戰藏也感意ーー　于中又感戰意　同

界至　自其地界　至其地界

配去　流配去絶之
要束　約束同義

合做　맛ㅎㆍㅣ做홈
窘束　○急迫也　家計窮也

調停　調和均停元祐末呂大防首爲一一之說和解新舊
體認　體驗也認下識也失物而得其物分下而識之曰此吾失物也此認字之義

書會　如云文會聚會讀書之處
別出　言희ㅕㄴ비ㅕ

供申　다딤謂之供　보장謂之申
勸阻　人有所欲爲而我去勸止之也

且須　且아직○모로미
剗切　切切之意

關聽　關디내다
擧似　似向也唐詩朧月開花似地人之似也○又皆似也
圖賴　是屈已輸與人而聲言爲其所害也○未詳

依倚 ──於攉 勢之家

坯子 ──音抔尾 未燒者

只除 다만○다 다믄더라

具折 具猶兩造具備 之具折分也

靠裏 裏에 의지ᄒᆞᆫ ○잇다

脊梁 ──者必硬着──乃能出力

時學 時文

大家 ○大槩 猶言大叚

眼下 猶言當時

體大 猶言大事

夫人 猶言凡人○ 猶言其人也

閱理 古有閱天下義理之 語言──謂更歷而知

硬把 ᄲᆞᆨᄲᆞᆨ이흥다

亂去 간대로여가다

虛間 間閑会──不 急促○힘힘타

兩勝重任猶 득○힘ᄡᅥ다

捻也捻音聶拍
也〇猶言攘取

斷遣　日보내다猶
斷罪而遣也

無方　無方所
行遣　竄逐也

無所　猶無處
作怔　怔為怔也〇
猶言作用

零星　餘殘之數
豈亦　豈乃豈
不之意

擘畫　規畫也
拄陪　陪重也謂重疊添加之陪
疑倍之誤〇이民官早리

약럭이라
當作賠

樂拜　樂謁也
相須　須字多
有待意

屬饜　猒足言
애다타

查礦　쇠불달제놋쇠
니猶쇠덩이라

懸知　猶遙度
懸遠也

語録解

玩愒　○猶優游往蕩之意

支撥　撥猶發也發其畜積支給

更攢　攢與趲儹全促之也

時下官有過上官黜罰詞轉作辱任以懲之謂之一一

明性悟者亦謂乖
辟不同俗又南人聰

番得　番龍全

押閭　押音갑與攦全兩手擊之循闆闆之義也

方便　多般計較得其好處謂之一一

批判　公事結尾

剖判　卜別

對移　禮記王制不受師教者右移左左移右謂之一一宋

打乖　打爲也一一爲恠異又破乖戾與物和全也又爲詐

曲拍　俗曲調節拍○解見三字類大拍頭

方得　비야호로得○다

決遣　决尾

扭捏　音뉴捏手轉皃뉴ㅣ다又按也捏與揑全年結切

行間　衆人行列之間

便儇　便健儇利也ᄒᆞᄂᆞ니라

引路　길잡이

偶便　偶目歸便也

錯了　그르다

引他　引接○他目ᄃᆞᆯ혀오다○又

催儧　儧音찬亦 催字之意

貼裏　猶向裏

引却　引身却退

儧那　儧取也 那移也○

貼律　貼入規律○구 를의합당타

偏却　偏僻也 却語辭○

作壞　爲所壞也

檢押　猶檢束也○見揚 子法言押作押

他說　謂舎所言之言而 又發一端之說

過捺　捺音날 처누르다

會對 잘디닷ᄒᆞ다
使得 ᄒᆞ여곰

會解 아다
會得 猶會照也如移文

關按 關機關也捼或作候佮者皷風板所安之木也
得解 他司照驗之意 得解義見上○

尖解 見屈於鄉試
抌得 抌音반ᄅ人遺棄之物謂之ᅵᅵ言委棄王夫

印可 佛語을다
滾同 ᄒᆞᆮ뒤 잇기다

少間 少項也
寧可 츌ᄒᆞ리가ᄒᆞ

滾冗 如雜冗
外間 外物也 밧ᄉᆞ틱라○

耐可 잇디ᄒᆞ여야ᄒᆞᆯᄒᆞ고○耐忍也
幹了 為其事之骨子也맏다ᄒᆞᆫ、若妻則幹家奴則幹事

諦當諦審　　　　　　　　驛然 音目 面發赤色也驛 慚覥貌

撈攘 撈苦也攘奪也言人之作事費氣力者則曰ーー眾人喧爭亦曰ーー蓋不安穩不利順之謂

抵當 猶擔當也 對敵言也　　體當 如云體驗 體得堪當

攬聒 攬搖動也聒어수 신타又요란타　　話頭 詞頭之類言題目也

挨前 挨音애推也○혜 티고나아가다　　會去 去語辭 아다○

滾得 셧버므러 ○뎔타　　招認 招如今다딤 認引以為証

會問 잘못다　　要得 ㅎ이라과다又 ㅎ고立利之意

點抹 批點打抹以表識所得之意言ㅣ循 行間而長引筆曰抹 非逢抹之抹

何曾 어듸 배 又 엇디 일즉

一格 ○猶言一倜

打酒 ○拿酒也

打坐 안쫌안짜 ○漢語 打是爲字之義

厮崖 애 厮相也崖 或作捱 疑相抗之意或作嚱音 犬欲噬也相持相拒不聽順之意也

打話 說破也○ 打爲也

打圍 西一一之文言不得其物東西 求取也如言무로미 엇다

賭當 아므거스로나 기〓 商量見得之意○ 아모거스로나 기〓다

一團 효무딕與一叚仝而但 分爲各叚合爲二叚○

厮歫 出易註

攬掇 攬音랍掇音털理持也○ 崔駒違音辭攬纓整襟

押錄 猶今書史

揧摸 音노막 揧水中以手取物也摸又音모手提也有東

打圍 ○畋獵也

關然 ○엇두어리다 猶云圍也

挨去 疑挨去全○猶言按次而去之　喚作 喚做全

喚成 喚作全　超詰 工夫深造

公門 ○猶他們之意又衙門也　他門 指其人而稱曰他 門○與公門全

頭影 端緒　徒然 호갓그러타

喫緊 다긴타　照領 기욤아다○猶云照數次知也

容易 쉽사리、　許多 만타

拆號 보탑相히다又榜내다　一冬 一方全

一件 효놀猶言第一件　等閑 쇽뎝업시又 힘드럭이

●南一六前●

甚人　엇던사룸

忠管　銘心也　不忘也

大小　猶多小漢訓

着摸　대허잡드러漢訓

一項　眉訓猶言一條

放住　置也眉訓○노하두다

奈何　○엇디리오

要之　보건댄

便是　眉訓卽也假使也如一黄金不直錢之類也

硬要　구틔여고텨 구틔여

略綽　略잡안綽漢語謂必리티다

儘教　치다잇것호여곰 다호다○잇것그로

咱們　漢音자 문우리

思量　혜아리다

會無　與未會仝○猶言無前也

未曾　잠안도아니 又曾친의

分外 분밧기라蓋所可爲者分內而分外則所不可爲者〇又十者數之終十分爲數之極而甚言其太過則曰分外

斷置 眉訓決斷處置恐誤猶棄也

擔閣 버믜위不行貌又一說무다眉訓揮棄〇일리다

且如〇猶云만일아므리거나

霎時 霎然意숨아니호소이

了悟 頓悟

這樣 잇가지

實的〇고디시기진실로

勾當 ㄱ옴아라출히다一說猶主管

廝睚 睚보다恐亦相見之義

混論 뫼화〇잇거

直截 方正박빌베틴듯

了當 다당타〇므즈막듸다ㅇㅇ다

弄得 흔드,닷쁘디라攞美同〇吾家祥

官會 猶今楷貨溪訓

推鑿　穿也鑿也

据拾　收拾同

郎次　버검디검

解免　버서보리다

劄著　바가뎟다

四到　四方也到至也溪訓

齊到　홈쯰

欠了　낫브다 ○ 셰오다

麿槽　眉訓雜穢也 ○ 盡死殺人曰ㅣㅣ

懏懏　未詳

攔撲　溪訓攔顪書作摸恩撃也投攔之勢撲亦打也ㅣㅣ不破言牢固也

破綻　言讒隙也 ○ 터디다猶

骨董　雜也 ○ 義見三字類

仔細　不세

提起　잡드러 ○ 드러닐흑혀다

當下 고대　　彊輔 直諒友朋也

安著 편안히　　一會 호디위

下手 손디타　　那箇 어늬것 ○뎌것

早早 어셔又보채　　消詳 仔細○猶云須用詳細漢語消與須同義

莫是 아니이　　管著 울어다○니 옴알리이다

劄住 ○劄刺著也凡物刺著則不移動故曰劄住　　合趂 맛다

莫當 아니　　走作 ○드라나다 ○돗다

參詳 ㅈ셰궁구　　一衮 호쎄모도다

語録全解

田地 地位也〇地上亦云ㅣㅣ

呤嫋 부드러도기ㄴ거 동〇行不正貌也

主顧 마초다ㅣ〇셩마초다

隱括 마초다고曰다〇隱栞音隱捼曲者
正木之器漢訓ㅣㅣㅣㅣㅣ

着着 〇漢語謂實語曰
實實恐是此意
者曰栝
日隱正方

着落 고ㅣ다〇使ㄷ爲
也吏語亦曰着令
如歸宿意〇

周羅 ㅕ도려

賭是 ㅎ을求ㅎ다
是믈賭타盖을
두로힐허믄다

盤問 〇져주어믄다

迷藏 숨박질

再著 〇두번

做箇 지어

闌珊 餘殘欲盡ㄴ意
又意思彫散貌

不濟 쇽졀업다다〇
猶言不成也

脚跟 足踵

●南一三後●

截斷 尖다

倀倀 夫路貌無見貌○ 1音長又見敬韻

解額 ○秋闈鄉試 之額數也

親事 昏事

譙責 譙亦作誚以辭 相責曰——

挂搭 걸리다

肚裏 빗속

蹉過 드티뎌 디나다

分踤 猶發明 也溪訓

腔子 軀殼

末疾 ○四肢謂之末末 疾謂手足不仁也

硬寨 眉訓堅植意

打破 터호여ㅂ 리다溪訓

地步 頭也又地也○ 猶言里數也

鶻突 分明也

角頭 효곳티라溪 訓○모롱지

語録解

一樣 효가짓　　　　鍊成 일오다

分曉 曉字只是明字意分明 히아다 ᄌᆞᆯ끔히며아다　　多般 여러가지

话美 ○不拙約不拘束之意　　獃獃 미옥다

直下 바ᄅᆞᆫ려오다　　胡寫 亂書也

較遲 較比也比之於他覺其遲也　　卓午 낫日中也○猶言騎午也

儱侗 猶含糊又溟訓不分明也　　津遣 道路資送之意

一向 호ᄀᆞ로디　　郎當 舞態也反覆不正之貌猶俗言혀졋ᄂ다猶狼藉也

惺惺 ᄉᆡᆺᄉᆡᆺ다　　鄉上 鄉向也上形而上之上謂天理也言向道理

喚做 블러일홈짓다眉訓稱其爲此也猶指其事以目之也○지어브르다

伎兩 죰지죄라　模擦 어르몬지다

厮鬪 싸호다恐此亦只是相鬪之義　上頭 웃머리○더우희

遮莫 遮音折猶言儘教也진실로그러케ᄒ다遮一作折　精彩 기깃다

地頭 仵곳○猶言本地也　撲落 터뻐리다다撲一作模

轉頭 머리도도혀　落落 ○灑落淨潔之意灑灑亦同此意又ᄂᆡ도타놉다

胡亂 어즈럽다溪訓又간대로　恁麽 그러타又이러타又그리又이리

這裏 이예○여긔　捴到 다와다가다

語録解

自由 세쥬변호다漢語集覧字
解云제무옴으로 무호다　橫却 구믈디든다

若爲 엇디　　零細 猶箇箇也

愁殺 시룸읭이다　下夫 下手也恐與 下工夫仝

從來 비브터오모로　由來 從來仝

到頭 다드란言言眉 訓到極也　笑殺 우솝다歐陽公詩曰汝陰常處七十年騎馬驢~

朝雜　裹頭 녹머리라又又六○ 猶中也頭語辭

從前 켜흘터　兩項 두옥又 두가지

都盧 마잣오로　依前 젼フ티又 아린브터

●南一一後●

任教 ○與任他之意相近教有
　　使之意而爲語助下同
直饒 비록○假 使之意也
免教 그리케ᄒᆞ물버서나다○此敎字疑或語

辭
一串 ᄒᆞ께음
　　一搭 ᄒᆞ가짓○音茶

忿地 믄득
　　解教 敎字惣或語辭 버서ᄇᆞ리다○

一遭 ᄒᆞ번
　　打空 쇽뎔업다 猶言헛거슬

嗑著 맛ᄃᆞ다○易序卦嗑著合也即是맛ᄃᆞᆺ之義又嗑當作磕有撞合之義磕頭謂之머리ᄀᆞᆺ다

除去 ᄇᆞ리고더러ᄇᆞ리다
　　自是 제이리

一遍 ᄒᆞ번
　　除外 除ᄒᆞ외예

吾家羊

語録解備

怎麽 엇뎨오　　悠悠 意힘힘타 有長遠之意

放下 노하브리다　　什麽 豊甚麼全

一方 猶一邊也　　報道 알외여 닐오다

伊麽 이만ㅊ그런ㅊ더 ㅅ이리ㅊ그리　　爭奈 ㅎ거니 ㅎ믈며노러커든엇뎨 ○닷ㅅ도ㅌ들엇더ㅎ료

委意 아다　　一齊 ㅎ끠ㅋ그 ㅅ갓다

任他 뎨아ᄆ리ㅎ게더러두 ○져ㅎ는대로두다　　卜度 짐쟉다

一塲 ᄒᆞᆫ바탕이라　　從敎 ○조ᄎᆞ료 ㅎ여곰

提敗 을긔잡다　　一般 ㅎ가지 又一種

之意

怎生　漢語怎何也生語辭　어니엇뎌回眉訓何也
甚生　怎生同
一重　효곰피라

了然　ᄉ只人○分　明之意也
接湊　외호다

撰來　밍그라오다
了了　○完了　與了然仝

脫空　헛것이○猶言섭섭
點檢　술피다又샹고ᄒ야슐다

爲甚　甚音合므스　기ᄉ올윈ᄒ야
累墜　글리머드리디다

平人　므딘ᄒᄋᆞ사롬이라
甚麼　訓何等　므合眉

莚去　미리가다○걷듸여가다
提掇　잔드러溪訓眉訓掇亦提也

語録解

楷背　猶撫摩之意　등미다○楷

差排　猶安排也

恁地　이리猶言如此○어긔又거긔

領略　訓아다猶言모음애담다謨○猶言領了大槩也

捏合　捏音涅撚取也○俗指器皿爲가소此是漢語漢訓

都來　言皆也○猶

家事　呂伯恭打破一俗指器皿爲가소此是漢語漢訓

收殺　다畢어只○終也

過着　已爲也着字有過意又與

厮殺　醫書云厮炒漢語厮訓作相此只是相殺之意

頭當　다힐당疑다○漢

不同　與自別全○不如也

特地　各別也又ㄱ자○漢

巴臭　다힐당잡을디語類沒巴沒臭未詳○漢語禽獸之尾謂之尾巴此謂巴即尾也臭即頭也似是無頭無尾之義又一說大蛇謂之巴曾見漢人遇大蛇用小箠一打其臭便死所謂巴臭恐是要切處

安排　사룸이힘드려구틔여버립즈다

別히天이잇도다又이리마다
言須是也又俗稱有除是非之語○猶

除是　일란말고除是人間別有
天是도除言고人間애各

除非　커든말라又그리려다아니
與除是同又그리마디아니○猶言白直又只是之義

樣子　본
고다

索性　ᄀ장○漢訓○猶言白直又
猶言直截又쳐ᄆᆞᆯ○ᄆᆞᆯᄋᆞ로

杜撰　漢訓
杜前人說話撰出新語○
石中立在中書盛度撰張

公案　귀긜원溪訓
知白神道碑石問曰是誰撰度卒對曰
廣撰滿堂大笑盖度與杜音同故也

下梢　내죠○漢訓

末梢　與下梢仝

骨子　物也如言日뎌비
猶言요ᇰ이라指當

頓放　두다

決定　一定也

照管　숣피다

提撕　잡ᄃᆞ리眉訓
提而撕之也

自別　自然히又各別ᄒᆞ다此自字
非利也如自當自然之意

上面　○밧ᄭᅳᆯ外面裡面前面後面皆以此義推之

鋪攤　펴다○攤音灘又音
爛手布也按也開也

抖擻　猶言振之也○밀티
精神ᅙᆞ다ᄐᆞ다

零碎　ᄒᆞᆺ日ㅅ
ᄒᆡᆯᄐᆞ다

打疊　티다티며리다疊字與大典疊鍾之義恐
相似也溪訓眉訓克已也○猶言疊疊

霎然　잠ᄭᅡᆫ

多少　언머나

下落　다ᄒᆞᆯ司猶
歸宿也

賺連　○賺音港以輕物買重物
曰賺心經所謂賺謂以大

學不躐章連小
人間居章看有也

安頓　노타

●南八後●

物事　事語辭如今數物　必日一事二事

向來　아리

照顧　솗피다

合當　맛당

一間　호동안

關子　——公文書也子語　辭如扇子尊子之類

的當　言번득다　合當之意猶

襄颯　쇼쇼호끼동

簡中　이듕에

撞着　다디근다又맛든　眉訓舊着也

放着　두다

一段　호직猶言　一片也

逐旋　뤼와又굿　곰又조조

硬來　구틔여와

活法　言不拘一隅猶活水　活盡不拘一隅也

楬出　드러내다

主張 쥬변自主己意而張皇之 짓다
拈出 자바내다

異時 猶他時
逐時 隨時

單行 獨行
推排 밀며벗바 다올리다

定疊 安頓也疊亦定 意肩訓堅定
就中 이듕에

此子 죠고만 又잠깐
理會 혜아리다 又싱각다 又아

初頭 처엄곳
知道 아다

蕭疏 一作騷 죠타疏
自家 저 亦云我也指彼 而稱自己曰一

儘多 ᄀ장만타
一把 ᄒᆞᆷᄋᆞᆷ

二字類

合下　猶言當初본디又本来退溪李
滉訓也讖九云溪眉訓初也俊此

查滓　즉긔
跌撲　두드리다跌박太다撲

揍合　외호다又븓다揍當
作湊○猶言輻輳也
一截　眉訓截其半而
爲一截ᄒᆞᆫ도

這箇　이곳이거지
單提　訓獨擧也

伶俐　訓分明也
十分　ᄀ장

不成　指下文而言不得爲如
此也○謂一一得也
只管　다함又슴이여○
다만ᄀ음아다

那裏　더긔又어니眉訓
一彼處一何處
太極　태극장

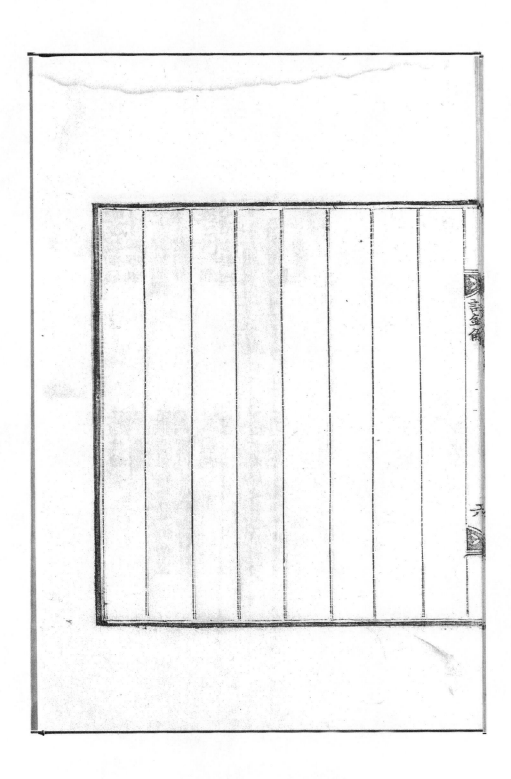

楞楞同○四方木 炧與爇音義同

秤與稱同權衡秤名 賺音賺欺也又直叚切重買也又市物失實也

將訓持也 㠯由也

泥音目거리다○杜詩致遠思恐泥之泥也 格○格物之格窮底意多物格之格至底意多

莽勇敢也

體 骨子也猶木之有榦
易員固足以榦事

略 잠깐

下 音하下字言아只字믈노다
下手손디다下工夫亦同
俗音曰

寅 音至置也
東坥隅爲滨養也東坥陽氣始起育養萬物也西坥隅爲屋霤日光自戶穿漏也西南隅爲奧隱奧人事故名爲奧主人之所安息也

夫 그 語辭

辰 音至致也

覰 音쳐여어보다

呷 音甲훕며 呷吸ㅣ

亘 音과不 可之意

翔 與創今造 也初也

突 韻會音要室東南隅也本作窔 或作突隱晤處也又深也○窒

室 박디르다

饜 音厭足也

祇 音之適 也오직

賛　明也

矜　｜嚴｜莊言過嚴莊也○自負貌又自持貌

強　有剩餘之意

憨　音암心不欲爲

諉　託辭

撑　音링○｜柱之意刺舟也又音掌

少　無也○잠깐

礙　거티다○害也

寔　音식진실로

怎　音즘어닌디又엇디與甚仝

辜　與孤通刊비리다

離　兩人相對也記云離坐離立

翰　爲也致也博者負而質物亦云

肚　音杜腹也

夑　如｜二之｜爲三才之類餘也冗長

剩　也通作賸

妙　朱門人問一字答曰一字有運用之意以運用字有病故說一字

化　無所勉强而自中節也

抹　○ᄒᆞ여ᄇᆞ리다　○에우티다

揣　○撫摩也

担　音擔排也　○當也

揣　音刮慶也

戲齒　音過獸食

走　牛馬走如云僕自謙之辭

押　○如今押領人以去　如今押領亦曰花一

鑒　性猶瑩瑩之一物也去其一去其

越　더욱愈也

撙　徂舍切取也○줏다　버딋다

遂　일오다　仟미다又

趄　미처

擴　音拓拾取也

遹　音律道守也又音郁循也○音弃回避也

提 잡다　硬 굿다

扮 音向擔也　踢 音唐平聲跌ㅣ也頓伏貌行夬正貌又飛動貌又擔也○又見

去聲 大다　輥 音混車輚齊等貌

挨 音埃推也○按 次謂之ㅣ次　獃 音埃癡也

儘 任也○잇 덧又키쟝　担 쥐다又모도다又지버ㅅ혼갓音旦

錯 그릇又외다　直 ○物價싸다

交 ㅣ付也　闊 어그럽다

霎 音삽少頃也小雨也　趲 此로다眉訓

討　氽다求也也○
得也論也

會　아다○호디위두디

消　爲也又모로매又호ᄋ
여다너다眉訓頑也

漫　힝힘림타
위謂之一二一

摺　音탑더피다又녑다
眉訓녑단말이라

串　곳又뻬다

研　窮也也굴구
○磨也

漢　呰有病一醉一
呰兩一等語
剛

劈　째티다

剔　째여○猶剪
也言희며

椎　몽동이○
又椎撃

儞　音니汝
也你仝

俵　分給也

等　一待眉訓也○平
也稱子亦云一子

初　잠깐仝

跟　音根足踵也
○又追隨也

●南三後●

矍　又左右驚顧又視遽貌
摑　音획手打也批也

在　語辭有在意
當　고대眉訓去聲抵當也모막단딸이리

姜　未詳
惹　音亂也又모引着也

捵　乃昌切捎也又手按也니르다
麲　도러○뒤다

攔　遮也
鑪　音慮奎

撩　더위잡다○又抉也取也理亂曰撩理
撒　音愁쇄又音散散之之貌

鴌　音叫르믈〒上馬也越也○又
生　語辭

佽　汝也眉訓爾也音니
渾　오로猶言全也

趯　쩍다

頭　語端皆云頭也

早　ᄇᆡᆯ리疑早字之誤○陸地也亦謂之早地早路

顛　오도○온뎡이千零不如一顛又호번

差　科也眉訓亦於也古

合　맛당又본디

似　向也眉訓亦於也古詩去國一身輕似葉

訣　絶也又辭也又別也

鎮　다。샹。

作　爲也亦語辭

管　主之也口品卜다眉訓㨾攝也

來　語辭有來意

遠　公傳也附遠傳書　謂之一○納也

零　不科零細也簡也○씃지

般　오로疑誤音기다又가지가지○一一二一之一也

恨　音恨悲也又眷眷貌又言朗不得意

南二後

便
音見平聲及去聲安也胃也便言也肥滿也溲也以上平聲利也
其也順也卽也便殿
也便安也以上去聲
쓰又쉽다又私傳也如風便是也眉訓卽也又因人寄書謂之一○

煞 작○音쇄 與殺同可

按
也下也又考
也又禁也
靠 音告憑也

棒
音방○杖打也
○又杖也
做 作也又工

渠 刊又工眉訓 呼彼之稱

麽 語辭

打 語辭有爲意有
成意○又擊也

了 語辭又只다又아다又ᄶᅡᆷ仸眉
剖在末句者事之已畢爲一

扰 ᄲᅢ며又ᄢᅥ
여俗析字

争 엇졔又有争
엇다

劄
音찰剌着也다ᄋᆞᆫ다○唐人
奏事非表非狀者謂之劄子

着
猶言爲也又긔다又
두다○語辭又使也

要　求也又ㅂ듸又ㅎ고져
要也察也以上平聲又要也樞要也要會也欲也以上去聲
音見平聲又去聲要約ㅎ勒也固

去　語辭有去聲眉訓合
此事烏彼事之意

如　曰다ㅎ며 猶今鄉人有所歷畢則必
曰다ㅎ여也ㅇ만일又가다

較　마초아直也也不等也相角也장
對兩而計其長短又ㄱ장

解　아다ㅇ解糧解銀押解
皆輸到卸下之意也

那　뎌彼又잇디眉訓
彼也又가다ㅇ又어디

教　ㅎ여곰

還　語辭又도로히ㅇ당

恰　마치眉訓
適當之辭

貼　貼브티다 俗所謂補ㅣ亦此意ㅇ和
貼將來흥졍갑흘거스려오ㅋ
物曰一아ㅁ짓조차

慢　쳔타

是　此也卽也近
語辭ㅇ然也

得　語辭又올
타有得意

撥　音벌타와다
가다ㅇ뎐다

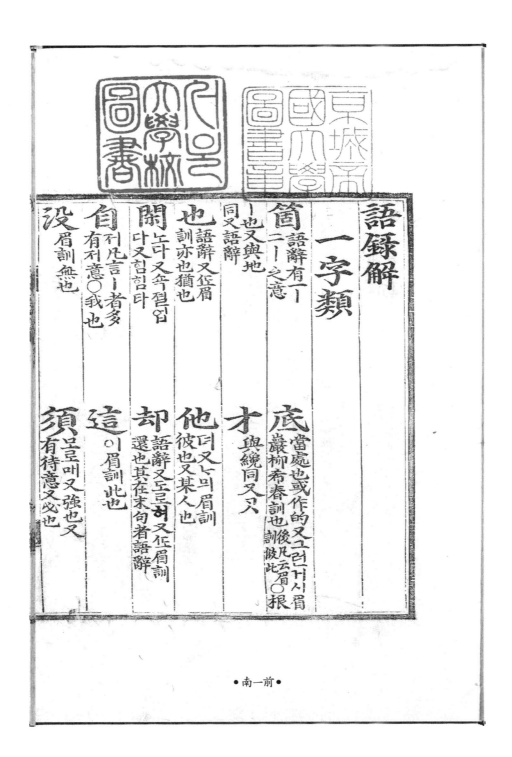

語録解

一字類

一　也又與地同又語辭

箇　語辭有一二一之意

也　語辭又作眉　訓亦也猶也

閞　노ᄃ…又ᄯᅳᆨ벽…

自　有利意○我也　利凡言一者多

没　眉訓無也

底　當處也或作的又그러헌시眉　嚴柳希春訓也後凡云此眉○根

才　與繞同又즈

他　彼也又其人也

却　語辭又도로혀又伍眉訓　還也其在末句者語辭

這　이眉訓此也

須　모롬매又強也又　有待意又ᄲᅵᆯ也

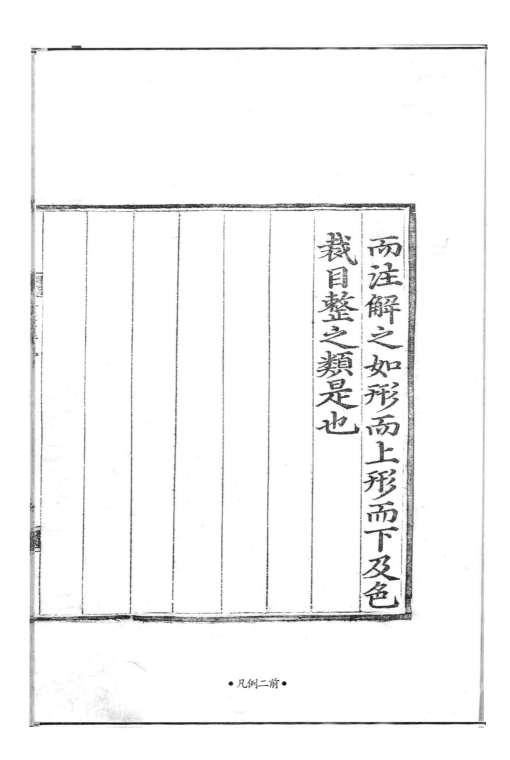

兩注解之如形而上形而下及色
裁目整之類是也

眉巖所訓眉巖卽故儒臣柳希春

號也其無標識者則李滉門人所

記或後人所增云

一語録中或有字義字音之可考者

則亦加訂定如便字要字之類是

也

一舊本所載雖不屬於語録而其意

義關重或艱深難曉者則幷收録

●凡例一後●

語録解凡例

一語録字數多寡不同故舊本從其
字數分編之自一字二字至五六
字而止以便考閱今從之

一舊釋或有未備且未分曉處則未
免僭附新注而加圈以別之

一注下所謂溪訓者卽退溪所訓退
溪卽先正臣李滉號也眉訓者卽

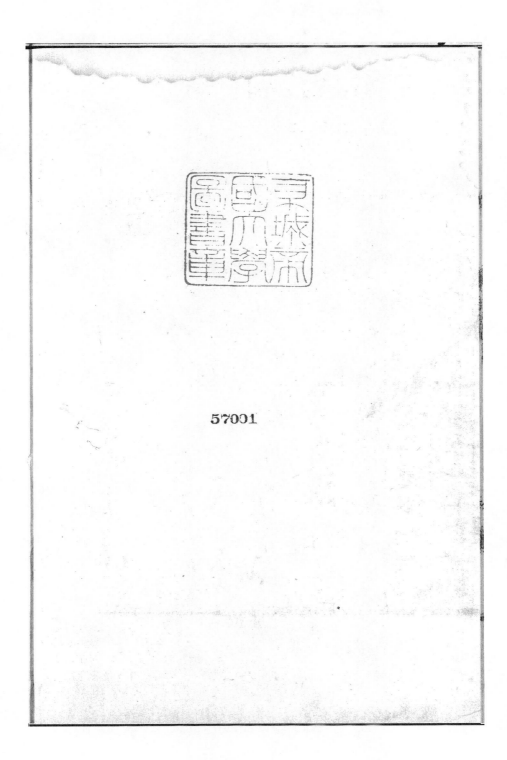

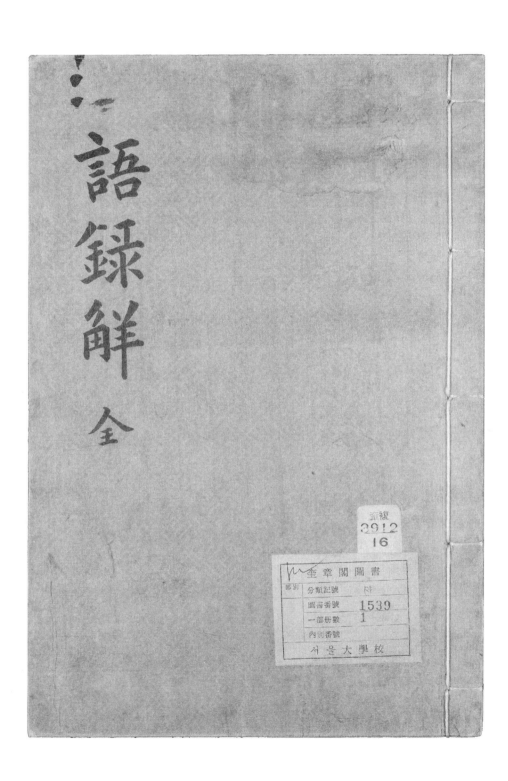

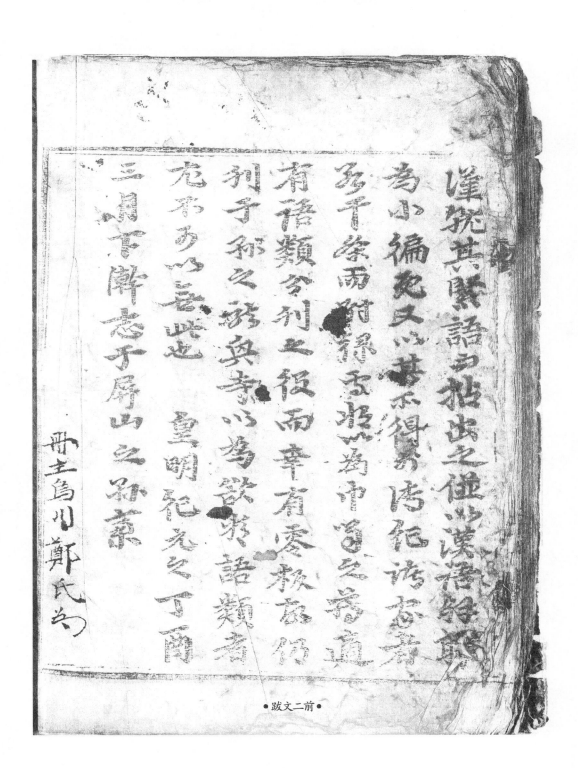

瀁竊其間語而拈出之俾以漢讀○録解

為小編先叢書不得○○諸記志○

○乎案而附録○○○○爲市賣之貴通

有語類分列之後而章有零○教養○

別子孫之故奐教以爲嘗○語類壽

老弟○以嘉此地　皇明紀元之丁酉

三月下澣志于屏山之別業

丹○烏川鄭氏○

遂用是呼京邑人之易曉者若栗

然以語書之不同吏讀難曉而吧也已

辛巳以來此録改尖雜曉者易曉與郷

書益錄之輿於以究爲必光出之功

而訓大忝其中乎而猶隱訓之因以

分文說与吳第以柳眉昌希春之訓則紀

此雖名老出於光生功文語下卷並爲

同相事宜凡具眼者路雜下後義

謂一年血氣之衰將
與十年衰耗者相　任運騰 뉘웃 도로다
較也較此也 이오슴 이오숨

無甚利害 그게 도로

너흠도셔업고해 ᄒᆞᆯ도
업다

右語録解者亦出　退溪李先生門
生嘗曰古無語録至程朱如有之是豈
前時州悔州人之俗語ᄒᆞᆯ 書尺ᄭᅵ

看一看 ᄒᆞᆫᄀᆞ지로 看 致命痕 者其傷 為人所殺

審全一句法

ᄎᆞ리操一操 審一憂 謂之一一

四字類

事在恩後 謂 職輕任碎 職難 賣惡求人 必惡殺
罪在赦後不可殺 也 家奴訴良 脱

進熟圖身 進軟 熟之 受其甚酌 被進 猶言

言而圖貴其身

首尾周皇 두루몰 退操

多爭十年較也 爭 猶言畏首畏尾 賦食行水

弓彈令紛起然後
紡績為布名曰一　失口　誤入無罪者　救法間　陪占　增益不呂之　陪貝古有卜輪

三字類

一錢漢　謂人物
僅直一　犢一羫　楚音江豝　穀也猶言　不別分　無特別　之才謂　庸人
錢也漢賤稱　一一頭

彼此言戲言　不及新一一　穀之熟　何物人　　五海而責之　辭

兩當衫　衫之只　而死　撫心背者

乾矢橛　引小兒　奔命兵　者賊之敏順　者或曰一　雇且憎　雖龜鼈一　而忍家憎之

裁紒 깨혀이다

忍屓 殘一暴一之 意　朱雀故一匟未雀航 尚書舜典篇題所云 蓋指此也

赤章 祝天之文

休下 如今下番

驗白다 立졈다보뫼

湌錢 俸錢　下䏑 稍豊也中熟 上熟以此推之

己日 己過一日也

王祖 나라구신이　花押 如今슈례

下髮削髮

髿髿 粗則鬚起一 江左人以酒和　二欹 將臣於彼此

吉還 好飲　得盧 摙蒲有黑 績有雜有

吉貝 木綿結実 間廣多種 如大菱色青秋深 即闇露向綿茸然

疾呂 話急之同　折閤

觀說之 觀說見而言

捍盡黑子徐以小 摘取去殼以鐵杖

解息ㅣ鞍ㅣ馬　蔡信蔡符也　折難다ㅐㄷ못ㅎ刊ㅎ

感尋ㅣ傷艱兔而　ㅣ恩經濟老術勞臣功臣　頓辱地掉髮而ㅣ

閣手縮首不爲也　超袖手意　中晡申時　下晡申時末

白民無官者　漸来将来　常来ㅣ時

歸罪自ㅣ請ㅣ　連帶 꼬ㅁ다　染渉連帶同

苦手扙也써　詢仰仰　犬可 ㄱ자ㅁㄷ던

還忌憚　顧念而忌　留務ㅣ後之事　索剝ㅣ寞

都伯刑人者　僧子上同　大航以舡爲航過以舡爲橋而在漆淮水者謂之ㅣ

催切 졉ㅊㅜㅊㅔㄹ ㄷㅏㅂ드러　餘犯既有重罪又其在国門外也門名有他罪

●鄭二六後●

黎牟耳 보십農
器
人避乱渡江吳人辯謂ㅣ
ㅣ盖賤之也
撅竪 偃起也作즈ㅣ니
굽의셰ㅣ눕되다

戲責 以雜投賭勝負
而責物於人也
不種樹也言耕田而不種
雲黌田而不播種
得儁山戰勝

佽子 孫
父蔭官其子
人門ㅣ物ㅣ地
勸分ㅣ富室賑人

欯慍 喜怒
瘀堕 琢
瘇腫也ㅣ音
閔寫ㅣ從容談話

滦勆 以重罪彈人
金罌尾 謂鴰也盛鴰
於器則不能膳奴
炊飯之奴

物土 貢稅
耐毒而破故心盛以金
ㅣ而因各鴰為ㅣ
射堋 射垜

賭跳 跳躍以高為
勝
評直 論價
作適 適意作戲

在事 有司
綜司 官
出納王命之
傳可 되ㅣㅅㅁ로그리
ㅣㅅ아ㅊ며

刀勑 執ㅣ而傳ㅣ
剛濟ㅣ断成事
攔塗 筌泥九相ㅣ為戲
ㅣ泥九相也ㅣㅅㅅ泥

治定　作文而點改

走弄　奸吏弄法

失適　病也猶言不快

燒惧　一作撓

贖訓　以貨贖罪

首悔　一家而伏　罪也

斬骸　斬尸　如今之剖棺

禍襠　袴也

伸眉　笑也

詰屬　一責而勉其　自新也

黜落　官一職

催呈　구실지초ㅣ추　써다밧다

徵備　催呈同

住催　구실더다

假還　受由而歸

偢子　狂子

甫甬　一僅也一語　辞

少待　如儀而

蹋歌　以足地而

密鞭　조州치다

判能　斷然爲之

審問　조세춘ㄱ바리

鳥夷　一首而其角戾　族

副憲　블의예 자ㅅ만　ㅎ다

僑荒　東晉時中國

懲懸粮食不繼 懲之上同 是指星旱則云一一 頂趾

篆口戒品 傳解 休官 拙行 바독못두다 부리다는거슬

代怖人有追來刑禍者已不知怖而柾酷中 어미히죄잡日故為一一

怖迫 孛人為之 正色以示惡 色裁之之意 目整 微怒一客以 一他人之非

蠅拂 ᄑᆞ리채 防邏 巡邏而防賊 阿戎 役丞

裨販 賣賤買貴 賀作一役之 其家斋 窃階 猶俗言賊職

妄階全 窀階 冒勳一錄一籍 反役 기른가人다가 도라오다

拆券 리써누다如憑 焼券之意 撿詰卜問之 起部 工部

生憂之 不發而困苦 禁司 司憲府 收録捕捉罪人

欄柄 一亦柄也

懸論 회소셔의 ᄒᆞᄂᆞ다　和弱 良善而不能强立之意

寒流 類　門戸徵賤之　刺女奴 漢以来公府 有一様盖 弱善弱 皆全

訂出 賦稅時商 定出今　盖 主治　抵踢 몰리뎌죠셔라

隠拒上同　吐欵 罪人承服　沈怒 沈吟不決

連唄 舟車相連而 填塞也　苔移 一送一文　肉薄 以羿血戰

早路 陸路　自事 已事　死問 計也

刺籌 뒈ᄂᆞ요　展至 一寬也如潮 限初定于正　自送 드려가다　折産 如今分財

雅訊 조흔시ᄅᆞᆷ 月覔寬至二月或三　輕文 謂彈章不峻　劣容 劣似也如後小

護前 不使人在己前 猶言忌克

這般猶言如此　火計 둥모　生活 싱녕

那般猶言如彼　這們猶言如此　快活 즐기다

幾會 여러즈음　分外 十者數之終十而甚言其太過則曰——上分外參考　那們猶言如彼

連忙 샐리　一回 ᄒᆞᆫ슌　幾回 몃슌　名捕 題色 特捕　無頼 힘희미又부 질업시

吉徵 裏義見召

附録

減落 減除　淨殺 盡殺　左譯 衷左大也謂君

打發 扎待應荅之辭　由你 ᄇᆡ므ᄋᆞ로　辭

結配 結髮　內議之一 好妻妾　下妻 小妻

底似 ᄀ자저모　根前 앏픠　根底 앏픠 恐非

知會 알위다　上頭 젼ᄎᆞ로　省會 알위다

知他 모로라로다　知得 아다　說知 니ᄅᆞ어알리다

自由 졔ᄆᆞᄋᆞᆷ으로ᄒᆞᆫ다 以省家之心爲之　照依 마초와그ᄃᆡ로ᄒᆞ다　自在 ᄆᆞᄋᆞᆷ편ᄒᆞᆫ치잇다

分付 맛디다ᄯᆞᆫ부ᄒᆞ다　幾曾 어늬제　不曾 못ᄒᆞ다

尅减 亦减也　丁囑 당부ᄒᆞ다　囑咐 당부ᄒᆞ다

活計 싱계　尅落 尅减仝　疾快 ᄲᆞᆯ리

漢語集覽字解

著落　使之為也吏語
亦曰署令

委的　柔委保也信也
的語助辭

委棄　一亦棄也

一刻　則左로이亦
曰刻地忽然差意
剗新　새로이

小新　的語助辭
斬新　소上

坐受　艱苦也又貪

一面　ㅎ온자又ㅎ면
收拾　걷다又거두다

罷之　也罷又
一就　의믜셔又
一發　손上又최여

一宿　ㅎ룻밤又
早晚　這早晚이런ᄌ오
又問何時曰多
由他　더뎌두다又지무

之害　貽獘炎又해자
強如　더으다

不揀　아무라나아무나俗
語一甚麼
則管　則音不戒作只
利害　므이라다

將就　之意쟈여긔
備容忍扶護
空便　空隙順便之時
標致　言俱義其人心貌

一捧一条痕　一摑一掌血

全言枝打則隨枝而　掌血漬謂其言
有一条枝痕　　　　之痛著如此
　　　　　　　　　　　다마ᄆᆞ코ᄆᆞ코ᄒᆞᆫ바ᇰ
　　　　　　　　　　ᄭᅵ라手打則隨手而有一
六字類　　　　　

一節易如一節　節　會去分別取舍
이一節두고　　　　去ᄒᆞ�®分別取舍ᄅᆞᆯ
ᄉᆞᆸ다　　　　　　　會ᄒᆞᆨ다

五字類

看做甚麼事　只手如何法　用二　手大
일늘혼노
고불다라

楷相交則右大指在上
左大指在下右四指在
內左四指在外盖
取陰陽交合之義

真箇會底意　理　會
실로니회호뜨디라

癡獃囤兩漢　愚　皆
駸어린놈囤兩俗
言마囤之意

更著甚工夫　호　音배소탈호고
허라

精切似二程　두분　二程
精切
호다

元是說甚底　是　元
說호노끼시오
言大學道理日用可
行如肉菜之切用

一場大脱空　호뻐
타외

大學中肉菜　以是
批辞

更說甚講学　호任
合講学을
說호고

岂無可得　임의
가히

一摑一掌血　摑音괵
호올바
喜의엽거니와

攃生做熟　生을 로가人가이ᄒᆞ다　貫通讀洽

야熟을做ᄒᆞ다　奔程趁限　程에亭ᇰ當ᇰ言處之皆
매限에趁ᄒᆞ다　得其宜

時日以致誤事　直饒見得　보니　鶻突　含糊籠人之心地
直饒猶言縱使　不明者曰——作事
不果斷者曰——

曰循擔閣度

未解有父　見大學九也
章小註尋常釋語録解字
為아다ᄒᆞ거니와以此末解之
解釋之豈可謂아다ᄒᆞ리오
凡用解字會字處雖難以
方言的牽解得只是그이리
그리도되ᄆᆞᆯ調之解ᄭᅡᄒᆞ니
亦謂之解ᄭᅡᄒᆞ니

未知所税〻〻貌此未 知所居

何處得来 世間無〻 鐵〻龍罩〻却 罩龍但上 罩著以〻

不求其素 求ᄐᆞᆺᄂᆡᄒᆞ고 作〻自上竹龍下則其中

求其素 작ᄂᆡᆺ욷단 以〻捕魚著謂以〻

須教教開 放也〻 ᄆᆞᆷ가ᄋᆡ開ᄒᆞ다

宛轉說来〻不直 籠入之物無縁脱出

之意 有助長 排定說教〻規國論 布〻 어ᄂᆡ거시이아니리오

宛轉說来〻截而委 言無所見

自佳不得 也〻言斬進 說其義以求其質 更將搿橫〻堅固

那箇不是 是謂道也

著甚来由 申〻也〻 打曡交空〻交 將文義也別ᄃᆞᆯ며人

礕畫分晓門〻 空也〻 如使也言〻而使 기사기中

鞭礕近裡 체터보야안ᄯᅩ 打成一片 精粗 表裡

固濟沙合　以藥藏於
口上蓋了又將鐵線縛住
仍以鹽泥封其口上不使氣泄
氣出

合少得者　嶳也빗어업
事無足者　인이足히업다
다言正心則胷中去하고得
空無臺之難為也

走　닷이라

兩項地頭　두목이又
日라獨言
두가짓
곳이라

挨著粉碎　挨音이排
盡猶言撞著言諸說也撞
著於此說便成破碎也
不必釋

做件事者　件事을
마라

押下諸司　如今行領
人以去

分俵均敷　俵散給也
俵言散給也

甚生氣質　業氏註
意言將
來涵養則可成就非常氣
質이니甚生非常氣云가

領畧將去　領會也
畧取也
所歆者
成全之

開物成務　開發之人
人所晦者

奈何不下　못려日
無奈之中
之意言
分明也

八字打開　八別也象
分流相別

正坐如此　正坐政如此之
質호물成호리見近恩錄
質을成호리甚生을이氣

無事生事　無事之中
之意言
分明也

四字類

幾多般樣　今幾多般
禁忌指目　猶僞學
對同勘合　如兩人相□□　對校書

生面工夫　새암된工夫
直下承當　바로아다
各執一本而金□　讀勘合也

橫說竪說　古今言曰竪說又以物言曰橫以時言曰竪　以四方言　호이
堅得些子　져기다가
撑眉努眼　指禪學人

真箇會底
說得走作　說話不合道理又義
豪来豪去　似워가다
說得口破　言之曲盡而曰破塚

冷淡生活　冷落也真理真理　書房也大監掌之自
內房抄出　內房即今趙進者　說一步說
也猶俗言다

蓩張百戸　蓩勇　論事言語　不相和

何處著落　어듸다가　書房也　其中區出文書也　참니구다

張樂歲以比
大作氣勢也

渾化却　言查滓渾灑迁官之類
而無也却譌

助辞當属
上句

絛磨勘　計仕迁官如今仕滿
後巴鼻　다ᄎ리뎌업
다

急家慶　急히범다
ᄆ리ᄂ디

激懶人　ᄉᆞ롭을도와
ᄅᆞ릭ᄉᆞ意

相表裏　兩事相為
表則此為裏此
為表則彼為裏
表裏役為

太瀾襜　言放肆鴻洞
如波ᅵᄅ動也

陪奉佗　隨奉持ᄇ意
開陪奉獨陪

要得剛　剛ᄒᆞᆯ드디다
剛ᄒᆞᆯ드디ᄒᆞ
吾ᄆᄆ說亦得但奉
持ᄆ持改作事為功

射糖盤　見論語上
辰章小註

伊蒲塞　名
禪家飲食

不奈何　아므리ᄒᆞ리와

動不動　動輒之意　|与不ㅣ簡如

作怎生　엇지ᄒᆞ고又　래日·람慶詩無將故人　酒不及||||

甚工夫　스거시라　|怎ㅅᄆᆞ

鶻崙棗　如云完全　石尤風　逆風舟不利理而　行曰||||巳

白頭浪　水波湧起高出而皇曰||　形而上　形之前只有
形로이이未有

形而下　有形之後有　形인下애阮

大著肚　腹也　名之　罨

上着� 兼　上於�也兼　曝이|　放門外　||에두다

大拍頭　ᄆᆞ듸曰宗ㅌ西　朴宗頭　八之老而忠信　著曰||　却最是　他言錐ㄓ　ㅻ言||故　下却字ᄂᆞᆫ드ㅣ

其衆主談論也拍之題　頭ㅼ自頭其不与人ㅅ論ㅆ　下梢頭　아ᄅᆡᄉ天　오ᄂᆞ다　下却字ᄅᆞᆫ드ㅣᄆᆞ쟝

作氣勢高談大論無怎　ᄒᆡ之意○知今用㐀叛以節　一綽過　一目覽過　胡叫唤　ᄭᅡ대로우러　썰고우ᄃᆞᄂᆞ意　捺坐硬　ᄀᆞᆮ르ᄒᆞ러

ᄅᆞᆨ拍頭如調語ᄅᆞᆯ歌頭之　頭韻ᄌᆞᄆᆞ曲之頭段　大明得盡　其知　拾物以盡

似倲的　그러ᄒᆞ다

沒由来　쉬졀업다

这幾日　요즈음

許多時　하다ᄒᆞ니 저러라

芘使了　ᄭᅡ대로ᄡᅳᆫ

剋落了　ᄭᅳᆮ머나다

種善火　블믇다

信不及　於聖賢之言不

八門歎　凡罪人被鞫而八門歎一

者如何　블매어ᄯᅵᄒᆞᆫ 盖事未之曰ᅵᅵᅵ

前定而著勢如何

自不得　슷못ᄒᆞ리니 於聖賢之言不

眉詁　供事也

信得及　松聖賢之言能 信而篤守曰ᅵᅵᅵ

閑相董　드르거니 慶之辭

大小大　언매나키　樂名也

大承氣　樂名也

多少多　언매나ᄆᆞᆫ ᄒᆞ뇨

無縫塔　塔高數層 而中間有門

一衮說　ᄒᆞᆫ듸 如云爭向前 相過有機可止而亦有石

挻前去　ᄎᆞ揆作善意 結成先門ᄯᆞᆺ搆者曰ᅵᅵᅵ

挨将去　向前去 如緩步

収殺了　거두어ᄆᆞ다 畢終也

大字面　字於其面 古者黥贓

三字類

一等人 첫ᄀᆞ는 사ᄅᆞᆷ
揩言一種他　折轉來 옴겨와ᄯᆼᄀᆞᆺ
作麼生 엇뎨후고ᄯᅩᆺ
做將去 工夫ᄒᆞ여 가다
知多少 몰리로만 언메나훈뇨
擔挍漢 딜멘놈이라 謂見
幾多般 언메나 훈 一面不 見一面
關說話 맘合후미라
後他說 뎌ᄅᆞᆯ 조차 닐니라
一副當 一件也漢訓
拯好笑 ᄆᆞ장우음
多少般 뎌多般全
較些子 져기방으
閒泪董 힘ᄆᆞ코잡
將就的
花塔步 ᄯᅳ느ᄂᆞᆫ 것
就那裏 즉제게셔
不多時 아니한ᄉᆞ
都不得 아므려도
織的鬆 ᄲᅥ기얼믜
不折本 ᄆᆞᆺ디로아니
錯承當 외오아다
記認著 보람두다

延蔓　뒤ᄂᆞ르다　甚底　音合디머디　左右　古制尚右今制尚左又東武西東為左而西為右莊一屋之間向外並立則以左手為尊者向裏上作揖則請客若居右手盖以屋之所向為定也從時南北礼多如前所去題淮只行南紀如前所去

亶亶　音尾自強　ᄉᆞ不息　一等　ᄀᆞᆮᄒᆞᆫ云ㄷᄒᆞᆫ가

章皇　猶言蒼皇　勸諫　人有所為不是而我救正之也

氣魄　血氣魂魄之精　強者曰有ᄒᆞᆫ文　也須　ᄀᆞ리ᄒᆞ마ᄂᆞ로　童之昌大者亦曰有ᄒᆞᆫ　安置　以物真於其所也又流故罪人　姜芽　姜之初出出　O姜薑通用

只消　猶言只須　於其所者亦曰ᄒᆞᆫ　長者

有箇　猶言有一物也　去甬　이리ᄇᆡ요ᄃᆞ다又語辭　不消　也　猶言不須也不必

商量　能立箇心然
後其上頭可
鹽虀　虀音備고분
旬呈　論居之人有一
ㅣ之事　如今旬

以ㅣ저ㄷ려보다又
혀내여　노거시라
之事　日手本

搏量　量者다如尋
量之時必搏而量之
也

火迫　急邊
剌破　猶破之
端的　猶定竒

乍到　纔到
耗劄　劄音ㄹㅣ　削髮之謂
把手　下手同ㄸㅅ다
逐項　逐事

目今　全也
猶見本即當
耐煩　煩기ㄹ다
當體　當身
薫灸

避吝　희但말
宿留　希望而留之
親炙　薫灸

可尚　可尊尚也
裹許　許猶所也
畢竟　終而言之

元料　猶本計
醜差　猶言大差
必竟　猶畢ㅣ

、狼當　全　狼籍

六文義而
一　斷之也

、省事　다다　音서의일을

、著見　見也　非有心而

、將上　장고야上고

、舊皇　至땅오나

、養息　辛苦勞碌　安坐自在養

覩貼　司다貼비라

神保氣四　一

著力　盡力也　猶有助長之意

著緊　긴히著고단

委曲　意오曰と　委亦曲字之

說合　著意

照會　校正也

、申發　말이니 - -　卒急　파른리

、裝點　仝미다

說發　只다

、上供　如今貢物

、塵刹　世界　歸宿　如言安定

、出場　事　獨言畢其

、廔刹　言三千大千

、落草　世儒以飲之元限着者
非

無量　限難適於氣

自合 스스로맛다、

較然 讀書甚明又

胡思 어즈럽이심각

含胡 含胡仝

撈摝

鶻圇 圇圇為一不分

領會 領畧仝

取會 取其所會 討也

揣摸 지다 一度也一足

撐挂 밋밋며괴오며 擡擎

擔放 校除也謂掃數 被災之田而除

摸伏 한부 一十三다 伏

收斂

挨拶 디위잡고四警

枝策

保住 밋보다

熱瞞 손氣홈言已意覺判 已事

放歇 與做仝

縮著 움치다

塗著 우이비믜붓

泰著 不合

香透

香花

熱斷 已過之事

規規　莊子註褒淺
克克

亭亭　猶當當

瓚瓚　細碎之意

符到　판즛오다

等候　等猶待也

拜達　猶辭辭

匱綱　總會處
曰綱　外四圍曰匱繩之

所有　眞文이며

苣籠　絕學為一过物
受其批然後退之故曰批退

退產　中原人買賣財
故若欲退其產亦呈于官而

一角　猶一件

局坐　판이친다

一味　디

一意　오로ㅁ다

一剪　혼ㅁ매

卓然　두려다

下度　짐작다
卜度同

分定　得失之分定

一飯　一飯之頃

都是　오로시

大段　ㅁ장

謹座　寫公文已畢末有
謹座餘紙則書ㅣㅣ言
後面之皆書也今
漢人文書未然

國是　猶國當是

大凡　大概

杠杅 견ᄂᆡ 音向

融 和洽皃

給降 自國降恩

減 舒散皃

火煆 火꺼ᄂ기다

音音 論卜意趣也

經竹 以經術取人

當 言慶之皆得

經題 之題 如今科場起義

縱史 傍人強為 已不欲喜怒而洩 如

節 ㅁ더ㅁ지

勾斷 ᄲ수티다

助藥為塵之義

譚 仔細

坐却 坐在

緩頰 不卒遽之意

過計 計較叶

切脈 猶論脈

納界 印札

遮盖 杜撰道理撑

掣肘

隱約 依俙之意

騰倒 紛綸升降錯綜之謂

放過 不照管舍置而過

憧 音ᄃᆞᆼ往來不定

勤過

激昂 ᄲᅡ거리ᄒᆞᆷ이라 鑴誨 ᅳ剃也ᅳ剗賣 討書 다ᅵ猶今ᄀ우리ᄒᆞᆷᄂᆞᆫ

渾身 온몸

唱若 一音讀若下爲上 口作ᄒᆞ야讀祝頒教라 如今吏讀字ᄒᆞᆯ案中 原人讀承作辭而唱喝摏

知覺 此理 知此事覺 ᄉᆞ이리ᄭᆡᄃᆞ라ᄂᆞ니 巴家 皀歌ᄉᆞ온소리

嘔嘽 歃言不敢之 漕臺 轉運使ᅳ繼風 裏面 搭其中

喝罵 지다ᄉᆞ리ᄐᆡ며ᄭᅥ 幹官 軒裕識 軒辦公事方 頭邊 猶本來 頠拙 頠與鈍通用

唯阿 猶言소다ᅳᄉ 唯諾之意 繚繞 버믈리틀ᄭᅡ 倜黄 리다 頓挫

嘔醒 잘리ᄭᅵ이오다 註腳 鞋底少也ᄂᆞ如人飲有所 交他 他卓利細굿

討喫 一永也ᅳᄒᆞ나 小學如人飲 有ᅳ 星子 졔울ᄅᆞᆫ

築磕　以名相撞築直為

藥底　漢語—窮極之　事故遮辮韻

窮極發本推更無　去慶之意

對班　自唐後經遷之　至官對朝班而羲　也對班

齟齬　憲從居陸曰

底止　止也底求

般移　赤移迤—猶　何迤含引다

骸取　—與向中謂聲

叅取　究而識事也　一解

渡吒　波吒—惡寒　解一

濩養　之濠惕惕　日

尋覓　長之病　猶思慕有助

界至　自其地界至　其地界

穿鑿　—壁穿圻大极

渗淡　音古甘辟浅之薄

滴汰　滴方隨身傍逐金　也汰滴滌去야

衒戰　藏也感意—　子中藏我全

本領　猶大体

國榦　無用兒

漫漶　不分明을리

渗血　—順頙全西面也

草本　細鏤音了　不仔

若曰　이리저引라자타아리저아라이리타주며

薄況　迫於難事

萬化　賴之—

開漢　址가얻를呂

心齊　一志虛心如祭祀之齊之齊지

矛盾　거리들의나거
지오盾防捍世矛窄束
以鉤之盾以防之也
不相為用也

剔出　골희여내내다
此諺字之義

要束　約束同義

合做　맛당이做亨

勸阻　去勸止之也

且須　아직

體認　驗也十識也失
　承軸首為調傳之
說欲和解新旧

調停　調和均傳元一
校末是吳防以

畫會　如云文會聚
會讀書之處

晶頼　是屈已輸与人命
辭曹為其所害也

晶榜　晶精會一也一知
令勸資也將作

豪分　一毫全十毫
為釐全十毫為分

人有所欲為衆　供申　날曰謂之一旦
　　　　　　　　計謂之一

乳似　似向也唐人詩朧
月開花似此人

袞纏　周圍纏繞

包籠　作事不果

精合勸人出物　以助也

劄切　懇切

開聽　開다내다

稱停　稱之錘一分川
　　　　　닫바조다

有菌　如云一椀

磨勘　如今末曹計仕

枉陪 一重也謂畫體添加、

豈亦 豈方豈不之意

擘畫 也　猶經營規畫

相須 一字多有待憲、

參拜 系謁也

屬饜 厭足言言叫다

依倚 一於權勢之家

查礦 坦是딘리와 猶되但이라

懸知 遠也猶遙度

只除 다모

天機 妙處

坯子 一音抔瓦未燒著

靠裏 裏에의지홈

具斯 一折分也

其猶兩造具備之

大率 大衆

時學 時文

眼下 猶言當時

脊梁 等얼구州人之擔　猶言大陛載矣

大家 故

亂去 간디로ㅎ여가

着一乃能出力而勝重

任瘠등급일러

體大 猶大事

配去 流配去絶之

閒理 古有閒共下義理

之語一謂要悪惡

夫人 猶言九人

盧間 一開合一不

硬把 브르이ㅎ다

過撩　蔡青列ㅗ쳐ㅏㄴ

反撥　畜積也竷其

更攢　攢價合也

曲拍　節曲調節拍
　　　之也

舊得　龌全

方得　即此立旦得

方便　多般討較得
　　　其好處謂之

無方　無方所
　　　耳抱也

無所　猶處處

作恠　恣為恠也

玩愒　호俗言人生み다猶貪恋歲月之

疣贅　札記王制予反
　　　左移右謂之
　　　官有過上官黜
　　　惡辱之任以恋之

對移　師教者右松左
　　　采時下物和全也○為恠
　　　俗又南人總明性悟者亦

打乖　打為也
　　　異又破弄戾与
　　　謂乖僢不仝

剖判　十別

拟判　含ㅅ결尾

扭捏　音捏口ㅑ手轉
　　　也又捦ㄹ摆挃坌
　　　斷遣　罪而遣也

捭闔　音擺合今內
　　　手輕之猶圍闔
　　　決遣　決尾

斷遣　阿旦러닌猶斷

行遣　竄逐也

零星　餘殘之數

失解　見屈於鄉試

物謂之一　言委於夫

印可　俗語올타

滾同　나　호ᄃᆡ뒤섯기

少間　비흐르五少頃也

寧可　춤하디可히

滾冗　如難冗

外間　外物也

耐可　엇디ᄒᆞ여야올

幹了　爲其爭之胥也
맛나ᄒᆞ나若叓
則一家奴
則一事

行間　衆人行列之間

便僿　便使儇利也ᄂᆞᆫ

錯了　그르되라

引路　길자비

偶便　偶同歸便也

引他　引接

催儧　意

偶便

貼裏　古語世猶言裏
貼入規律

引却　引身却退

儧那　一音北取也那

催儧　亦催字之

貼律　貼入規律

偏却　偏辭處

作壞　爲所壞也

檢押　揣撿束也

日者　推命之人

他說　謂會所言之言

諦當　諦審

抵當　擔抵當又當

體當　如去體驗体　得體當

語頭　目也　詞頭之類言題

會去　ㄴ다

會問　잘무를다

會對　잘딕답다

會解　아다

得解　得叅鄉試

驛然　面發赤色也驛音

撈攘　人之作事費景力音曰ㅣㅣ又人當爭水曰ㅣ

粹然　ㅣ

嗒然　解体兒

懷然　与惊全又音驚

滾得　없버므리

攬話　攬播動也粘이다又推也

搋前　搋音애推也

招認　如今叶딕引以為証

點抹　批點打抹以表識所得之意音

要得　ㅣ利之意

使得　모셔곰

會得　獨會照也闗闗機也振起

闗捩　闗機也振起作掫治者鼓風

拆得　音坼ㅣ板所安之

折得　人遠索之　木也

許多　만타

追典　追贈書謚

他門　指其人而稱曰他　門

何曾　어듸일즉　又잇기

廝酒　出易註

廝養　牧羊奴

廝崖　廝相也董氏作撕字起相抗之意

賭當　起是商量見得　之意

非不聽順之意

○音州大飮室也相持相言不得其物東西承取也

六案　納管　如尚書六負各有折諕　敎之嫡子出挑　易

一冬　一全

一件　一一

一團　但分熱全服合綰圍　二格　猶一例

打酒　飮酒

打坐　안줌산기다

打話　説破也

打圍　圍之也

閑然　순두어리다　如言平도리

知言　五峯胡氏説

等閑　즉지럿얼업시又

攙掇　又理持

押録　猶今書吏

撈摸　音上吠撈氷中以手取物也撈摸又音手撗拖也有東西一一之交言平도리

寄生　게으싸리漢　一項　看則樣書一條　故佳　置也置副

奈何　訓　猶言凉畫地當　要之　平章可고판련　便是　也如一黃一金不

末解　訓　醒醐　瀝之精液養性　儘教　다ᄒᆞ다

恩緯　書잡ᄯᅥ緯漢　語謂肚曰긔다　硬要　令人無虥心

咱們　우리　漢語音자은　思量　혜아리다　曾無　与未曾全

挨去　親推去全　未曾　잡안몯아너것曾어리　喚作　喚做全

趙譜　美ᄆᆞ造　公門　与他曾全　喚成　喚作全

頭影　端緒　虎然　쿠잣그리타　喫緊　다갇다

蓍廷　著作之廷　照領　ᄆᆞᆷ바다　容易　쉽사리

擺羅

骨董　雜也

提起　잡드러

擔閣　説明不行兒之一
説明不行兒之一
眉訓�934掉弃
撚書

霎時　아니한소이
恐見안然意全

宗的　꼬디시기
了悟　頓悟

混淪　믜화
勾當　꿈아라출이
一說猶骨費
甚人罢亦相

美得　호노러又호다
但意撄叓全
官會　猶今譜普賢
了當　마당타

恣管　也
不忘也縱心
甚人　엇던사呂
착摸　漢訓
대허갑드러

攧撲　漢訓攧韻書
作攧意撃如
攧撲亦打也
不破言窂固也

破綻　陳也

停細　不細

斷置　眉訓決斷憂置
也恐誤稽孝也

且如　아므나

這操　잇가지

分外　분밧기라
分内而分外則非可
盖所可爲者
斷置

廝睚　眦보다恐亦相
見之義

荅籧廲　架簾廲樣也　廬山瀑布散流

脚跟　足踵

當下　고대

彊輔　直諒友朋也

安帖　편안히붓다

一會　훈디위

下手　손디타

那箇　어늬것

早乙　여러곳본여

消詳　仔細

莫是　아니이

管著　우로쉬다

莫當　아니

劊倅　堅立意

合趲　씃다

一家　훈디모도다

去作　드라나다

參詳　조셔궁구

郎次　버검디옴

推鑿　鑿也

裙拾　收拾소

四到　四方至也溪訓含僞有一之語

解免　버서놀리다

劏著　바가뎟다

慶體　眉訓離織也

齊頭　훈쯰

欠了　낫브다

親事　音事

硬寨　昌訓堅揸意

護責　責曰一｜京作謂次譯相

打破　여本여 비리다　溪訓

地歩　頭也又地也

胜裹　민生누

挂搭　걸리다

蹉過　드듸여디나다

五種　다ᄉ가지

鶻突　也　간대로○不分明

固地　地位也

鈴鐺　ᄲᅳ더도기

甬頭　削　혼곳터다　溪訓

隱示搭　正未之貌　溪訓

著落　박아잇다又　如歸猪意

賭是　를물求ᄒ다

敦遣　州郡勸送之意

著乙詳　블드여아다未

盤問　두로힐위ᄒ물

迷蔵　숨박질意

周羅　번리려도다

賭是　를물求ᄒ다

弄著　엿ᄒᆞᆫ번

微簡　지어

偬偬　短小人

闌珊　又意思酘散皃

不濟　ᄉᆞ쳔엽다

分曉 曉字只是明字意분명히아다 又ᄆᆞᆯ키여아다

直下 바ᄅᆞ나려오다

卓午 낫日中也

一向 ᄒᆞᆫᄀᆞᄅᆞᄀᆞ티

便臺 監司兼風憲

鄕上 鄕向也上形而上之上謂天理也言向道理

解額 解使遣去之意額數也

多般 여러가지

鐫職 벼ᄉᆞᆯᄀᆞ다

胡寫 亂書也

儱侗 猶含糊也又溪訓不分明也

胖合 夫婦各半体合爲一也

惺〻 ᄭᆡ〻다又ᄉᆡ혀

截斷 긋다又긋다

倀〻 失路皃

樣子 본

活套 너온ᄃᆞᆫ니다

數〻 어리고미우다

較遲 丨比也比之於他覺其丨也

澤遣 道路資送之意

郎當 舞態也又覆不正之皃猶俗言헤적이다猶狼藉也

分疎 猶發明也溪訓

腔子 軀殼

末疾 手足不仁也

十年騎馬
聽朝雞

都廬 다ᄌ오ᄆ로

使兩 져ᄌ사ᄂ롭다

斷鬪 是捆闘之義

精彩 깃ᄂ다

撲落 터뼈러디다撲 一作撲

雌黃 猶言是非

恁麽 그리타ᄌ이리 타ᄌ그리시리

甚生 怎生仝

從前 젼븟터

兩項 두목 옷두가지

候前 뒷븟터

喚做 러니ᄅᄂ다ᄌ블

摸擦 어무묻타다

遮真 庶音折 ᄆᄃ니 비기다 猶言爐

上頭 웃머리

地頭 ᄭᅳᆺ

轉頭 머리돌혀

落 ᄌ조타

胡亂 어즈럽다溪訓 ᄌᄀ간대로

瀉 落二 落三仝

這裏 이예

拶到 다와다가다

一樣 ᄒᆞᆫ가짓

錬成 ᄆᄃ도ᄆᄃ일ᄋ로다

任教　從教仝

直饒　헌마즈의록又日즈사一串　호곳
作俀又日

免教　그러케호믈버나다　一搽　호가짓

解教　버서브리다又몃기다　一連　호디위　忽地　믄득
恐誤

噎著　맛듯다　一介　一方仝호디위　扐空　쇼쳘쏩다
除去　말고

自是　集覽字解云　一遍　호디위　除外　除호外예
利亓旺漢語

自由　利亓旺漢語　橫却　그러타　若爲　엇디

下夫　下手也恐与下工夫仝　零細　猞菌三也　愁殺　시름호노다
利口삼으로

笑殺　由来　由来仝　到頭　到極也　裏頭　녹머리又쇼ㄱ
우여다歐陽公詩沒陰常慶

接湊　뫼호다

脫空　ᄒᆞᆫ것

累墜　걸리며ᄃᆞ리

捱去　미러가다

懋乙　有長遠之意　힘ᄡᅳ다

一方　於一邊也

爭奈　든엇ᄭᅵᆯᄯᅭ

任他　뎌과ᄆᆞ라ᄒᆞ물므　더니ᄆᆡ기다

從教　ᄒᆞ욘조초로　ᄇᆞᆸ니ᄇᆡ기다

撲來　읻ᄀᆞ마오다　了　与了然全

點檢　ᄉᆞᆯ피닷안ᄭᅭ　ᄒᆞ여줄오디

為甚　甚音ᄉᆞᆷ므슥　ᄒᆞᆯ위ᄒᆞ야　므슴眉訓何等

平人　므던ᄒᆞᆫ사ᄅᆞᆷ이라

甚麽　므슴眉訓

提掇　訓掇赤提也　잡드러溪訓眉

放下　노하ᄇᆞ리다

怎麽　엇ᄠᅦ오

什麽　与甚麽全

伊麽　이만엇고런엇고리

報道　ᄲᅡᆯ외여니ᄅᆞ다

委意　아다

一齊　ᄒᆞᆫ골ᄀᆞᆺᄐᆡ又ᄀᆡ기　又다

卜度　짐작다

一場　ᄒᆞᆫ바탕이라

提敗　올ᄅᆞ기잡다

一般　ᄒᆞᆫ가지라 又一種

下梢　내죵溪訓

骨子　猶言器物也如書別此
顛放　두다

決定　一定也

揩背　등미다

姜排　猶安排也

忒地　이리猶言如

領畧　애담다溪訓

捏合　자바믜호다

都来　本来

家事　朴君窩云俗打破一

佔畢　見礼記

收殺　終也

不同　与自別全

過著　過意也著字有又与消全

厮殺　醫書云厮炒
是漢語溪訓
鄭子中云漢語

頭當　두둥溪訓
猶云야
니너다

特地　各別也又又朴漢
語云라又又得丁

相殺之意

一重　호나이重이라
별

怎生　漢語怎何也世生語
何也世生語
了然

巴臭　다히믜잡비
詳語頹设巴涉

臭宗
詳

活法　言不拘一隅　보
　피로혼법비라
　猶活永活畫
　不拘一隅也

揭出　드러내다

照管　술피다

提撕　잡드러　備訓
　提而振之也

自別　自然히各別ᄒᆞ니
　如自當自字非列也

上面　은녀外裡前後
　ᄇᆞᆯ以此義雜之

鋪攤　펴다
　之意

抖擻　猶言振之也云

零碎　혹 ㅂㅅ다

打置　두다 ○ᄃᆞ바리
　置鍾字如大典
　置鍾之義恐相似也
　溪訓眉訓克巳也

雲然　잠잔다

除非　아니 그란말 오사
　ᄒᆞ면말거시니라

賺連　過為連著也

多小　언메나

下落　다질듸猶歸
　宿也

除是　일란말 오除是
　人間別有天是오

安頓　노타

安排　사ᄅᆞᆷ이ᄒᆞ며
　구目써비립즈려

索性　구장溪訓

牡撰　出新語
　出新語

公案　귿글욷글溪訓

未梢　与下梢仝
　天也又이리ᄆᆞ다

推排　밀며뻐ᄂᆞ다　오르리다

窒礙　撲頓也窒亦之　意甚訓堅定　就中　이듕예

些子　죠고만ᄀᆞᆺ잘ᄒᆞᆫ것　理會　몌아리라ᄒᆞ다ᄯᅩᆺ심각　初頭　처엄글

知道　싸다　다ᄯᅩᆺ솔핀也扵知敎行敎爲皆曰理知會也渓訓출ᄋᆞ오　蕭疏　죠타○踈一作疎

自家　져獨言我也推旋ᄂᆞ다ᄯᅩᆺ一脉也　一知也

一把　ᄒᆞ줌　物事　事語辭如今數物必曰一二一　向來　아리

照顧　ᄉᆞᆯ피다　合當　맛당合字亦一間　ᄒᆞ틈ᄉᆞᆫ　儘多　ᄀᆞ장만타

關子　子語辭如扇子尊子ᄅᆞᆯ類眉訓之ᄯᅩᆺ開　合當之意猶言　襄颭　해ᄒᆞ로타

箇中　이듕에　撞著　다지르다ᄯᅩᆺ나　放著　두다

一段　ᄒᆞ편猶言ᄒᆞ片也　逐旋　밀왁○웃음조　硬寨　구틔여와

二字類

訓眉訓
初也

令　猶言當初是
鬥又李菜

查滓　즛기

撲合　撲當作潑
　　　眉訓

跌撲　跌은박초다撲
　　　두드리다

一截　眉訓裁其半而
　　　為一截 혼쏭

伶俐　ᄆᆞᆰ다못키다
又영오타다眉

這箇　이것又것이게

單提　독로다다眉訓
　　　獨系也

十分　가장

不成　指下文而言不
　　　訓分明也
　　　得為如峽也

只管　다함又숫수

那裏　뎌긔又뎌긔眉
　　　訓一穫一何

太逞　太과잠

拈出　자바내다

主張　意而張皇之

自畫　如畫地以省
　　　限謂自足

異時　猶他時

單行　獨行

橫져ᄌᆞ다

逐時　隨時
　　　而止也

贃 音沾 欺也又直陵[賸]

賺 切重買也又市物

失宗也

將 가져 訓持也

檢 束也

窖 音剤又音串穿 地也又小鼠声

以 由也

挌 知在挌物則挌 有窮至二字意致

上取窮字意多故云物
乙挌音叫物挌而後則
挌字在物字下取至字
意多故去物 이挌ㅎ

泥 音비 걸리다

礙 거ㅣ닉ㅏ

呷 音甲혼ᄀㅣ呼吸

匝 音ㅍㅏ 不可之意
略 쟉간

寅 音至羅機怡音운ㄷㅣㅏ下ㅣㅏ夾亦同
下 字ㄴㅣ上ㅏㅏ下言ㅏ口
字非下字言ㅏ口下ㅣ上ㅏ下ㅏ夾亦同

突 又與突同
夾 ㄱ語辞

窐 音…室東南隅
讀 朝

奥 音오室西南隅
祗 音其地神

羋 音户地黄也又
音下蒲平草也
稱 與稱同權衡總

燩 與爇音義同
秤 各
偶 偶然

剩 贖
餘亂兀長边遁作

體 骨子也猶木之有
韓 韓易貞固足以
䋌 與剩全進也初也

旦 音ㄷㅏ明也日出之時避我 太祖諱

饕 音ㄱㅣ厭是也
楞 楼同
覩 音科어서보다
觀 音科어서보다

䬸 音至致也

厎 音其地也

·鄭四前·

斃 音邊 斃食之餘

鑒 信也情之一去其性
牆信之一物也

遂 신다

適 音律遵守也 又音 都術也

定 音合어ᄀ실로

怎 音怎 甚仝

懇 音怠心不欲為而

熟 強作之謂

肚 音杜腹也

走 牛馬走如去 僕自

越 티ᄒ 愈也

趣 ᄃ러

覓 音杜明也

愆 音嚴莊也 過

強 有剩餘之意

離 難坐難立

雖 兩人相對也左傳去

必 無也

押 如本押領人以去

撟 書拓拾取也

攄 書拓拾取也

拱 合兩手之指也

攖 걸리다

轟 与孤通

諉 音圓推諉制付也

撐 音掌

參 如一三之一為三才

芬　音昮攃也

挨　音埃推也

綫　音善細絲也

担　리다又모드니又기비밀　音膽又音生

直　바딕又츠것

閼　어그러다

鋸　解截也

化　騎也

僑　又音喬高也
　　寄也寓迊謂旅寓也

踢　免又飛動免攃也

嶽　音樂巍也

羾　音去飛也

竅　音覞

交　付也

妻　雨也

妙　柰門人問一字答曰一字
　　有病故說一字
　　首運用之意以運用字

抹　古여以리다

趙　以다眉削

僕　쟈呂

錯　그믓又섯다

儱　侫也

發　弼全

車　古여以리다

担　音擔排也

揣　音剟度也

防　防也閼也謂撿束其身
　　防閼人欲也

钁 音厲

驀 音믹모드기

你 汝也眉削宥也 音니

會 수다

揖 音삽딕피다又보다

哚 諽職切 口噤也昌苟兩切又

剐 셔

俵 分給也

跟 音根足踵也

撒 音歎俐又音歎三

沏 音動契合也又消磨말다

消 爲髮모로매又호여딕새

渾 모도모도猶言全也

生 語辭

撩 더위잡다

漢 吾有病醉一兩語

牢 못又셰다

研 窮也구드기

漫 힘ᄌ타

討 ᄎ소다永也

提 잡다

等 待也眉削

推 믈읏이

劈 셰티다

俑 音俌汰宓俙全

初 처엄

硬 굳다

管 撥撥潤也　王之씨끝이各이다眉剃

羗 쉬리與較仝　又差出之意

頓 오됴

零 箇也　不祖又零細音箇

差 又쉬리

澌 即澌字

悢 音兩悲也又養之　兄又可朗不得志

訣 絶也又別也　又辭也

在 語辭有在意

當 고때眉訓畫声卽　抵當也呈叿단아리라

捺 乃晉却揩也又手挼也　누르다

似 公傳也附遣傳書
遶 毆也眉訓亦抡毕芸　唖一身輕似葉

頤 顋仝

覷 音窋

瞿 左右驚顧又視　邊兒

党 音黨

姜 意戈九切善也

戲 도로괴

恩 潤仝

怒 乱也

摑 音벽手打也抰也

搥 持頭髮也

捽 亂也

卷 乱也又引着也

攧 遮也

殼 기다롣아口雑談吾

合 맛닯又是一

來 語辭有來意

●鄭二前●

貼　旦曰다修所謂補丨

是　죠ᄒᆞᆫ意

便　即也近語辭

做　作也又工夫成意
寄書謂之丨

般使也又曰人
俊使也又曰猶
風便是也眉訓即也猶
又皃又졉다又私傳也如

得　語辭又全印有
得意

和　槢言並和於前物合
又蹈曰丨아羹적호

熬　與殺同잔音쌔

靠　音告憑也

廖　語辭又그리又이ᄯᅡ又
語辭有爲意有成
아못뜨又猶言平若也

打　意

了　語辭又못다又아다
又섯又잠ᄯᅡ止眉訓在
末句者尊之
已畢爲丨

着　猶言爲也又吳다
又두다

撥　ᄲᅢ아折字
俗析字

趂　엣다

作　爲也亦語辭

頭　头

慢　音만더

撥　音찰다와다가야

捧　下也又攷也又禁也

捧　音밤捿打也

渠　刊又工眉訓呼彼之稱

爭　싱ᄭᅴ又有爭之意

割　점又丨眉訓ᄃᆞᆯ者也

鎮　ᄯᅡ엄ᄲᅥ

卑　僩丨婢享字
之誤

●鄭一後●

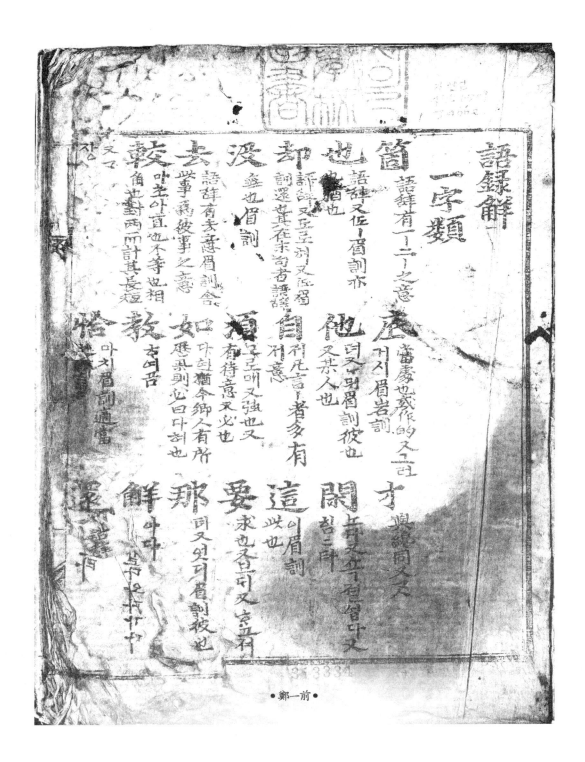

語録解

一字類

語辭有一二之意

箇　語辭又伍一眉訓亦

也　也酒也

却　訴辭又云云剂又伍眉　却還莫在末句者譯

没　　盡也眉訓

去　　　學爲彼逮事之意

較　中主아直也不等也相角也對兩面計甚長短

教　古뎌音

惜　마치眉訓通當

他　曰又別眉訓彼也又某人也

自　利凡言다者多有刦意

通　有待意又強也

如　如마하酒今鄉人有所女應天則必曰다하也

要　求也又好又日뎌眉訓校也

這　此也시眉訓

閑　智三訓

邪　同又었디眉訓

鮮　나다

才　與絕同又又

審慶也歲作的入ᄒ뎌

●鄭一前●

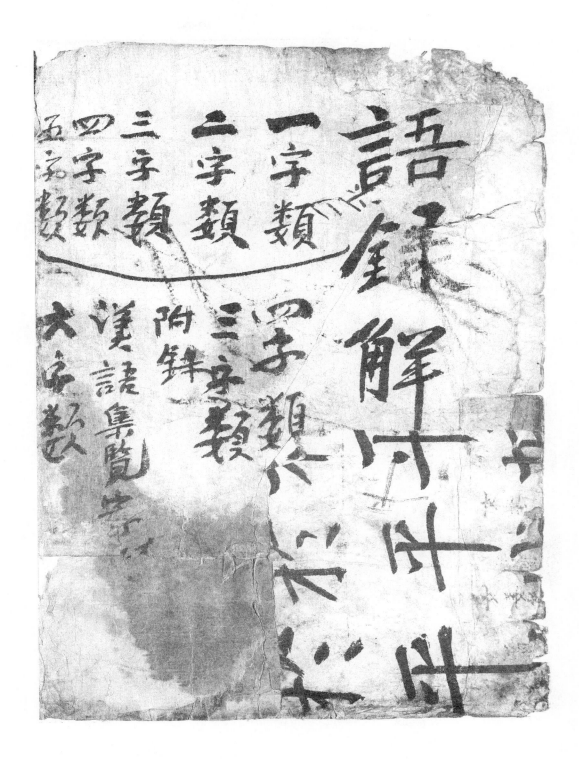

語録解

一字類
二字類
三字數
四字數
五字數

二字類
附鮮諺
漢諺彙覽
六字以數

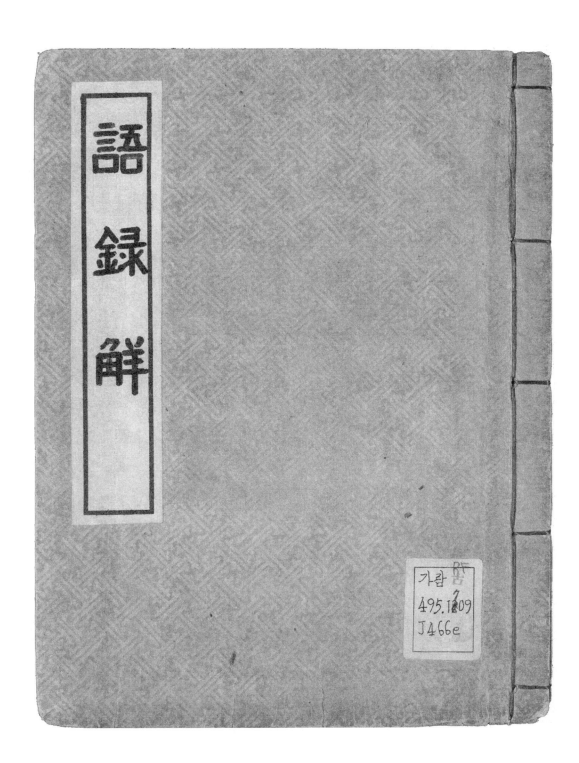

윤소정(尹昭晶)

韓國交通大學 東亞研究所研究員

上海師範大學 人文與傳播學院

潘牧天

上海師範大學 人文與傳播學院

語録解三種校本合刊

초판 인쇄 2015년 9월 15일
초판 발행 2015년 9월 25일

編　　者 ｜ 윤소정(尹昭晶) · [中]潘牧天
펴 낸 이 ｜ 하운근
펴 낸 곳 ｜ 學古房

주　　소 ｜ 경기도 고양시 덕양구 통일로 140 삼송테크노밸리 A동 B224
전　　화 ｜ (02)353-9908   편집부(02)356-9903
팩　　스 ｜ (02)6959-8234
홈페이지 ｜ http://hakgobang.co.kr/
전자우편 ｜ hakgobang@naver.com,   hakgobang@chol.com
등록번호 ｜ 제311-1994-000001호

ISBN   978-89-6071-552-3   93720

값 : 50,000원

이 도서의 국립중앙도서관 출판시도서목록(CIP)은 서지정보유통지원시스템 홈페이지
(http://seoji.nl.go.kr)와 국가자료공동목록시스템(http://www.nl.go.kr/kolisnet)에서 이용
하실 수 있습니다. (CIP제어번호: CIP2015023941)